中南经济论丛

ZHONGNAN JINGJI LUNCONG

易棉阳 著

中国金融监管的历史与分析
（1897～1949）

ZHONGGUO JINRONG JIANGUAN DE
LISHI YU FENXI

中国财经出版传媒集团
经济科学出版社
Economic Science Press

图书在版编目（CIP）数据

中国金融监管的历史与分析：1897－1949/易棉阳著．
—北京：经济科学出版社，2017.6
（中南经济论丛）
ISBN 978－7－5141－8088－6

Ⅰ．①中… Ⅱ．①易… Ⅲ．①金融监管－经济史－中国－1897－1949 Ⅳ．①F832.95

中国版本图书馆 CIP 数据核字（2017）第 129662 号

责任编辑：周秀霞
责任校对：王肖楠
责任印制：潘泽新

中国金融监管的历史与分析（1897～1949）

易棉阳 著

经济科学出版社出版、发行 新华书店经销
社址：北京市海淀区阜成路甲 28 号 邮编：100142
总编部电话：010－88191217 发行部电话：010－88191522
网址：www.esp.com.cn
电子邮件：esp@esp.com.cn
天猫网店：经济科学出版社旗舰店
网址：http：//jjkxcbs.tmall.com
北京汉德鼎印刷有限公司印装
710×1000 16 开 22 印张 330000 字
2017 年 10 月第 1 版 2017 年 10 月第 1 次印刷
ISBN 978－7－5141－8088－6 定价：56.00 元
(图书出现印装问题，本社负责调换。电话：010－88191510)
（版权所有 侵权必究 举报电话：010－88191586
电子邮箱：dbts@esp.com.cn）

序

姚会元

易棉阳君是我的博士生，2004年，他由广西师范大学考取中南财经政法大学经济学院，我们有缘结为师生。我秉承的教育理念之一是教学相长、师生共磋。在长达三年的时间里，我们朝夕相处、交流切磋，共同在学术园地里撷取鲜花美果。我目睹了他的刻苦学习与探索、共享发表科研成果的喜悦，为他荣获中南财经政法大学校级和湖北省省级优秀博士学位论文而感到欣慰，凝望着他毕业后的身影，并祝福他茁壮成长为一名经济史学界新秀的前程。

近日，他传来国家社科基金项目结项成果——《中国金融监管的历史与分析（1897～1949）》的书稿，并盛情邀我作序，看到他取得的重大学术进步，喜悦之情，油然而生；作为他的老师，幸福之感无以言表。

在这一时刻，我真正觉得我应该说点什么。

我以为，"金融"是个具有两重性的范畴，一方面它是现代市场经济的最重要组成部分；另一方面它对于经济又保有相对特殊性与独立性。近代中国，政局动荡、战乱频繁，这种社会经济环境，本不利于金融的发展，但奇怪的是，近代中国金融业却能独步于经济舞台，就是例证，正因如此，金融与商品经济、市场经济是相辅相成、互相对动的关系。但二者互为推动的关系并非完全相等。在传统经济的环境下，二者关系更多的是表现为经济发展与发达对于金融的推动；而现今，在金融及金融衍生品迅猛发展之时，二者关系更多的是表现为金融发展推动经济的主动作用和积极效应。

但就金融自身来说，金融能不能健康发展，取决于许多因素，但金融监管是否科学能否准确到位无疑是至关重要。研究任何一个历史时期的金融业，绕不过"金融监管"这个问题。近代中国金融业为何取得骄人的发展业绩？需要对这个历史时期的金融监管做整体性研究。都知道近代中国金融监管这个学术命题的研究价值，但对于这个"烫手的山芋"学术同行却碰之不多，为何？或囿于需下大力气爬梳？或囿于理论陡坡有升华障碍？大约在 2005 年底，棉阳博士与我谈及近代中国金融监管这个话题时，我就指出，若想这方面的研究上弄点名堂，一要花功夫收集资料，积攒力量；二要下大功夫学好金融理论与方法。棉阳不畏难，下功夫收集资料与学习理论双管齐下，我曾与他多次研讨、论证，以确定突破口、优化方案并择选路径。2005 年，以他为主笔，我们在《近代史研究》上发表了《1980 年以来中国近代银行史研究综述》；2006 年他又写出了两篇专题研究论文。

棉阳博士热爱专业、有学术激情。我曾鼓励他以此为题申报国家社科基金。2007 年，棉阳以优异成绩从中南财经政法大学毕业并获得经济学博士学位，之后成为湖南工业大学一名教师。2008 年他以"近代中国金融监管研究（1897~1949）"为题成功获得国家社科基金项目。此后，他用了三年时间潜心研究，再用两年时间进行修改，最终形成摆在读者面前的这本专著。

金融史的研究成果大体可以分为两类：一是"复原性"经济史；二是"透视性"经济史。"复原性"成果侧重在大量搜集和把握"秦砖汉瓦"史料的基础之上,期望最大限度地连缀和复原历史的原貌,让人们去接受和感受真实的历史,它所回答的是历史"是什么"的问题,其学术价值主要体现在对历史发展进程描述的客观性与准确性上;"透视性"则侧重依据某种经济学理对历史发展进程中的重大问题进行具体的分析、解剖以探求蕴于其中的规律性东西。就两者的关系而言,复原性是金融史研究的基础,也是任何严肃认真的经济分析的出发点,不进行扎实的描述性经济史研究,就不可能产生真正的分析性经济史,正所谓基础不牢,大厦不坚。

"横看成岭侧成峰",读者们在读罢此书后都会有自己的看法,获得各自的需要。我阅此书后,至少有两点强烈的印象。

1. 本书是兼具"复原性"研究与"透视性"研究的优秀学术著作。扎实的复原性金融史研究,需要发掘并运用新的历史资料。这本著作所用的史料,既有上海市档案馆、中国第二历史档案馆的馆藏档案资料,还有已正式出版的文献资料(如《中华民国金融法规档案资料选编》《中华民国货币史资料》《四联总处史料》《四联总处会议录》《中国银行行史资料汇编》《中央银行史料》《交通银行史料》《中华民国史档案资料汇编——金融卷》《中华民国史资料丛稿——中国农民银行》等),并大量发掘了中国近代的时人论著,资料来源丰富,彼此之间印证。该书在认真梳理、甄别史料的基础上,按时序对清末时期、北洋政府时期、南京国民政府前期、南京国民政府后期的金融监管进行了条分缕析,向读者展示了近代中国金融监管的基本轮廓。在历史描述的基础上,棉阳博士运用新比较经济学、新制度经济学等理论和方法对近代中国金融监管的演进进行了考察,运用理论考察金融监管史,深化了对近代中国金融监管的认识。确实,作为理论经济学源泉的经济史学,更加需要分析性研究,从这一点上讲，棉阳博士的努力是难能可贵的。

2. 重视理论透视，新观点迭出。棉阳博士在本书中提出了若干颇具新意的结论和发现：如概括出近代中国金融监管模式的演进路径是由单一监管（清末）→双头监管（北洋政府时期）→多头监管（国民政府时期）；归纳了近代中国不同时期金融监管的主要形式：内部稽核（清末）→行业自律（北洋政府时期）→政府统制（南京国民政府前期）→政府管制（抗战时期和南京国民政府后期）；再如将近代中国金融监管制度模式区分为两种：市场化监管（1927年前）和行政化监管（1927年后）；研究方法上，运用新比较经济学制度变迁的分析框架去考察分析近代中国金融监管制度的变迁，给人耳目一新之感。

我在一本书的"自序"中曾说过："'金融业'似一条长江大河，它的流域就是整个经济。烟波浩渺的金融江河，它的源头在哪里？它湍急向前奔向何方？它怎样吸吮着经济的乳汁，又怎样滋润着工商园地？金融业神秘之河要我们去做艰辛的'漂流探索'"。应该肯定的是，棉阳博士的这部著作，是对近代中国金融监管研究的良好开端，但"漂流"并未结束，"探索"尚需进行，有很多未知的课题尚待深入研究，诸如金融市场监管、保险业监管、监管与服务，监管与创新等，作为棉阳的老师，作为棉阳的同行，我期望着他将金融监管研究的"漂流"坚持下去，"探索"并为学术界奉献出更好更多的累累硕果。

在《中国金融监管的历史与分析（1897~1949）》即将付梓之际，我写下了上面的话，是为序，也是祝贺，亦为我与他的共勉。

2017年5月20日于武昌

目 录

导论 ··· 1
    第一节　研究意义与创新之处 ······························ 1
    第二节　文献综述 ·· 6

第一章　金融监管一般理论 ································ 16
    第一节　金融监管的内涵、原则与方法 ····················· 16
    第二节　金融监管理论的演化与框架 ······················· 20

第二章　清末金融监管的萌起 ······························ 29
    第一节　清末中国金融监管思想的萌起 ····················· 29
    第二节　金融机构监管 ··································· 33
    第三节　整理货币市场 ··································· 41
    第四节　结论性评价 ····································· 43

第三章　北洋政府时期的金融监管 ·························· 45
    第一节　北洋政府时期金融监管的理论渊源 ················· 45
    第二节　整理币制 ······································· 47
    第三节　金融机构监管 ··································· 65
    第四节　金融市场监管 ··································· 89
    第五节　结论性评价 ····································· 98

第四章　南京国民政府前期的金融监管 …… 102

第一节　国民政府时期金融监管的思想渊源…… 102
第二节　统一币制 …… 104
第三节　金融机构监管 …… 114
第四节　金融市场监管 …… 138
第五节　结论性评价 …… 149

第五章　抗战时期的金融监管 …… 151

第一节　管制金融机构 …… 151
第二节　管制金融市场 …… 160
第三节　管制通货膨胀 …… 173
第四节　结论性评价 …… 184

第六章　南京国民政府后期的金融监管 …… 188

第一节　金融机构管制 …… 188
第二节　金融市场管制 …… 195
第三节　接管和整理收复区金融 …… 216
第四节　管制物价 …… 218
第五节　处理金融危机 …… 230
第六节　结论性评价 …… 240

第七章　近代中国金融监管模式变迁轨迹 …… 245

第一节　清末：单一监管模式 …… 246
第二节　北洋政府时期：双头监管模式 …… 248
第三节　南京国民政府时期：多头监管模式 …… 250
第四节　结论性评价 …… 261

第八章　市场、政府与近代中国金融监管制度变迁
　　　　——基于新比较经济学视角 …… 264

第一节　民国时期两种金融监管制度的内涵 …… 265

第二节　近代中国金融监管的演进 …………………………… 270
　　第三节　结论性评价 …………………………………………… 278

第九章　交易费用与近代中国金融监管制度的变迁
　　——基于新制度经济学视角 ……………………………… 281
　　第一节　分析框架：交易费用与制度变迁 …………………… 282
　　第二节　市场化金融监管制度下的高昂交易费用 …………… 285
　　第三节　行政化金融监管制度下交易费用的降低 …………… 291
　　第四节　结论性评价 …………………………………………… 297

第十章　近代中国金融监管的特征 …………………………………… 299
　　第一节　"一级多头"式分业监管模式 ……………………… 299
　　第二节　外部监管与内部监管互为消长 ……………………… 306
　　第三节　追求法制化监管但绩效差强人意 …………………… 320

主要参考文献 …………………………………………………………… 329
后记 ……………………………………………………………………… 341

导　　论

第一节　研究意义与创新之处

一、研究意义

十五六世纪，伴随着资本主义的发展，现代金融活动日趋活跃，但金融混乱也随之出现，较为典型的是17世纪发生在英国的"南海泡沫"案和18世纪初发生在法国的"密西西比泡沫"案，泡沫案后，政府开始颁布法令对金融业实施规范。1720年6月，英国颁布《泡沫法》，该法直接目的是防止过度证券投机，《泡沫法》的颁行，标志着世界金融史上政府金融监管的开始，不过，《泡沫法》所代表的政府金融监管并非现代意义上的金融监管，它主要是政府针对证券市场的不稳定而采取的干预措施。20世纪30年代经济大危机之后，主张国家干预经济的凯恩斯主义经济学登上西方正统经济学宝座，凯恩斯主义经济学为20世纪30年代以后的政府金融监管提供了直接的理论依据，30年代以后的一段相当长的时期内，西方国家对金融业实施较为严格的监管。

在资本主义世界金融活动日趋活跃的十五六世纪，中国尚处在小农经济的汪洋大海之中，此种状况一直延续到19世纪晚期。与之相适应，中国没有现代金融机构只有传统旧式金融机构，如钱庄、票号,更没有诸如股票与债券买卖的金融市场,因而也没有金融监管。鸦片战争以后,外国银行纷纷在华设立分支机构,现代金融活动在中国萌芽并日趋活跃,19世纪末期,中国人自己设立银行,中国境内企业也开始发行股票、债券,金融市场产生,因中国的银行是在直接移植西方银行制度的基础上设立的,所以中国银行业自产生之日起就重视银行监管,如中国第一家银行——中国通商银行,其章程便"悉以汇丰为师",银行内专门设有内部监管的稽核机构。由此看来,近代中国的金融业与金融监管几乎同步产生。

近代中国金融史给今人留下了几个悬念:

第一,在政局动荡、战乱频繁的社会经济环境中,金融业本不能稳健发展,但为何近代中国金融业却能独步于经济舞台?

第二,民国初年,金融业在市场力量的推动下快速发展,政府作为监管主体却长期缺席,即便在市场经济发达的西方国家也不可能出现这种状况,市场力量即同业公会是怎样监管金融业的呢?

第三,南京国民政府一上台,通过强制性制度变迁在较短的时间内实现了对金融业的统制,南京政府是如何实现金融统制的?金融统制使得金融监管的权力由民间转换到政府手中,在北洋政府时期,民间力量冒死抵制政府对金融业的控制,为何在南京政府时期,民间力量却积极配合政府统制金融呢?

第四,抗战时期,中国本不具备坚持长期抗战的经济实力,但中国却创造了几个奇迹:成功地粉碎了日伪的金融破坏、物价尽管飞涨但没有失控、集中了近乎天文数字的资金来补充战费和发展经济,靠什么创造这些奇迹,蒋介石把这个旷世之功归结为四联总处强有力的金融监管。那么,四联总处在恶劣的战时经济环境中是如何实施金融监管的呢?

第五,抗战胜利后的短短四年间,国民政府在大陆经历了高度权威到完全崩溃的剧变,政治剧变始于经济失控,而最严重的经济失控乃是金融监管失灵。那么,为何金融监管会在强有力和失灵两个极端之间迅速转变呢?

以上问题,历史学界、经济学界和经济史学界都没有作出令人信服的回答,本书试图在较为广泛地占有史料的基础上,从经济学理论的高度对此作出诠释。

自美国次贷危机演化成全球金融危机以来，世界各国都在寻找酿成此次金融危机的幕后杀手，随着危机的进一步蔓延，人们对幕后杀手的认识也越来越清晰，有人认为是市场在作祟，有人认为是政府在纵容，还有人从马克思经典理论中典出金融危机的制度根源，尽管认识莫衷一是，但有一点却为人们所普遍接受，那就是：监管不力或者监管失控是造成此次世界金融危机的直接原因。其实，自16世纪以来历次金融危机的发生几乎无不与监管不力有关，如此，人们把眼光投向历史上的金融危机与金融监管，美国麻省理工学院以研究经济史见长的资深经济学家金德尔伯格（Charles Poor Kindleber，2007）所撰写的《金融危机史》和《西欧金融史》①因此而再次饮誉学坛，中国国内学者包括从事现实经济问题研究的学者开始关注金融历史，如孙健（2008）编著的《每天读点金融史》系列丛书②引起了学界和业界的广泛注意，这出现在洛阳纸贵、学术追风的今天，如春风拂面，沁人心脾，又如夏日甘露，清热降火。事实上，对历史上的经济问题作长时段和整体性考察，从中抽象出一些规律性的命题，不仅可以启发人们对历史走向作深层次的思考，而且能对现时经济运行提供历史启迪，从而降低学习成本。本课题在申报时，次贷危机刚露端倪，立项时，次贷危机开始蔓延，研究时，次贷危机已波及全球，关于金融监管的各种论调，如四海风雷，扑面袭来，应接不暇。研究学术界用功不多、着墨不浓的金融监管史特别是研究近代中国金融监管史，或许能为金融监管理论园地添加一曲新章。

二、创新之处

严中平（1986）在中国经济史学会成立大会上指出"我们要努

---

① 金德尔伯格著，徐子健、何建雄、朱忠等译，《西欧金融史》，中国金融出版社2007年版；金德尔伯格著，朱隽、叶翔译：《疯狂、惊恐何崩溃：金融危机史》，中国金融出版社2007年版。

② 孙健编著：《每天读点金融史》，新世界出版社2008年版。

力作出贡献：或者提出新的问题，或者提出新的观点，或者提出新的材料，或者运用新的方法"，① 这就是著名的经济史学研究"四新"论。严中平先生的"四新"论既是经济史学研究的最基本要求也是经济史学研究者所追求的最高境界，其核心就在于一个"创新"上。当然，要在新问题、新观点、新材料、新方法上都做出突破与创新，固然最好，但十分困难。一本经济史论著，至少争取在一两点上有所创新。本书的创新表现在如下方面。

其一，运用新方法论证新问题。金融监管是中国近代经济史上的重大问题，长期以来，历史学界因其理论性强而不愿碰，经济学界因其资料工夫大而不想碰。迄今，尚无专论对近代中国金融监管作长时段和整体性考察，本课题研究，历史描述与理论分析并重，本书第一部分是在大量利用原始档案资料基础上，按时序对近代中国各个时期金融监管的内涵作历史描述，第二部分运用新制度经济学、新比较经济学理论对近代中国金融监管制度变迁作理论分析。

其二，发掘新材料。本书所引材料90%以上来源于档案与文献资料、时人论著及当时的重要报纸杂志，并且对各种资料进行了系统的梳理、比较和甄别，尽量还原历史真相。本课题研究利用了上海市档案馆、中国第二历史档案馆馆藏资料，本课题研究所利用的文献资料主要有：《中华民国金融法规档案资料选编》《中华民国货币史资料》《四联总处史料》《中国银行行史资料汇编》《中央银行史料》《交通银行史料》《中华民国史档案资料汇编——金融卷》《中华民国史资料丛稿——中国农民银行》等。时人论著及当时重要报纸杂志主要包括：杨荫溥所著《杨著中国金融论》等十余种。

其三，提出新观点。本书描述与分析并重，按时序对清末、北洋政府时期、南京国民政府前期、抗战时期、国民政府后期的金融监管实践作了较为全面的描述，然后从描述中概括出近代中国金融监管的制度模式，再以新比较经济学和新制度经济学为分析工具对近代中国金融监管制度变迁作理论分析，描述是为了还原历史真相，分析则是

---

① 严中平：《在"中国经济史学会"成立大会上的开幕词》，引自《严中平集》，中国社会科学出版社1996年版，第60页。

为了探究历史规律。本书厘清了经济史学界尚未厘清或未完全厘清的一些问题，主要有：(1) 对近代中国金融监管的演变过程进行了较合理的分期：萌起阶段（清末）→发展阶段（北洋政府时期）→确立阶段（南京国民政府前期）→强化阶段（抗战时期）→失灵阶段（南京国民政府后期）。(2) 提出了近代中国金融监管模式的演进路径：单一监管（清末）→双头监管（北洋政府时期）→多头监管（国民政府时期）。(3) 提出了不同时期金融监管的主题：内部稽核（清末）→行业自律（北洋政府时期）→政府统制（南京国民政府前期）→政府管制（抗战时期和南京国民政府后期）。(4) 总结了近代中国金融监管的中国特色：①"一级多头"式金融监管体制，即监管权力集中在中央政府，且由多个机构分担，但中央银行没有执行监管职能；②外部监管与内部监管互为消长，1927年前金融监管以内控为主，政府无力监管金融，1927年后以外控为主，同业组织逐步丧失其监管能力，制度变迁以强制性变迁为主，诱致性变迁为辅，且两者之间呈逆向交替关系；③近代历届政府都把金融监管法制化作为追求目标，但结果却差强人意，原因是金融监管主体缺乏独立性，监管行为容易受到利益集团的干扰，引起监管过程中寻租问题严重，影响了金融监管法规有效性的发挥。(5) 提出了近代中国的两种金融监管制度模式：市场化监管制度（1927年前）和行政化监管制度（1927年后），以新比较经济学给出的制度变迁分析框架来考察近代中国金融监管制度，市场化监管制度对应着分析框架中的独立执法和私立秩序两种战略状态，行政化监管制度则对应着分析框架内的国家监督和国家专制两种战略状态。近代中国金融监管制度的变迁轨迹是沿着制度可能性边界曲线，从独立执法始状态，到私立秩序状态，再到国家监督状态，最后以国家专制状态结束，在国家专制状态下，政府完全管制金融，因国民政府实际上由几大利益集团控制，所以，与其说是政府监管金融，毋宁说是利益集团控制金融，监管者一旦被利益集团或利益所俘虏，金融监管就会彻底失灵，金融走向崩溃。(6) 从交易成本视角来考察近代中国的两种金融监管制度的交易费用，发现在南京国民政府前期的行政化金融监管制度下的交易费用要低于市场化金融监管制度下的交易费用，也就是，较之北洋政府时期的市场化金融监管制度，南京国民政府前期的行政化金融监管制度更加有效，这就可以解释在1927年之后，南京政府为什么能较为顺利实现金融监管制度变迁的原因，这也可以解释为什么张嘉璈等金融家在北洋政府时期冒死抵制政府控制金融业的图谋而在南京国民政府时期却积极配合政府的金融统制改革。

第二节 文献综述

一、研究现状

金融乃百业之首，其研究历来倍受学者关注，解放前就有学者从现实经济的角度研究中国金融监管问题，产生了一些成果，如杨荫溥（1930）的《杨著中国金融论》[1]、邹宗伊（1943）的《中国战时金融管制》[2]、丁洪范（1940）的《政府对商业银行的管制》[3] 等。解放以后，学者们从金融史的角度探讨近代中国的金融监管问题，重要成果有孔祥毅（2002）主编的《百年金融制度变迁与金融协调》对近代中国金融监管制度的变迁过程与变迁动力作了简单的考察[4]；胡天意、文纯清（1995）的《古道与新辙——中国金融稽核史漫笔》对近代中国的金融稽核活动进行了考察；[5] 中国人民银行总行金融历史研究室（1990）编撰的《近代中国金融业管理》，对金城银行、上海商业银行和中国银行等银行的经营管理经验分别作了总结；[6] 绝大

---

[1] 杨荫溥：《杨著中国金融论》，黎明书局1930年版。
[2] 邹宗伊：《中国战时金融管制》，财政评论出版社1943年版。
[3] 丁洪范：《政府对商业银行的管制》，载《财政评论》1940年第5期。
[4] 孔祥毅：《百年金融制度变迁与金融协调》，中国社会科学出版社2002年版。
[5] 胡天意、文纯清：《古道与新辙——中国金融稽核史漫笔》：中国金融出版社1995年版。
[6] 中国人民银行总行金融历史研究室：《近代中国金融业管理》人民出版社1990年版。

部分金融史专著或教材中也涉及近代中国金融监管的某个方面①。

以近代中国金融监管为研究主题的专题论文尚不多见,姚会元、易棉阳(2007)对1900~1949年中国政府金融监管制度的演进与特点进行了梳理与概括,认为近代中国金融监管制度的变迁方式以强制性变迁为主、诱致性变迁为辅,且两者之间表现为逆向交替方式。②易棉阳(2009)还考察了抗战时期国民政府对金融业的监管,认为抗战时期的金融监管体制属于一级多头型,该时期政府对金融业的监管涉及金融机构、金融市场两个大方面,总体而言,该时期金融监管所获收益大于所付成本。③ 吴永光(2006)利用金融监管理论和制度变迁理论两大分析工具,以商品交易、金融交易为研究的逻辑起点,以监管主体和监管内容的变化为主线,以制度变迁的动因分析为着力点,对国民政府时期金融监管体制演进的历史轨迹进行梳理,概括了不同时期的监管特征。④

在金融业的三大块:银行业、证券业、保险业中,银行业是近代

---

① 姚会元《江浙金融财团研究》(中国财政经济出版社1998年版)、杜恂诚等著《上海金融的制度、功能与变迁(1897~1997)》(上海人民出版社2002年版)、张虎婴《历史的轨迹——中国金融发展小史》(中国金融出版社1987年版)、吴景平主编《上海金融业与国民政府关系研究(1927~1937)》(上海财经大学出版社2002年版)、洪葭管《在金融园地漫步》(中国金融出版社1990年版)、《中国金融史》(西南财经大学出版社1993年版)、叶世昌《中国古近代金融史》(复旦大学出版社2001年版)、桑润生《简明中国近代金融史》(立信会计出版社1995年版)、中国近代金融史编写组《中国近代金融史》(中国金融出版社1985年版)、崔国华《抗战时期国民政府财政金融政策研究》(西南财经大学出版社1995年版)、洪葭管和张继凤《近代上海金融市场》(上海人民出版社1989年版)、《浙江近代金融业与金融家》(浙江人民出版社1992年版)、徐松龄《中国农村金融史略》(中国金融出版社1996年版)、姚遂《中国金融思想史》(中国金融出版社1994年版)、杜恂诚《中国金融通史》第3卷(中国金融出版社2002年版)、石毓符《中国金融货币史略》(天津人民出版社1984年版)、寿充一等编《外商银行在中国》(中国文史出版社1996年版)、兰日旭《中国金融现代化之路:以近代中国商业银行盈利性分析为中心》(商务印书馆2004年版)、何旭艳丽《上海信托业研究(1921~1949)》(上海人民出版社2006年版)、龚关《近代天津金融业研究(1861~1936)》(天津人民出版社2007年版)。
② 姚会元、易棉阳:《中国政府金融监管制度的演进与特点(1900~1949)》,载《广东金融学院学报》2007年第5期。
③ 易棉阳:《论抗战时期的金融监管》,载《中国经济史研究》2009年第4期。
④ 吴永光:《国民政府时期金融监管体制变迁研究》,广西师范大学2006年硕士学位论文。

中国金融业的主体,证券业和保险业的发展则相对滞后。与此相对应,研究近代中国银行业的学术成果也远多于其他两个行业,专门探讨近代中国银行监管的文献近年来日益丰富。刘平(2008)以近代中国的银行监管制度为研究对象,在现代化和国际化背景下,以银行监管制度的变迁为主要线索,将银行监管制度作为一个完整体系,把银行监管的主体、客体、依据、内容、方法与手段等纳入其中,进行长时段的考察,并对近代中国的整个银行监管制度作出了总体性评估。[1] 刘慧宇(1999)运用中央银行学与货币银行学的基本原理,探讨国民政府中央银行建立及其职能演进的历史规律和利弊得失,揭示了中央银行的特殊功能及其与国民政府的特殊关系,以及在国家经济管理和经济调控机制中的特殊地位与作用。[2] 程霖(1999)梳理了近代中国银行制度建设思想的演进,并专门研究了近代中国银行监管制度思想的沿革。[3] 马志刚(2001)从法理的角度对近代中国银行监管问题展开了分析。[4] 银行监理官的设立是近代政府对银行业实施监管的一个重要措施。万立明(2005)对从清末到抗战时期银行监理官制度的形成与演变进行了细致梳理、分析,并总结出其发展特点以及由此而引发的启示,也从一个侧面反映了近代银行监管体制的变迁。[5] 在另一文中,万立明(2006)对北洋政府时期的银行监理官制度作了探析。[6] 刘平(2007)也对银行监理官制度创设与变迁过程以及运作效果进行了认真的梳理与分析,并作出了相应的评价。[7] 周春英(2006)从制度演进视角对近代中国银行制度给予了较高的评价,认为近代中国银行在长期实践中构建起了科学的金融监管制度。其

---

[1] 刘平:《近代中国银行监管制度研究(1897~1949)》,复旦大学出版社2008年版。
[2] 刘慧宇:《中国中央银行研究(1928~1949)》,中国经济出版社1999年版。
[3] 程霖:《中国近代银行制度建设思想研究》,上海财经大学出版社1999年版。
[4] 马志刚:《中国近代银行业监理法律问题研究》,中国政法大学博士学位论文,2001年。
[5] 万立明:《中国近代银行监管制度的发展轨迹及其启示》,载《上海经济研究》2005年第6期。
[6] 万立明:《北洋政府时期中国的银行监管制度探析》,载《江西财经大学学报》2006年第4期。
[7] 刘平:《近代中国银行业监理官制度述论》,载《上海金融》2007年第6期。

中，政府的金融监管制度对于健全银行制度、规范银行经营行为和金融市场运行秩序、指导银行事业健康发展起了积极作用；银行公会的自我监管制度，促进了银行间的协作、交流和相互制约，增强了银行界抵御风险的能力；银行个体的内部监控制度，使银行经营风险得到最大程度的防范和化解。① 四联总处是抗日战争时期国民政府最高金融机构，实施金融监管是其一项重要职能。姜宏业（1989）从货币发行、金融网络敷设、稳定物价、推进节约建国储蓄运动等方面对四联总处的金融监管活动作了概述。② 杨菁（2000）就四联总处对抗战时期金融业的监管进行了分析。③ 王红曼（2008）认为，四联总处监管战时金融，除使用经济手段和行政手段外，还尝试使用法律监管手段，通过一系列的立法活动加强对货币发行的监管，对战时国统区金融经济造成很大的影响。战时货币发行的法律监管主要体现在对省地方银行发行钞券、各地各行局发行本票、中央银行统一发行三方面，监管的目的在于维持战时金融经济运行的稳定，强化中央银行职能，以保障战时国家财政经济的金融需求。但是，由于法律监管不力，出现发行与支出的结构不合理、货币信用缺失等问题，助长了通货膨胀的发展。④ 王红曼（2008）在另一文中，专门探讨了四联总处对银行机构的法律监管，指出银行监管的内容包括银行机构设置、业务范围及业务检查等，监管目的在于维持战时金融经济运行的稳定，保障战时国家财政经济的金融需求，有意强化中央银行职能，以建立国民政府的金融垄断体制，对战时中国金融经济产生了积极的影响。但是，受国民政府实行的多元化银行监理体制的影响，机构设置重叠，事权未能统一，四联总处对银行的监管力度与监管实效明显不足，致使战时通货膨胀日益加剧。⑤

---

① 周春英：《近代中国银行监管制度探析》，载《烟台师范学院学报》2006年第2期。
② 姜宏业：《四联总处与金融管理》，载《中国经济史研究》1989年第2期。
③ 杨菁：《四联总处与战时金融》，载《浙江大学学报》2000年第3期。
④ 王红曼：《四联总处对战时货币发行的法律监管》，载《中国社会经济史研究》2008年第3期。
⑤ 王红曼：《四联总处对战时银行机构的法律监管》，载《安徽史学》2008年第6期。

清末，近代银行兴起，政府和股东基于对银行经营监督控制的需要，产生了银行监察、稽核，周光瑜（1990）对清末近代银行的内部稽核作了探讨。① 在兰日旭（2008）看来，近代中国银行内部监督机制的形成，大致由早期的诱致性向南京政府时期的强制性交替的路径演进，经历了晚清的混合管理、北洋时期的独立于其他部门而设立专门的监督机构、南京政府时期的逐渐统一等三个阶段。南京政府以前，银行内部监督机制的功能由于受业务发展、风险增加等市场性力量影响，在吸收外资银行经验的基础上逐渐发展起来，权力的提升也得到了加强；之后受政府力量的干预，银行内部监督脱离早期的自发演进轨迹，纳入政府需求的轨道，随后在战争、机构内迁等因素作用下，监督机制日益流于形式。② 内部控制的精神实质已在近代中国银行的各项规章制度中体现出来，其内容基本上包括组织结构即监督机构的设置、业务机构间的相互独立和相互制约、授权与审批制度、内部检查和稽核等，万艳丽（2008）对近代中国银行的组织结构、会计制度、稽核制度以及行员管理等方面进行了考察，以说明其内部控制机制的健全性和有效性。③

金融同业组织，特别是银行公会和钱业公会，是近代中国颇具权威的行业自律组织。学术界对银行公会和钱业公会在行业监管上的作为作了较为深入的研究，研究成果中，既有纵向长时段考察的成果也有横截面细腻研究的成果。北洋政府时期的银行公会在业界具有较大的权威，如为维护银行信用及促进银行业务开展，上海银行公会成立汇兑经纪员公会并制订该会章程，使得汇兑经纪员制度的建立与完善，则既可促进会员行外汇业务的开展，也有助于上海外汇市场的相对稳定；设立公共准备金制度，在安定市面、稳定物价及协助政府救济民众生活等方面发挥过一定作用（张天政，2005）。④ 一种观点认

---

① 周光瑜：《我国清末近代银行的监察与稽核》，载《西南金融》1990年第8期。
② 兰日旭：《近代中国的银行内部监督机制探析》，载《江西社会科学》2008年第2期。
③ 万艳丽：《近代中国银行内部控制制度探析》，载《财会通讯》2008年第2期。
④ 张天政：《略论上海银行公会与20世纪20年代华商银行业务制度建设》，载《中国经济史研究》2005年第2期。

为，20世纪30年代国民政府改组同业组织之后，银行公会的地位急剧下降，但吴景平（2003）在详细考察了1929年至1930年上海银行公会改组始末后发现，上海银行业同业公会并没有被政府阉割，它大体上继承了原银行公会的组织制度、全部会员银行乃至社会地位。① 郑成林（2005）在解读1927~1936年上海银行公会与国民政府关系时发现，南京国民政府成立后，尽管政府企图加强对银行业的控制，但是上海银行公会的活动表明其依然是一个具有较强独立自主性的商人团体，在币制改革和银行法制建设等关乎金融根本的问题上依然有较大的话语权，其金融监管能力不可小视。② 晚清和北洋政府时期，政府无力干预宏观经济，市场信用的树立主要依靠行业协会的力量，上海钱业公会在这方面的作用尤为突出，近代上海的钱业习惯法实际已经成为行业信用的制度保障（杜恂诚，2006）。③ 近代上海钱庄业之所以具有很高的行业信用，是与其习惯法密不可分的。钱业习惯法主要体现为各种行业规则，加入钱业公会的会员必须遵守这些规则。这些行业规则通过各种途径向外界扩散，成为公认的规范市场秩序的有机环节。在弱政府的环境下，上海钱业公会是以习惯法进行自我治理的同业组织，体现出一些西方学者所谓"第三方实施机制"的制度特征（杜恂诚，2006）。④

近代中国的证券市场，其发展分为三个阶段：从19世纪70年代到1918年是中国证券市场的发轫和兴起阶段；从1918年到1937年是证券市场的发展时期；抗战期间的证券交易和证券交易所（匡家在，1994）。⑤ 战后的证券交易和证券交易所伴随中国证券市场的发展，对证券市场实行监管成为当时社会各界的共识，并在实践层面尝试规范化建设。刘慧宇（2007）从监管的组织机构安排、

---

① 吴景平：《上海银行公会改组风波（1929~1931）》，载《历史研究》2003年第2期。
② 郑成林：《1927~1936年上海银行公会与国民政府关系述论》，载《江苏社会科学》2005年第6期。
③ 杜恂诚：《近代中国钱业习惯法研究——以上海钱业为视角》，上海财经大学出版社2006年版。
④ 杜恂诚：《近代上海钱业习惯法初探》，载《历史研究》2006年第1期。
⑤ 匡家在：《旧中国证券市场初探》，载《中国经济史研究》1994年第4期。

监管方式、成效等方面探讨了民国时期证券市场监管的行政作为，指出民国时期在中国经济从传统步入资本主义化的过程中，试图强化政府规范化管理，然而在当时特定的社会环境中，其监管行为也因法制化及其运行的局限，以及财政干扰和行政寻租的牵制等诱因而致成效甚微，从而失去了稳定市场秩序、推动经济发展的意义。[①] 晚清、北洋政府时期，上海曾先后出现1880年、1910年、1921年三次股票买卖高潮，每一次股票买卖高潮都是昙花一现，以失败告终，没能把中国早期证券市场引上健康发展的道路，个中原因甚是复杂，但与政府监管的不到位密不可分（朱荫贵，1998）。[②] 刘志英（2005）通过对"信交风潮"的经济学分析，认为1921年信交风潮是政府疏于监管的集中体现，在风潮中，中国政府从中央到地方在租界当局的配合下，采取积极有效的监管措施，从而使这场风潮得以很快平息。而此次风潮更是成为了近代上海华商证券市场管理体制的转折点，标志着近代上海华商证券市场从自由放任型向政府监管型的转变。[③] 在另一文中，刘志英（2003）系统研究了沦陷时期上海华商股票市场的管理，认为客观而论，汪伪政权在政治、军事、经济上的总体政策是反动的，但这一时期的上海华商股票市场，单就对市场管理本身而言，确实取得了一些重要的值得肯定的经验和结果，为战后新的证券市场的恢复与发展奠定了一定的基础，提供了有益的借鉴。[④] 刘志英（2004）在其专著中，以较大的篇幅分别从政府的证券监管、债券市场的管理、股票市场的管理与证券行业的自律管理等不同角度对近代上海华商证券市场管理进行了全方位研究，其研究得出如下结论：一是由于市场结构的不完善，证券市场管理的体制也相应不健全；二是

[①] 刘慧宇：《论民国时期证券市场监管的行政作为》，载《党史研究与教学》2007年第6期。

[②] 朱荫贵：《近代上海证券市场上股票买卖的三次高潮》，载《中国经济史研究》1998年第3期。

[③] 刘志英：《"信交风潮"与近代上海华商证券市场的管理》，载《南大商学评论》2005年第3期。

[④] 刘志英：《沦陷时期上海华商股票市场管理研究》，载《中国社会经济史研究》2003年第1期。

政府监管体制属于财政依附型，政府既是证券一级市场的发行者又是证券市场的监管者，其结果是政府对证券市场监管的失灵；三是证券行业自律监管规章与实际运作相背离。①田永秀（2015）以晚清和北洋政府时期的股票市场为研究对象，研究了1927年以前中国股票市场的兴起与发展历程、历次股市危机、股市交易机构的变迁，还专门探究了晚清政府和北洋政府对股市的监管措施和成效。②在政府债券的刺激下，近代中国债券市场畸形发展，段艳和易棉阳（2010）在描述近代中国债券市场监管演进过程的基础上，概括了债券市场监管的若干特点，认为近代中国债券市场监管始于19世纪末20世纪初，历经晚清、北洋政府和南京政府等不同时期，经过半个世纪的探索与努力，近代中国债券市场监管取得了一定的成绩，一是各种监管机构逐步建立，二是债券市场监管立法日趋完备，三是政府对债券市场的监管能力日益强化，但是，由于未能建立起信息披露制度，债券市场的监管执法效果差强人意。③

到目前为止，从事保险史研究的人绝大部分为保险从业人员或从事保险理论和实务研究的经济界人士，历史学界介入不多，影响了保险史研究的拓展和深入。有关保险史方面的文章大都出自《上海保险》、《当代保险》、《中国保险》、《保险研究》等经济类刊物，所发文章大多是介绍性的。没有历史研究的实证分析，许多问题只能流于表层，无法走向深入（王晚英、池子华，2003）。④赵兰亮（2003）在其著作中，辟有专章论述政府对保险业的监管及其得失，认为自清末至南京国民政府，中国保险法规的制定逐步走向完善化，但是这些保险法规大多停留在颁而不行的层面，制约了华商保险业发展。而历届政府在保险监管机构上的不一及实际监管上的放任也不利于华商保

---

① 刘志英：《近代上海华商证券市场研究》，学林出版社2004年版。
② 田永秀：《中国近代史股票市场研究：晚清、北洋政府时期》，人民出版社2015年版。
③ 段艳、易棉阳：《近代中国债券市场监管的演进与特点》，载《中国社会经济史研究》2010年第1期。
④ 王晚英、池子华：《1980年以来中国近代保险史研究综述》，载《上海师范大学学报》2003年第6期。

险业的发展。① 赵兰亮（2001）的一篇专题论文探讨了汪伪政权对上海保险市场的监管情况，太平洋战争后，日军占领整个上海，接管了英美等国保险公司，追随而来的日本保险公司则妄图攫夺、控制上海的保险市场。汪伪政府也相机而动，对 1942 年开始出现的上海保险市场的混乱状态进行了监控，也取得了一定成效。但随着抗日战争的胜利，日本和汪伪控制上海保险市场的图谋最终归于失败。② 中国民族保险业在 1927～1937 年间的快速发展，董鹏认为政府较为有效的法律监管是民族保险业快速发展的重要原因（董鹏，2001）。③

二、现有研究的评价

纵观中国近代金融监管史的研究成果，我们可以做如下判断：

第一，金融监管史研究呈现向纵深发展的总体趋势，但方面研究成果多全面研究的成果没有。20 世纪 90 年代以前，金融监管史研究几近空白，大约在 1990 年之后，历史学界开始关注金融监管史研究，就研究对象而言，主要集中于单个行业，如银行业监管、证券业监管，就深度而言，研究成果大多是陈述性的。最近几年，学者们已经注意到从制度视角研究中国近代金融监管问题。值得强调的是，研究中重视运用经济理论和金融理论，从而深化了金融监管史研究。产生这个转变的原因大概有二：一是研究队伍的多元化。90 年代，金融史主要属于史学范畴，研究者也以史学工作者为主，晚近几年，许多经济学者加入了金融史研究队伍，出身于史学界的金融史研究者也自觉地加强了经济学训练。可以说，研究者自身理论修养的加强是金融监管史研究向纵深发展的首要原因。二是金融改革现实的需要。国家深化金融体制改革需要历史经验作指导，客观上要求金融史研究深入

---

① 赵兰亮：《近代上海保险市场研究（1843～1937）》，复旦大学出版社 2003 年版。
② 赵兰亮：《论太平洋战争后日汪对上海保险市场的监控》，载《上海师范大学学报》2001 年第 2 期。
③ 董鹏：《1927 到 1937 年中国保险业快速发展原因探析》，载《金融教学与研究》2001 年第 2 期。

总结近代金融业发展的规律。

第二，现有金融监管史研究成果中，既有描述性成果又有分析性成果，但以前者为主。经济史著作可以分为两类：描述性经济史和分析性经济史。描述性经济史着重对经济发展的历史进程进行客观描述，所回答的是"是什么"的问题，其学术价值也主要体现在其对经济发展历史进程描述的客观性与全面性；分析性经济史主要依据某种经济学理论对经济发展进程中的某些重大问题进行具体的分析，以探求经济规律。就两者的关系而言，描述性经济史是任何经济史研究的基础，也是任何严肃认真的经济分析的出发点，不进行扎实的描述性经济史研究，就不可能产生真正的分析性经济史。不过，以叙述经济历史为己任的描述性经济史著作，只能看做是研究过程中的一个阶段性成果，而非研究成果的最终形态，最终形态应该是分析性经济史成果。综观现有金融监管史研究成果，描述性的占绝大多数，分析性的只是少部分，以史料为基础，从经济学范式出发，运用金融监管理论和现代经济学分析工具研究近代中国金融监管的成果鲜见。

第三，在研究视角上，微观与宏观并重，但宏观研究已经成为金融史研究的主要趋势。受传统研究方法和理论的影响，20世纪90年代前后的金融史研究，绝大部分是探讨某一家金融机构或某一个具体事件，这个时期的金融史研究以微观为主。最近十年，由于新的研究方法与理论的引进，从宏观上研究金融史已成为趋势。从长时段、宽领域来考察中国近代金融史的论著时有出现。

第一章

金融监管一般理论

第一节 金融监管的内涵、原则与方法

一、金融监管的内涵

目前为止,学术界对金融监管尚无一个统一的定义,国内出版的著作与教科书对金融监管所下的定义就在10种以上。戴相龙、黄达(1998)主编《中华金融辞库》对"金融监管"的解释是:金融监督和金融管理的复合词,它是一个国家(地区)的中央银行或其他金融监督管理当局依据国家法规的授权对金融业实施监督管理的称谓。[1] 刘锡良(1997)在《中央银行学》中,对"金融监管"所下定义是:一国政府根据经济金融体系稳定、有效运行的客观需要以及经济主体的共同利益要求,通过一定的主管机关,依据法律准则和法规程序,对金融体系中各金融主体和金融市场实行的检查、稽核、组织和协调。[2] 王广谦(2006)主编的《中央银行学》对金融监管的表述比较详细,认为:"金融监管是金融监督与金融管理的复合称谓。从

---

[1] 戴相龙、黄达:《中华金融辞库》中国金融出版社1998年版,第49页。
[2] 刘锡良:《中央银行学》,中国金融出版社1997年版,第120页。

词义上讲，金融监督是指金融主管当局对金融机构实施全面的、经常性的检查和督促，并以此促使金融机构依法稳健地经营，安全可靠和健康地发展。金融管理是指金融主管当局依法对金融机构及其经营活动实行的领导、组织、协调和控制等一系列的活动。"① 以上定义虽角度不同，有详有略，但都包括以下要素：（1）监管目的；（2）监管主体；（3）监管对象；（4）监管内容；（5）监管手段。综合各家关于金融监管的定义，金融监管有狭义与广义之分，狭义的金融监管仅指金融监管当局依据国家法律法规的授权对整个金融业实施的监督管理；广义的涵义是在上述监管之外，还包括金融机构的内部控制与稽核、同业自律性组织的监管、社会中介组织的监管等。本书采用广义的金融监管概念。

金融监管具体涉及三个方面内容，即市场准入的监管、市场运作过程的监管和市场退出的监管。

第一，市场准入监管。市场准入监管是金融监管的第一个环节，即对金融机构成立的资格审查和限制。对金融机构实行市场准入管制是为了防止不合格的金融机构进入市场，以保障金融市场主体秩序的合理性。中央银行或金融监管当局对金融机构市场准入的审查内容主要包括以下方面：（1）符合法律规定的章程；（2）注册资本达到最低限额；（3）有具备任职专业知识和业务工作经验的高级管理人员；（4）健全的组织机构和管理制度；（5）营业场所；（6）必要的安全防范措施和与业务有关的其他设施。

第二，市场运作过程监管。一般把市场运作监管的重点放在金融机构的业务经营的合规性、资本充足性、流动性、准备金、市场运作等方面。其中，业务范围的监管就是根据一国的金融发展程度、金融监管水平、传统习惯等因素，通过法律规定金融机构的业务范围，以保证金融业的有序和稳健运行；资本充足性监管就是通过对金融机构实际资本比率、风险资本比率等的监管，降低金融机构的经营风险，实现金融经济稳定运行和发展；流动性监管就是监管当局通过银行资

---

① 王广谦：《中央银行学》，高等教育出版社2006年版，第66页。

产负债比例的监督,检查银行的清偿能力来保证其流动性充足;金融机构经营活动的监管就是金融监管当局通过资产负债比例管理、贷款风险管理、资本流动性管理等达到降低风险和分散风险的目的;准备金管理就是中央银行强制性规定商业银行必须将存款的一部分上缴中央银行,作为应付提挤准备金,保证商业银行的偿付能力,防范金融风险。市场运作监管就是监管者对证券市场、利率市场、外汇市场等实施管理,以保证金融稳定。

第三,市场退出监管。市场退出关乎金融稳定,因此,监管者必须对金融机构的倒闭和清算进行有力的监管。对金融机构市场退出监管都通过法律予以明确,并且有很细致的技术性规定,归纳起来,大致有两类处理方式。其一,危机金融机构的拯救。由于金融机构破产会产生很强的外部不经济,因此,各国金融监管当局都竭力避免,尤其是大型金融机构的破产,在金融机构陷入危机时,一般通过重新注资、接管、收购、国有化、债权人参与治理等方式进行救助。其二,完全退出。监管者通过解散、撤销与关闭、破产清算等方式让无可救药的金融机构退出市场,尽量避免挤兑发生,减少金融机构市场退出对社会政治经济和金融的冲击,充分保证广大债权人的权益。

二、金融监管的基本原则与方法

第一,监管主体独立性原则。监管主体的独立性是指在金融监管机构履行自身职责时,法律赋予或实际拥有的权力、决策与行动的自主程度。金融监管因涉及社会各方面的利益,很容易受到各种利益集团的干扰,难以公正、公平、有效地实施监管,监管机构如果不具有相当的独立性,监管行为及监管目标都难以摆脱政治上的干预。因此,监管主体的独立性是有效监管的重要保证。

第二,依法监管的原则。包括两层含义:一是国家赋予监管机构足够的权力监管金融;二是金融监管必须依法进行。也就是说,金融监管必须有明确的法律授权,通过立法赋予监管主体的监管权力。监管机关在执行权力时,也必须依照法律规定和程序实施,杜绝监管中的随意性,保证监管的权威性、统一性、客观性和公正性。

第三,"内控"与"外控"相结合、他律与自律并重的原则。金融监管不仅仅是金融监管当局的责任,还包括金融机构的内部控制及社会公众的外部监督。金融监管主体对金融业的外控,只有与金融机构的内控结合起来,才能将监管措施转化为金融机构内部控制的要素,才能使金融监管真正发挥作用。

第四,稳健运行与风险预防原则。金融业有极强的外部性,金融机构运行安全与否,不仅关系到其本身的生存,而且会危及整个社会的利益。保证金融机构的稳健运行,不仅是金融企业本身的任务,也是金融监管者的重要职责。因此,各国都赋予金融监管机构极高的保障金融安全权力,在极端的情况下,监管者可有权决定金融机构的兼并或关闭。

金融监管的手段在不同国家、不同时期都不尽相同,通用的金融监管手段主要有三种:

第一,法律手段。国家通过立法和执法,将金融市场运行中的各种行为纳入法制轨道,金融活动中的各参与主体按法律要求规范其行为。各国金融监管体制和风格虽各有不同,但在依法管理这一点上是共同的,这是由金融业的地位和对经济的重大影响所决定的。

第二,行政手段。金融监管当局以法律为依据,对金融机构出现的违规行为,经营不良等给予必要的行政措施约束和处理。行政管理手段主要分为两种,即直接监管和间接监管。直接监管是金融监管当局通过行政审批、直接控制等手段约束金融机构的行为;间接监管是金融监管当局主要通过制定相关监管规则和市场监督,督促金融机构加强自律。

第三,经济手段。这是金融监管当局采用的最多的监管手段,一般采用间接调控方式影响金融活动和参与主体。金融监管的经济手段很多,如在对商业银行进行监管时,多采用最后贷款人手段和存款保险制度;在证券市场监管中,金融信贷手段和税收政策则经常被采用。

第二节 金融监管理论的演化与框架

一、金融监管理论的演化

十五六世纪，伴随着资本主义的发展，银行在西方国家纷纷设立，货币市场得到一定的发育，证券市场也慢慢起步，这一切都表明：现代金融活动在这个时期已日趋活跃。事物在发展初期，往往是混乱与成长并存，或者说，在混乱中成长，在成长中混乱。成长到一定时期之后，具体讲是，当混乱的后果日益凸显，人们对此后果已经有比较清楚的意识时，就会设计制度进行约束，当然，最初的制度设计者可能是民间组织也可能是政府。金融业的发展也是走过同样的道路，在15世纪以后200年的发展中，混乱如影随形，以致导致了金融危机，较为典型的是：17世纪发生在英国的"南海泡沫"案和18世纪初发生在法国的"密西西比泡沫"案，泡沫案后，政府开始颁布法令对金融业实施规范，这就是金融监管的发端。

金融监管理论随着金融监管实践的不断变化而演化，梳理其演化轨迹，大体可划分为三个阶段：

第一阶段：新古典主义金融监管理论（20世纪30年代以前）。

1720年6月，英国颁布《泡沫法》，该法直接目的是防止过度证券投机，《泡沫法》的颁行，标志着世界金融史上政府金融监管的开始，它的许多重要原则一直持续影响到今天（白宏宇、张荔，2000）。[①] 不过，《泡沫法》所代表的政府金融监管还不完全是现代意义上的金融监管，它主要是政府针对证券市场的不稳定而采取的干预措施，政府金融监管的广泛开展，是在19世纪后期至20世纪初期中央银行制度建立之后。中央银行对金融的监管，首先是统一货币发行

[①] 白宏宇、张荔：《百年来的金融监管：理论演化、实践变迁及前景展望》，载《国际金融研究》2000年第1期。

和统一票据清算，试图通过两个统一来解决货币信用的不稳定性问题。但实际情况却是，金融机构的不谨慎信用扩张常常引发金融体系波动，进而引起实体经济的波动。作为货币管理者的中央银行，逐渐开始承担信用保险的责任，充当众多金融机构的最后贷款人。这样，中央银行以统一货币发行和提供弹性货币供给为特征的金融监管——本质上是货币监管，就逐渐转向了通过最后贷款人的职能稳定金融和经济方面上来。受古典和新古典主义自由主义思想的影响，20世纪30年代经济大危机之前的中央银行对金融机构行为的干预并不十分普遍，对金融机构日常行为则基本上是放任自由，对金融机构的存贷款利率也不进行直接干预。从监管手段上看，这个阶段的金融监管比较尊重市场选择，很少使用行政命令，而是强调自律，关于市场准入、业务范围等方面的限制也类似于公司法的规定，比较宽松也比较灵活。中央银行对金融的监管主要是通过统一货币发行、票据清算以及建立存款保险制度来防止银行挤提的发生。这时，关于金融监管的理论讨论也主要围绕这类问题展开，对于金融机构行为的具体干预则很少论及。

第二阶段：凯恩斯主义金融监管理论（20世纪30年代到70年代）。

20世纪30年代的经济大危机，打破了市场万能的神话，表明新古典经济学家所信奉的"看不见的手"不但不是无所不至，而且对它能不能实现市场出清表示质疑。凯恩斯主义否定了新古典主义，以"看得见的手"取代"看不见的手"，强调国家干预经济。凯恩斯主义经济学为20世纪30年代以后的严格、广泛的政府金融监管提供了直接的理论依据。如美国在20世纪30年代，一直致力于建设与完善以银行监管和证券监管为主体的金融监管体系，其中以1933年制订的《格拉斯——斯蒂格尔法》为最，它成为美国金融监管的标志性法律，标志着美国金融业从自由发展走向全面监管。在凯恩斯主义经济理论的影响下，金融监管理论也转型，传统上中央银行的货币管制转化为货币政策并服务于宏观经济调控的目标，对金融机构具体经营行为的干预则成为这一时期金融监管的主要内容。

第三个阶段：自由主义金融监管理论（20世纪70年代至今）。

20世纪70年代西方世界的经济滞涨，使凯恩斯主义遭到质疑，

· 21 ·

自由主义重新抬头。在金融监管理论方面，金融自由化理论备受追捧，该理论以"金融压抑"和"金融深化"理论为代表，在自由化理论看来，政府严格的金融管制，使金融机构的效率下降，压制了金融业的发展，最终导致金融监管的效果与促进经济发展的目标不符合。而且，金融监管作为一种政府行为，其实际效果能否达到预期目标，值得怀疑，比如，政府只是在理论代表全民，实际上它的政策往往受到利益集团的干扰，这样就不能保证政府金融监管总是能够保证全民利益。基于此，自由化理论者主张放松对金融机构过度严格的管制，特别是解除金融机构在利率水平、业务范围和经营的地域选择等方面的限制，恢复金融业的竞争，以提高金融业的效率。如果说，20世纪30年代至70年代的金融监管以保证金融体系安全为首要目标，那么，20世纪70年代以后的金融监管则以提高金融机构效率和效益为首要目标。金融自由化理论对实际部门产生了巨大的影响，如美国在20世纪80年代，出台了旨在放松金融监管的四部法律：《1980年存款机构放松监管和货币控制法》、《1982年存款机构法》、《1987年银行业平等竞争法》、《1988年金融机构改革、复兴和实施法》等，1999年，美国两院通过以金融混业经营为核心的《金融服务现代化法案》，废除了长期奉行的单一州原则和1933年制定的《格拉斯——斯蒂格尔法》，金融业跨区域综合化混业经营得到法律上的认可（祁敬宇，2008）。[①] 在这个阶段，资本充足性监管的有效性及其相关问题也成为金融监管理论界研究的热点（蒋海、刘少波，2003）。[②]

二、金融监管理论框架

现代金融监管理论经过近百年的演化，迄今已经基本形成一个完整的理论框架，用这个框架基本可以解释金融监管中的实际问题。从理论史的视角看，金融监管理论体系大体由三大块组成：金融监管的

[①] 祁敬宇：《美国金融监管制度的发展演变及其思想渊源》，载《首都经济贸易大学》2008年第6期。

[②] 蒋海、刘少波：《金融监管理论及其新进展》，载《经济评论》2003年第1期。

必要性理论、金融监管的有效性理论、金融监管的模式理论。

（一）金融监管的必要性理论

对于金融监管的必要性，百年来，不少流派作出了理论阐释，但目前占主流的仍是新古典经济学家所给出的两种解释：金融脆弱说和公共利益说。

明斯基（Minsky，1982）首次提出"金融不稳定假说"，[1]在Minsky看来，在经济周期的上升时期，贷款人或者是淡忘了上一个经济周期的金融灾难，或者出于竞争压力而日益放宽贷款条件，甚至作出许多不审慎的贷款决策。随着经济趋向繁荣，用于投机性用途和高风险用途的贷款所占比重越来越高，生产部门、家庭和个人的债务占其收入的比例也越来越高，股票、不动产等各类资产价格持续攀升，到达长波上升段后，必然出现滑坡，任何打断信贷资金流入生产部门的事件都可能引起违约和破产的风潮，而这一切又反过来影响金融体系，银行业破产将像传染病一样迅速蔓延。此后，金融脆弱性问题引起了广泛关注，Minsky的追随者从不同的视角对进入体系脆弱性假说进行了补充，如福瑞德曼和施瓦茨（Friedman & Schwartz，1986）从对金融机构流动性角度论证了金融业存在脆弱性的三大原因：一是短借长贷和部分准备金制度导致了金融机构内在的脆弱性；二是在资产负债表中，主要是金融资产而不是实物资产，主要是金融负债而不是资产净值，这导致金融机构之间存在着相互依赖的关系；三是存款合同的等值和流动性形成了在萧条时期提取存款的激励。[2]考夫曼（Kaufman，1996）从金融机构之间的关系来研究金融体系的

---

[1] Minsky, Hyman P., 1982, "The Financial Instability Hypothesis: Capitalist Processes and The Behavior of The Economy" In Financial Crises: Theory, History, and Policy, edited by Charles P. Kindle Berger and Jean – Pierrel Laffargue, 13 – 38. Cambridge: Cambrige Uiversity Press.

[2] Friedman M. and Schwartz A. J., 1986, "Has The Government Any Role Money ?" Journal of Monetary Economics, Vol17: 37 – 62; Diamond Douglas W. and Raghuram G. Rajan, 2001, "Liquity Risk, Liquidity Creation and Financial Fragility: A Theory of Banking", Journal of Political Economy, Vol. 109: 287 – 327.

脆弱性。他认为，金融机构间的传染性是由于银行间的拆借及其支付系统使得金融机构间的资产和负债相互关联，使得单个金融机构的倒闭会传染到其他的金融机构，从而引起一连串的金融恐慌。[①] 要防范和控制金融体系脆弱性的爆发，需要实施有效的监管，至于监管的着力点是什么，存在争论，有人认为应把金融部门债务量作为监测目标，有人则认为应该把银行储备和货币总量作为监管的目标。

公共利益说认为，金融市场存在失灵，从而导致金融资源的配置不能实现"帕累托最优"（斯蒂格利茨，1981）。[②] 按照新古典理论，金融市场的失灵主要体现在垄断、外部性和信息不对称等方面。许多实证研究和经验判断都表明，金融业存在显著的规模经济，规模越大，成本就越低，收益就越大，这意味着金融业具有一定的自然垄断倾向。金融业的垄断可能造成价格歧视、寻租，这不仅会有损资源配置效率和消费者利益，而且会降低金融业的服务质量和有效产出，造成社会福利的损失。所以，应该通过监管消除垄断（梅尔泽，1980）。[③] 金融业尤其是银行业作为一个特殊行业，其破产的社会成本明显地高于银行自身的成本。因为个别银行的破产会引起多米诺骨牌效应，有可能导致整个银行系统的崩溃而引发金融危机，从而需要政府监管来消除这些外部性，防止多米诺骨牌效应的发生。在金融市场上，存款人与银行、银行与贷款人、股民与上市公司、证券投资者与融资者之间普遍存在信息不对称，由此产生逆向选择和道德风险问题，进而造成金融市场的失灵，只有政府把信息当做公共产品来广泛提供时，金融市场上的逆向选择与道德风险或许会得到有效遏制。

（二）金融监管的有效性理论

源于新古典经济学的公共利益监管理论，假设国家和其他监管主

---

① Kaufman, G. G., 1996. Bank Failures, Systemic Risk and Bank Regulation. CATO, Vo. 16: 17 – 45.

② Stiglitz J. E. and Andrew Weiss, 1981, "Credit Rationing in Market With Imperfect Information", American Economic Review, 73（3）: 393 – 410.

③ Meltzer A. H, 1980, "Margins in the Regulation of Financial Instition", The Journal of Political Economy, Vol. 75: 482 – 511.

体具有充分监管能力,且他们的监管目标是实现社会利益最大化,即防止自然垄断、外部性、公共产品和不完全信息等市场失灵所产生的价格、产量、分配等变量的扭曲,从而实现保护消费者利益和社会福利的最大安全与资源的合理配置,以此为基础增强整个经济的配置效率(波斯纳,1974)。① 基于此,公共利益监管论者坚信,通过政府监管的最优设计可以毫无疑问地会增进社会福利,实现资源配置的帕累托效率(史毕根斯,1990)。②

与公共利益监管论者的观点不同,公共选择学派认为国家实际上由利益集团所控制,其行为目标并不完全与社会利益一致,因而没有理由相信监管者实施监管是为了实现社会利益最大化。波特(Boot,1993)的研究表明,监管者一般追求的是自身利益而不是社会福利,监管者的行为往往偏离社会公众最优化目标,出现监管政策的扭曲。③ 这就对新古典金融监管理论提出了质疑,循着这个思路,一些经济学家又从政治经济学的角度出发,建立了政府掠夺论及特殊利益和多元利益论。在政府掠夺论者看来,政府和政治家并非像人们所想象的那样是社会利益的代表,他们有自己的利益和自己的效用函数,并且与社会利益有着很大的差异。政府之所以要对金融业进行管制,其直接的目标并不是要纠正市场失灵、防范金融风险以及保证金融体系的健康和资源配置效率的最优,而是自身收益(政治收益和经济收益)的最大化。这体现在:第一,国家垄断货币发行权是为了扩张政府可支配的资源,以利用多发行货币来对财政赤字进行融资;第二,国家实施法定准备金制度是为了获取潜在的存款"税收";第三,政府实施的其他管制,在于为政府创造干预经济的借口,以扩张权力的范围,同时为获取"租金"创造机会。例如,对银行业务和区域的限制以及开业资格的审查,都可以为政治家创造向银行获取额

---

① Posner, R. A., 1974. Theories of Economic Regulation. The Bell Journal of Economics and Management, Vol. 5: 335 – 358.

② Spierings, R., 1990. Reflections on the Regulation of Financial In-termediaries. Kyklos, Vol. 43: 91 – 109.

③ Boot, A., 1993. Self Interested Bank Regulation American Economic Review, Vol. 83: 206 – 213.

外"收益"的机会（胡维波，2004）。① 特殊利益论和多元利益论者对政府的本质则阐释得更加直白，认为政府只是一个抽象的概念，它是由许多政党和利益集团组成的。因而，金融监管是利益集团通过政治斗争而形成决策的产物；不同的社会经济利益集团是金融监管的需求者，而政府中的政治决策机构则是金融监管和监管制度的供给者。管制工具和监管制度是一个需求和供给不断变化的匹配过程（佩茨曼，1976）。② 建立在政治经济学分析方法基础上的上述两种理论都认为，金融监管是为了满足各既得利益集团的需要，如果利益集团与公众有共同的利益目标，金融监管应该是有效的，如果相悖，金融监管或许成为利益集团攫取私利的工具。

第三种理论观点是"管制俘获说"，认为政府管制是为了满足产业对管制的需要而产生的（即立法者被产业所俘获），而管制机构最终会被产业所控制（即执法者被产业所俘获）。该理论强调指出，管制不仅仅是经济过程，更重要的是政治决策对经济资源重新分配的过程，认为管制的目标不是为公共利益，而是被俘于特殊利益集团。其原因是：由于大企业或者大资本家控制了资本主义制度，而管制是资本主义制度的一部分，所以大企业或大资本家控制着管制。管制措施在实施之初，一般还是有效的，但随着时间的推移，当被管制的行业对立法和行政程序极其熟悉时，管制机构会逐渐被它所管制的行业所控制和主导，而被管制对象则利用它来给自己带来更高的收益（施蒂格勒，1971）。③ 因此，"管制机构的生命循环开始于有力地保护消费者，而终止于僵化地保护生产者"（江曙霞，1994）。④ 只要存在政府管制，政府官员可能利用权力创租，如利用行政干预的办法来增加私人企业的利润，人为创造租，诱使私人企业向他们"进贡"，以作为得到这种租的条件，或者故意提出某项会使私人企业受损的政策威

---

① 胡维波：《金融监管的理论综述》，载《当代财经》2004年第3期。
② 佩茨曼：《趋向更一般管制理论》，载《法律经济学杂志》1976年第2期。
③ Stigler, G. J., 1971. The Theory of Economic Regulation. The Bell Journal of Economics and Management, Vol. 2：3-21.
④ 江曙霞：《银行监督管理与资本充足性管制》，中国发展出版社1994年版，第76页。

胁，迫使私人企业割舍一部分既得利益与政府官员分享。政治创租必然诱使寻租更加普遍（麦克切斯尼，1987）。[1] 金融监管是政府管制的重要组成部分，因此金融监管中同样存在寻租现象，影响金融监管的公平与效率。

显然，在西方理论界，新古典监管理论坚持金融监管完全有效，而信奉利益集团理论的论者则对监管的有效性提出质疑甚至否定其有效性。

（三）金融监管的模式理论

金融监管模式对金融监管的成功和效率具有重大意义。伦敦经济学院教授、英格兰银行货币政策委员会成员葛德汉（Goodhart）和他的同事认为，金融监管模式可依据三个不同的准则设立：一是根据金融机构的特点；二是根据金融机构的业务功能；三是根据监管目标（葛德汉等，1998）。[2] 无论以什么准则设立监管机构，都会涉及单一监管机构还是多个监管机构并存的模式选择问题。单一监管是由一个机构负责金融规制、监督、检查等全部金融监管职能，多头监管则由多个机构分工负责这些职能。无论是单一模式还是多头模式，其实际运作又有许多相通之处：一是专业化与非专业化，单一模式下金融监管主体未必把金融监管当做唯一专业化业务，多头模式下金融监管主体未必不把金融监管当做唯一专业化业务，如2001年以后英国的金融服务局就是一元化的专业化金融监管机构，而德国的财政部和1998年6月以前的日本大藏省则是一元化的以金融监管作为辅业的金融监管机构，我国的证监会、保监会是以金融监管为唯一专业业务的金融监管主体。二是集权与分权。集权是指监管权力集中于中央监管机构，分权则是央地共享监管权力，两种模式都可集权也可分权。

两种监管模式都互见利弊。单一监管模式有如下优势：可以充分

---

[1] 麦克切斯尼：《经济管制理论中的抽租与创租》，载《法律研究杂志》1987年第1期。

[2] Goodhart, C., P. Hartmann, D. Llewellyn, L. Rojas-Suarezand S. Weisbrod, (1998): Financial Regulation: Why, How and Where Now? Routledge: London and New York.

发掘监管成本和人力资源的规模效益；可以发掘监管的范围经济（economics of scope）；反映了金融机构一体化和集团化的发展趋势；可以避免因监管条例不一致、重复、交叉等问题而产生的金融机构之间的不平等竞争；如果金融监管人才短缺，将这些人才集中在单一监管机构可以提高对这些人力资源的利用效率，也能够更好地避免这些短缺专业人才流失；在单一的更为简单的监管结构下，监管责任制可以更为明确地确定。但也有劣势，最引人注目的是单一监管机构被赋予过多、过强的监管权力，以致可能产生官僚主义甚至霸气，形成所谓的监管垄断势力（泰勒，1995）。[①] 多头监管可以克服单一金融监管机构的监管目标可能不明确，对金融机构、金融产品、金融业务之间的差异不能有效区分的弊端；单一监管机构的目标和责任之间可能会产生冲突，权力有可能过于强大，导致官僚主义、垄断和滥用权力，多头监管则一般不会出现类似情况。多头监管的劣势也很明显，如监管内容交叉重复、监管要求不尽相同使金融机构无所适从；监管成本高于单一模式；资源配置效率低于单一模式等（霍德，1999）。[②] 既然单一和多头模式都互有利弊，那是否存在第三条道路呢？葛德汉（Goodhart）等人认为，设立监管机构的最终评判标准应当是这种监管模式在实现监管目标方面体现的效率和有效性，因此，应当根据监管目标设立监管机构。一个可能的模式是建立这样一个监管体系，它包括一个系统风险监管机构、一个审慎监管机构、一个零售金融业商业行为监管机构、一个批发金融业行为监管机构、若干自律组织、一个竞争监督机构。不过，这仅仅是一种构想（郑振龙、张雯，2001）。[③]

---

① Taylor, M. (1995): "Twin Peaks: A Regulatory Structure For the New Century." Centre for the Study of Financial Innovation Working Paper, London, December.

② Foot, M. (1999): "Risk Assessment." Journal of Financial Regulation and Compliance, 7 (1), pp6 – 10.

③ 郑振龙、张雯：《金融监管的制度结构约束》，载《世界经济》2001 年第 12 期。

第二章

清末金融监管的萌起

第一节 清末中国金融监管思想的萌起

鸦片战争后的半个世纪内，中国无自办的现代银行。1897年，中国第一家银行——中国通商银行在上海成立。此后至清朝灭亡的十几年间，大清银行、交通银行和众多不同性质的地方银行乃至保险公司相继出现，加上此前就已存在的为数众多的票号、钱庄，清末的金融机构单从数量而言，已经比较可观。但是囿于人们认识和相关法律的滞后，这些金融机构的运作基本处于无政府状态。在现实的煎迫和一些有识之士的推动下，政府当局逐渐把金融监管提上议事日程。

欧美、日本中央银行理论的传入为中国金融监管思想的萌起奠定了基础。1846年，魏源（1846）在《海国图志·大西洋》中向国人首次介绍了英国的国立银局，"内收税饷，出银票以敷所用……所出银票，计价五千四百万两有余……所贮现银三千万两有余。故所最著者，银票"。[①] 虽然没有明确中央银行这一概念，但作者显然关注到英国国立银局来源于国内税收，充足的"准备金"是导致其所发银票信誉很高的原因。1885年，在英国怡和洋行商人克锡格、密克的支持下，李鸿章上书朝廷，建议与洋人在北京合办官银行，并提出经

---

① 魏源：《海国图志》卷五十一大西洋，清光绪二年魏光焘平庆泾固道署刻本。

理国库省库、发行银票等类似于央行的基本构架，李氏的建议得到慈禧肯定，但奕䜣等人和户部不同意，计划破产（李瑚，1986）。[①] 第一次明确提出银行监管主张的是郑观应，其思想反映在《盛世危言》中：在发行准备金方面，"泰西……商银行所出之钞票者，必须经官验看，核其存库银钱若干，始准出票若干。如用出现银钞票一千元，须有现银二百元，备为零星换银者取用"（郑观应，1897）。[②] 以此做对照，郑观应对当时在华外国银行滥发钞票致使人们利益受损感到异常愤懑，并对当时没有充足准备金的中国钱庄滥发银票表示深切担忧。在银行职员的选聘上，郑观应认为"宜仿西法，凡银行所用之人，皆由公举，不得私荐，责成官绅及诸股董，各就所知保荐才能廉洁之士，荐而作弊，举主坐之。倘有亏蚀，荐主罚赔，以众人之耳目为耳目，以天下之是非为是非，则弊绝风清。"郑观应建议中国走一条先设立商部，颁布商业通行条例以保护商人，从而使商业繁荣，然后设立银行发行钞票的道路。先在首都北京设立类似于中央银行的"官银行"，委派户部主要官员督理，"将四成洋税（海关税收），拨作银行成本。约得库平银九百万两。"对于央行在各地的分行，则用"该省洋（海关）关税饷、地丁钱粮归其代收"，并"由藩司督理，以专责成此"。借助较为充足的海关关税来作为央行成本，然后妥定章程，印行钞票"盖用部印，并盖银行钤记，以示信于民。"除此之外，每年派人查核市面钞票总量是否与银行本银数量相适，把结果登报向大众公布（郑观应，1897）。[③] 就此他还引证了设立于1864年的英国国家总银行（即央行）的做法。现代金融的践履者盛宣怀对金融监管有比较清楚的认识，在他看来，中国自办银行，不能仿效钱庄、票号，而应"以汇丰为师"，对银行发行、业务等实施监管。发行"按存银之数，为印票之数。以备随时兑现"；在借贷业务方面，如果"各省官司，向银行借贷，应照西例由总行禀明户部批准。以

[①] 李瑚：《中国经济史丛稿》，湖南人民出版社1986年版，第243页。

[②] 郑观应：《增订盛世危言新编》卷七开源三·银行上，光绪二十三年（1897年）成都刻本，第149页。

[③] 郑观应：《增订盛世危言新编》卷七开源三·银行上，第150页。

何款抵还，方能议订合同"。银行人员的准入监管，也应以颇为严厉的汇丰章程为例（盛宣怀，1939）。① 盛宣怀所主张的"汇丰体制"中的诸多监管理念在后来的银行实践中得到很好的贯彻，影响甚大。

归国留学生将欧美、日本金融监管理论介绍到中国，留美返国的容闳，在得到张荫桓和翁同龢等朝廷重臣的支持后，向清政府正式提出仿效美国建立国家银行的详细计划。这个计划主要立足于在中国建立国家银行总分行制。由户部拨款一千万元先行于京都设立总行，各省再设立分行。总行除了经理国库，替户部筹款外，对分行有稽查监管的责任。分行向总行缴纳准备金后才能按照一律的样式和一定的数量发钞，发钞过程也必须受到总行查核，分行与总行为借贷关系。其他官银行和地方银行也必须向京都总行缴纳四分之一的准备金。做过湖北留日学生监督，有丰富外交经验的浙江人钱恂于1901年写成《财政四纲》一书。他在书中系统地介绍了西方和日本的银行制度，认为在农业银行、储蓄银行和庶民银行之外，中央银行居于首位。央行有银行的银行、发行的银行和"别有义务的银行"三种性质。他还特别指出英格兰银行和日本银行的区别之处，认为英国国内实行自由经济政策，所以央行（英格兰银行）处于中央监督整理的位置；而后者国内实行保护政策，故日本设立央行更在于协助大藏省经理国库。此外，他还强调了央行应该注意检查各银行的报告，以免滥发钞票而导致金融恐慌。虽然书中没有阐释明确和系统的监管思想，但作者偏向于日本式的央行协助大藏省监管全国金融的态度比较明显（程霖，1999）。② 继钱恂之后的思想传播者是声名颇著的康有为梁启超师徒。梁启超在百日维新失败后逃亡日本，在进一步思考中国变革方向的同时不忘对银行制度的考察。他认为中国应该走一条中央银行制与国民银行制并行发展，然后逐步把发钞权收归中央，最终完成银行发行单一制的道路。央行的职责在于"平时则以统全国金融之枢

---

① 盛宣怀：《愚斋存稿》卷一奏疏一，民国思补楼（辽宁）刻本（1939），第7页。
② 程霖：《近代银行制度建设思想研究》，上海财经大学出版社1999年版，第55～56页。

机，有事则以助政府财政之运转"（梁启超，1964）。① 在1902年的《中国改革财政方案》中，梁启超参照加拿大国民银行条例和日本国民银行条例，主张普通银行以五万元为资本额上限，以利于银行的普及推广。而在发行储备上，则参照日本例"银行须储存发行总额的十分之二金，过高则可能影响银行的发行"，总体而言，梁启超意在寻求一种整体的银行发展思路，因此对具体的金融监管措施介绍得比较简略，而且其金融思想也时常处于变化中（梁启超，1964）。② 康有为在考察、比较欧美日本各国银行制度后，提出中国要建立完善的银行体系，必须综合欧美日各国方法，他认为银行体系由处于上层的中央国家银行、中层的组合银行与下层的国民银行三部分组成，中央国家银行为银行监管体制的中枢，是"一切银行之母，为银行之银行，操纵一国金融之权"，是国家监核金融而操其大权的关键所在（姚遂，1994）。③ 包括票号、钱庄等在内的国民银行以向央行购买公债的方式获得发钞权，以前私发钞票一律禁止。将分散于各地的抵押银行、劝业银行、兴业银行等整合为组合银行，和国民银行一起接受央行的监督稽核。稍晚的留日学生谢霖，李澄也参考日本佐野善作、崛江归一、野口宏毅、村田俊秀郎等人的银行理论写成了《银行制度论》，书中进一步介绍了中央银行制度。指出央行有独占性的发钞权、代理国库权和对其他银行的危机救助责任。作者还对当时清政府设立的户部银行（后改为大清银行）进行评论，认为其"实占中央银行之地位"，对于银行监管，该书主张在中国运用官督制度，应对央行的用人、发钞、经营作全面的监管（谢霖、李澄，1913）。④

综上可以看出，清末的思想家循着历史潮流，由欧美及于日本，向国人不断介绍各种银行理论的同时，也附带了不同的金融监管理念。结合国内的银行实践经验，他们想建立的应该是一种本土化了的

---

① 梁启超：《饮冰室合集·文集之二十一》，中华书局1964年版，第1页。
② 梁启超：《饮冰室合集·文集之二十二》，中华书局1964年版，第76页。
③ 姚遂：《中国金融思想史》，北京：中国金融出版社1994年版，第389页。
④ 谢霖、李澄：《银行制度论》，上海中国图书公司印行，中华民国二年三月，第39、41、65页。

政府主导型中央银行体制。这种体制下，政府（而不是独立的央行）对金融的监管拥有绝对权力。1908年，载泽吸收了日本大藏省监管银行的思想，在户部银行改组为大清银行之际，首先提出要面向中央银行和各类商业银行制定银行则例，由户部对它们进行监管。[1] 清末金融监管思想在欧美、日本银行理论相继传播和国内金融实践交相激荡下的萌起，为后来的金融监管实践和监管思想的发展提供了必要条件。

第二节　金融机构监管

清末，中国现代银行业刚刚起步，政府对银行监管的认知有限，没有设立专门的监管机构，此时的银行监管在很大程度上依靠于各银行的内控。

1897年初设立的中国第一家新式银行——中国通商银行，除了在市场准入、订定生息办法、发钞和代各省官司借贷等环节[2]要征得清政府同意之外，其他方面的监管完全依靠银行自身的控制。这种内控式的监管主要体现在以下几个方面：其一，银行人员的准入控制。在考察汇丰银行在经营管理上的成功经验之后，盛宣怀等人提出"银行之得力，全在管事之得人"，因此极力主张仿效汇丰体制"无论现下将来管事一切人等，必须无官场习气，熟悉商务"（陈旭麓等，2000）。[3] 通商银行自成立起，上自总董、董事、洋大班、华大

---

[1] 程霖：《近代银行制度建设思想研究》，上海财经大学出版社1999年版，第55~56页。

[2] 订立生息方面"本银行系奉特旨……公议拟请户部拨存生息公款二百万两……至生息年限章程，应俟盛大臣咨商户部再由各总董会议请奏咨定夺"；发钞方面"本银行奏明准照汇丰银行用银两、银元各票，凡有五种，计银一百两、五十两、十两、五两、一两；银元亦如之……其出票银数，总不逾实存银之数"；代各省官司借贷方面"应照西例，由总行总董及总提洋人查明，须有抵还的款项，方能订立合同，禀明户部批准立案"。陈旭麓、顾廷龙、汪熙：《中国通商银行：盛宣怀档案资料选辑之五》，上海人民出版社2000年版，第56、59页。

[3] 陈旭麓、顾廷龙、汪熙：《中国通商银行：盛宣怀档案资料选辑之五》，上海人民出版社2000年版，第59、60页。

班下至跑堂伙友的人选都必须经过严格筛选。总行总董拟设十二人，"除已选五人外，其余续添各董，仍需公正厚实，声望素着，召集巨股，为股商信服者，方可选立"（陈旭麓等，2000）。① 洋大班的选任，也需经历严格的程序。洋大班美德伦，在汇丰银行充当总账房多年且有总办经验，也必须在得到同业贾德纳、麦克鲁等三人的举荐信后，再"取荐保单存库"，方得与通商银行签订权责明确的正式合同。其他总、分行的买办，"需要总董公举……取具殷实人保单或保银存单，并议定办事人权柄，订立条款，一交买办，一存银行"（陈旭麓等，2000）。② 副买办以下的低级职员入行均需有人举荐作保（或缴纳保银）方可。其二，查账制度。在最高层面，仿效欧亚银行向有官府查账的办法，由股东会议公举一名资望较高且持股二千股以上的人出任督办，任期三年，可以连任，由总董转禀总理衙门立案（陈旭麓等，2000）。③ 总行账目结算，实行日结—月结—半年结制度，洋大班和洋司帐每日必须"本日收进金银元宝、押据、支票、庄票、契券之账目互相核对。如果无讹，该账目应妥为抄入各簿。不论何时，各董事倘要查核，须即将该账目缴呈"；"每月底总行所有现货，由董事一位会同总大班，或司帐，或管现银人并买办当面查点。如查得实数相符，由该董事签名为据"（陈旭麓等，2000）；④ 每隔半年则"须将一切款项，核结清楚，照汇丰办法，由总理洋人刊印总册，分送各股东及公家存查，至刊送以结账后三个月为限，不得再迟"（陈旭麓等，2000）。⑤ 此外，对于总行内一切账目，无论巨细，总董或董事都可以根据需要随时查核。总行内华人经理（买办）主导下的"华账"，总董或董事也拥有随时查核的权利。其三，业务

---

①② 陈旭麓、顾廷龙、汪熙：《中国通商银行：盛宣怀档案资料选辑之五》，上海人民出版社2000年版，第58页。

③ 陈旭麓、顾廷龙、汪熙：《中国通商银行：盛宣怀档案资料选辑之五》，上海人民出版社2000年版，第64页。

④ 陈旭麓、顾廷龙、汪熙：《中国通商银行：盛宣怀档案资料选辑之五》，上海人民出版社2000年版，第52页。

⑤ 陈旭麓、顾廷龙、汪熙：《中国通商银行：盛宣怀档案资料选辑之五》，上海人民出版社2000年版，第60页。

审慎性监管。为降低风险，中国通商银行在一些具体的交易过程中设立了必要的门槛。对于存贷款业务，"应照西国银行严谨办法，划一不二，不徇情面，必须有货物等件抵押，并有妥当人担保，防可押放。"尤其对于涉官业务，通商银行异常警惕，"本银行代各省官司借贷银两，应照西例，由总行总董及总理洋人查明，须有抵还的款，方能议定，订立合同禀明户部批准立案，照汇丰银行代国家借款章程，印发借券，归行取付"（陈旭麓等，2000）。[①] 对于负责行内日常事务的洋大班和华人买办，均要求其严守商业秘密，以免造成损失。其四，对分行的监管。总行对各分行进行严格监管。人员准入上，各分行的华大班（负责人）皆由总行总董会同遴选，入行之前必须有殷实富户的保单向总行库房缴纳保银，然后订合同。分行华大班拥有分行内部用人权，但所用人员必须由大班取具的保单存于总行，一旦出现问题，大班负有全责（陈旭麓等，2000）。[②] 这种"连环保"的用人方式大大降低了银行内部人员腐败的风险。查账方面基本与总行的做法相同。既有定期的查核（各分行每月和每六个月定期向总行汇报各项账目），也有非定期的查核，"无论何时总行派查账人，往查该经理人账目、信件、契据清账、押款凭据、保单、汇票、现银等项，该经理人必须速即一一陈明，听候查验，不得稍有迟误"（陈旭麓等，2000）。[③] 这种较为严格的查账制度在实践中起到了不错的效果。光绪三十年十月（1904年11月），江苏巡抚端方向盛宣怀举报镇江分行大班尹允熊在职期间共欠税银353669多两，税务罚款60000两，税务司公款和镇关裕通银号116890多两，共计530550多两，而其平时报总行的账均为伪造。总行迅速成立由总董王道存、华大班陈笙郊、镇江分行总董尹德坤、司账冯支勤及账支等九人组成的稽查组，详细核查账目，证明端方所说属实。最后，总行应端方请

[①] 陈旭麓、顾廷龙、汪熙：《中国通商银行：盛宣怀档案资料选辑之五》，上海人民出版社2000年版，第59页。

[②] 陈旭麓、顾廷龙、汪熙：《中国通商银行：盛宣怀档案资料选辑之五》，上海人民出版社2000年版，第90页。

[③] 陈旭麓、顾廷龙、汪熙：《中国通商银行：盛宣怀档案资料选辑之五》，上海人民出版社2000年版，第94页。

求，将尹允熊（已故）之叔尹德坤移交官府逮捕，没收尹氏家产，并分期赔付亏空款项（胡天意、文纯清，1995）。① 业务审慎性监管方面，总行对分行的要求相对总行内部提高了。分行汇票要随时函电知会总行，如果收付在十万两以上的交易必须电请总行定夺。各分行之间如想冲抵票据，也必须报告总行。对于涉官借贷业务，更要请示总行决定。各分行大班不得违例私自向官场及亲友放款。分行的盈利情况要及时据实报告总行。分行的放款收款在很多情况下也都须得到总行同意（陈旭麓等，2000）。②

中国第一家国家银行——户部银行于1905年9月27日在北京成立，清政府设立户部银行的目的，一方面是想借此推行银币、发行纸币以整齐当时日益混乱的币制，另一方面就是想通过盈利来辅助日益困难的财政（孔祥贤，1991）。③ 而且后一目的似乎更为迫切，这就决定了户部银行不可能发挥出现代中央银行全面监管金融的功能，因此，我们要着力关注的仍然是其内控机制。在大清户部银行三十二条试办章程中，唯有第二十四条和第二十八条关于整齐币制的规定有现代中央银行履行监管金融职责的意味。第二十四条"本行有整齐币值价值之权，凡遇市面把持垄断，将各项制币价值任意抬抑之时，本行得以禀请从严惩办，秉公定价，务实币制一律，以维圜法"（孔祥贤，1991）。④ 第二十八条"本行既隶于户部，所发纸币既与国家制币无异，应禀财政处户部奏明通饬各省出示严禁，无论何项人等，如有伪造本行纸币者，由刑部另立专条，从重办理"（孔祥贤，1991）。⑤ 但从当时的实际情况来看，拥有发行权的金融机构很多，如中国通商银行、外资银行还有各地的大钱庄等。户部银行至多只能依靠其最大

---

① 胡天意、文纯清：《古道与新辙：中国金融稽核史漫笔》，中国金融出版社1995年版，第36页。
② 陈旭麓、顾廷龙、汪熙：《中国通商银行：盛宣怀档案资料选辑之五》，上海人民出版社2000年版，第91、94页。
③ 孔祥贤：《大清银行行史》，南京大学出版社1991年版，第68页。
④ 孔祥贤：《大清银行行史》，南京大学出版社1991年版，第72页。
⑤ 孔祥贤：《大清银行行史》，南京大学出版社1991年版，第73页。

股东①——清政府对自身发行的钞票或银元有所控制和影响，而绝不可能担负得起整理全国币制的责任。户部银行既然无法代表国家发挥"央行"的金融监管职能，就只有暂居本位，搞好自身的内部监管。户部银行的内控包括：其一，银行内部组织架构上，在总办、副总办、理事之外设立具有全面监察银行事务大权的监事三人。其他银行人员的准入也都有严格规定。其二，查账制度。"每季详造营业资财切实报告二份，送呈财政处、户部查核。财政处、户部并可随时调阅本行清账"（孔祥贤，1991）。② 其三，业务审慎性监管。这方面与中国通商银行大同小异。其四，信息披露制度。每年三月、九月，定期召开股东会议。登报周知。其五，歇业。"如财政处户部或股东执事各员查明，本银行经折阅过半，即应将营业停止，仍须议定办理结账人员，俟将存欠账目归收清楚，所余本银按股份分给股东，方准歇闭"（孔祥贤，1991）。③

另一国家银行——交通银行于1907年12月8日成立，交通银行是在"一切经营悉照各国普通银行商业办法，兼采奏准之中国通商银行、四川浚川源银行及咨准浙江铁路兴业银行各规则"④的基础上，内控机制变得更为严谨。在机构设置上，加大了内部监察的力度。"有总稽查，亦由部奏准，专司稽查……除部派考察账目之员，在总管理处办事，附设稽查所……有稽核所，设正副稽核各一人，司各行账目，并规划业务、股票及重要单据之保管"（交通银行等，1995）。⑤ 总稽查和银行的最高负责人总理和协理拥有随时稽查银行各项事务的权利。查账制度方面。总行需"每季详造营业资财切实

---

① 第五条章程中规定户部银行归国家保护，遇有资金紧张情况时，可以向户部申请发给存库款接济。这并不能说明当时的清政府已经建立了一种金融危机救助体系，其本质原因仍在于政府是户部的最大股东。可以将危急时刻国家的救助视为该银行内部的一种自然反应。见孔祥贤：《大清银行行史》，南京大学出版社1991年版，第70页。
② 孔祥贤：《大清银行行史》，南京大学出版社1991年版，第70页。
③ 孔祥贤：《大清银行行史》，南京大学出版社1991年版，第73页。
④ 交通银行总行、中国第二历史档案馆合编：《交通银行史料第一卷（1907～1949）》上册，中国金融出版社1995年版，第7页。
⑤ 交通银行总行、中国第二历史档案馆合编：《交通银行史料第一卷（1907～1949）》上册，中国金融出版社1995年版，第92、93页。

报告送呈邮传部查核，年终结账转咨度支部查核，邮传部并可随时调查该行各账"（交通银行总行等，1995）。① 各分行则建立月结——季结——年结系统查账制度。查账结果汇成报告，宣示大众。

地方银行大多也主要依靠对内部加强监管来达维持自身的良性运作。为了维持财政正常运转，1905年在四川政府主导下成立了浚川源银行。该行虽由藩司主政和督办，另派总办经营，重大问题要报请藩司、总督处理。但主导其日常运转的还是后来增订的加强内部管理的18条《银行规则》。这个规则涉及到用人、查账等内容（姜宏业，1991）。② 稍晚成立的广西银行（1910年成立），设立了更为系统的内控机构。一方面，有宏观层面的监督机关。由总理、副总理、总稽查和稽查委员一起负责。另一方面，还设有对日常营业进行监督的监督处。总行为总监督处，分行为监督处。下设（总）监督、管库、管账各一人（中国人民银行总行金融研究所历史研究室，1990）。③

清末，中国金融业得到了较快的发展，与之伴随的是金融业出现较大的混乱，清政府意识到需要加强政府对金融业的监管，一些朝廷大员试图通过改革户部银行，将其变成名副其实的中央银行，同时制定面向全国金融机构的监管法令来肃清乱局。1908年3月2日，度支部尚书载泽上折"改户部银行为大清银行并厘定各银行则例"得到批准，户部银行正式改名大清银行。清政府这次立法的总体思想是想在中国建立起比较系统的金融监管体系。这个体系以度支部为监管核心，中央银行（由户部银行改为大清银行实现）为辅助，把其他银行分为普通银行、殖业银行和储蓄银行三大类，分别设立相应的监管法律，藉此覆盖各类银行。度支部的监管职责相当于日本的大藏省，拥有全面性的最终裁决权，对其监管权利的定位散见于四类银行的监管法令中。大清银行方面，重新厘定二十四条《大清银行则

---

① 交通银行总行、中国第二历史档案馆合编：《交通银行史料第一卷（1907~1949）》上册，中国金融出版社1995年版，第174页。

② 姜宏业主编：《中国地方银行史》，湖南人民出版社1991年版，第189、190页。

③ 中国人民银行总行金融研究所历史研究室编辑：《近代中国金融业管理》，人民出版社1990年版，第437、438页。

例》。全面提升其作为中央银行的实力和地位。扩充资本，在原有资本四百万两基础上，"再添招六百万两合共一千万两"，并允许在银行业务扩张时通过招股继续增加资本额度。继续认定大清银行的国家发行权。"大清银行有代国家发行新币之责，应随时体察市面情形，向度支部请领新币，由部核准知照造币厂分别发放，以资流通"。代理国库的权利。让其经理国库事务及公家一切款项，并代公家经理公债及各种证券。同时明确大清银行的职责，比如代表国家对金融市场提供危机救助。"凡遇各地方市面银根紧急之际，得由职员会定议，呈准度支部，借给款项，维持市面。仍由银行按期照章结算存息，听候部示"（端方，1909）。[①] 在提升其作为中央银行的地位和权利的同时，在户部银行的基础上，大清银行的内控机制得到进一步强化。确立了监理官制度。人员准入也更趋严格。还建立了银行总监督派员查账和度支部查账相结合的查账制度等等。

对普通银行[②]的监管方面，第一部由中国政府制定的专门管理金融机构的法令《银行通行则例》（亦名《普通银行则例》）也正式颁布。这标志着中国政府对金融业实行法律监管的开始。[③] 该《则例》共有15条，另有附则1条。主要包括以下几方面的监管内容：首先设立严格的银行注册制度。规定凡创立银行[④]或欲改换原有银行具体组织形式等制度的，必须报告度支部核准注册。注册内容包括行号招牌、地址、资本额度、组织形式、发起人的姓名籍贯住址（如果是

---

① 端方：《大清光绪新法令》，上海商务印书馆刊本1909年版，第894、895页。

② 本次立法对普通银行的定义为："经营金银、汇划、贸易、如银号、票商、钱庄以及各省所设之官银号、官钱局。凡有银行性质者，即可以普通银行赅之"。见端方撰《大清光绪新法令》，上海商务印书馆刊本1909年版，第894页。

③ 这里需要特别说明的是，早在此前（1903年）颁布的《大清商律》及以附则形式出现的《公司律》实际上在某些方面对当时的银行起到了一定的监管作用。因为这些银行大都以股份有限公司的形式出现。《大清商律》和《公司律》的立法思想后来也被一些金融监管法令采用。见《大清商律》及《公司律》，严世清辑，《约章成案汇览》乙篇卷十一·上·章程，清光绪三十一年（1905）上海点石斋石印本。

④ 《则例》中定义的银行非常广泛，除了新式银行外，还包括经营存款、放款、票据贴现、短期拆借、汇兑、买卖生金银等业务的金融机构。实际上，这个定义是指新式银行、钱庄、票号、银号、银局、钱铺等金融机构。见端方：《大清光绪新法令》，上海商务印书馆刊本1909年版，第897页。

股份制银行，还要呈报集股章程及发起人、办事人的姓名、籍贯、住址及是否为有限无限公司）等。以此实行对银行的准入监管。同年七月，清政府制定了操作性更强的详细银行注册章程共8条。另附《官办银行呈请注册应声明事项》、《商人独办银行呈请注册应声名事项》、《商人合资开办银行呈请注册应声明事项》、《商人集股开办银行呈请注册应声明事项》等条规（端方，1909）。[①] 这一制度逐次得到推行。其次，对银行实行相关检查制度。在发行上，"官设行号，每月须将发行数目及准备数目按期咨报度支部查核。度支部并应随时派员前往稽查"。在资产业务负债方面，"凡银行，每半年须详造该行所有财产目录及出入对照表，呈送度支部查核。如有特别事故，应由度支部派员前往检查各项簿册凭单现款并其经营生意之实在情形"。"银行每年结账后，须造具出入对照表，详列出入款项总数，登报声明或以他法布告，俾众周知"。再者，《则例》规定，凡是经过核准注册的银行，如有危险情形，在向地方政府详细报告并呈述理由并经过度支部查核后，如果该银行并不存在实际的亏空而只是一时周转不灵，可以就近向大清银行拆解款项或取得担保，避免意外。另外，《则例》还设立了对各银行的歇业检查制度。"凡银行或因折阅或有别项事故情愿歇业者，应举定办理。结账人禀报地方官将存欠账目计算清楚，照商律办理。地方官具录事由，速报度支部查核不得迟延。并一面由该行自行禀报度支部查核"。通过对歇业进行程序性核定，可以避免一些银行内部的腐败。最后，《则例》对银行经营时间、停业等具体事务上的规定，实际上也体现了政府规范金融市场的意图（端方，1909）。[②]《则例》的颁布，总体上来说有利于当时金融业的发展。

殖业银行"为农工所倚赖，东西各国实业之进步悉由于此，现时农业银行尚未设立，而关于路工之邮传部交通银行及浙江铁路之兴业银行皆殖业银行也"。"各项银行之存放款项，务取其多而提倡居积之风，萃集锱铢之款者"为储蓄银行。《殖业银行则例》共计

---

① 端方：《大清光绪新法令》，上海商务印书馆刊本1909年版，第904、905页。
② 端方：《大清光绪新法令》，上海商务印书馆刊本1909年版，第897、898页。

三十四条,《储蓄银行则例》则为十三条(端方,1909)。① 作为《银行通行则例》的补充性法令,两者毫无例外在殖业银行业(以放款为主)和储蓄银行业(以吸收存款为主)领域确立了以度支部为核心的监管体制。从银行开设的最低资本额(殖业银行二十万两以上,储蓄银行为五万两以上)开始,到银行的组织形式、章程、具体的业务规范、查账方法、违规时的处罚等等方面,这两部法令都做了详细的规定(端方,1909)。② 为相关领域的监管提供了依据。

第三节 整理货币市场

货币市场混乱主要表现为币制混乱。清末市面流通的货币五花八门,主要有银两、银元、银角、铜元、制钱、纸币等。其中,银两在不同的地方又有不同种类,如上海通用九八规元,北京通行京公码平,天津通用行化平,汉口通行洋例钱,且各地所铸银两成色不一,交换时要经公估局鉴定。市面上还流通外国银元,成色与重量与中国银币也不一样。这种混乱局面严重阻碍了商品经济的发展。自鸦片战争以来,中国的有识之士和维新思想家们早已注意到这个问题,也提出了各种不同的治理方案。至1910年5月,清政府颁布了《币制则例》,正式着手整顿纷乱复杂的货币。主要内容包括:其一,国币单位(为圆,一圆为主币,其他以下者为辅币)、种类(银币四种:一圆、五角、二角五、一角;镍币一种:五分;铜币四种:二分、一分、五厘、一厘)、成色(一圆银币,无论何枚,其重量与法定重量相比之公差,不得逾库平二厘。其五角以下各种银币,无论何枚,不得逾库平一厘。各种银币每一千枚合计之重量,与法定重量相比之公差,不得逾千分之三)、样式等技术性规范。其二,兑换。大清银行为国币兑换机关。用户之钱币达一定磨损程度者,可以向大清银行兑

---

① 端方:《大清光绪新法令》,上海商务印书馆刊本1909年版,第894页。
② 端方:《大清光绪新法令》,上海商务印书馆刊本1909年版,第899~903页。

换新币。其三，改铸旧币。各省以前所铸之银铜各币，暂时准予流通，但须逐渐回收改铸新币。其四，逐步推广使用新铸钱币。凡官款出入、关税邮电轮路各种款目、民间债项，一律限予一年内逐步改换计量单位及使用新币。新币使用受国家强制力保护（张辑颜，1930）。① 同年6月（宣统二年五月十六日），在《通用银钱票章程》和《币制则例》的基础上，清政府更进一步颁布了《厘定兑换纸币则例》。第一次明确纸币的发行和兑换，统归大清银行管理，以图纸币真正统一。在对大清银行发行的监管方面，政府使用呈准发行（大清银行每次发行纸币，必须由其总行，根据客观需要，将其拟发数目，呈请度支部核准，始得订印发行）、保持准备（大清银行应照纸币发行数目常时存储五成现款，以备兑换，其余亦须有价值证券为准备）、征收发行税（凡遇市面紧迫，大清银行得于第三条发行额以外，添发纸币。惟必须呈明度支部核准，并照额外发行数目，按年缴纳百分之六，或由度支部临时酌定税率）、紧缩发行、维持平价等方法来控制大清银行的行为（闻达等，1996）。② 纸币的兑换方面，大清银行除了要随时保持兑现外，还承担破损纸币兑换、打击伪钞等方面的责任（张辑颜，1930）。③

清政府没有认识到集中纸币发行对于维持金融市场稳定的重要性，在清政府颁行的《大清银行则例》、《银行通行则例》及《殖业银行则例》和《储蓄银行则例》中，对纸币的发行并没有明确限制。"许官设商立行号，均得暂时发行市面流通银钱票，而对于兑换准备，则绝未置议。因此官商各行号，相率滥发，漫无限制，于是纸币充斥，群以为苦"（张家骧，1925）。④ 纸币危机的产生促使政府必须进行相关整顿。宣统元年六月（1909年7月），由度支部奏颁《通用银钱票暂行章程》二十条，以期解决滥发纸币的问题。该章程内容

---

① 张辑颜：《中国金融论》，商务印书馆1930年版，第33~35页。
② 闻达：《民国小丛书：中国货币史银行史卷》（第四册），书目文献出版社1996年版，第27页。
③ 张辑颜：《中国金融论》，商务印书馆1930年版，第81~83页、111~112页。
④ 张家骧：《中华币制史》，民国大学出版1925年版，第28页。

主要包含以下几方面：其一，明确了纸币（俗称钞票）的定义。"凡印刷或缮写之纸票，数目成整，不载支付人名。及支付时期地址者，俗名钞票，银行则例称为通用银钱票"。其二，明确了允许发行银钱票行号的条件。"必须有殷实同业五家互保，担任赔偿票款之责。方准发行"。"凡挂幌钱铺，发行小钱票及其他钱票者，如有殷实商号五家，出具保结，担任赔偿票款之责。准照旧发行"。但官设行号，不在此限。以前设立的银钱行号有发行纸币而为报部注册的，必须于六个月内呈请地方官验实，报部注册。如果违反，予以处罚。章程颁布后，以后新设官商银钱号，一概不准发行此项纸票。其三，确立了发行准备金制度。"凡发出此项纸票，无论官商行号，必须有现款十分之四，作为准备，其余全数，可以各种公债及确实可靠之股票借券，储作准备"。且发行数目不得在现有基础上再有增加。其四，除大清银行外，"凡准发此项纸票各行号，自宣统二年起，每年须收回票数二成，限以五年，全数收尽"。其五，度支部有对一切行号和发行纸币的查核权（闻达等，1996）。① 从以上内容看，清政府试图把发行纸币权利收归中央银行。因清政府的迅速覆亡，这些法令条文流于纸面，没有得到实际执行。

第四节　结论性评价

　　清政府所颁布的金融监管法令，其作用期仅限于1908年前后几年，由于清政府很快覆亡，其实际作用是十分短暂而有限的。即便如此，仍能发现这段时期的金融监管有以下四个特点：

　　其一，清政府实行金融监管的目的主要不是为了防范金融风险，而是出于整理财政的需要。清政府在整理财政时发现银行起着重要的作用，若无管理条例各个银行自行其是，则财政无法整理，因此，制定一切金融机构都必须遵守的条例，以使其纳入为财政服务的轨道，

---

① 闻达：《民国小丛书：中国货币史银行史卷》（第一册），书目文献出版社1996年版，第279~281页。

这就是清政府监管金融的初始动因。

其二，执行金融监管职能的是度支部（财政部），作为国家银行的大清银行并无监管金融的权力。《银行通行则例》规定，无论是银行的登记、注册，还是对银行的检查、惩处，均由度支部负责。而且，大清银行本身就是度支部的一个下属银行，必须接受度支部的监管，如大清银行发行纸币，"须遵守兑换纸币则例，另订详细章程，呈度支部核准施行"，在发行新币时，也必须"向度支部请领新币，由部复准知照选币分别发放"（中国人民银行总行参事室金融史料组，1964）。[①] 清政府明定度支部为金融监管机关，实际上是吸取了当时日本由大藏省管理金融的做法。

其三，清末金融监管极不成熟，某些监管措施自相矛盾。在《银行通行则例》中把发行纸币列为银行经营的业务之一，而在《通用银钱票暂行则例》和《兑换纸币条例》中，却提出将纸币发行权集中于国家银行，以统一货币发行，革除滥发纸币之弊。监管措施之间相互抵触，这也是造成清末金融业混乱的原因之一。

其四，金融监管的方法简单。其主要手段是登记、注册、检查等简单的行政方式，远非现代意义上的主要依据中央银行宏观调控的金融监管。

---

① 中国人民银行总行参事室金融史料组编：《中国近代货币史资料·第一辑》下，中华书局1964年版，第562页。

第三章

北洋政府时期的金融监管

第一节 北洋政府时期金融监管的理论渊源

民国初年的思想界异常开放，各种思想、流派争奇斗艳。北洋政府时期金融思想的基本流派可归结为三：中国传统的金融思想、西方金融理论、马克思主义金融学说。这个时期，中国传统的金融思想已经式微，马克思主义金融学说方兴未艾，西方金融理论成为主流学说，并且对政府的决策产生了直接的影响（朱华雄，2007）。[①] 流传于北洋政府时期的西方金融理论来源广泛，除日本、英国、美国之外，还包括法国、德国、加拿大、意大利等国家。

日本对北洋政府时期金融思想的产生与传播所起的作用尤大。19世纪中期，中国与日本同样受到列强的入侵，几乎也在同一时代，中国掀起洋务运动，日本实施明治维新，但结局却迥异。明治维新以后，日本迅速走上富国强兵的道路，在将近30年的时间内建立起机器大工业以及包括银行、保险、证券等新式金融在内的现代化金融经济体系，跻身为世界强国。1894年中日甲午战争，日本打败中国，引起了中国的震惊，中国朝野开始反思：日本的维新运动何以成功？

---

① 朱华雄：《民国时期金融思想发展中的三大流派和三大主题》，载《贵州财经学院学报》2007年第1期。

从19世纪末期起,不少中国志士东渡扶桑,探究日本富强之道。清末至北洋政府时期,中国掀起了一个留日学生运动高潮,据不完全统计,留日的中国学生总数超过6万人。这批留学生中,涌现了包括盛俊、戴霭庐、贾士毅、陈震巽、赵兰坪、孙拯、杨汝梅等知名金融学者,及张家璈、李馥荪、钱新之等著名金融实业家,这是近代中国第一代金融精英。这些留学生学成归国后,不仅向国内介绍现代金融理论和日本银行制度,而且在实践层面按日本经验组建银行、设计银行管理制度。如陈震巽翻译了日本著名货币银行学者堀江归一的《银行论》,对日本的银行制度作了详细的介绍。时人所著银行学著作也都列有专章详细介绍了日本的银行制度,内容涉及日本的中央银行,普通商业银行及各种专业银行的设立背景、组织形式、主要业务及其条例。更为重要的是,不少留日学生在北洋政府时期成长为中国银行业的领导人,如张家璈执掌中国银行上海分行,钱新之执掌交通银行,李馥荪执掌浙江实业银行。这些银行家仿照日本模式建立起了中国银行体系。北洋政府还模仿日本的银行法规颁布了一系列银行条例。1913年4月仿照《日本银行法》颁布《中国银行则例》,成立中国银行作为中国的中央银行。1912年仿照日本《横滨正金银行法》,公布《兴华汇业银行则例》,1914年、1915年仿照日本《劝业银行法》、《农工银行法》、《兴业银行法》制定公布了《劝业银行条例》、《农工银行条例》及《实业银行条例》,同时规定沿用清末制定的《银行通行则例》作为发展普通商业银行的准则(程霖,2005)。[①]

辛亥革命以后,中国银行业进入快速发展时期,1912~1927年,中国先后成立各类商业银行超过300家。同时,在这一时期,其他非银行金融业务如保险、证券、信托等都有了初步发展。形成了北京和上海两大金融中心,尤其在商业金融中心上海,形成了规模较大的证券市场和黄金市场。中国金融业的快速发展,客观上需要完善的监管制度以保障其平稳运行。随着中国资本主义工商业的发展与外国金融思想的进一步传入,理论界、业界和政界意识到完善和稳固金融体系

[①] 程霖:《西方银行理论在近代中国的传播与影响》,载《财经研究》2005年第4期。

的重要性，"军兴以来，财政竭蹶。若不速图救济，恐民国虽建，而民力已疲。则救济之策，抉本探源，尤在疏通金融，维持实业。此商业银行之组织，所以万不容缓也。惟是银行之业，首贵稳固，一有不慎，即足以扰乱市面"（中国第二历史档案馆等，1989）。[①] 北洋政府时期的金融监管，除政府的法规及制度监管外，更主要依靠银钱公会、钱业公会等同业组织的自律监管。

第二节　整理币制

北洋政府时期币制比前清更加紊乱。金属货币有银两、银元、银角、铜元、墨西哥鹰洋等，纸币有外国银行钞票、各级政府所发纸币、华资银行钞票、地方银行钞票等，且各种货币良莠不齐，造成结算极端困难，直接影响到金融经济的稳定，货币统一成为迫切需要解决的问题。正因为如此，历届北洋政府都把币制整理作为金融监管的重点。这一时期的币制整理围绕三个问题展开。

一、设计货币本位制度

南京临时政府期间，财政总长陈锦涛给孙中山呈文，"欲定币制，当以研究本位为前提。欲定本位，当以审察时事为先导。银本位之不适于天演界也久矣。各国前车，可为殷鉴。若用金本位于我国，按之实际上非唯不仅，亦可不必，固有一金汇兑本位之胜于金本位者"（中国第二历史档案馆等，1989）。[②] 具体办法是将国内黄金移存于发达国家，国内市场以银币、纸币为流通币，由政府规定金与银的法定比价，确定银币价值。在发生国际经济往来时，方可兑换黄金。

[①] 中国第二历史档案馆、中国人民银行江苏省分行、江苏省金融志编委会：《中华民国金融法规档案资料选编》，档案出版社1989年版，第11页。

[②] 中国第二历史档案馆、中国人民银行江苏省分行、江苏省金融志编委会：《中华民国金融法规档案资料选编》，档案出版社1989年版，第9页。

财政部拟定《币制纲要》六条，对货币的重量、成色等做出统一规定。为方便国际往来，《币制纲要》根据法国标准确定中国本位制之重量，规定本位标准含纯金75%格兰姆，约合库平二分零一毫。此重量既与中国民间的流通水平相符，又与英、美、俄、日等发达国家本位单位相近，方便进行国际汇兑。银币单位重量定为二十六格兰姆，约合库平六钱九分七厘。新货币单位定名为元，辅币为分，1元合100分，分以下为"厘"，1分合10厘，取消"角"的单位设置。辅币种类为50分、20分、10分、5分1分、5厘、1厘几种，币制纲要还对各种辅币的重量作了详细规定（中国人民银行总行参事室，1986）。[1] 客观地讲，当时中国黄金储量过少，无法满足实施金汇兑本位所需黄金，因此《币制纲要》不具可操作性。因南京临时政府仅存在89天，《币制纲要》未及实施。

　　袁世凯政府上台以后，继续进行币制本位的探索，并成立币制委员会，作为推行币制改革的专门机构，并聘请正在访华的荷兰金融专家、熟谙中国币制问题的卫斯林博士为名誉顾问，不过，该币制委员会成立后不久就解散。1913年1月，袁世凯政府又成立了第二个币制委员会，委员由财政部及中国银行等金融部门人员专任或兼任，并聘请中外五位货币专家为专任委员。负责议定货币本位、重量、成色及货币单位等问题。委员会在争论中大致形成三种意见，一种主张金汇兑本位制，一种主张金本位和银本位暂时并用，一种主张先用银本位。因各方争执不下，1913年秋，币制委员会被财政总长熊希龄解散，币制问题移交国会讨论。1914年2月8日，财政部颁布《国币条例》及施行细则，《国币条例》重新确定以圆为单位的银本位制，"国币单位定名为圆，每单位含纯银库平六钱四分八厘，银币种类分为一元、半圆、二角、一角四种；镍币为五分一种，铜币五种，分别为二分、一分、五厘、二厘、一厘。"关于国币重量及成色，《币制则例》进一步加大了主币与辅币成色上的差别，规定一元本位币总重七钱二分，银九铜一，维持原制；半圆以下银币重量按比例递减，

---

[1] 中国人民银行总行参事室：《中华民国货币史资料》（第一辑），上海人民出版社1986年版，第5~6页。

但成色由银八铜二改为银七铜三，镍币、铜币的成色要更差一些。关于主币的铸造与铸币费的征收，《国币条例》明确规定"凡主币必须许自由铸造，稍治货币学者，皆能明其故，"但国币的铸发权专属于政府，但公众可以生银委托政府代铸一元银币，每枚缴纳库平六厘铸币费（中国人民银行总行参事室，1986）。[①] 推行币制改革，需要足额库存现金银，袁世凯政府寄望于通过币制借款来回收旧币，改铸新币，所以规定新币价值较高，但币制借款因第一次世界大战的爆发而未能实现，于是，不得不修订《国币条例》，1915年8月，袁世凯政府拟定了《修订国币条例草案》，改革原北洋造银元标准，将国币单位"元"的含银量改为库平6钱4分8毫，即23.9024808克，也即成色89%；取消"角"的单位，一圆为100分；取消镍币，减少了铜币种类，公差仍为3‰；增加金币条款，规定"十元金币含纯金库平一钱六分零二毫（即五格兰姆又九七五六二零二），金九铜一总重一钱七分八厘；二十元金币倍之"（中国人民银行总行参事室，1986）。[②] 《修正草案》对金银关系未作规定，不符合币制条例的要求，其对于金币的规定只是为迎合少数金银并用者的胃口而强加上去的，没有任何的可行性。因此也只是纸上谈兵，未付诸实施。

袁世凯政府之后，中央政府屡弱，各系军阀轮流执政，币制改革蜕变成为了军阀敛财的手段，偏离正常轨道。1917年7月，梁启超出任段祺瑞内阁财政总长，提出"改革币制，整顿金融"的八字方针，拟定《币制大纲》，提出币制改革分三步走：第一步，划一银币；第二步，整理纸币；第三步，采用金汇兑本位制。当务之急，是要划一银币，即在全国范围内推广银元流通。为此，《币制大纲》规定：将造币厂收归国家控制，不准其独立营业；确定国币与各地银码的比价，由国家照比价收回，使国币与国币兑换券通行全国；照市价收回旧辅币。鉴于京钞停兑后，中、交两行钞票信誉受损，《币制大

[①] 中国人民银行总行参事室：《中华民国货币史资料》（第一辑），上海人民出版社1986年版，第88页。

[②] 中国人民银行总行参事室：《中华民国货币史资料》（第一辑），上海人民出版社1986年版，第106～108页。

纲》又规定发行对外金汇票，以维持中央银行北京钞票的价格。为整顿纸币滥发，《币制大纲》主张以铸币余利购买黄金，存储国外，再以国外金准备作为担保，发行国内公债，以筹集资金整理各省滥纸币之用。为了推行币制改革，梁启超吸收熊希龄的建议，一面以缓付五年的庚子赔款发行5000万元公债，一面两次向日本借款1450多万元，试图彻底改革币制，整顿金融，把北洋政府的财政引上良性循环的轨道。然而，段祺瑞政府军费开支急剧增加，每年缓付的1300万元庚子赔款不得不拿来充作军政开支，币制改革进程再次中断。被"京钞风潮"弄得焦头烂额的段祺瑞政府，竟不惜出卖国家利益，向日本巨额借款，采取向日本靠拢的币制改革，试图在中国采用中日共同货币单位，以日本金元的价格为标准发行金券，并逐渐收回旧有货币。1918年8月10日，段政府公布了《金券条例》9条。规定新单位币为"金元"，含纯金0.752318公分，即库平2分零1毫6丝8忽8，1元以下金券种类分别为角、分、厘，均为十进位制。由中、交两银行发行金券，有1元、5元、10元、20元、50元、100元6种。金券可以"以外国金币或生金所含纯金数量，向指定之银行折合交换。金券发行以金圆或生金或外国金币作准备，"而准备金可以"存储于中外汇兑商埠"。该条例以金银比价不定为由，暂时不定本位制，金币与中国现行银币不定比价，而是由各地银行按市场行情随时确定（中国第二历史档案馆等，1989）。①《金券条例》所规定的金圆含金量定为与日本金圆的含金量相差无几，完全以日本金元为标准，并从日本控制的朝鲜银行借款8000万元，但该款仍存于朝鲜银行作为发行"金元"券的准备金，实际是以日本银行发行的纸币充作准备。这就将中国金融完全纳入日本的金融体系。当时正处于京钞风潮之后，民众根本不相信政府能维持兑现。段政府的币制改革方案激起了在举国上下的一致反对，在一片声讨声中，段祺瑞政府被迫取消《金券条例》。《金券条例》取消后，国务总理兼财政总长龚心湛、财政次长李思浩又提出币制计划大纲，仍幻想以币制改革之名进行借

---

① 中国第二历史档案馆、中国人民银行江苏省分行、江苏省金融志编委会：《中华民国金融法规档案资料选编》，档案出版社1989年版，第100~101页。

款。此次大纲主张采用金汇兑本位制，具体办法是先确定"一虚金单位，以现行一元国币代表流通，则一元银币丧失主币之资格；先行统一现行银、铜各币，以全国通行同样之货币为归结，各币各以其次十进，同时筹集金准备，实行金汇兑"（中国人民银行总行参事室，1986）。① 该币制计划大纲也未能实施。段祺瑞政府末期，又重新提出实行虚金本位制，即金汇兑本位制，并将货币整理计划分统一大银元、铸造并推行新银元、整理旧辅币三层。并曾打算成立货币检查委员会，以对货币改革进行监督调查，但也都不了了之。段政府之后，北洋政府在币制问题上再无大的行动。

二、监管硬通货铸造

防止货币滥铸，首先要划一铸币机关。清末，政府为整顿币制，曾对各地铸币厂进行裁撤或限制其铸造，但在辛亥革命期间，各省趁战乱之机，进行无限度铸造，铸币厂又陷入滥发滥铸的无政府状态之中，成为各省地方政府或军阀筹款工具，给中国货币市场造成极大混乱。南京临时政府成立之初，就非常重视铸币机关的整顿问题，其整顿铸币机关的第一步，就是接管江南造币厂，特设为鼓铸货币机构，归财政部直辖。对中央政府的这种做法，江苏省表示造币厂为江苏省有财产，为其财政后盾，反对财政部直辖江南造币厂。对此，大总统批文中明确指出"造币权理应操自中央，分隶各省是前清秕政，未可相仍"，并指出，"币制以统一为要，并非以营利为业。倘任由各省滥铸，必将引起物价上涨，币制紊乱"（中国社会科学院近代史所，1981）②。这表明了南京临时政府将货币铸造统一收归中央的坚定态度。1912年2月临时政府拟定《造币总厂试办章程》，嗣后，又

---

① 中国人民银行总行参事室：《中华民国货币史资料》（第一辑），上海人民出版社1986年版，第525页。
② 中国社会科学院近代史所编：《孙中山全集》第二卷，中华书局1981年版，第118页。

于3月颁发《造币厂章程》。①因南京临时政府迅速下台,章程未及实施。袁世凯政府也认为必须划一铸币机关,币制局总裁梁启超在陈述整顿币厂的重要性时指出,"各币厂所造之币,图式虽相仿佛,品位分量则相径庭。……故非廓清平色之轸域,则币制无确立之期,非巩固币厂之信用,则平色无廓清之望"。为实现对铸币厂的有效监管,币制局及财政部连续制定了多部监管法规。1914年1月公布了《造币厂官制》,《造币厂官制》沿袭清末的总分行设置,将天津造币厂设为总厂,归财政部直接管理,《造币厂官制》对造币厂的官制设置进行改革,在总厂设监督,分厂设厂长。总厂监督承财政总长之命,管理总分各厂,负责统一铸发各种货币的铸造模板,并负责监督各分厂铸币的重量及成色。除此之外,各分厂的人员进退、业绩考核等,都由总厂直接负责并报财政部核准。1914年4月,币制局又拟定《稽查造币厂章程》,规定币制局有权随时派稽查员至各造币厂实地稽查,稽查内容包括管理、会计、铸造、化验四类,为保证稽查的真实性,规定稽查员在稽查时,必须"躬亲办理,不得委托稽查员以外之人"(中国第二历史档案馆等,1989)。②同年6月,财政部颁布《修正造币厂章程》,名为修正,实际是重新拟定。《修正造币厂章程》共分8章,分别对造币厂部门设置及各部门权限、职员薪俸待遇、进退赏罚、款项支用、铸币贩卖及物资购买、预决算、账簿表册设置等作了详细的规定。为保证国币重量、成色合乎规定,加强铸

---

① 《造币厂章程》主要内容有三方面:(1)组织制度及管理:将原江南造币厂改为民国特设的造币总厂,归财政部管辖,掌理铸造国币一切事宜。总厂设在南京,分厂设于武昌、广州、成都、云南四外。如再派设分厂,须经大总统批准。各分厂统归总厂直辖。总厂设正副厂长各一员,由财政部荐任。其他重要职位由总厂正副厂长进选,呈财政部核准。(2)铸造费用及铸造数目,规定由财政部筹备铸币专款,发给总厂,分派各厂应用。所有各省旧设银元厂之机器材料,准总厂选择提用。总厂分厂铸造辅币数目,由中国银行斟酌市面情形随时拟定,呈财政部核准饬令照铸。各厂铸成国币数目,每10日向财政部呈报一次。(3)重量及成色的限制。新币之重量、成色、公差之类,必须遵照定章,并遴选精通化学人员随时化验。如有不符,应即回炉重铸。中国第二历史档案馆:《中华民国史档案资料汇编》第二辑,江苏古籍出版社1997年版,第400~405页。

② 中国第二历史档案馆、中国人民银行江苏省分行、江苏省金融志编委会:《中华民国金融法规档案资料选编》,档案出版社1989年版,第78页。

币监督，1914年10月，又专门颁布关于铸币检验的《化验新币暂行章程》，规定总厂有权对分厂所铸货币进行随机抽取，送财政部化验。总分各厂所铸新币，应每星期选送样币到财政部化验一次。1915年，财政部又制定《稽查造币总分厂简章》，于部内专设稽查职位，随时前往造币总分各厂进行稽查。币制局还拟定了整套铸币整理计划，以期逐步进行，最终实现统一币制的目标。计划从内外两方面对铸币厂进行整顿。外部监督措施主要有：（1）裁撤局厂。计划主要裁撤一些滥发铜元的局厂。此外，鉴于铸币厂多集中于东部，计划另在太原设立分厂，以供应西北地区铸币需要。计划还提到在天津或北京设立镍币铸造厂，以集中铸造镍币。（2）加强对铸币重量成色的检查。计划拟定章程，由财政部和币制局加强对铸币重量与成色的检查。（3）规定铸数。由币制局限定主辅币铸造数目，首先限定铜元数量。（4）明定权限。即限制铸币厂的盈利性质，"以造币厂为营业或铸款之机关，势必滥铸"，因此计划将铸币所产生的盈亏，另立账簿，由国库承担，铸造费用也由国库拨用，将造币厂变为非盈利单位，除其滥铸根源，"营业之性质去，而滥铸乃可以免"。（5）选用专才。该计划注意到在某些专业领域，使用专业人才、新式人才的重要性，计划在造币厂任用一批熟悉工商事业，有一技之长的专业人才，以利于造币厂之整理。内部监管可防患于未然，财政部制订了系列内部监督措施：（1）改良管理。计划详细制定造币厂管理方法及办事细则。（2）订定新式簿记。（3）精究技术。由专业技术人员担任技术管理岗，购置先进器械，便于其研究改良，以减少耗费，降低成本。并防止不合格铸币的铸造。（4）注重化验。针对铸币厂普遍存在未经化验即先行铸造，容易产生不合格铸币的情况，此次计划书强调必须等化验结果出来，确定配验合格之后，才能开铸。并确定对不合格铸币由化验师负责的责任制度，试图以此"补中央检查之所不及"。为进一步保证铸币质量，币制局又颁布《货币检查委员会章程》，更严格了监督程序。鉴于以往检查方式为铸币厂抽取样币，送至财政币检验的方式不具备普遍性，可能造成弄虚作假现象，章程规定由财政部货币检查委员会为专业检验机构，委员会委派专业人员到铸币厂实地检查，除查验货币的重量成色以外，还要检验其铸造方法和会计，"务使成色重量不逾公差，会计科目划一"（张家骧，1925）。① 但此章程没有能够实行。

　　1920 年以后，北洋政府逐渐丧失了对造币厂的控制能力。这导致其前期的一整套的币制改革计划必然无果而终。1923 年财政部所辖的广东造币厂因政府无款可垫，开工无期，不得已交由中外商人合办的联商公司承办，垫付铸本 180 万元开工，政府没有管理权和人事权。1923 年江西造币厂由于缺乏资金而搁浅。南京造币厂因财政部并无铸币资金拨给，只得仰仗从银行借资金周转，一切操控于银行之手，其国有性质徒有虚名。上海造币厂因完全靠银钱两业的资金开办和维持，因面实际上也落入同南京造币厂相类似的境地。杭州造币厂本来是直辖于财政部的，但因浙江省与中央断绝关系，该厂乃改为浙江造币厂，并将厂门上的"财政部"三字删去，表示不复受财政部之监督（杜恂诚，2004）。②

　　北洋政府试图对主币银元的铸造实施严格监管。《国币条例》颁布以后，财政部就着手整理银元市场。根据《国币条例》，在新银元大量铸造以前，允许暂时以旧银元代替国币流通，但市面上流通的旧银元，各省在花纹、成色上都不一致，非常紊乱。因此财政部规定在国币模板没有颁行以前，各厂统一改用北洋造钢模铸造。北洋政府又于 1914 年 3 月重设币制局，筹商币制整理办法。1914 年 12 月 24 日，天津造币总厂首先开铸新银主币，接着南京、武昌等造币厂也开始铸造。新币铸造初期，因数量有限，没有能够迅速统一货币市场。1914 到 1916 年，仅铸银元 18000 余万枚，远不能满足币制统一需要（杜恂诚，1996）。③ 由于新币型式划一，足值铸造，在市场上颇受欢迎，从 1914 年 7 月起，就已在上海市场普遍流通。随着铸造数量的不断增加，其他各地也迅速普及，很快取代龙洋，成为流通主币。在此背

---

① 张家骧：《中华币制史》，民国大学出版部 1925 年版，第 88 页。
② 杜恂诚：《金融制度变迁史的中外比较》，上海社会科学院出版社 2004 年版，第 179 页。
③ 杜恂诚：《中国金融通史》第三卷，中国金融出版社 1996 年版，第 32 页。

景下，政府于1915年7月取消上海龙洋行市，推行新币袁像洋元，自1915年8月起，龙洋行市被永远取消，每日只开新币（包括江南、湖北、广东及大清银行四种银币）与鹰洋行市。至此，中国自铸银元市价得以统一。由于新币流通广泛，已为国人普遍接受，1919年6月，上海钱业公会决议取消鹰洋行市，只开国币一种行市，由此彻底清除了统治中国市场长达几十年的鹰洋势力，统一了银元行市。

财政部利用新银元迅速流通有利时机，在全国范围推广新币，拟以新银币统一中国货币市场。1917年，财政部拟定《推行新币办法》，通过控制税款缴纳渠道，向全国推广新银元，具体办法如下：第一，规定国家各项税收均以国币计算税率，"本部直辖及各省财政厅财政分厅所属各征收机关（各县知事公署包括在内）一切税项，均应以国币计算税率"。第二，限制旧银辅币。通行一元主币的省份，税款征收以该项主币为本位币。在流通数量足够多的地区，应专收主币及其兑换券；流通数量较少地区，可以在收取主币之外，搭配旧银元或其他辅币，但在计算时，仍应折合为主币计算。第三，限制生银。规定在通用银元数量充足的地方，不得收取生银；数量不足的地方，也应限制收取生银。第四，限制收取外国钞票及银元。规定各征收机关"不得收受外国银元"，至于外国银元，"非不得已时"，也不得收受（张家骧，1925）。[①] 之后，财政部趁修改税则之机，曾主张将关税也一并改为以国币征收，但遭到外国反对，没有成功。1918年，财政部呈文大总统，力陈以国币统一货币市场的必要性与可行性，主张加快改铸旧币，统一主币，"查《国币条例》公布以来，五年之间，熔旧铸新既颇著成绩，铸成之新币，各省一律通用，其势驭盛。若能因势利导，大银元之统一，必非难事。"并建议由三家铸造能力最强的天津总厂与湖北、江南两分厂以三分之一力量"专事旧币之改铸"，先从各种外国货币及"各省旧币中成色、重量过低者着手"，三厂合计每月可改铸300万元。再与外国商议禁止外币输入，并废除银两，规定各项款项收支均以银元计算。则"一年以后，不

---

① 张家骧：《中华币制史》，民国大学出版部1925年版，第7页。

独外币绝迹于中国，各省旧币之滥恶者亦渐淘汰矣"（中国人民银行总行参事室，1991）。[1] 可惜的是，在复杂的内外形势下，这一宏伟的统一主币计划根本不可能实施。

北洋政府后期，中央对地方的控制力日益削弱，铸币厂也逐渐脱离财政部控制，设厂数逐渐增加。新设币厂在向总厂领取币模后，自行铸造银币，在重量与成色上都难以合乎规格，前期财政部确定的稽查制度渐趋废弛，银元出现滥铸倾向，对此，北洋政府无力矫正。在反对银元滥铸的斗争中，以银行公会为主的社会力量起到了主导力量。1923年，全国银行公会第四届联合会呈文财政部、币制局，要求重整法制，严格稽查，限制滥铸，"年来颁行新币母模之厂加多，而考核成色之法渐弛，以致近日报章载有低色银元发现市面之说……应请钧部、局按照原定办法，仍令各造币厂暨中、交两行分别抽送化验，核校成色……"（中国人民银行总行参事室，1991）。[2] 在第五届联合会议上，银行公会再次以严厉的措辞，提请政府重视劣质银元的问题，其决议第一条即"质问政府对安徽造币厂鼓铸轻质银元何以不加阻止。"并提请政府不得再核准增设币厂，不得颁发新铸模。号召政府及社会各界，禁止为铸造不合格银元的币厂"运输生银及其所铸之银元"。

民国初期，各省铸币厂趁局势混乱之机，重新开铸各种银铜辅币，其中尤以铜元滥造最为严重，且铸造式样五花八门，如仅四川一省，所铸铜元就有大汉、军政府两种字样，其他各省还有所谓开国纪念币等名目，这些辅币，都能与大清铜币等价流通。各省的无限度发行，导致铜元价值跌落。财政部决定限铸铜币，但因财政困难，并没有立即实施。1916年中、交停兑以后，北方现洋缺乏，才由天津造币厂按照《国币条例》的规定，铸造五角、二角和一角银币，与主币之间以十进位换算，之后开始铸造铜元。新银铜辅币最初铸造时，

---

[1] 中国人民银行总行参事室：《中华民国货币史资料》（第一辑），上海人民出版社1986年版，第533～534页。

[2] 中国人民银行总行参事室：《中华民国货币史资料》（第一辑），上海人民出版社1986年版，第719页。

在重量、成色上都严格按照《国币条例》标准，为防止滥发，其发行专归中、交两行办理，即铸币厂所铸银铜币只能由中、交两行按照十进制以银元兑换，而不得直接兑给普通商民，在市面流通过多时，也由中、交两行再以辅币兑换银元。且为慎重起见，银铜辅币的发行采取分期分区办理的方式，第一期先在北京直隶地区发行，以后各项逐渐在全国不同省份逐渐推广。辅币发行初期，因数量不多，财政部监督得力，效果比较理想，与主币之间的十进制关系能够顺利维持。

"一战"期间，白银输入减少，铜价暴涨，各铸币厂成本增加，纷纷自行减少铸数甚至停铸，因此，在"一战"期间，铜辅币贬值现象自然得到改善。但好景不长，"一战"结束以后，铜价下跌，银洋短缺，中国各地发生银荒。北洋政府财政已到无可维持地步，1919年4月，财政部、币制局饬令天津、南京、湖北三厂铸造"当十"铜元，由平市官钱局运销各地，名为调剂金融，实际上是用作军饷开支。这可从财政部信函职得到证实，1919年，因现洋紧缺，中、交两行请求财政部暂时停铸铜元，赶铸银币。但平市官钱局向财政部具文称，"职局（平市官钱局）承销钧部铜元，系为发给旗饷之用。本月发饷之期转瞬即届，即现在赶铸已不及应用，如三厂铜元久于停铸，则下月旗饷更无以应付，且从前透支各银行号之款，亦无款可归"（中国人民银行总行参事室，1991）。[①] 此理由得到财政部的认可，可见财政部已将满足经费需要列为货币铸造的首要目标，而置货币市场的真实需求于不顾。各省也纷纷效尤，将铸发辅币作为筹款的手段，无限制铸造银角和铜元，很快形成失控态势。多数省钱局铸造不守成法，随意减轻重量、降低成色、增加面额，造成市面劣币充斥，严重扰乱了货币市场的正常秩序。马寅初在评论当时情形时说，"自铜元局改名为造币厂以来，印花铜模一律由部颁发母模，藉收统一币制之效。无如中央命令不及于各省，各省长官自有随时变更之权衡。重量、成色、花纹、符号各不相同，于是滥铸、滥发，贻害无穷。虽经各处商会迭次呈请官厅严禁滥铸，而造币厂持有护照，仍可

---

① 中国人民银行总行参事室：《中华民国货币史资料》（第一辑），上海人民出版社1986年版，第542~543页。

将大批铜元运送出境。"（马寅初，1923）① 鉴于此，北洋政府国务会议曾议决停铸，然而其实行结果是"铸者自铸，且辟新厂以加铸焉"（中国人民银行总行参事室，1991）。② 四川甚至铸造二百文、一百五十文、五十文超大额铜元。银币也是同样情况，如四川所铸银币有汉字五角、二角、一角，又以五角最滥。云南铸有小龙半元、钢板及二角、一角与抚军使像的半元银币；广东则铸造民元至民十三各种双毫及总理像双角。此外，前清的旧银币仍照旧流通，各种新旧、劣质银角充斥于市，混乱异常。辅币的滥发导致币价跌落，其最初确定的十进制也难以维持，1923年8月，交通部率先实行对辅币贴水，继之邮政部和北京银行公会起而跟风，银辅币彻底遭到破坏。

面对这种混乱局面，北洋政府几乎无能为力，基本靠"堵"来被动应付。如1920年以后，广东所铸劣质银币，含银仅四成，流入上海、广西等地，财政部即函照税务处，转令各省海关严禁劣质银币入口，"如有发现时，即行没收，以杜流弊，而维币制"（中国人民银行总行参事室，1991）。③ 由于中央监管不力，各地方政府及商会团体不得不自寻出路，以求自保。上海为近代经济及金融中心，也成为各种劣币聚集之地。北洋政府时期，上海电车公司售票都以铜元计价，因劣质铜元充斥市面，价值暴跌，电车公司因此遭受巨额亏损，为维持营业，上海电车公司联合英、法租界电车公司拒收铜元，这给上海市面带来极大恐慌。为维持市面稳定，上海县知事邀集商会和华商电车公司协商，达成协议，电车公司仍照旧收受铜元，但上海市官方必须采取限制铜元进口办法，且对铜元限价使用。此风潮发生之后，币制局饬令各省造币厂暂时停铸。但仍有天津、湖北继续铸造，另安徽请求延缓停铸时间，实际也仍然继续鼓铸。1922年5月，财政部会同内务、农商两部，再次向国务会议提议全面停铸，"凡现铸铜元省份，不论为部、局直辖厂、局，抑由各省开铸厂、局，一律暂

---

① 马寅初：《马寅初演讲集》第2集，商务印书馆1923年版，第136~137页。
② 张家骧：《中华币制史》，民国大学出版部1925年版，第120页。
③ 中国人民银行总行参事室：《中华民国货币史资料》（第一辑），上海人民出版社1986年版，第730页。

行停铸,"对所有铸造铜元材料、机器,"悉予扣留"(江苏省钱币研究会,1989)。① 但对于停铸令,连北洋政府自己都不准备认真执行。在停铸令下达后的第3天,直鲁豫巡使就以"军饷、赈款全赖津厂鼓铸铜元接济"为由,请求暂缓停铸。而币制局在调查后认为情况属实,要求税务处予以批准。并指出对于其他厂局,"由本局酌核情形,限时分别咨请贵处查照办理"(中国人民银行总行参事室,1991)。② 其实,铜元泛滥包括两个因素,一是铸造太多,二是私运猖狂。北洋政府通过停铸令,一定程度上限制了铜元的数目,但对各省间猖狂的走私贩运,却没有直接的管制措施。各省政府均视劣质铜元为祸水,各自为政,制订各种办法,鼓励本省铜元输出,而禁止或限制铜元入境,以平抑本省物价。如河南曾禁止四川大额铜元入境;湖北省针对本省铸币价值低落的紧张情况,也将主要原因归结为外省铜元输入过多,因此对所有外省铜元以八折使用,同时禁止外省铜元入境。各省之间这种以邻为壑,奖出限入的应对之策,表明了市场对铜元滥铸的恐慌心理,也说明了北洋政府后期对辅币发行彻底失去了控制。

三、监管纸币③发行

民国初年纸币发行的混乱状况较前清有过之而无不及。清政府曾制定《币制则例》,要求各省官银钱号、各银行及其他钱庄行号所发纸币限期收回,这一法令没有得到彻底实行。革命爆发后,这些被停止或限制的机构又趁势重新印发钞票。市场上流通的各式金融机构发

---

① 江苏省钱币研究会编写组:《中国铜元资料选编》,江苏省钱币研究会1989年7月,第260页。
② 中国人民银行总行参事室:《中华民国货币史资料》(第一辑),上海人民出版社1986年版,第763页。
③ 对纸币的范围及定义,并没有确切的界定。根据1915年《取缔纸币条例》,规定"凡印刷可缮写之纸票,数目成整,不载支取人名及支付时期,凭票兑换银两、银圆、铜元、制钱者,本条例概认为纸币。"张家骧:《中华币制史》,民国大学出版部1925年版,第192页。

行的钞票不下几十种。由于经费困难,许多省都将省钞作为省库和筹集战争费用的小金库。至 1914 年前后,各省纸币发行总数达 16300 万元。纸币滥发导致币信低落,全国平均跌价在七折左右(张家骧,1925)。① 纸币发行的混乱造成商业停滞,直接影响到社会经济的稳定,也成为币制改革的一大障碍。因此,历届北洋政府对纸币的监管,是整理纸币与统一纸币发行双管齐下。

南京临时政府财政总长陈锦涛在致各省都督的通电中,强调"发行纸币应归中央办理,以维币制",各省在光复时因军需迫切,纷纷发行军用票,"本属一时权宜之计","现在本部成立,中国银行亦正在组织,行将议定划一币制之法颁布施行,则各省军用钞票届时自当设法收回,庶免币制混淆之弊"(南京临时政府,1912)。② 但南京临时政府仅存世两个多月,其统一纸币的计划也未及实施。

民国政府改革纸币的目标就是统一纸币发行,即由具有中央银行职能的中国银行集中发行。民初,财政部就出台了统一纸币计划,"全国纸币,均由中国银行发行,各省官银行不得再发纸币。其从前各省银行已发出之纸币一律收回,易以中国银行发行之新纸币"(中国人民银行总行参事室,1991)。③ 1913 年,财政部制订了统一纸币计划,主要内容如下:(1)各省增设国家银行支店,以计货币的流通;(2)收回各省滥发纸币,以利货币统一;(3)新纸币发行准备金,以币制借款充之;(4)派员调查各省纸币及银、铜币;(5)币制改革之实施,由次年开始实施。并确定由中国银行统一纸币发行,各省官银行不得再发纸币。其所发纸币以中国银行钞票兑换收回。对外国银行发行纸币的情况,也提出两条解决办法:(1)先调查各省外国银行发行纸币的准确数;(2)限制外国银行不得在中国自由发

---

① 张家骧:《中华币制史》,民国大学出版部 1925 年版,第 206 页。
② 《中华民国第一期临时政府财政部事类辑要》(钱法),载《南京临时政府公报》1912 年第 33 号。
③ 中国人民银行总行参事室:《中华民国货币史资料》(第一辑),上海人民出版社 1986 年版,129 页。

行纸币（中国人民银行总行参事室，1991）。① 随后，财政部又拟订了《整理各省官发纸币法案》和《收回各省商业银行纸币办法》等一系列文件，要求限期收回官商各银行所发纸币，推广中国银行兑换券。1913年，北洋政府又赋予交通银行兑换券与中国银行同等效力，"查交通银行迭经整理信用昭著，自应照准。为此咨行贵都督，即请令行各地方长官，出示晓谕商民，完纳地丁、钱粮、契税、厘捐等项，交通银行发行之兑换券与中国银行兑换券一律通行。并令财政司通饬所属，对于交通银行发行之兑换券，均须一律收受，不得稍有折扣……"（中国第二历史档案馆等，1989）。② 可见，北洋政府所推行的"集中发行"政策，实际上就是把钞票发行权集中于中国、交通两家银行。另一方面，财政部还严禁中、交以外的其他银行不经核准擅自发行钞票，"查官私立银钱行号私发纸币，业经本部禁止在案。现在叠具各处税关报告，搜获私印纸币已有多起，各省官银钱行号监理官报告各省官银行亦有未经本部核准私行订印各情事，殊属目无法纪，亟应严早告诫，设法取缔。除通令外，合令仰该民政长迅即通告官私立银钱行号，嗣后不得私印、私发，自干咎戾。并通令县知事、警察厅饬石印局、印书馆等处，嗣后如有定印纸币者，应即呈报各该管官厅转呈本部核准，方可承印，其已印之票，应令悉数缴呈销毁，报部存案，以维币政"（中国人民银行总行参事室，1991）。③ 对于发行行的发行额及其准备情况，北洋政府颁布相关法规实施监管。1913年1月颁行的《商业银行条例》规定，商业银行发行纸币，必须向财政部呈交政府公债作为保证，如果某家发行行破产，"政府得令中央银行将该银行所呈交之公债证书全数卖却，以充兑现之用"，而其发行总额，"不得超过资本金总额十分之六，"同时"亦不得超过呈交公债证书之总额。"第5条又规定，发行行的钞票发行额"不得超

---

① 中国人民银行总行参事室：《中华民国货币史资料》（第一辑），上海人民出版社1986年版，第126~128页。

② 中国第二历史档案馆、中国人民银行江苏省分行、江苏省金融志编委会：《中华民国金融法规档案资料选编》，档案出版社1989年版，第73页。

③ 中国人民银行总行参事室：《中华民国货币史资料》（第一辑），上海人民出版社1986年版，第134页。

过政府规定"，发行的现金准备不低于发行总额的 1/4（中国人民银行总行参事室，1991）。① 从商业银行资本实力、发行保证与直接控制三方面限制其发行规模，说明了对发行保证的重视，有利于防止商业银行不计后果地无限度滥发。在以后的历次整理纸币法案中，都有关于纸币发行规模的限制性规定，但因北洋政府未能有效控制钞票发行权，实际上不能对发行行的发行规模进行直接控制。

在币制及财政没有统一的情况下，统一发行于中、交两行根本做不到。北洋政府颁布《取缔纸币条例》以后，就有地方官员请求宽限，如1915年底，福建巡按使许世英向财政部提出，福建省"真实资本之商家十仅一二，藉钱商周转为活动本者，十有八九，若一旦将钱商纸币收回，则钱商闭歇，各商必受影响，商情困滞，则生计必为之奇穷。又况外人银行信用日苦，更可利用此时机，而扩张其势力，此节尤宜顾及"；并建议，"国家银行及地方银行实力未充之时，似不宜急速以行，反以妨碍地方之金融，而增长外人之利益"，建议"准予变通宽限"（中国第二历史档案馆，1991）。② 有的地方银钱号对《取缔纸币条例》干脆置之不理。发行统一于中、交两行，首先需要解决的问题是收兑旧币，在金属本位制度下，收兑旧币需要十足现金准备，尽管北洋政府东挪西借，通过发行公债、币制借款、增加赋税等办法，多方筹借，但终因资金困难难以完成收兑旧币的任务，中国银行在对江西、广东等部分省份垫款后，也未敢再垫。最后除广东、江西、直隶等少数省份外，其他各省均未能完成，统一纸币计划归于失败（姚崧龄，1976）。③

1916年发生的京钞风潮，使中、交两行钞票信誉受损，价值大幅下跌，自身尚且不保的情况下，更谈不上收兑他行纸币。至此，北洋政府统一发行于中、交两行的币改计划失败。此后的一段较长时间

---

① 中国人民银行总行参事室：《中华民国货币史资料》（第一辑），上海人民出版社1986年版，第129~130页。
② 中国第二历史档案馆编：《中华民国史档案资料汇编》第三辑金融（二），江苏古籍出版社1991年版，第817页。
③ 姚崧龄：《中国银行二十四年发展史》，台北传记文学出版社1976年版，第21页。

内，北洋政府币改重点是整理京钞，集中发行已无能为力，原来拥有发行权的银钱行号继续发行，纸币发行权仍然分散于各行。京钞风潮之后，财政部重提发行统一，1923年接管原币制局所管钞券各事项的财政部泉币司，提出整顿钞券办法。"各省官银钱行号发行纸币，拟呈明暨以1923年底所发实数为限，不得逾颁多发。如有特别事由，必须暂行增发者，应由部专案呈准，再行办理。至已经发行之纸币，应由各省自定切实整顿办法，加筹准备，以维信用"，"各银行以后由分行发行纸币，必须先经地方官或监理官报由本部核准后方准发行，以示限制。至从前发行纸币各分行，应令监理官查明呈报候核"，"各银行从前所印纸币，其订印总数以及加印地名数目，拟由司酌定表式，分别调查清楚，存案备查"，"各银行以后订印纸币，必须先行呈由地方官或监理官查核，转请本部核准，方准订印。至前币制局核准有案者，准照原案办理，其在外国订印者，亦准一律进口"（中国第二历史档案馆，1991）。[①] 1924年下半年，财政部再次提出8项整顿币制办法，其中有关纸币的内容有：限期收回流通之纸币；收回纸币换发新币；取缔各银行各银号发行纸币；清查各银行准备金。

京钞风潮之后，北洋政府对发行准备的监管更趋严厉。1919年5月，财政部币制局拟定《兑换券暂行章程草案》，规定发行银行发行兑换券，应以国币或通用银元暨生金银为现款准备，其数目至少须达发券数目7/10，其余得以政府发行之公债票、国库券及其他有价证券作为保证准备。之所以如此规定的原因在于，"兑换券之信用在准备金之多寡，准备金充裕，信用自固。兹规定发行兑换务须备现款七成。其余以公债票、国库券及其他有价证券作为担保者，以此项公债票等随时均可在市面出售，放成现款，以应兑现之需"（中国第二历史档案馆等，1989）。[②] 1920年财政部颁布的《修正取缔纸币条例》

[①] 中国第二历史档案馆：《中华民国史档案资料汇编》第三辑金融（一），江苏古籍出版社1991年版，第204~205页。

[②] 中国第二历史档案馆、中国人民银行江苏省分行、江苏省金融志编委会：《中华民国金融法规档案资料选编》，档案出版社1989年版，第110页。

中，将准备金比率提高至六成。以后拟定的各种纸币法规中，对准备金的比率要求几乎都定位在七成。北洋政府还试图建立由中央银行集中存款准备金制度，在《商业银行条例》中，就规定钞票准备金"须存贮于中央银行"。嗣后的《整理各省官发纸币法案》，也要求各省纸币发行准备金，"应尽数提交中国银行存贮"（中国人民银行总行参事室，1991）。① 法案中专条声明，这一规定同样适用于官商合办及商办银行。1923 年财政部在拟定《整理各省官发纸币法案》中，也有类似规定，"各省发行纸币之准备金现存金额，应尽数提交中国银行存贮"（中国第二历史档案馆等，1989）。② 但其实施结果如何呢？正如时人所评价："近年来，财政部发出关于整顿币制、取缔纸币之文章，不为不多，而所以徒成具文者，虽由各省形成割据，中央政府令不出国门所致，其实财政部之于币制，何尝有整顿之决心也"（裕孙，1924）。③ 以准备金集中为例，中国银行并没有担负起集中管理准备金的任务，各发钞银行的准备金多是自行保管，如《殖边银行兑换准备章程》章程第 4 条规定，"兑换券各种准备，由总管理处派司券员会同各分支行行长或处所长掌管，并由总管理处随时派人抽查之"，第 5 条又规定，"兑换券各种准备，不得与营业资金混合"（周葆銮，1923）。④ 其他原有发钞银行与新设银行也都没有上缴。非但其他银行，就连中国银行自身的发行准备金也没有实现集中保管。中国银行作为钞票发行的特权银行，最初采取各地发行地名券，现金准备由各行自行保管与调拨，另由总处向各发行行按成提取部分准备金，存于总处库内，作为集中准备金，在各行遇有急需或挤兑时，随时接济。但后因手续繁琐，钞票改为分区发行，现金准备也分存于五区发行行，总行不再保存。实际上，此时的北洋政府，不论是主观愿望还是客观能力，都失去了统一纸币发行的耐心与能力。

---

① 中国人民银行总行参事室：《中华民国货币史资料》（第一辑），上海人民出版社 1986 年版，第 131 页。
② 中国第二历史档案馆、中国人民银行江苏省分行、江苏省金融志编委会：《中华民国金融法规档案资料选编》，档案出版社 1989 年版，第 70 页。
③ 裕孙：《财政部整顿币制办法之空洞》，载《银行周报》1924 年第 8 卷第 50 号。
④ 周葆銮：《中华银行史》，商务印书馆 1923 年版，第 120 页。

尽管统一发行于中、交两行的努力归于失败，但并不能说北洋政府的纸币整理毫无成效，北洋政府通过推行领用券制度，使中国银行兑换券占领了中国货币市场的相当部分市场份额。至北洋政府后期，中国银行钞券的领用额约占发行额的 25%~30%。除中国银行外，以后新增的发钞行，包括交通银行、四明银行、四行准备库等，均领用中国银行钞券，自 1925 年以后，新申请发行权的银行基本绝迹。在北洋政府时期，统一纸币发行的意图始终未能实现，但领用券制度从客观上促进了纸币发行权的集中。

第三节 金融机构监管

北洋政府时期，为了推动中国工农业的发展和便于吸引外资，理论界对于兴办各类专业银行和合资银行进行了热烈的倡议（程霖，1999）。① 周保銮将银行分为中央银行、特种银行、实业银行、储蓄银行、地方银行、一般商业银行、外商银行及中外合股银行 7 类（刘平，2008）。② 但在实践中，由于中国实业尚欠发达，金融市场也远未完善，当时成立的特种银行实际都在经营普通商业银行业务，储蓄银行基本没有发展起来，几家以储蓄银行命名的银行如"上海商业储蓄银行"等，也都与普通商业银行无异。因此，此一时期中国的银行业实际上可根据所有权性质和与财政关系划分为四类：国家银行、地方银行、普通商业银行和外商银行四类。外国在华银行向来不受中国监督，但在 1924 年北洋政府所颁布的《银行通行则例》中，也明确提出外国银行在华设立分支机构必须遵守中国法律，"外国银行呈请设立分行或代理店于中华民国时，除法令或条约别有规定外，应遵守本法办理"，这体现了北洋政府在金融监管方面的主权意识，但在当时历史条件下无法实现。所以，北洋政府时期的银行监管实际

---

① 程霖：《中国近代银行制度建设思想研究》，上海财经大学出版社 1999 年版，第 6 页。
② 刘平：《近代中国银行监管制度研究（1897~1949）》，复旦大学出版社 2008 年版，第 78 页。

上只分三类。

一、国家银行监管

民国初期，西方中央银行制度学说不断传入中国。此时政界与学术界已对中央银行制度有了比较全面的了解，北洋政府力图模仿西方模式，按照中央银行的标准对中国银行加以改造，以此为基础，建立完备的中央银行制度。但对于确立何种中央银行制度，政府集团内部产生了两种不同意见：一是以财政总长熊希龄为代表，考虑到辛亥革命以后，中国金融混乱、法制不健全，经济萧条，商股难以招集，主张仿照瑞典、俄国模式，先由国家出资创办，等金融发展以后，再逐渐改为商办。基于此，熊希龄将大清银行中原有的500商股改为存款，而将资本完全收归国有。这种主张的实质就是要通过建立国家资本和独享垄断权的中央银行，把信贷、金融集中在国家手中。这种做法尽管代表了最高决策层的意愿，但不符合当时发展自由资本了主义的思潮，并且也因触及大清银行商股利益而遭到商股联合会的反对。另外一种意见，就是主张参考英国和日本的做法，实行股份有限公司制度。但考虑到当时中国金融混乱，经济萧条的状况，担心向社会公开招集股份无人认购，一则影响国家信誉，二则会拖延银行成立时间，因此决定先由国家认垫，先行开业。"军兴以来，金融加紧急之度，国民无企业之心，银行创办伊始，若冒然招股，应者必无，不但损失国家之信用，且必迁延成立之时期，故就事实上立论，拟先由政府认股四分之一，即行开办，俟基础大定，金融复活时，再酌量情形，招集股本"（周葆銮，1923）。[①] 第二种意见因比较符合实际得以实施，熊希龄下台以后，商股联合会即上书新财政总长周学熙，要求改变将中国银行商股改为存款的决定。周学熙同意四年之内仍按财政部原规定按年支付利息，四年期满之后，若仍愿改为股票者，听其自

[①] 周葆銮：《中华银行史》，商务印书馆1923年版，第23页。

便（中国银行总行等，1991）。[①] 这种做法实际上与完全国有制主张相差无几，但顺应了当时的资本主义发展潮流，同时又照顾了商股股东的利益，是一种折衷的办法，得到一致同意。1912年8月1日，中国银行总行在北京原大清银行旧址基础上成立。次年颁布《中国银行则例》，规定中国银行为股份有限公司性质，赋予其代理国库、国库券发行和兑换、发行国币的国家银行职责。虽然《中国银行则例》中，并没有明确将中国银行确定为中央银行，但通过其他一些文件中的表述，可知中国政府确已将其视为中央银行。如《中国银行则例》颁布后，财政部于1913年5月请外交部转知各国银行，称中国银行"实系国家之中央银行"（中国银行总行等，1991）。[②] 1913年，袁世凯政府赋予交通银行兑换券与中国银行兑换券具有同等流通权力，后又准许其"分理金库"。这使得交通银行取得了辅助代理金库和发行银行券的职能。1915年10月，袁世凯发布大总统申令，"中国、交通两银行具有国家银行性质，信用夙著，历年经理国库，流通钞票，成效昭彰"（中国第二历史档案馆等，1991）。[③] 这样，在北洋政府时期，中交两家银行同时具备中央银行性质，共同行使国家银行的某些职能。

根据1912年《中国银行则例》，财政部对中国银行实行全面监管原则，几乎所有事项都要经财政总长批准。《中国银行则例》第二条规定，中国银行"若有增加股本之必要时，得由股东总会议决，经财政总长核实后，再行添招"；第四条规定，"各省会及商业繁盛地方，得斟酌情形设分行或分号，或与他银行订立代理合同或汇兑契约，但须经财政总长核准。"此外，公积金股利的摊提，也须报财政部批准，"提公积金摊派股利，须经股东总会议决，呈由财政总长核准。"中国银行的总裁和副总裁等主要领导人物都由财政部任命，而且董事

[①] 中国银行总行、中国第二历史档案馆：《中国银行行史资料汇编》，档案出版社1991年版，第23页。

[②] 中国银行总行、中国第二历史档案馆：《中国银行行史资料汇编》，档案出版社1991年版，第115页。

[③] 中国第二历史档案馆：《中华民国史档案资料汇编》第三辑，金融（一），江苏古籍出版社1997年版，第68页。

及监事的人选数及人选，也要"以财政部部令定之"（中国第二历史档案馆等，1989）。①1914年7月，财政部发布经大总统同意的命令，该命令规定中国银行归财政部直辖，直辖办法共8条：（1）中国银行的设立、裁撤或归并分行、分号，应先呈由财政部核准；（2）总行局长及分行、分号行长、号长之任免、升调，均应呈由财政总长核准；（3）印造纸币、发行兑换券及施行币制，应由财政部分别拟定办法饬中国银行遵照办理；（4）国库局干事由财政部国库司司长督理；（5）总行及国库出纳款项、兑换券之发行，应每日编制日计表报告财政部，其各分行及分库出纳日计表，应每日报由总行汇总报部；（6）国库款项之汇兑、兑换及运费，应由营业局拟订划一办法，其兑换、汇兑行市至高以当日市价为限，一律实报实销；（7）库款以采用保管法为原则，惟遇必要时，得呈明财政总长指定数额，拨入营业局账，作为存款；（8）财政部存款、欠款利息，均以最低利率为准（中国第二历史档案馆等，1989）。②按照《则例》的定性，中国银行本应为股份有限公司，上述重大事项本应为股东会决定，但财政部却将其收归自己手中，使得中国银行的"股份有限公司"性质徒有其名，普通商股股东被剥夺了发言权。北洋政府对中国银行的全面控制以人事大权为核心。袁世凯政府时期，一直注重对中国银行人事大权的绝对控制，政坛动荡，财政总长频繁换人，中行正副总裁也随之进退。1912~1916年短短4年间，中国银行就先后更换8任总裁，步调基本与政府及财政部一致。如1913年国务总理熊希龄辞去财政总长之职，由梁士诒代理，梁上台后，即迫使当时的正副总裁孙多森、聂其焜辞职。在这种境况下，中国银行总裁唯有对财政总长俯首听命，成为政府傀儡（杜恂诚，2002）。③为加强对中国银行的监督，北洋政府另于《中国银行则例》之外，另行颁发《中国银行监

---

① 中国第二历史档案馆、中国人民银行江苏省分行、江苏省金融志编委会：《中华民国金融法规档案资料选编》，档案出版社1989年版，第162页。
② 中国第二历史档案馆、中国人民银行江苏省分行、江苏省金融志编委会：《中华民国金融法规档案资料选编》，档案出版社1989年版，第68页。
③ 杜恂诚：《中国金融通史》第三卷，中国金融出版社2002年版，第101~102页。

理官服务章程》，授权财政部在中国银行行内派驻监理官，以监管中国银行"一切事务"。其监管的具体内容包括：（1）每星期至少检查一次中国银行的各种簿记及金库；（2）兑换券发行及准备；（3）各种票据及一切文件；（4）中国银行监理官得随时质问银行事务一切情形，必要时可以要求银行编制各种表册及营业概况。监理官由财政总长任命，监理官对银行的监理，需于次月五日内报告财政总长。在监理官认为中国银行的业务有违背章程之处，要尽快报告财政总长。章程还授权监理官可以出席股东总会、银行大会、监事会等重要会议，并有权发表意见（中国第二历史档案馆等，1989）。[①]

通过这一套严密的监管制度，北洋政府实际上控制了中国银行的人事与业务大权，尽管如此，但财政部仍觉掣肘，1914年，财政部以财政与币制整理需要为借口，呈请大总统将中国银行划归财政部直辖，"现在整理财政已行着手，对于金库事务之进行，尤宜详加规划，且收回各省滥发纸币及维持地方金融，均属中国银行应尽之责，与本部息息相关，嗣后拟将中国银行改归本部直接管辖，所有一切进行计划，均由本部主持，随时交由该行总裁办理，以免与本部整理计划有所阻碍"（姚崧龄，1976）。[②] 此报告得到大总统批准后，财政部当即拟定中国银行直辖财政部的8条办法，进一步加强了对中行的直接控制，规定中国银行分支行号的设立或撤并，"应先呈由财政部核准"；进一步扩大了对中国银行的人事控制，除总裁副总裁外，其总行局长及分行、分号行长、号长等各级主管人中的任免、升调，都要经财政总长核准；同时，更加密切监视中国银行的国家银行业务，《办法》第三条规定"印造纸币，发行兑换券及施行币制，应由财政部分别拟定办法，饬中国银行遵照办理；""国库局事务由财政部国库司司长督理"，要求中国银行每日上报其国库业务及钞票发行状况。尤其紧要的是，办法规定中国银行对于财政部存、贷款，"均以

[①] 中国第二历史档案馆、中国人民银行江苏省分行、江苏省金融志编委会：《中华民国金融法规档案资料选编》，档案出版社1989年版，第164页。

[②] 姚崧龄：《中国银行二十四年发展史》，（中国台湾）台北传记文学出版社1976年版，第19页。

最低利率为准"(中国银行总行等,1991)。① 照此办法,中国银行完全变成了财政部的一个附属机构,成为满足其资金需要的库房。而其作为中央银行的独立性则丧失殆尽。财政部的这一做法遭到中国银行的强烈反对,时任中行总裁的汤睿在报告中称,"若必欲以中国银行等之一司,则汤睿在职一日,不能受命,"上海中行副经理张嘉璈也感慨这一改变,"殊失中国银行理想中欲具之超然的独立地位,心中颇感不怿"(中国银行总行等,1991)。② 中国银行的强烈反对态度得到政界的普遍同情。因中国银行为股份有限公司性质,实行财政部直辖实在不合原则,加之银行界及政界反对,这一做法最终于1915年3月周学熙再次出任财政部长后被取消。但直辖事件显露了北洋政府对国家银行控制欲望的膨胀,也是中央银行缺乏独立性的一个侧面显现。

　　袁世凯时期的政府之所以能够实现对中国银行的控制,是以其出资优势为基础的,根据《中国银行则例》,中国银行资本6000万元,分为60万股,每股银元100元,先由政府认垫30万股,在政府先交所认股份1/3以上时,中国银行可先行开业。据此计算,政府认购股份至少应达到1000万元,才能开业(中国银行总行等,1991)。③ 由于财政拮据,北洋政府出资最终未达到章程规定标准,但在1915年之前,商股被改为存款,所以,中国银行没有商股股东,这样一来,北洋政府便成为了唯一的出资者。袁世凯死后,北洋政府分崩离析,财政日趋拮据,不但无力增持中国银行股份,反而靠出卖官股换取资金,官股占中国银行的股份份额逐渐减少,随着官股比例不断缩小,商股比例的不断上升,北洋政府对中行的控制也渐趋松动。这种变化集中反映于1917年修订的中国银行则例中:与以前的中国银行则例相比,1917年新则例突出了股东会及董事、监事、总裁等内设机构

---

　　① 中国银行总行、中国第二历史档案馆:《中国银行行史资料汇编》,档案出版社1991年版,第542~543页。
　　② 中国银行总行、中国第二历史档案馆:《中国银行行史资料汇编》,档案出版社1991年版,第541页。
　　③ 中国银行总行、中国第二历史档案馆:《中国银行行史资料汇编》,档案出版社1991年版,第84页。

的决议权，改变了以往诸事须财政部决定的做法；新则例还删除了关于官股最低1/3比例的限制条款，这实际是废除了商股比例的最高限制，且明确规定官商股份不予严格区分，政府股份可以随时售与人民，这增加了商股势力的发言权，为以后商股的扩展奠定了基础；在人事方面，确定银行高层管理人员改由董事选举产生，削弱了北洋政府对中国银行的人事控制权。

随着北洋政府财政状况的日益恶化，1921~1923年，北洋政府将官股陆续出售给12家银行和企业，共计495万元，最后，官股仅余5万元（中国银行总行等，1991）。[①] 与官股逐渐收缩的趋势相反，商股自1915年后迅速增加，逐渐占据主导地位。至1922年，中国银行股本总额达1976.02万元，除官股5万元外，其余全部为商股，占比达99.75%（中国银行总行等，1991）。[②] 占绝对优势的商股股东完全控制了中行实权。在此背景下，北洋政府虽几次试图恢复旧则例，以重新实现对中国银行的控制，但由于商股势力已占优势，纷起反对，最终北洋政府控制中国银行的企图未能得逞，中国银行逐渐走上商办的独立发展道路。1918年2月18日，中行首届股东总会成立。除少数官股代表外，百股以上商股代表参加的有264人，由于官股代表很少，首届董事、监事会人选实际上由商股代表选举产生。在1922年和1926年的两次改选和1928年改组后的选举中，起到左右选举结果作用的也都是商股中的大股东，经选举出来的董事、监事，多为金融界知名人士。这表明中国银行已脱离政府控制，独立发展。交通银行经过1916年和1921年两次停兑风潮的冲击，信用和实力都大为减低，交行的政治后台——北洋政府交通系的政治势力也大为减弱。1922年6月，交行召开股东总会，选举张謇、钱永铭为总理和协理，决定增收股本，改股本总额为2000万元，并制订了摆脱军阀政治、趋重工商实业的新的营业方针。

[①] 中国银行总行、中国第二历史档案馆：《中国银行行史资料汇编》，档案出版社1991年版，第87页。

[②] 中国银行总行、中国第二历史档案馆：《中国银行行史资料汇编》，档案出版社1991年版，第93页。

二、商业银行监管

第一，市场准入监管。南京临时政府所颁布的《商业银行暂行则例》，将有限责任性质银行的最低注册资本规定为10万元，无限责任性质银行5万元，在商业不发达地区，经行政长官或财政部核准，可以减少；《则例》还确立了注册登记制度，要求申请开办银行者，将"招牌、资本、设立地方、出资者及经理者姓名、籍贯、住址、人数等"详细信息，呈报财政部核准后方准办理，并且要订立章程，上报财政部审核；《则例》还要求此前已存在的旧式票庄、银号、钱庄等"有银行性质"的旧式金融机构，在一年内向财政部注册（中国第二历史档案馆等，1989）。[①] 因南京临时政府存在时间太短，暂行则例没有能够实施。1915年，北洋政府对《银行通行则例》略加修改，拟成《商业银行条例草案》，此条例始终没有公布，但北洋政府在审核商业银行各项业务时，多参照之。《商业银行条例草案》将商业银行最低注册资本定为10万元，无限责任公司为5万元，这一点与《暂行则例》相同，但对实收资本有很大幅度放松，要求银行实收资本总额之1/4以上，并有殷实商号担保，经地方行政长官查验，财政部审核之后就可开业（中国第二历史档案馆等，1989）。[②] 这意味着创办人最低只需募集2万元，就可开办一家银行。过低的准入门槛为小规模银行的开设留下了制度缺口。如近代著名的上海商业储蓄银行，成立时注册资本10万元，实收仅7万元，职员仅7人（中国人民银行上海市分行金融研究所，1990）。[③] 以上法规都规定了商业银行的注册制度，但在实际执行中，商业银行往往是先行开业，再补办注册手续。仍以上海商业储蓄银行为例，该行成立于1915年，

---

① 中国第二历史档案馆、中国人民银行江苏省分行、江苏省金融志编委会：《中华民国金融法规档案资料选编》，档案出版社1989年版，第12页。

② 中国第二历史档案馆、中国人民银行江苏省分行、江苏省金融志编委会：《中华民国金融法规档案资料选编》，档案出版社1989年版，第191页。

③ 中国人民银行上海市分行金融研究所编：《上海商业储蓄银行史料》，上海人民出版社1990年版，第7页。

开业时因规模过小，没有制定银行章程，也谈不上注册登记，在营业4年之后，资本规模增大，才制定银行章程，呈请财政部立案，向农商部注册，后章程经几次修改，直至1921年才由农商部"准予注册"，此时距其开业已时过6年有余。这一方面反映了政府办事效率的低下，另一方面，也暴露出注册制度的不严密。《银行通行则例》没有关于银行注册资本的查验问题，北洋政府也一直没有这方面的规范条例，这导致民国初期的银行在设立时注册资本往往不能真正到位，甚至达不到1/4的要求。如近代著名的盐业银行对外声称注册资本500万元，但开业时实收资本仅64万元。诸如此类情况在当时非常普遍。为严格注册程序，1924年，财政部在《银行通行则例》基础上制订了《查验银行资本章程》，详细规定了验资程序，规定银行必须将注册资本存于财政部指定银行，由存款银行出具证明书，交由财政部查验；没有设立银行的地方，应存到信誉较高的商号；续收或增收资本时，也须照此程序经财政部审核。1924年制订的《银行通行法草案》将注册资本提高到50万元，并规定实收资本达1/2时才能开业，这在一定程度上遏制了小规模银行的滥设，《草案》还规范了银行注册验资程序，规定经财政部核准开业的银行，应将开业日期呈报给财政部，自呈报日期起6个月内无正当理由没有开业者，即被取消资格；《草案》增加了对未经核准而开业的处罚条款，"凡银行未经财政部核准注册擅自开业者，财政部得令其停业，并课该行重要职员五百元以上、一千元以下之罚金"（中国第二历史档案馆等，1989）。[①]

1924年的《银行通行法草案》首次涉及外商银行的准入监管，第21条规定，"外国银行呈请设立分行或代理店于中华民国时，除法令或条约别有规定外，应遵守本法办理"。在其施行细则中又进一步作了详细规定，"外国银行呈请设立分行或代理店时，应遵照银行通行法第二十一条各规定，声明分行或代理店设置地点，并备具左列书类，由该银行总行及分行或代理店代表人署名盖章，呈请该国驻京公使证明，转送外交部咨行财政部核办：（1）总行设立批准之证明书；

---

① 中国第二历史档案馆、中国人民银行江苏省分行、江苏省金融志编委会：《中华民国金融法规档案资料选编》，档案出版社1989年版，第302~304页。

(2) 代表人姓名、履历、籍贯、住址清册；(3) 代表人委任书及代理店契约之抄件；(4) 总行现行章程；(5) 银行最近三年间之资产负债表；(6) 银行出资人职员名册；(7) 银行已收未收资本数目清册。"并作了针对外国发起人或法定代表人的特殊规定，外商银行的外国发起人或法定代表人，并应呈由该国驻京公使，按照左列事项出具证明书，转送外交部咨行财政部该办：(1) 曾任职务及现在职业；(2) 所属国籍及在中华民国或住本国之住址；(3) 个人商业信用或自营事业之经过情形（中国第二历史档案馆等，1989）。①

虽然各部银行法规中都有关于银行注册的相关规定，但在长达十几年的时间里，北洋政府始终没有颁布银行注册的专门法规，对银行注册多参照清政府时期的旧例，这也是造成银行注册效率低下和不规范的一个重要原因。直到1926年底，财政部才拟定《银行注册暂行章程》11条，对银行注册程序及相关事件作了详细规定。《章程》规定新设银行在呈报财政部注册时，应按注册资本金额缴纳注册费，具体为50万元以下注册费50元，50万~100万元注册费90元，100万~200万元注册费160元，200万~500万元为350元，500万~1000万元须缴纳500元，资本在1000万元以上的，每增加100万元加收30元，不足100万元按100万元计算（中国第二历史档案馆等，1989）。② 银行增加注册资本须按新标准重新注册，换发营业执照。营业执照遗失，应登报声明作废，并由殷实商号担保，由财政部补发新照。《章程》第8条同时规定，其他商业公司兼营银行业务时，按照新设银行标准缴纳注册费用。《银行注册章程》经大总统批准后，由财政部公布施行。

北洋政府时期，将商业银行分为有限组织与无限组织两种。无限组织指旧式钱庄等传统金融机构，而所谓的"有限组织"，即为民国以后采用现代公司组织形式的新式银行。对这类金融机构，当时是按照公司来管理的，也就是说，新式银行的设立，除要遵守相关银行法

---

① 中国第二历史档案馆、中国人民银行江苏省分行、江苏省金融志编委会：《中华民国金融法规档案资料选编》，档案出版社1989年版，第306页。
② 中国第二历史档案馆、中国人民银行江苏省分行、江苏省金融志编委会：《中华民国金融法规档案资料选编》，档案出版社1989年版，第298页。

规以外，还要履行公司的各项要求。

第二，业务监管。北洋政府时期对银行的业务监管制度还很不完善，只是从业务范围、财务报告、营业时间等方面做了一些基础性规定，还没有建立起系统的风险与流动性监管制度。这既有中国金融监管制度自身的原因，也是由于当时银行业业务简单，发展处于初级阶段所致。商业银行业务监管涉及如下内容：

其一，关于商业行庄业务范围的划定。《商业银行暂行则例》和《商业银行条例草案》都没有对商业银行业务范围做出明确规定，根据其对银行范围的界定，商业银行业务一般包括存款、放款、汇兑、代保管等，但明确禁止商业银行从事买空卖空业务。对钞票发行业务采取特许制，规定银行"非依特别法律之规定，不得发行银行券"（中国第二历史档案馆等，1989）。[①] 按1924年的《银行通行法实施细则》，"遵照银行通行法设立之商业银行，其营业范围除银行通行法有规定者外，得经营左列附属业务：（1）买卖生金银及有价证券；（2）代募公债及公司债；（3）押汇；（4）保管贵重物品；（5）代理收付款项。"并且规定，除银行业务外，商业银行还可兼营仓库、运输、生命保险等商业性业务（中国第二历史档案馆等，1989）。[②] 事实上，由于没有明确业务限制，北洋时期的商业银行营业范围是非常广泛，许多银行都兼营多业，1924年的《银行通行法草案》只不过是对银行业已经营的业务的追认，而且此法规并未实施，也说明此时期银行业务范围的不受约束。对于作为"无限组织"的旧式金融机构钱庄，除禁止其从事风险较大的长期贷款和信用贷款业务外，《约束钱庄暂行章程》明令钱庄禁止经营下列业务："（1）无抵当物而借出者；（2）为长期之借出者；（3）以无保险之不动产为抵押而借出者；（4）以股票为抵押而借出者；（5）以价格涨落无定之物品为抵押而借出者；（6）投资于农工事业之借出者"（中国第二历史档案

---

① 中国第二历史档案馆、中国人民银行江苏省分行、江苏省金融志编委会：《中华民国金融法规档案资料选编》，档案出版社1989年版，第192页。
② 中国第二历史档案馆、中国人民银行江苏省分行、江苏省金融志编委会：《中华民国金融法规档案资料选编》，档案出版社1989年版，第305页。

馆，1991）。① 对于服务农业的专业银行，要求其放款"应以田地、园林、房屋或实在产业等项作抵，于三十年内，用分年摊还法归清本利"（中国第二历史档案馆，1991）。② 钞票发行采取特许制，即必须经过财政部的特殊批准方能取得发行权。除此之外，财政部拥有对农业银行违规业务的最终处置权，凡财政部总长认为"危险事件"，财政部或主管政厅可随时命其停止业务。如《农业银行则例》规定，"农业银行有违背则例或害公益之事，财政部或该管官厅得随时禁止"（中国第二历史档案馆等，1989）。③ 上述基本法规中没有关于有价证券买卖的规定，但几乎各银行章程都有可以在一定范围内经营股票及有价证券的规定，但一般禁止买入本行股票。如《海外汇业银行条例》第九条和第十一条分别规定，"海外汇业银行遵政府命令，经理在于外国之公众款项及债券"，"海外汇业银行除下列事项之外，不得买入股票及一切物件。第一，银行营业应用之地基、房屋。第二，因治理欠款，由债主交付。第三，因抵当借款，由审判厅断结"（中国第二历史档案馆等，1989）。④ 第十二条又规定"海外汇业银行不得将本行股票作为抵当之物，亦不得自行买回。但负债者，于无法归偿时，以此抵当，则不在此限"（中国第二历史档案馆等，1989）。⑤

其二，关于营业监督。《商业银行暂行则例》规定银行的营业时间一般为上午9点至下午4点，但视具体情况可以延长。1924年的《银行通行法草案》将营业时间改为上午9点至12点和下午1点至4点。国庆日、纪念日、星期日及营业所在地之例假日，为银行之休息日。但因不得已事故而于例外停业，营业者须禀请所在地方行政官厅核准，并以报纸或其他之方法公告之（中国第二历史档案馆等，1989）。⑥ 为

---

①② 中国第二历史档案馆：《中华民国史档案资料汇编》第二辑金融（一），江苏古籍出版社1991年版，第456页。

③ 中国第二历史档案馆、中国人民银行江苏省分行、江苏省金融志编委会：《中华民国金融法规档案资料选编》，档案出版社1989年版，第24页。

④⑤ 中国第二历史档案馆、中国人民银行江苏省分行、江苏省金融志编委会：《中华民国金融法规档案资料选编》，档案出版社1989年版，第15页。

⑥ 中国第二历史档案馆、中国人民银行江苏省分行、江苏省金融志编委会：《中华民国金融法规档案资料选编》，档案出版社1989年版，第303页。

防范内部风险，禁止银行经理人"兼他项无限责任之营业及其他投机事业。"此一时期比较注重对银行营业状况的监督管理。几部银行法规都规定银行每年须详造营业报告书，呈送财政部核查。财政部无论何时，得派员调查银行业务之实况及财产之现状。财政部认为必要时，可以派员或分别咨询地方行政长官及其他官厅检查各银行营业情形及其财产现状。要求银行每逢半年，必须结账一次，将收付对照表登报公布。以便公众了解银行经营情况。除例行检查之外，财政部可以在认为必要时，"派员或委托地方官检查银行营业情形及财产状况"（中国第二历史档案馆等，1989）。① 对银行扩大营业范围、增减资本、合并或分立等重大事项，必须经财政部核准。

第三，关于从业人员监管。清朝的银行法规已经有了对违法职员及责任人施以处罚的相关条款，至北洋政府时期，进一步通过限定任职资格和限制职员行为来防范经营风险，1915年8月，财政部公布《取缔银行职员章程》，是一部专门针对银行内部职员业务办理的限制性法规，用以防范职员利用职务之便而产生内部风险。该章程从8个方面限制银行职员在本行办理业务：（1）除经董事会批准，银行不得放款于本行职员，放款数目不得超过其股本额的1/10；（2）银行职员在本行透支款项不得超过其存款数额；（3）银行办理押款之时，不得以少物多押、贱物贵押及各种不确实期票作为抵押品，如有上述情节，该行经理人以作弊论；（4）银行职员不得折价购买本行期票；（5）银行职员不得为他人担保，向本行借款；（6）银行职员不得私营本行营业种类所规定之业；（7）凡信用借款，该行经理人如明知借款人并不殷实，而专循情面借与款项者，以诈欺取财论；（8）凡经理人不得兼营投机及其他不正当之营业（周葆銮，1923）。② 另在一些银行章程中开始出现对重要职员任职资格的限定，如1918年《中国银行章程》第32条规定："董事、监事须品行端方，素有声誉，兼具财政、商业之经验智识，凡曾受褫夺公权及宣告破产之处

---

① 中国第二历史档案馆、中国人民银行江苏省分行、江苏省金融志编委会：《中华民国金融法规档案资料选编》，档案出版社1989年版，第303页。
② 周葆銮：《中华银行史》，上海商务印书馆1919年版，第477页。

分者,均不得被选"(中国第二历史档案馆,1991)①

第四,关于市场退出监管。北洋政府时期,对一般银行都有营业期限的要求,具体时间长短依银行性质而定,一般商业银行多为30年,少数专业银行,如兴农银行营业期限50年,营业期限届满即自行停业。但经财政部批准,可延长期限。但对于银行在营业期满之前因破产或其他原关闭的情况,《银行通行则例》与《商业银行条例草案》都没有制定相关的退出机制,仅在少数专业银行则例中,有关于财政部强令解散的规定,如《海外汇业银行条例》第二十一条规定,海外汇业银行于营业上损失过半时,或所为背此条例,财政部长于必要时,得停止其营业或命解散。又依股东总会之决议,受政府之许可,得任意解散。但于此总会须有股东1/2以上与总股金1/2以上股东出席,依议决权2/3以上决议(中国第二历史档案馆等,1989)。②但除此之外,绝大部分的商业银行及其他金融机构,均没有此类规定。《商业银行条例草案》16条规定,"银行因破产及其他事故停止营业者,除依商律及其他法律之规定外,须开具事由禀报地方行政长官转报财政部"(中国第二历史档案馆等,1989)。③这就是说,财政部只是被动地接受破产银行的申请,履行程序性监管职能。在北洋政府时期,商业银行成批设立,又成批倒闭,财政部几乎不闻不问,没有起到应有的主动监管与防范作用。1924年北洋政府制定的《银行通行法草案》及施行细则对银行退出机制作了详细规定,将银行的市场退出分为三种情况:一为期满自行解散,二为破产倒闭,三为政府强令停业。并且在退出程序上,也作了较为详细的规定,其中,政府强令停业的退出机制为《银行通行法》的新增内容,突出了财政部对银行退出的主动监管。根据《银行通行法》,银行于营业期满之前停业的情况有三种:第一,"财政部检查银行营业情形

---

① 中国第二历史档案馆:《中华民国史档案资料汇编》第三辑,江苏古籍出版社1991年版,第340页。
② 中国第二历史档案馆、中国人民银行江苏省分行、江苏省金融志编委会:《中华民国金融法规档案资料选编》,档案出版社1989年版,第16页。
③ 中国第二历史档案馆、中国人民银行江苏省分行、江苏省金融志编委会:《中华民国金融法规档案资料选编》,档案出版社1989年版,第194页

或财产状况认为有必要时,"可以命令银行暂停营业或发布其他命令;第二,银行有违背法令章程或有妨碍公益的行为时,财政部可以令其解散或停业或改选职员;第三,因破产或其他事故停业。规定银行解散时,应将营业执照缴地方长官转送财政部注销。停业以后,"非停业事故消灭,并经财政部核准,不得复业"(中国第二历史档案馆等,1989)。①

因历届北洋政府的孱弱,其所颁布的银行监管法规大都流于形式,在政府监管严重缺位的情况下,同业监管则显得尤其重要。北洋政府时期,银行公会通过制定行业规约,规范银行业发展,维持了银行业的有序发展。同业监管突出表现在三个方面:其一,制定行业规约,规范金融业务。因北洋政府没有制订统一的银行经营规则,各地银钱同业公会成立以后,均制订了自己的营业规则,内容涉及营业规范、公共准备金、票据交换、汇兑业务及同业救济等方面。这些同业规则虽未经过立法程序,不具备国家意义上的法律效力,但因其细密而且周到,建立了一套较为科学合理的约束机制,在国家法规不健全的环境下,实际上成为金融业共同遵守的习惯法。如上海银行公会也于1921年制订《上海银行营业规程》16条,第1条即规定,"本规程系上海银行公会在会各银行营业上共同遵守之规则",对所有上海会员银行均具备约束力。《营业规程》统一规定会员银行的营业时间及业务范围,另外主要对存放款利率及各种营业规范作了详细规定。存放款利率,由各银行视市场供求情况酌中厘定,同业拆借利率由双方协商确定;金融市场之银元、汇兑行市则统一由银行公会挂牌公布。《营业规程》还涉及对会员银行的风险管理,要求除发行兑换券准备金依照法定成数外还应存储至少20%以上的现金准备,另加储10%以上的保证准备(中国第二历史档案馆等,1989)。②《营业规则》还对各种重要单据种类及办理手续、挂失止付办法等制定了详

---

① 中国第二历史档案馆、中国人民银行江苏省分行、江苏省金融志编委会:《中华民国金融法规档案资料选编》,档案出版社1989年版,第304页。
② 中国第二历史档案馆、中国人民银行江苏省分行、江苏省金融志编委会:《中华民国金融法规档案资料选编》,档案出版社1989年版,第322页。

细的经营规范。要求各种存单及票据须有"总经理或副经理或有权代总副经理签字之重要职员签字",方为有效。对具有活期存款性质的存折及支票等,还须有存款人留存印鉴。对各种借款证书,要求依据银行公会所定的借款规程,谨慎办理。并规定了办理挂失止付的统一办法。对借款利率可随时商定。鉴于当时各银行术语不规范,给业务往来造成不便,《规程》还要求统一各行庄营业名词及图章。为统一名词术语,上海银行公会专门成立名词研究会,后又与汉口、天津银行公会联合进行,统一会计科目术语,编订成册,为各地银行会计科目的统一规范做出了贡献。其二,创立公共准备金制度,防止银行流动性危机。准备金是防止银行流动性危机的最主要手段,北洋政府时期因没有建立中央银行制度,准备金制度自然无从谈起。由于缺少稳定市场和缓解危机的公共信用机构,金融恐慌时有发生,挤兑危机成为商业银行最头疼的问题,经常有银行因此而倒闭或陷入困境。鉴于此,上海银行公会成立伊始就多次强调"苟平日无通筹救济之方,即临时有应付竭蹶之虞,殊非所以昭金融稳固之道","筹集公共准备金尤为同业目前之急务"(中国第二历史档案馆等,1989)。[①] 认为准备金与"欧美银行界所谓联合救济同业之旨,实相符合"(中国第二历史档案馆等,1989)。[②] 为防范挤兑风潮,1918年11月底,上海银行公会12家会员银行开会议决,议定《公共准备金规则》16条,决定设立公共准备金库,"此项准备金由在会各银行按认定之数共同交存现金与保管银行保管,故名曰公共准备金"(中国第二历史档案馆等,1989)。[③]《公共准备金规则》规定设立准备金的宗旨,"系为在会各银行临时不虞之需"(徐沧水,1925)。[④] 要求在会银行共同按认定数额交存准备金,由指定银行保管。准备金总额暂定规元30万两,各银行可自行交存认定数额,但最少不得低于规元1万两。保管

---

① 中国第二历史档案馆、中国人民银行江苏省分行、江苏省金融志编委会:《中华民国金融法规档案资料选编》,档案出版社1989年版,第317页。

②③ 中国第二历史档案馆、中国人民银行江苏省分行、江苏省金融志编委会:《中华民国金融法规档案资料选编》,档案出版社1989年版,第318页。

④ 徐沧水:《上海银行公会事业史》,上海银行周报社1925年版,第41页。

银行由会员会代表推选产生,责任期限为 1 年,连选可以连任,代表公会承担保管责任。"准备金一经交存,便不可随意提回或减少",会员银行如急需资金周转时,可以一定数额之抵押品,向公会抵押申请抵押贷款,以应银行急需,防范风险(中国第二历史档案馆等,1989)。① 规则制定以后,包括中交两行在内的上海 12 家会员银行共缴纳 30.2 万两白银,存于中国银行特设的保管库保管。为保证库款安全,《公共准备金规则》还制定了比较严格的保管与稽查制度,要求保管银行"应设法在银库内用铁栏夹一特别藏银之处设置关锁,其钥匙两个,保管行与稽核各执其一,并在铁栏外标识银行公会公共准备金字样",又规定,"准备金收足后,由银行公会呈请财政部备案,同时报明总商会备案,以示此款为在会各银行公共之物。倘遇各银行发生意外之时,准备金可以随时移动"(中国第二历史档案馆等,1989)。② 除保管银行代表人以外,每半年由全体会员公推两名稽核员进行查库,每月至少两次,全体会员认为有必要时,还可临时增加。据原规则,公共准备金主要是向会员银行提供贷款帮助。但在金融风潮时,也可向会外银钱行号提供抵押放款,数目、时间、利息均临时决定。无论会内会外,均须召集会员大会并经 2/3 以上的票数通过才能拆出。但此程序过于繁琐,在金融危机爆发时,"召集会议以待议决,恐有所不及",为简化程序,1923 年 11 月将放款程序改为会员大会授权董事会办理。③ 准备金制度建立后,曾多次为应付急用而准借,在安定市面、稳定物价及协助政府救济民众生活等方面发挥了重要作用,"实为银行界救济风险之利器",赢得了时人的肯定与信任,提升了银行业的社会信用。其他地区银行公会虽未进行公共准备金的制度性建设,但在金融恐慌时,也习惯以公共准备进行临时应对,如 1927 年 10 月中旬,天津金融业出现恐慌,志成、盛得两银

---

① 中国第二历史档案馆、中国人民银行江苏省分行、江苏省金融志编委会:《中华民国金融法规档案资料选编》,档案出版社 1989 年版,第 318 页。
② 中国第二历史档案馆、中国人民银行江苏省分行、江苏省金融志编委会:《中华民国金融法规档案资料选编》,档案出版社 1989 年版,第 319 页。
③ 《十二年十一月十九日下午五时会员会》,S173 - 1 - 6,1923 年 11 月,上海市档案馆藏。

号先后倒闭，另有几家濒临倒闭，一时风声鹤唳，大有岌岌不可终日之势。为维持金融稳定，天津银行公会遂出面筹设准备金 50 万元，依照押款办法，贷予挤兑各行，并组织委员会，负责救济，风潮得以平息。1929 年 8 月，天津裕生、义兴、泰昌、蚨祥生等几家银号相继搁浅，引发慌乱。在此情形下，天津银行公会形成决议，决定由各会员银行暂时筹集 50 万元，组织委员会，对本市同业行号进行贷款援助，"如本埠同业各银行号，有因需要，不得不请求救济者，可提出相当担保品，经委员会之认可，酌量借款援助，如五十万稍有不敷，当继续筹款，以资维持"（杨荫溥，1932）。① 同时钱业公会也召集会议，决定由各号凑出现银 1 万元，以 40 万元为度，分存于中交两行，以备以后同业不稳时，予以资金通融。其三，建立发布营业报告制度和发行准备检查制度。定期公布营业状况与银行账目，实行信息透明制度，有助于社会了解银行经营"无投机及一切危险性质"，进而增强银行的社会信用。上海银行公会就在《银行周报》上刊文指出"银行为保管运用社会资金之公共机关，其影响关系至为密切，欲使往来顾客及一般社会明陈其确实可靠，自非将营业状况公布于世，不足以表示业务之隆替及其交易之盛衰，藉以博取社会之信用"（徐沧水，1917）。② 上海银行公会还多次呼吁各银行和钱庄应将营业状况在主要报纸上公开。在公会的倡议下，不少银行纷纷将营业报告、准备报告以及投资类别，制作明细简表登载于《银行周报》，使社会公众能了解行庄的营业状况。民国时期，现金库存为借贷收支的最后工具，库存充实与否，不仅关系到金融机构的信用，也直接影响到金融市场的稳定，因此库存统计就显得尤为重要。库存统计由外国银行公会组织进行，具体做法是，每日由各外国银行公会会员行跑街在麦加利银行行内所设之"集益会"，相互报告其代表银行的库存数额，以备各会员银行参考。自 1917 年起，《银行周报》就连续刊载各中外主要银行及钱庄的库存状况表，并刊载各种分析比较报表和文章，成为金融界及社会各界了解中国金融的窗口。上海总商会主办的

---

① 杨荫溥：《杨著中国金融论》，黎明书局 1932 年版，第 293～294 页。
② 徐沧水：《论银行营业报告公布之必要》，载《银行周报》1917 年第 1 卷第 31 号。

《商业月刊》及北京银行公会所办的《银行月刊》亦曾登载行庄的库存统计状况。

三、地方银行监管

地方官银钱号多为清朝后期各省为解决财政困难或银钱短缺而设，长期充当地方财政金库和钞票发行中心。民国初期，部分省份军政府为解决货币短缺，将原来的官银钱号改组成为地方银行，如民国初期，陕西省军政府财政司为缓解市场钱荒，曾设立富秦钱局，专责发行辅币券，以便交易找零，调剂流通。更多的是大部分省份趁乱营业，继续经理省库。地方官银钱局分为省县两级，其组建、章程制定乃至组织管理、业务经营，完全由各省级政府或财政司自行核准，没有经过中央一级核准，这就是其能够完全为省政府所掌控的原因所在。各地政府基于本省或本地区利益，对地方银行分头进行整顿。如新疆都督杨增新曾对当地各县官钱局进行整顿，主要措施有：其一，改订迪化官钱局章程，授权其专司纸币的兑换工作，同时办理省内汇兑业务，停办放款业务。官钱局的收入如兑换贴水、汇水等由省政府统收，员工开支由财政司（即后来的财政厅）支付，人员也属于财政司管理。其二，1916年10月18日，叶城县知事呈请集股设立官钱局，杨增新认为："官钱局集股开办，流弊滋多，是必有一般无业游民欲藉官钱局势力……希图盘剥小民。如果此端一开，各属纷纷效尤，南疆缠民必受其害。且集股开办已是商业性质，何得谓官钱局乎？……名实尤为不合，万难照准。惟所称外籍人民在此放账重利盘剥，拟欲设立官钱局以减民困而挽权利等情，所见亦是。但既滋流弊，并将官钱局紧要条件明白揭出，停资遵办。"并提出开设官钱局的三个条件：首先，不准外省客商、客民请领官本，致到手之后本利皆归无着。其次，应择叶城土著殷实绅商承办，必事先查明领本之人有不动产若干，如不动产过于领本一倍，即由知事验明契据造具不动产清册，估计价值以作为保证，方能领用官款。若动产之人虽行动产亦难考查确实，仍不能领用官本。最后，绅商领本仍以县知事为监督，交卸时列入交代，如有亏空，知事应负完全责任。并强调，"以上条件，该县如设官钱局时，务必遵照办理"（姜宏业，1991）。① 由此可知，省级政府对地方官钱号的绝对控制权。

北洋政府初期，中央政府对地方官钱号的监管基本处于空白状态，这严重扰乱了中国的币制及金融制度。各省银行无限制地滥发使得钞票市场更加混乱，而其毫无限制的准入与退出，又使得经营风险进一步加大，北洋政府要统一币制，整顿金融，就必须将地方银行纳入监管范围。

北洋政府以币制改革，整理纸币为契机，颁布《各省银行办法大纲》，将各省官银钱号改组为省银行，以各省名称命名，如直隶所设银行即名为"直隶银行"，将其纳入中央政府的官办金融系统。并要求各省银行资本"就官银号原有资本加招商股，并由中央政府酌量补助"，改变了省政府垄断资本的状况。同时上收人事权，规定省银行行长由"本省长官荐由财政部呈请任命"。这样，从财权与人事两方面打破了省政府的垄断地位，便于中央政府插手管理。在币制改革以前，对地方银行设立及发展，中央政府几乎未有涉足，因此各省官银钱行号章程制定都由省政府或财政司核定，没有呈送过财政部。此次整顿，开始核查各省银行章程，对以前未报送的银行章程，"亟应令行补送，以备察核"；并要求各省民政长迅即转饬该省各官银钱行号，"无论已未送部，速将该银行现行各种章程呈部备案"（中国第二历史档案馆等，1989）。② 在实施财权与人事权监管的同时，北洋政府对地方的业务经营进行规范与监督。《各省银行办法大纲》将省银行宗旨明定为"调和金融、维持市面、整理钞票"，省银行享有经理省库特权，而存放款业务尚在其次；分支行号之设立及营业，"均以本省境内为限"（中国第二历史档案馆等，1989）。③ 针对地方

---

① 姜宏业：《中国地方银行史》，湖南人民出版社1991年版，第46页。
② 中国第二历史档案馆、中国人民银行江苏省分行、江苏省金融志编委会：《中华民国金融法规档案资料选编》，档案出版社1989年版，第170页。
③ 中国第二历史档案馆、中国人民银行江苏省分行、江苏省金融志编委会：《中华民国金融法规档案资料选编》，档案出版社1989年版，第71页。

银行账务管理混乱的情况，《各省银行办法大纲》规定各省银行统一采用新式簿记，按季上报财政部，财政部还可随时派员检查"账目、证据和现金。"并且，关于经理省库和发行钞票的一切"章程、规则、簿记程式"，都要"由中央代为筹划，应由财政部呈请大总统派专督饬进行"（中国第二历史档案馆等，1989）。① 1913年10月，仿照中国银行监理官设置，又公布《各省官银钱行号监理官章程》，由财政部往各省官银钱行号派驻监理官，现场监督各省银行的发钞及金库业务，并及时将检查情况上报财政部。1914年北洋政府又发布严禁官银钱行号兼营它业的命令，向地方银行派驻稽核员，以"稽核发行纸币及分库事务"（中国第二历史档案馆等，1989）。②

上述监管措施大多未能实施。袁世凯政府时期的回收纸币计划与监理官制度，除少数省份外，多数省份或是反对，或阳奉阴违，如河南当局虽表示"奉令行事"，但实际上除了接受财政部派来的监理官外，纸币发行并未受到约束，地方银行监管不到位成为纸币统一计划失败的重要原因。不过在某些方面也取得了一些成绩，如成功改组了部分官银号，收兑了部分省银行发行的纸币，其所派驻的监理官也多少起到了一些监督和整理作用。如豫泉局第一任监理官俞泰初。上任后对豫泉局的经营情况进行调查，并于1914年元月给北洋政府财政总长呈送了一份调查报告，报告中称，"观其表面，每岁出入数十万，按年计息，不无盈余；而其实际，则赔累滋多"（周葆銮，1923）。③ 报告还总结了亏损的原因，认为主要在于管理的混乱。接此报后，财政部又于1916年11月派调查员对豫泉局进行检查，采取整顿措施。直隶省银行监理官张师敦也提出规范业务经营的8项办法，此种办法饬令以后，"稍资整理，业务亦见恢复，中交停兑以后，至于今日，该行业务复见形发展云"（周葆銮，1923）。④

---

① 中国第二历史档案馆、中国人民银行江苏省分行、江苏省金融志编委会：《中华民国金融法规档案资料选编》，档案出版社1989年版，第71页。
② 中国第二历史档案馆、中国人民银行江苏省分行、江苏省金融志编委会：《中华民国金融法规档案资料选编》，档案出版社1989年版，第71~72页。
③ 周葆銮：《中华银行史》，上海商务印书馆1919年版，第349页。
④ 周葆銮：《中华银行史》，上海商务印书馆1919年版，第231页。

为防止省银行滥发纸币，1917年以后，北洋政府着手对各省银行纸币发行进行整顿，以期整齐划一。1917年3月，财政部泉币司提出整顿各省银行的五项办法：其一，厘订章程。"查各省官银钱行号现行章程，大抵各自规定，彼此不同，虽其间多有可采之处，而应行改正者，亦复不少。如权限、员额、经费及办事规程各节，实为重要之事。乃现在各省银号，员额漫无限制，权限又不分明，经费浩繁，业务错杂，种种流弊，相因而生"（周葆銮，1923）。[1] 因此计划以"裁汰冗员、节省经费、注重营业"为宗旨，对各省官银行号订一通则，以期达到各省官银钱行号经营步调一致，便于管理。其二，整理纸币。要求从办法公布之日起，按月向财政部呈报纸币发行数目，以方便纸币整理。其三，沟通汇兑。认为各省钞票价值下跌，除滥发以外，汇兑不通，导致本省纸币不能出省也是重要原因之一，因此计划由各省官银行号筹款建立汇兑基金，"将原设他省之分号即委托所在地之官银号代理。"这样既可节省经费，又可提高各省钞票信用。但对于如何拟定代理规程，则没有提出具体方案，而是由各省官银号"彼此相见以诚，分别妥筹。"这实际上不具备可行性。其四，限制垫款。认为造成各省官银号亏损的重要原因在于为省政府无限度垫款所致。因此，提出以后不到万不得已，不得向行号借款。垫款以"临时通融"为主，且需要以"预算内所订确定收入"为限，并要切实担保。在程序上，应先由省长审查，并报财政部核准。其五，明定赏罚。针对官银号长期"有赏无罚"的情况，提出对私分红利、营私舞弊者予以惩处，业绩卓著者予以奖励，以严肃纪律。该提案经由会议审查后认为，"此案主旨系为各省官银钱行号急则治标之计，虽非根本解决，然可认为时势所必要，自应赞成"，同时作了一些必要的删节修正。财政部认为，"此案以整顿行务为主旨，所拟各节，均属切实可行，自应通行京外，切实遵照，以期金融前途日有起色"，并要求各省转饬财政厅，"分别要筹办理，迅速报部"（周葆銮，1923）。[2] 可惜的是，在中央政府完全失去控制力的情况下，这些整

---

[1] 周葆銮：《中华银行史》，上海商务印书馆1919年版，第1~2页。
[2] 周保銮：《中华银行史》，上海商务印书馆1919年版，第2页。

理措施根本没有发生一点约束力。到北洋政府后期，各省银行在省政府及军阀的操控下，成为筹款工具，无限制地滥发各种辅币及银行券和军用券，完全脱离了北洋政府的监控视线。

四、钱庄监管

北洋政府时期，票号已全面衰落，传统金融机构只剩下钱庄，历届民国政府所颁布的银行法规都把钱庄等同于银行，因此，北洋政府并没有颁布专门的钱庄监管法规。但在实践中，钱庄与银行是两类金融机构，前者代表传统后者则代表现代，两者在组织形式、经营方式等方面存在显著差别。在政府监管缺位的北洋政府时期，钱庄业的监管主要由其同业组织——钱业公会负责。如上海钱业公会在其《钱业公会章程》中，宣称钱业公会"以谋金融之流通及交易之安全为目的"，其职责与银行公会相似，包括促进同业联合、矫正营业弊害、提倡信用、解决内部争议等几个方面（中国人民银行上海分行，1960）。[①] 钱业公会通过制定和推行一系列习惯法来实现对同业的监管。钱业公会1920年制定的《钱业营业规则》，就是一部规范和统一钱庄业的业务经营的习惯法。《钱业营业规则》分为本埠、外埠、票类、防弊、同业、停业、附则七章52条。以后又经几次修改完善。营业规则基本涵盖了钱业经营所涉及的全部问题。这些同业规则，是基于钱庄多年经营惯例和行规的文字总结，符合钱业的经营习惯，因此得到全体钱庄业的支持，成为钱业长期遵守的活动准则。在政府监管缺位的情况下，保证了钱庄的稳定。

具体而言，钱业公会对钱庄的监管大体体现在以下几个方面：第一，监管入会钱庄的市场准入与退出。清末和北洋政府时期，设立银行须在政府部门注册，但设立钱庄却无须在政府部门注册，政府也没有设置管理钱庄申请注册的主管机关。人人都可以设立钱庄，但不是家家钱庄都可以申请入会，钱庄申请入会必须经过钱业公会的审批。

---

① 中国人民银行上海分行：《上海钱庄史料》，上海人民出版社1960年版，第659页。

1919 年，上海钱业公会会议决定入会的两个标准：其一，上报"注册资本、股东姓氏、所得股数及见议人姓名"，由公会审查；其二，对新入会钱庄，由全体公会会员投黑白子表决，需 2/3 以上通过（杜恂诚，2006）。[①] 钱业公会对钱庄入会监管颇为严格，1920 年以后，钱庄数量增长很快，为保证入会钱庄质量，钱业公会于 1924 年改变准入审批程序，由大会一次投子表决改为董事会和会员大会两次投子表决，并规范了投子方法。因钱业公会势力强大，钱庄是否入会对其营业资质有很大影响，不能取得入会资格的钱庄几乎没有生存空间，因此，钱业公会为公会会员设置准入标准，实际上就等同于为钱庄设置了准入标准。钱庄突然停业会引起钱业乃至金融市场的波动，为了维护同业的信用和稳定，钱业公会出面主持歇业钱庄的清算。1923 年上海钱业营业规则的第 22 条就明确规定，入会同业如有突然停业者，由公会主持清理，并规定了七项具体细则。如 1924 年 8 月上海钱业发生危机，永春钱庄、裕丰钱庄、隆裕钱庄、庆丰钱庄相继倒闭，市面发生恐慌。8 月 21 日，钱业公会召开临时会员大会，商讨如何维持大局。钱业公会副董秦润卿指出，当前"谣诼紧张，金融骤受影响"，裕丰倒闭，"倘不事具体办理，清理设有短少，不仅全部信用为之波累，恐未来者或不止此"。为此，秦氏提出一个"通力合作办法"，即"设同业中有营业并不空虚，查明确实其缺单，由同业全体接数派垫，一面暂同清理。其空虚者不在此例"。与会者对秦润卿的意见一致表示同意，"当场均签字认可"（杜恂诚，2006）。[②] 第二，钱业公会通过对会员的督导和惩戒来实现其监管权威性。公会以会议、通告、公函等形式督导入会会员理解、遵守并维护同业规则，在一些涉及同业公共利益的问题上，钱业公会劝导会员规避风险，共同维护行业的稳定。在 1921 年发生的信交风潮中，上海钱业公会发现"近来交易所股票价格飞涨，虽各营各业，惟于我同业究竟有无关系，不能不预事研究"。在 1921 年 5 月 9 日公会会员大会上，公会以决议形式告诫全体同业"一勿贪套利息，二勿收受押

---

① 杜恂诚：《近代中国钱业习惯法》，上海财经大学出版社 2006 年版，第 86 页。
② 杜恂诚：《近代中国钱业习惯法初探》，载《历史研究》2006 年第 1 期。

款",不要经营交易所股票和从事交易所放款。在钱业公会的引导下,上海钱业谨慎经营,在后来发生的金融风潮中所受损失很小。钱业公会还对违反行业规章的会员进行惩戒以维护业规。1917年钱业公会所制订的钱业营业章程第4条规定:"公议本外埠往来票贴,以1钱起至5钱为度,如有不遵议规,察出罚银200两,以昭划一。"当时上海华界地方政府认为这条规定制定得不妥,有凌驾于国家法律之上之意,遂要求上海钱业公会加以修改。公会全体会议为此决议:"道尹公署以营业章程第四条须修改一节,诚如总商会解释,罚金一项系同业对内问题,章程为同业所公定,倘有违背规则,照章议罚,自作自受,无所谓强制于国家法律,亦不至有所抵触,立论正当,即函请总商会照复道公署"(杜恂诚,2006)。[①]

第四节 金融市场监管

北洋政府时期,随着工商业及银行业的快速发展,中国的金融市场也渐具规模,并且部分已达到比较发达的程度,如债券市场、黄金市场与大条银市场等。但总体而言,与银行业相比,中国的金融市场发展规模偏小,且不规范,除证券市场外,北洋政府几乎未施以任何监管措施,金融市场基本处于自发发展状态。北洋政府时期的金融市场监管主要包括如下内容:

一、证券市场监管

中国近代股票市场起源于洋务运动所办企业。1872年,李鸿章设立轮船招商局,次年改为官督商办后,开始募集股票,随后其他洋务企业也起而模仿,发行股票。第一次世界大战期间及以后几年,西方列强暂时放松了对中国的经济侵略,中国民族工商业与银行业发展

---

① 杜恂诚:《近代中国钱业习惯法初探》,载《历史研究》2006年第1期。

进入第一个黄金时期，工商资本与金融资本形成良性循环，相互促动，使得社会资本积聚快速增加。1911年华商银行存款总额不足1亿元，而10年后的1921年，一些重要华商银行的存款总额达到近5亿元（中国银行总行管理处，1933）。① 新型工商企业与银行业的迅速发展，直接促进了证券与物品交易市场的繁荣，但这并不是唯一动力，甚至不是最主要的动力。事实上，中国近代证券市场上最活跃的交易品种，更多的是政府公债。北洋政府因财政拮据，一开始陷入了依靠借债度日的恶性循环之中。从1912年到1926年，政府举借内债共达61206万元（千家驹，1984）。② 1914年以后，政府公债首先由华资银行承销，然后进入二级市场进行交易。20世纪20年代以后，帝国主义卷土重来，中国民族工商业又陷入困境，股票交易量下降，尤其在"民十信交风潮"以后，近代金融市场其实完全变成了"公债市场"，债券的交易量占98%，而股票仅占2%（叶世昌等，2001）。③

早在1914年，北洋政府即颁布了《证券交易所法》，将证券交易所界定为"为便利买卖、平准市价而设之国债票、股份票、其他债票及其他有价证券交易之市场"（中国第二历史档案馆等，1989）。④ 按《证券交易所法》的规定，证券交易所的设立要经过农商部核准，并报财政部备案，重大事项如设立地点、章程审核、解散等由农商部会同财政部确定，对特别重大事项，还须经大总统核准。《证券交易所法》为中国证券交易所的设立奠定了法律基础。1918年，首家交易所在北京开业，以政府公债为主要经营对象，次年，上海股票商业公会改组设立上海华商证券交易所。从1916年起，孙中山及上海工商界知名人士虞洽卿等人呈请设立证券交易所，根据其最初拟定的章程，证券交易所经营标的物种类为证券、花纱、金银、杂

---

① 中国银行总行管理处编：《中国重要银行最近十年营业概况研究》，1933年内部版，第298页。

② 千家驹编：《旧中国公债史资料》，中华书局1984年版，第11页。

③ 叶世昌、潘连贵：《中国古近代金融史》，复旦大学出版社2001年版，第250~252页。

④ 中国第二历史档案馆、中国人民银行江苏省分行、江苏省金融志编委会：《中华民国金融法规档案资料选编》，档案出版社1989年版，第236页。

粮、皮毛等五种，命名为"上海交易所股份有限公司"（中国第二历史档案馆等，1989）。① 但农商部认为将证券与物品混合经营，不符合《证券交易所法》的规定，故仅批准证券交易一项。在上海工商界的坚持下，至1919年6月，农商部允其合办证券物品交易所，同年9月，发起人修订章程，更名为"上海证券物品交易所"，经营有价证券、棉花、棉纱、布匹、金银、粮食油类和皮毛等7种证券商品。1921年，北洋政府农商部又拟定《物品交易所条例》48条及施行细则，规定"凡为流通货物、平准市价及增进同业利益而设立大宗物品交易市场，称为物品交易所"（中国第二历史档案馆等，1989）。② 因此，在北洋政府时期，虽然证券与物品交易可在同一交易所并存，但实际在政府监管时，却是分开进行。

通过《证券交易所法》与《物品交易所条例》及其实施细则等一系列法规，可以看出北洋政府对交易所的规范运营制定了一些制度，但总体来看，内容比较简单，规定也过于笼统。这一方面由于此时中国的证券物品交易市场发育水平较低，交易方式及种类比较简单，另一方面，也是北洋政府缺乏监管能力与经验所致。根据《证券交易所法》与《物品交易条例》的规定，证券与物品交易所的组织形式均为股份有限公司，于"商业繁盛之地，禀经农商部核准设立"（中国第二历史档案馆等，1989）。③ 呈请设立时，须呈交详细章程，物品交易所名称中应反映地名与交易品种，定名为"某地某种物品交易所"。对同类物品交易限定一地设立一家交易所，每家物品交易所只准经营一种货物。在同一地区同时申请成立几家物品交易所，且都符合设立条件的情况下，选择"原有资本及交易额在同业中较占多数者"予以核准。鉴于物品交易的特殊性质，要求物品交易所应有"当地同业行厂商号代表之人数及股额五分之三以上，股

---

① 中国第二历史档案馆、中国人民银行江苏省分行、江苏省金融志编委会：《中华民国金融法规档案资料选编》，档案出版社1989年版，第246页。
② 中国第二历史档案馆、中国人民银行江苏省分行、江苏省金融志编委会：《中华民国金融法规档案资料选编》，档案出版社1989年版，第343页。
③ 中国第二历史档案馆、中国人民银行江苏省分行、江苏省金融志编委会：《中华民国金融法规档案资料选编》，档案出版社1989年版，第328页

份增加时,应由当地同业者有承受之优先权"(中国第二历史档案馆等,1989)。① 至于对"同一区域"的划分,物品交易所的设立以一县境为一区,证券交易所以农商部划定为准。为保证信誉,要求交易所成立时必须向国库缴存保证金,营业时间以10年为限,期满经农商部核准可以续展。呈请续展时,物品交易所须提前3个月上报农商部,并呈交连同物品交易所章程及营业细则(中国第二历史档案馆等,1989)。② 证券交易所设立,最低股本银须在10万元以上,缴足一半即可开业;物品交易所没有具体资本限制,但要求必须有从事该项物品营业1年以上的殷实商人20人以上作为发起人(中国第二历史档案馆等,1989)。③ 保证金的缴存数额为注册资本的1/3,而且可以五成现金与五成公债券(中国第二历史档案馆等,1989)。④ 交易所的组织机构由股东会、理事会、评议会、顾问及参事员及其他工作人员构成。交易所设立有期限限制,证券交易所在农商部核准立案后一年内不禀请设立者,其立案无效,物品交易所要更短一些,只有6个月,其自核准设立后满六个月仍未开业者,亦视同撤销。证券交易属于高风险金融,北洋政府的这些规定,门槛过低,为以后证券交易所的滥设及金融风潮的爆发下留了隐患。

交易所经营实行经纪人制度,只有持有交易所股份的人才有资格入场交易,是交易所中唯一的买卖当事人。证券交易所经纪人资格限定为年满25岁以上,且有证券买卖或类似交易经验者,物品交易所经纪人资格由各交易所于章程中自定。经纪人经批准后,领取营业执照才可营业,只可从事代理业务,收取佣金,禁止自行交易。因经纪人在交易所的关键作用,除资格限制外,《证券交易所法》及《物品

---

① 中国第二历史档案馆、中国人民银行江苏省分行、江苏省金融志编委会:《中华民国金融法规档案资料选编》,档案出版社1989年版,第343页。
② 中国第二历史档案馆、中国人民银行江苏省分行、江苏省金融志编委会:《中华民国金融法规档案资料选编》,档案出版社1989年版,第349页。
③ 中国第二历史档案馆、中国人民银行江苏省分行、江苏省金融志编委会:《中华民国金融法规档案资料选编》,档案出版社1989年版,第350页。
④ 中国第二历史档案馆、中国人民银行江苏省分行、江苏省金融志编委会:《中华民国金融法规档案资料选编》,档案出版社1989年版,第332页。

交易所条例》又在其他诸多方面作严格限制，规定有下列情形之一者，均不能担任交易所经纪人：（1）妇女；（2）受褫夺公权之处分者；（3）曾受破产之宣告，债务尚未清结者；（4）受禁治产及准整治产之宣告者；（5）曾受证券交易所之除名处分者；（6）处四等有期徒刑以上之刑，满期及赦免后未及一年者；（7）受刑律第一百八十一条、第二百二十六条，第十七章至第十九章，又第三百五十九条及第三十二章至第三十五章，及第四百三条、第四百四条所规定之处分，满期或赦免后未及一年者（中国第二历史档案馆等，1989）。① 物品交易所经纪人的限制条件又有所差异，为：（1）非中华民国商人，及非中华民国商人或商法人之从业者；（2）妇女或未成年者；（3）破产后债务尚未清结者；（4）凡在交易所受除名处分，及受证券交易所法第第三十三条之处罚未满三年者；（5）凡处四等以上有期徒刑，及违犯第一百八十一条、第二百二十六条，第十七章至第十九章，第三百五条，第三十二章至第三十五章第四百三条、第四百三条；矿业条例第九十四条，本条例第三十九条至第四十三条所规定之刑满后未及五年者（中国第二历史档案馆等，1989）。② 该条例限制外国人进入物品交易行业，规定物品交易不得发行不记名股票，禁止物品交易所将股票出售或抵押给外国自然人或法人，该条例第8条规定，"物品交易所股票不得售卖及抵押于非中华民国人民及非中华民国法人"（中国第二历史档案馆等，1989）。③ 为限制风险，对其交易所产生的一切责任均由经纪人承担，要求经纪人向交易所缴纳500元以上的保证金（中国第二历史档案馆等，1989）。④ 对于违约或违规的经纪人，交易所有权处以停止营业、500元以下罚款或呈经农商部批准予以除名等处罚。

　　交易所营利来源限于向客户收取手续费，禁止交易所自身及其职

---

① 中国第二历史档案馆、中国人民银行江苏省分行、江苏省金融志编委会：《中华民国金融法规档案资料选编》，档案出版社1989年版，第329页。

②③ 中国第二历史档案馆、中国人民银行江苏省分行、江苏省金融志编委会：《中华民国金融法规档案资料选编》，档案出版社1989年版，第344页。

④ 中国第二历史档案馆、中国人民银行江苏省分行、江苏省金融志编委会：《中华民国金融法规档案资料选编》，档案出版社1989年版，第332页。

员参加交易。为防止交易双方违约,交易所有权令客户缴纳买卖价额的10%以上的保证金,价格波动超过50%,还要再追加保证金额。在因买卖违约发生损失时,由交易所负责赔偿,赔偿之后,有权向违约方追偿。交易所负责拟定交易种类并且公示,但农商部认为不适当者,可命令交易所取消。由此可知,虽然此时期的证券与物品交易所均以"有限公司"命名,但其实是一种会员制组织形式。证券交易分现期交易与定期交易两种,现期交易两日内交割,定期交易又称限月交易,即期货交易。物品交易分现期、约期与定期三种。禁止经纪人将受托的定期交易在交易所以外买卖交付,并且禁止私下交割。违反规定者,交易所可对其施以除名或停止营业三个月以上的处罚。为防止恶性竞争,禁止在物品交易所之外另设立与交易所经营物品相同或相似的定期交易市场,但无损于交易所业务的行铺除外。《证券交易所法》并对交易时间、交割方式、手续费及保证金征收办法,及违约处置等作了详细规定。在证券交易所有违法行为或损害社会公益时,农商部可以解散之或责令其停止营业,必要时可令其修改章程。该法同时规定,在农商部认为有必要时,可以派临时视察员检查交易所的业务、账簿或其他物件,但农商部内部没有设立专门性的监督机构,也未形成定期检查制度。

《证券交易所法》还规定了农商部对交易所及经纪人财务及营业状况的检查监督制度,要求证券交易所"将所定经纪人所用账簿之种类、记载事项及其格式禀报农商部"(中国第二历史档案馆等,1989)。[①] 还应另编制各种报表,上报农商部,包括:每日公定市价表;每日买卖总数表;每月证券市情衰旺报告表及收支概算表等。此外,在农商部认为有必要时,"得派临时视察员检查证券交易所之业务、账簿、财产或其他一切物件,及经纪人之账簿"(中国第二历史档案馆等,1989)。[②] 交易所有违背法令或妨害公益等行为时,农商

[①] 中国第二历史档案馆、中国人民银行江苏省分行、江苏省金融志编委会:《中华民国金融法规档案资料选编》,档案出版社1989年版,第332页。

[②] 中国第二历史档案馆、中国人民银行江苏省分行、江苏省金融志编委会:《中华民国金融法规档案资料选编》,档案出版社1989年版,第331页。

部可处以解散、停止营业、撤销决议等处分。关于交易所的退出条件，《证券交易所法》与《物品交易所条例》作出如下规定：（1）因违反法令或妨害公益被农商部解散；（2）因故自行解散；（3）正常终止，不过，农商部并未制定细致的退出机制，仅规定在因故解散时，"禀报农商部，并由农商部咨行财政部备案"（中国第二历史档案馆等，1989）[①]。如果单从法规制定看，《证券交易所法》与《物品交易所条例》尽管不太完善，但毕竟已初成体系，遗憾的是，农商部除了对最初几家交易所的设立进行了比较严格的审查之外，以后基本没有起到准入与经营的监管作用。在上海证券物品交易所开业以后，因收益率高达100%（洪葭管等，1989），[②] 被群起效仿。至1921年，上海的证券交易所和物品交易所达到150多家，仅1921~1922年一年之内，上海一地即设立各类交易所达112家，几乎每一行业都有一个甚至几家交易所，其中只有6家经农商部正式立案，绝大多数都是恃租界庇护，无证经营，农商部虽多次下令取缔、解散，但由于租界的庇护，丝毫未起到限制作用（洪葭管等，1989）。[③] 当时各交易所额定股金总额达20多亿元，而当时上海各银行的库存银两和银元总额不足7000万元，也就是说，这个数字接近实体经济的20倍，各交易所都是在未收足股金的状态下开始营业（杜恂诚，2002）。[④] 这些交易所并无多少正常业务，只热衷于经营其他交易所股票，丝毫不顾及法律禁令，肆意进行违规操作，使得证券交易所成为纯粹的投机场所，最终爆发了1921年的"信交风潮"，中国的证券市场受到致命打击，此后一蹶不振，中国的证券市场的交易对象很少有股票，而成为政府公债交易场所。"民十信交风潮"的发生，使得北洋政府的无能暴露无遗。这次风潮中，只有6家交易所得以幸存（洪葭管等，1989）。[⑤] 中国金融市场从此一蹶不振达近10年之久。

[①] 中国第二历史档案馆、中国人民银行江苏省分行、江苏省金融志编委会：《中华民国金融法规档案资料选编》，档案出版社1989年版，第331页。
[②③] 洪葭管、张继风：《近代上海金融市场》，上海人民出版社1989年版，第154页。
[④] 杜恂诚：《中国金融通史》第三卷，中国金融出版社2002年版，第292页。
[⑤] 洪葭管、张继风：《近代上海金融市场》，上海人民出版社1989年版，161页。

1926年，农商部颁布《交易所监理官条例》，准备向交易所派驻监理官，负责监督交易所的日常交易及税负情况，但此时的北洋政府已完全丧失对市场的控制力，这一举措遭到交易所及同业公会的联合抵制，农商部只得作罢。证券市场的监理官制度一直未能实行。

二、保险市场监管

清末成立的保险公司大多规模小，且因中国工商业不发达，保险公司没有稳固的发展基础，至"一战"以前，70%以上的保险公司停业。"一战"期间，西方列强放松了对中国的经济侵略，民族工商业出现发展高潮，这直接刺激了民族保险业的发展。五四运动以后，民众的爱国热情高涨，一大批金融家和企业界人士以振兴民族金融为契机，纷纷开办保险业务，中国民族保险业出现一个发展高潮，打破了外商长期垄断中国保险市场的局面。从1912年到1925年，共设立保险公司39家，但由于规模小，实力弱，骤兴骤灭者达到2/3（中国保险学会等，1998）。[①] 1913年，北洋政府所设立的农商部，下设总务厅、农林厅、工商司、渔牧司、矿政司五司，保险业的监管归入农商部之工商司，1913年12月北洋政府公布的《修正农商部官制》中，明确规定"保险、运送、外国贸易事项"为工商司之执掌事务。[②] 北洋政府颁发了系列法规对保险业进行监管，其中，最具权威的当属《保险业法案》和《保险契约法草案》。

1917年，北洋政府农商部拟订了《保险业法案》，后经法制局修改以后发布，内容四十二条。主要内容有以下几方面：第一，确定农商部为保险监管部门。该法第一条规定，"经营保险业须呈请农商部核准发给营业执照，承领营业执照须缴纳规费，其费额由农商部定之。"第二，确定保险公司的组织形式及经营资格，《法案》第2条规定，经营保险业除相互保险组织另以法律规定外，以股份有限公司

[①] 中国保险学会、中国保险史编审委员会编：《中国保险史》，中国金融出版社1998年版，第71页。

[②] 《修正农商部官制》，载《北洋政府公报》第589号，1913年12月23日。

为限，保险公司股票须用记名式，保险公司如有外国人民入股者，其股份不得逾资本总额1/3。资本总额最低为20万元，实收满10万元即可开业。第三，限制经营范围。禁止保险公司兼营他业，且每一保险公司不得兼营人寿保险与伤害保险。第四，规范保险合同。该法案第8条规定，保险合同应载明七个方面内容，包括：（1）保险公司担负赔偿之事由；（2）保险公司免除赔偿责任之事由；（3）保险公司赔偿责任之范围及其履行之时期；（4）保险立约人或被保险人不履行义务时所应受的损失；（5）保险契约无效之原因；（6）保险契约全部或一部解除之原因及解除时当事人所有之权利义务；（7）保险立约人被保险人偿金领受人，有无分配余利之权利及分配之范围。第五，强化了农商部对保险行业的监管。规定保险公司资本增减、组织变更等重大事项以及财务状况与业务经营、保险契约等，都需接受农商部直接监管。第16条明确规定"保险公司之业务由农商部监督之"，"农商部得令保险公司报告营业状况，并检查其业务及财产"；"农商部认为保险公司之业务或财产状况难以继续营业时，得令其停止营业或限定期间变更营业方法及准备金之计算标准"。为防范风险，保护被保险人利益，该法案并首次强调了责任准备金的提取，第10条规定"保险公司成立或增加资本时，应将实收资本额，呈部查验，人寿保险公司每年应以所收保险费总额五分之一作为特别准备金存储于该公司，或存储于农商部认为适当之银行商号，前项之准备金农商部得随时派人查验"（周华孚等，1992）。[①] 与前清保险法规相比，《保险业法案》更加注重政府的监督管理与风险的防范，并注意加强对民族保险业的扶持与保护，这表明中国保险市场的迅速发展及其重要性已引起北洋政府的重视。

20世纪20年代，内地富豪聚集于上海、南京、汉口等地，游资充斥，银行业为吸收更多资金，竞相投资开办保险公司。民族保险业的进一步发展，亟须制订一部全国统一的、切实可行的保险法规。北洋政府修订法律馆聘请法国顾问爱斯嘉拉协助参与起草《保险契约

[①] 周华孚、颜鹏飞：《中国保险法规暨章程大全（1865~1953）》，上海人民出版社1992年版，第72页。

法草案》，1927年完稿。这一法案在参考法国、德国和日本等发达国家保险法规的基础上，结合中国实际情况，制定相关条款。该草案共4章109条。第一章保险总则，具体又分通例、保险契约、保险人与被保险人之义务、时效四节。第二章损害保险，包含三部分内容，即通例、火灾保险和责任保险。第三章人身保险，分通例、人寿保险、灾害保险三节。第四章终结条款（谢振民，2000）。[①] 这是继《大清商律草案》后第二部由外国人协助起草的保险法律。随着北洋政府的瓦解，修订法律馆未将此草案加以整理，当然就谈不上实施了。

如果说清末的保险立法完全是在外力压迫下制定的，那么北洋政府时期的保险立法已在很大程度上是内在需求的驱动所致，而且在保险立法中涉及的制度模式的选择上非常具有针对性，这对南京国民政府时期的保险立法影响甚大，因此，北洋政府时期的保险立法在中国近代保险立法史上具有承先启后的作用。

第五节　结论性评价

北洋政府势弱的结果是出现"小政府，大社会"的格局，这种格局下，民间势力在规则制订上具有很大的影响力。从上面的讨论中可以清楚地看到，北洋政府时期，由于政令不出都门，政府对金融业的监管时常缺位，市场自发力量在金融发展中起主导作用，这种状况在南京国民政府时期荡然无存。因而，应从一个大变革的视角来考察北洋政府时期金融监管的成效得失。

第一，金融监管体系的不均衡与不完善性。北洋政府时期，金融业长足发展以致独步于经济舞台，为规范金融业的发展，北洋政府在金融监管方面也作了不少努力。但由于政府势弱，加之理论准备不足，北洋政府职能构建一种初级的、不完善的金融监管体系。这主要表现在监管主体的不统一、监管范围不完全性、监管资源分配的非均

[①] 谢振民：《中华民国立法史》，中国政法大学出版社2000年版，第834页。

衡性等方面。

北洋政府仿照日本金融监管体制,以财政部为金融监管主体,这种设置有利于实现政府对金融业的直接控制,北洋政府选择此种模式,也是主要从这方面考虑。但实践中,因北洋政府内部利益集团的倾轧,财政部并不是唯一的监管主体,农商部是另一监管主体。此种状况,是否可用分业监管的概念来解释呢?纵观世界金融史,在金融业发展初期,不可能出现分业与混业监管的意识,因此,北洋政府是不可能自觉建立分业监管体系的。之所以出现这种局面,主要是因为清朝遗留的作风,如一些专业银行为发展为实业银行,故划归农商部主管。另一方面,是一些金融机构根本就没有对口的监管部门,而只能按照普通公司进行管理,如保险业就是如此。金融监管体系的不完善还表现为监管范围的不完全与监管资源分配的不均衡。北洋政府对金融业的监管集中在银行等存款性金融机构,所颁布的《商业银行法》,明显比前清要成熟得多,当时世界金融监管中的一些先进理念和内容,诸如准入监管、退出监管等都有比较详细的规定,而且还创设了监理官制度。币制监管方面,北洋政府时期虽未实现币制统一大业,但其对币制监管的谋划还是比较成熟的,从《国币条例》的内容可看出北洋政府对现代货币制度已经比较熟悉,所采取的统一币制的措施,如中国银行收兑纸币,对各省官银钱行号纸币的整理可以看出,计划与方案本身都是可行的,其所以没有成功,并不是因为监管法规与措施本身的过失,而是源于政府控制力的衰弱与财政的极端困难,是外生力量的阻碍。相比之下,对保险和交易所等其他金融机构的监管上,北洋政府则表现出幼稚性与滞后性,监管资源的分配也少得可怜。北洋政府始终没有为保险和证券业设立专门的监管机构,而是作为普通公司由农商部负责审批,被统称为"特种金融"。从法规的制定来看,对特种金融的立法数量要远远少于银行与币制法规,仅有的几部《保险业法》和《证券交易所法》,内容也非常简单笼统,只是一些基本概念及基本交易规则的介绍,难以成为约束市场主体的依据。从实践上看,农商部对特种金融的监管,基本仅限于设立审批,对其运营过程则没有起到一点的规范作用。尽管简陋,保险与交易所还是被明确纳入监管范围的，对另一种新型的金融机构，北洋政府可谓是陌生到不知为何物的程度，更谈不上监管，这便是信托公司。自从1913年日本在大连设立第一家信托公司以后，至1921年4月，中国先后设立15家信托公司，几乎都没有呈请农商部或财政部立案，北洋政府既未制定相关监管法规，也未采取任何措施，甚至没有专门的信托注册机构。由于监管的空白，信托业从出现时起，就如没有缰绳的野马，没有任何约束。1921年下半年，中国金融市场出现投机热潮，短时间内，7月中旬，作为监管部门的江苏省实业厅开始关注这一非正常现象，要求上海县知事对交易所与信托公司一并展开调查。但此时，作为全国最高监管机构的农商部对此却毫无反应，没有采取任何监管措施。民十信交风潮以后，农商部曾计划拟定信托法规，但最终没有付诸实施。

第二，市场力量主导金融监管。在1916年财政未完全破产以前，北洋政府在金融监管领域有一定的控制力，主要表现有三点：其一，对国家银行的控制。袁世凯执政时期，为达到财政垫款目的，对中交两个国家银行实施了严格控制方案，不论从人事上和资本上，财政部都拥有绝对控制权，将两行变为财政垫款工具。其二，主导币制整理。北洋政府便制定了一整套的币制改革计划，并聘请外国专家进行论证，组织币制改革委员会专门负责币制改革，至1916年以前币制本位的确定与纸币的整理过程，基本是按照财政部的预定计划进行。其三，对商业银行与专业银行的监管。为发展资本主义经济，北洋政府原计划仿照日本体制，建立由中央银行、专业银行和商业银行构成的银行体系，这在一段时期内得到实施。至1916年，中国的银行体系构架也已基本成型。

但袁世凯死后，北洋政府操控于军阀之手，中央政府权威被削弱，对金融业逐渐失去控制力，国家银行摆脱政府的控制走上了商业化发展道路。至北洋政府中期以后，政府虽有监管法规之订立，但政令不出都门，大多法规流于形式，未能付诸实施。但就在政府渐趋衰微之时，金融业自身却悄悄孕育出一股新的自律监管力量，这就是同业公会组织。中国商业组织素有组织同业协会，互相扶助的传统，

1915年北洋政府颁布《银行同业公会章程》，使得同业公会组织的设立有法可依，各类同业公会相继成立。1920年以后，随着政府监管的松动与金融发展的多元化，同业公会的数量越来越多，活动范围也日益扩大，除制定行业规范，监督业内运营之外，银行公会与钱业公会还直接参与到宏观金融监管层面，北洋政府后期，凡中央政府欲在金融领域有所行动，如整理币制，制定法规等，都要征求银钱两会的意见。而关于金融制度的建设方案，如废两改元、公共准备金制度等，也都是由银钱两会首先发起讨论并制订具体方案，也就是，在金融监管领域，制度的设计与供给者不再是政府而是同业组织。

第三，政府监管与同业监管的互补。在新制度经济学家看来，经济制度的制订与推行，需要三方面力量："第三部门"通常就是指同业组织。在市场主导的经济模式下，同业组织的作用不仅仅是同业之间联络感情与传递信息，而且还是独立于政府之外的市场管理力量。与政府相比，同业公会更加熟悉行业发展特点与发展规律，能站在经济个体的立场上设定规则，因此其监管效率要高于政府监管。但这并不能否定政府的监管作用，同业公会作为民间力量，其行为不具备法律的强制约束力，其一切监管行为，需要国家以法律形式进行确认和保护。这样，政府、私人、第三部门在金融监管领域应由各自的行为边界：政府制定监管法规并依次进行强有力的外控，同业公会依法对同业实施自律监管；经济个体在有序的市场环境下规范运作，最大限度发挥能动性，实现市场的高效运转。

在成熟的市场经济国家，三方比较容易恪守各自的行为边界并互相牵制最终实现系统内恰，但在中国，政府有包揽一切的强烈欲望，政府往往凭其威权肆意剥夺同业组织与经济个体的权力，因而做到三方各首行为边界并不容易。因北洋政府的孱弱，无力控制同业组织与经济个体，在中国金融业发展初期的二十年间，却不意中形成了三方均衡的格局，这可能正是北洋政府时期金融秩序得到"不治而治"效果的原因所在。这种格局虽是昙花一现，但却为中国金融发展留下了一笔宝贵的财富，值得研究。

第四章

南京国民政府前期的金融监管

第一节 国民政府时期金融监管的思想渊源

南京政府时期的金融思想主要来源于英美，这个时期，以马寅初、李权时、陈岱孙、唐庆增、陈光甫等为代表的留美生和以杨端六、姚庆三、刘秉麟、刘絜敖等为代表的留英学生相继学成回国，旋即取代北洋政府时期的金融精英而成为新的金融学界领军人物。这批学者多就读于哈佛、耶鲁、哥伦比亚、宾夕法尼亚等世界顶级学府，都获取了博士或者硕士学位，具有深厚的现代经济学理论功底。国民政府长期主管财政金融的两位财长：宋子文和孔祥熙，分别留学于哈佛和耶鲁。在他们倡导之下，英美先进的金融理论和金融思想被源源不断地引入到中国。

20世纪30年代的世界经济大危机，使西方自由主义经济思潮黯然失色，凯恩斯国家干预主义经济思潮勃兴并迅速成为主流思潮。无论是资本主义世界还是社会主义国家，在经济政策取向上达到惊人的一致：实行统制经济。如美国总统罗斯福上台后，首先要求国会赋予他统制经济的独裁权力，然后再实行整个经济计划。欧洲独裁者希特勒执政德国后，力推其国家社会主义政策，由国家决定的意志或政治的指导者来确定经济方针。苏联第一个五年计划的成功实施，证实了计划经济的暂时胜利。在这种国际大背景下，经济统制主义思潮在中国迅速传播。检索30年代出版和发表的经济学文献，几乎所有经济学家都参与了经济统制的讨论，正如时人所言："'经济统制''计划经济'现在已变成了时代的标语，世界议论的洪水了。英国及美国的 National Economic Planning 与 International Economic Planning，法国之 Economic Digree，德国之 Plannwritschaft，皆鼎沸于论坛，酿成一般经济学教授不在讲坛上纵谈'统制经济'就不足以显其本色的样子"（克己，1933）。[1] 李权时、马寅初、罗敦伟为代表的经济学家对统制经济进行了较为深入的探讨，如李权时就实施经济统制的条件进行了深刻分析：（1）统制国内的农产品，使全国的衣食二项可以自给自足，不需依靠外援；（2）统制国外贸易，减少不利的输入，增加有利的输出；（3）统制货币与金融，使国内物价安定，民生康乐；（4）统制人口，不使过庶，并强制劣种之传殖；（5）统制大规模工业，创造国家资本；（6）统制国民消费，使之合理化（李权时，1934）。[2] 马寅初不仅积极介绍统制经济理论，还论证中国必须实施统制经济的理由，指出，中国保护国内幼稚的民族工业，只能"用统制的方法，发展国内工业，以与之抗衡"，因此，"中国经济之出路，只有统制经济之一途"（马寅初，1935）。[3] 蒋介石在国民政府成立初期就有统制工商进而垄断全国经济的意图，1933年他为复兴社所拟的宗旨中，就明确提出要"开发实业，调剂劳资，统制工商"（郑会欣，2006）。[4] 在1937年的国民党五届中执会第三次会议上，蒋介石等人提出《中国经济建设方案》，被会议通过，该方案明定"中国经济建设之政策应为计划经济，即政府根据国情与需要，将整个国家经济如生产、交易、分配、消耗诸方面，制成彼此互相联系之精密计划，以为一切经济建设进行之方针"（周开庆，1951）。[5] 1933年4月，财政部长宋子文从美国考察归国后，总结美国新政的成功在

---

[1] 克己：《风靡世界的统制经济思潮》，载《东方杂志》1933年第30卷第9号。
[2] 李权时：《统制经济的前瞻与后顾》，载《申报月刊》1934年第8期。
[3] 马寅初：《中国经济改造》上，商务印书馆1935年版，第93~96页。
[4] 转引自郑会欣：《战前"统制经济"学说的讨论及其实践》，载《南京大学学报》2006年第1期。
[5] 周开庆：《经济问题资料汇编》，（中国台湾）台北华文书局1951年版，第51页。

于政府对经济实施干预主义，指出"厉行统制经济，近世经济趋势均有此倾向"，中国"现时经济疲敝，都市虽似繁荣，农村则日有破产之虞，欲图复兴，务使各生产部门均能作有计划之生产，非统制不足收合作之效"（李菊时，1934）。[①] 而在蒋介石、宋子文看来，统制全国金融是政府统制全国生产的第一步，于是，统制成为国民政府时期金融监管的主题。

第二节 统一币制

1930年前后，南京国民政府通过武力征讨逐步实现了形式上的全国统一，中央权威树立后的南京国民政府在金融经济领域大刀阔斧地改革，以实现金融经济的统一。1928年6月，南京政府财政部在上海召开全国经济会议，将金融列为财政首要问题，而金融问题又首在币制的统一，"以我国枯竭纷乱之金融如何整理，各省参差之币制如何统一，滥币如何整理，以巩固金融之根本"（中国人民银行总行参事室，1991）。[②] 为此，南京国民政府制订一套币制统一计划，这套计划从三个方面展开：统一货币本位、统一货币铸造、统一纸币发行。

一、统一货币本位与硬通货铸造

晚清政府和历届北洋政府都认为金本位制是中国最理想的货币制度，因此，在货币本位选择问题上，始终坚持以金本位制为目标，只是由于客观条件限制，不得已先行银本位。在南京国民政府最初的币制改革方案中，也坚持实施金本位制度。但由于中国资源缺乏，而且20世纪30年代世界金本位制已走向终结，内外环境都决定了中国政府的这一目标无法实现，南京国民政府最终选择了银本位制。

---

① 李菊时：《统制经济之理论与实践》，上海新中国建设学会1934年内部版，第596页。
② 中国人民银行总行参事室：《中华民国货币史资料》第二辑，上海人民出版社1991年版，第59页。

1929年，南京国民政府聘请美国金融家甘末尔，组织设计委员会，设计中国币制方案。甘末尔于同年11月拟定《中国逐渐采行金本位币制法草案》40条，主张中国实行金汇兑本位制度，即中国铸造银主币和镍、铜辅币，银币的价值单位定名为"孙"，每单位含纯金60.1866公毫。不铸造金币，银币与镍铜辅币称为"名目货币"，均与金汇票或生金为无限制兑换，以维持"银孙"与金单位的平价。同时设立"金本位信用基金"，以用于名目货币的兑换。对旧有铜币限期收回。采用此种制度可通过两种途径过渡到金本位制，一为间接计划，即先在全国采用一种单纯划一的银本位制，以取代当时紊乱的货币，待新货币在全国范围完全取代旧货币以后，即将此新银本位货币改为金本位货币。第二种途径称为"直接计划"，将中国的现行通货直接改为一种金本位通货。甘末尔的金本位计划不切合中国实际，在短时间内难以实行。国民政府决策层认为应先实行银本位制，再过渡到金本位制，为此，国民政府又拟定了《国币条例草案》，以整顿当时紊乱的货币制度。《国币条例草案》进一步上收了货币铸造权，规定"货币之铸发权专属于政府"，由财政部拟定货币型式，呈报财政部"以命令颁定之"。国币单位仍称为元，成色为库平纯银6钱4分8毫，主币为1元银币；出于日后能顺利过渡到金本位制度的考虑，同时又允许铸造10元和20元金币，金币与银币之间暂按时价进行兑换；主币之外，另铸银铜两种辅币，银辅币分50分、20分和10分三种，铜辅币包括1分、5厘和2厘，主币具备无限法偿能力，辅币依面额大小，具有不同购买限制，如50分银币单次购买价值限于20元以内，20分和10分银辅币单次购买在5元以内，铜辅币单次购买限于1元以内，但缴纳捐税和国家银行兑现不在此限制之内。并且规定，在一定期限内，允许银主币和金币自由铸造，"人民以生银托政府代铸一元银币者，政府须应允之……以生金托政府代铸金币者，政府须应允之"（中国第二历史档案馆等，1989）。[①] 与北洋政府时期的《国币条例》相比，此次草案更加明确了主币与辅币的区别，但

[①] 中国第二历史档案馆、中国人民银行江苏省分行、江苏省金融志编委会：《中华民国金融法规档案资料选编》，档案出版社1989年版，第361页。

此草案并未公布。

北洋政府时期,为整理币制,曾拟在上海设立造币厂,发行新银元,并曾购置机器,但嗣后因财政困难,经费无着,一直未能成立。此次南京国民政府币制改革,遂将筹划已久的上海造币厂先行开业,并改名为"中央造币厂",开工铸造银元,定为国币。"预备以一年为筹备期,在最短时间内成立上海造币厂,半年之内开铸新国币"(中国人民银行总行参事室,1991)。[①] 1929年4月,国民政府颁布《中央造币厂章程》,规定"中央造币厂直隶于财政部,掌理国币之铸造、销毁及生金银之精炼、分析事项",中央造币厂内设监理委员会,由造币厂厂长、副厂长、中央银行行长和钱币司司长为当然委员,其他委员由财政部选派(中国第二历史档案馆等,1989)。[②] 在财政部的授权下,中央造币厂逐渐统一了全国新银元的铸造,为废两改元的顺利推行奠定了基础。

1931年以后,受世界经济危机的影响,中国工农业生产日渐凋敝,内地银元大量涌入上海,导致洋厘大跌,开两元并用以来最低纪录,洋元被大量熔毁,废两改元刻不容缓。在工商界的强烈呼吁下,国民政府决定实行废两改元。1932年7月,财政部长宋子文召集银钱业领袖谈话,达成三点共识:废除银两,完全采用银元,以统一币制;完全采用银元制度时,旧银元仍照旧使用;每元法定重量决定后,即开始铸造新币。1933年3月,南京国民政府颁布《银本位币铸造条例》,条例规定:银本位币的铸造专属于中央造币厂;银本位币定名为"元",重26.6971克,银八八铜一二,含纯银23.493448克,银本位币一元等于100分,一分等于10厘,银本位币的重量、成色公差不得超过3‰;旧有一元银币符合原定重量、成色的,在一定期限内与银本位币同样使用,请求代铸银本位币的,加纳铸费2.25%;中央造币厂可铸成色为999‰、重量与银本位币1000元所

[①] 中国人民银行总行参事室:《中华民国货币史资料》第二辑,上海人民出版社1991年版,第62页。
[②] 中国第二历史档案馆、中国人民银行江苏省分行、江苏省金融志编委会:《中华民国金融法规档案资料选编》,档案出版社1989年版,第365页。

含纯银数量相等的厂条（中国第二历史档案馆等，1989）。① 在正式实施废两改元之前，暂允两元并用，由政府规定洋厘兑换比例。1933年4月6日，财政部通令全国，正式宣布废两改元，规定从是日起，"所有公私款项之收付与订立契约、票据及一切交易，须一律改用银币，不得再用银两"（中国第二历史档案馆等，1989）。② 宣告银两交易在法律上无效。4月6日以前以银两计算的款项收付，按政府所定比价折合为银元。持有银两者，应依照《银本位铸造条例》的规定，向中央造币厂代铸银币，或送交当地中央、中国、交通三银行兑换银币。废两改元先从上海开始实行，以后逐渐向全国推广。

新银币于1933年开始铸造，正面为孙中山肖像，俗称"孙头"或船洋。自发行之日起，通行全国。10月31日行政院对条例作了修正，厂条改为甲乙两种。甲种即原来规定的厂条，重23516.96克（修正条例误为重23493.448克，即将含银量误为厂条重量）。乙种重26697.1克，成色同本位币。铸乙种厂条技术要求比甲种厂条低，故决定加铸乙种厂条。财政部还规定各地银炉一律停止营业，公估局撤销。1933年底，财政部命令各行庄呈报库存宝银数目，从次年3月15日起分月按成兑换厂条或银元。至1933年底，废两改元基本取得成功，这使得中国币制结束了无本位制的历史，实现了铸币流通的统一，为发展经济和便利人民生活，具有极其重要的意义。除其在货币领域的直接意义之外，由于由中央造币厂统一铸造，这有利于扩大中央银行活动的范围，有利于中央银纸币的推行，也为以后的法币改革奠定了基础。但是，20世纪30年代，世界各国的金本位制已经走到尽头，而中国却刚刚确立银本位制。中国不是产银国，只是用银国，在白银已成为世界通用货币的大环境下，决定了中国的货币制度仍有遭受帝国主义控制的可能，从而也决定了中国的银本位制不可能长久。

---

① 中国第二历史档案馆、中国人民银行江苏省分行、江苏省金融志编委会：《中华民国金融法规档案资料选编》，档案出版社1989年版，第378页。
② 中国人民银行总行参事室：《中华民国货币史资料》第二辑，上海人民出版社1991年版，第94页。

二、统一纸币发行

纸币发行混乱始终是近代中国币制的一大痼疾。北洋政府曾试图在全国推广中国银行钞票，以统一纸币发行，但无果而终。南京国民政府一上台，就试图通过巩固中央银行，建立垄断金融体系，以统一纸币发行。

1928 年中央银行成立时，南京国民政府即拟定了《中央银行兑换券章程》，规定中央银行特设发行局发行兑换券，兑换券分为一元、五元、十元、五十元、一百元五种，可用于"缴纳赋税、公款、清偿债务及其他一切交易"（朱斯煌，1939）。① 之后，开始采取措施限制或取缔其他行庄的纸币发行，并在全国范围内强制推广中央银行纸币。在推广中央银行纸币的同时，南京国民政府开始规范商业行庄的纸币发行。1929 年 1 月，南京国民政府公布《兑换券印制及运送规则》，对钞票印制进行规范。规定除中央银行外，各商业银行欲发行新币、收回旧币而定制兑换券时，必须报财政部核准。审核内容包括兑换券的样式、种类、数目、印制处所及印制日期等。对于空白兑换券在国内的运送，必须经财政部核准，发给准运专用护照。准运专用护照由银行在每次运送之前申领，用完之后必须报财政部备案。这一规则将纸币的发行置于严密监督之下，有利于防止纸币的滥发。除监督商业银行钞票发行之外，对一些地方钱庄、商号等私发纸币予以取缔。"查各省市地方钱庄、商号每有私自发行兑换银元、铜元制印之纸币，或类似纸币之票券，行使市面，希图牟利。此项纸币在发行时未经呈准，所有发行数目及准备实况，均属无可稽考"（中国人民银行总行参事室，1991）。② 自布告之日起，禁止各钱庄商号发行纸币，对其原发数目，限一个月内收回。嗣后，又撤销江苏省银行的钞票发行权，将触角伸向省地方银行。1930 年，财政部又拟定统一全

---

① 朱斯煌：《银行经营论》，商务印书馆 1939 年版，第 403 页。
② 中国人民银行总行参事室：《中华民国货币史资料》第二辑，上海人民出版社 1991 年版，第 84 页。

国币制计划，限期收回各商业银行所发纸币及兑换券，中央银行完全以元为单位发行纸币，推行全国。

但这些措施都未能取得理想效果，各私营银钱行号私发纸币现象仍很严重。1931年，国民政府颁布《银行兑换券税法》，规定凡发行兑换券的银行，应按保证准备金课以2.5%的发行税，企图以税收的形式限制商业银行兑换券的发行。但因税率过重，当时即受到各金融资本家的强烈反对，南京政府被迫将税率减低到1.25%（中国第二历史档案馆，1994）。[①] 但征税办法并没有达到南京政府预期目的，1931~1934年，各银行发行的兑换券仍然逐年增加，统一纸币的目标没有实现。1935年1月，财政部又曾呈报过一个关于"取消北洋政府核准各银行发行纸币"的提案，要求取消两类银行的发行权：一是经北洋政府特准发行纸币，现在已停业清理的行号；二是虽经北洋政府核准但到目前一直没有开始发行的行号。此案经行政院通过实行，但没有涉及当时的发行银行，于实际没有太大意义。

就在南京国民政府一筹莫展之时，世界经济形势发生了有利于纸币改革的变化。20世纪30年代初，资本主义世界爆发经济危机，为转嫁经济危机，各帝国主义国家加大了对殖民地和半殖民地国家的经济侵略，1934年6月，美国国会通过《白银收购法案》，宣布实行白银国有，并在世界市场上高价购买白银。美国的白银购买法案使得世界银价飞涨，中国白银大量外流。一些外国在华银行利用特权及其他不正当手段，将中国白银尽数运往美国。不包括走私，1934年中国的白银净出口量达25700万元，为历史最高纪录1907年的5倍（中国人民银行总行参事室，1991）。[②] 国民政府为遏制白银外流，出台了禁止白银出口的措施。但在厚利诱惑下，白银走私猖獗，大量白银被私运出口。1935年白银走私出口约在15000万至23000万元之间。上海中外银行库存白银量由1933年底的54700万元，减少至1935年

[①] 中国第二历史档案馆：《中华民国史档案资料汇编》第5辑第1编财政经济（四），江苏古籍出版社1994年版，第22页。

[②] 中国人民银行总行参事室：《中华民国货币史资料》第二辑，上海人民出版社1991年版，第118页。

的27600万元（袁宝华等，1992）。① 这给刚刚实行银本位制的中国带来灾难性的打击。白银外流造成中国银根紧缩，利率高昂，物价猛跌。大批工商企业和金融机构破产倒闭。1934年上海民族资本经营的工厂、商号、银行、钱庄等业，倒闭停业者达510家，1935年上升到1065家，1936年略有好转，但全年倒闭歇业户数仍有784家（袁宝华等，1992）。② 金融恐慌遍及全国，南自闽、粤，北至平、津，所有重要城市都相继爆发了金融风潮。白银危机促使南京国民政府放弃银本位制，代之以不兑换的信用货币本位制。

1935年11月3日，国民政府财政部长孔祥熙发表讲话，指出"自各主要国家相继放弃金本位，以及世界银价暴涨以来，我国货币之价值，经其过度抬高，国内通货紧缩之现象至为显著，而失业增加，破产迭出，资金外流，国库收入减少，国际收支不利，种种状况，纵然并起……政府为保存全国准备金，并为巩固币制与改善金融起见，特参照近年各国之先例，颁布紧急法令，自本月四日起有效"（中国人民银行总行参事室，1991）。③ 其所谓的"紧急法令"即指《法币政策公告》，主要包含六部分内容：（1）中央、中国、交通三银行所发行之钞票，自公布之日起，定为法币，集中发行。所有完粮纳税，及一切公私款项之收付，概以法币为限，不得行使现金。（2）中央、中国、交通三银行以外，曾经财政部核准发行之银行钞票暂准其照常行使。其发行数额，即以截止到11月3日流通之总额为限，不得增发。由财政部酌定限期，逐渐以中央钞票换回。并将流通总额之法定准备金，连同已印未发之新钞，及已收回之旧钞，悉数交货币发行委员会保管。其核准印刷中之新钞，并俟印就时，一并照交保管。（3）法币准备金之保管，及其发行收换事宜，设发行准备管理委员会办理，以昭确实，而固信用，其委员会章程另案案公布。（4）凡银钱行号商店及其他公私机关，或个人持有银本位币，或其他银币、

---

①② 袁宝华、翟泰丰：《中国改革大辞典》，中国国际广播出版社1992年版，第1221页。

③ 中国人民银行总行参事室：《中华民国货币史资料》第二辑，上海人民出版社1991年版，第178~179页。

生银等银类者，应自十一月四日起，交由发行准备管理委员会，或其指定之银行兑换法币。除银本位币，按照面额兑换法币外，其余银类各依其实含纯银数量兑换。（5）旧有以银币单位订立之契约，应各照原定数额，于到期之日，概以法币结算收付之。（6）为使法币对外汇价，按照目前价格稳定起见．应由中央、中国、交通三银行，无限制买卖外汇（中国人民银行总行参事室，1991）。①

法币自身没有法定的含金量，其值须由外汇汇率表示，按最近白银 5 年对英镑的平均汇价，定为法币 1 元等于 1 先令 2 便士半。将收兑的白银运往伦敦兑换英镑，充作发行准备，无限制买卖英镑以充作币值。这使得法币币值随英镑价值的涨落而涨落，成为英镑附庸。对此，欲图控制中国的美国不肯善罢甘休，于 1936 年 12 月在伦敦市场停止收购白银，引发银价下跌，迫使国民政府签订《中美白银协定》，由美国按照世界市场的平均价格购买白银 7500 万盎司，另以 5000 万盎司白银为抵押，向美国贷款 2000 万美元，所得美元外汇全部存在纽约，法币又成为美元的附庸，这使得中国币制同时受制于美英两帝国主义国家。但无论如何，中国毕竟确立了信用货币制度，统一了货币发行，历经几十年的货币流通混乱状况终于结束，这在中国币制史上具有划时代意义。

根据《法币政策公告》第 4 条规定，设立发行准备委员会负责法币准备金的保管及发行收换。之后，即着手成立发行准备管理委员会，负责"保管法币准备金，并法币之发行收换事宜"（中国人民银行总行参事室，1991）。② 委员由财政部 5 人、中央、中国、交通三行代表各 2 人、银行公会代表 2 人、钱业代表 2 人、商会代表 2 人及由财政部指定的代表 5 人，其 18 人组成，以中央银行总裁为主席。法币准备金由发行准备管理委员会指定中央、中国、交通三行库房为准备金库，但各地分存数目由发行准备委员会决定，并报

---

① 中国人民银行总行参事室：《中华民国货币史资料》第二辑，上海人民出版社 1991 年版，第 181~182 页。

② 中国人民银行总行参事室：《中华民国货币史资料》第二辑，上海人民出版社 1991 年版，第 196 页。

财政部备案。① 法币发行委员会成为在法币政策实施以后的货币管理机构。而国民政府也藉法币改革之机，达到了白银国有的目的。中国农民银行纸币发行向来没有准备金，因此，在法币政策最初实施时，没有将其定为法币。但在蒋介石的压力下，财政部又于1936年核定该行发行纸币以"一万万元为限，与法币同样行使"（中国人民银行总行参事室，1991）。② 并规定除河南农工银行、湖北省银行、浙江地方银行、陕西省银行的发行部分已由中、中、交三行接收者外，其余各省省银行或类似省银行的发行部分统由中国农民银行接收。

  法币改革将钞票发行权上收国家银行，触及到其他各发钞行庄的利益，遭到各金融机构的反对。但华资商业银行此时已完全丧失了与政府讨价还价的能力，虽心存不满，也只能按政府要求，上缴存银，放弃发行。各省因习惯以省银行钞票为财政后盾，发行权取消以后，损失太大。因此，仍有部分省份在法币政策推行以后，仍坚持最后的抗争，幻想保留钞票发行权。如陕西省银行接到上缴发行准备金的命令以后，即致电财政部，"省政府系地主行政机关，对于当地金融及国家大计，均当在原则下兼筹并顾；况陕省地处边区，中、中、交三行设立尚浅，……倘将现金准备、保证准备转移，则民信势将动摇，不独以后金融周转发生问题，而法币流通区域与习惯仍旧之处，恐将难以沟通。且钧部电令将本钞送交中、中、交三行，意在集中事权……惟以剿匪省区，关系地方金融，损益两殊，似可从容就治。……况本省钱业都系旧式小本组织，以后汇兑、存放等营业，恐无生路可言"（中国人民银行总行参事室，1991）。③ 基于上述理由，陕西省政府拒绝移交准备金，明令宣布陕西省钞在省内与法币同等流通。而广东、广西两省自币制改革以后，反而禁止白银运出省

---

① 中国人民银行总行参事室：《中华民国货币史资料》第二辑，上海人民出版社1991年版，第196~197页。

② 中国人民银行总行参事室：《中华民国货币史资料》第二辑，上海人民出版社1991年版，第200页。

③ 中国人民银行总行参事室：《中华民国货币史资料》第二辑，上海人民出版社1991年版，第221页。

境，并由省银行出面大肆收购白银。广东省公布《广东省禁金出口暂行章程》，通告人民将黄金持往省银行变卖。广西省银行也颁布管理货币办法，要求广西省内"不论公私款项、债权、债务、交收行使，总限用广西银行省金库所发行之钞券，照旧十足行使"（中国人民银行总行参事室，1991）。[①] 华北地方政权在中央明令禁止地方银行发行后，仍仿照中央银行辅币样式，铸造流通。面对各省抵制，南京国民政府态度强硬，丝毫不予融通，通令各省停止省钞发行，上缴现金准备，强令在全国无条件推行法币，停止私发辅币。在中央政府的严令之下，各省地方政权惟有遵从，法币政策成果得以巩固。1936年以后，除革命根据地外，中国钞票发行基本实现统一。

法币政策没有涉及辅币问题。迟至1936年1月12日，才颁布《辅币条例》。辅币分镍币和铜币两种，前者有二十分、十分、五分，成色纯镍，后者有一分、半分，成色铜九五，锡锌五。每次付给镍币以二十元为限，铜币以五元为限，但赋税及中央银行兑换不在此限。[②] 新辅币于2月10日开始发行。为规范新辅币及辅币券的印制，又颁布《省银行或地方银行印制辅币券暂行规则》，规定各省银行和地方银行经财政部批准，有权发行辅币，但需由财政部代印。且印成后，需交当地中央银行代为保管，需要时，再向中央银行请领，但须缴纳足额准备金（财政部科研所等，1997）。[③] 法币政策实行后，外商银行（除日占区的日商银行外）的钞票都陆续收回，商业银行不再发行钞票，各省银行除陆续发行一元券和辅币券外，都可向四行领用法币。

[①] 中国人民银行总行参事室：《中华民国货币史资料》第二辑，上海人民出版社1991年版，第228页。

[②] 中国第二历史档案馆：《中华民国史档案资料汇编》第5辑第1编财政经济（四），江苏古籍出版社1994年版，第283~284页。

[③] 财政部科研所、中国第二历史档案馆编：《国民政府财政金融税收档案史料（1927~1937年）》，中国财政经济出版社1997年版，第632页。

第三节 金融机构监管

一、国家行局监管

南京国民政府上台后,就试图通过建立国家资本的垄断金融体系,以实现对全国金融的控制与垄断。其控制与垄断的途径有二:一是新设国家金融机构,如中央银行与中国农民银行;二是向原有金融机构注入国有资本并进行人事调整,实现对这些金融机构的直接控制,如对中国银行和交通银行就是如此。

为方便筹措资金及统一币制的需要,南京国民政府成立以后便设立中央银行。南京国民政府的最初计划,是将中交两行合并为中央银行,或将中国银行改组为中央银行。但中国银行执意要保持其独立的商业银行地位,予以拒绝。南京国民政府遂于1927年颁布《中央银行条例》,另行筹设中央银行。规定"中央银行为特定国家银行,由国民政府设置经营之"(中国第二历史档案馆,1994)。[①] 1928年11月1日,中央银行正式开业。开业时,对外宣称资本为2000万元,但实际全是国民政府公债,无一元现金。南京国民政府的计划,是将中央银行建设成为完全意义上的中央银行,其成立,"一为统一国家之币制,二为统一全国之金库,三为调剂国内之金融"(杜恂诚等,2007)。[②] 因此,中央银行替代北洋政府时期的中国银行,成为南京国民政府中央银行制度建设的核心机构。虽未达到控制中交两行的目的,但国民政府为建立垄断金融体系,仍不甘心两行游离于其掌控范围之外。蒋介石发给孔祥熙的密电中称,"国家社会皆濒破产,致此

[①] 中国第二历史档案馆:《中华民国史档案资料汇编》第5辑第1编财政经济(四),江苏古籍出版社1994年版,第469页。

[②] 杜恂诚、严国海、孙林:《中国近代国有经济思想、制度与演变》,上海人民出版社2007年版,第123页。

之由，其症结乃在金融币制与发行之不能统一。其中关键全在中、交两行固执，其历来吸吮国脉民膏之反时代之传统政策，而置国家社会于不顾，若不断然矫正，则革命绝望，而民命亦被中、交二行所断送……只有使三行绝对听命于中央，彻底合作.乃为国家民族唯一之生路"（中国银行总行，1991）。① 这段文字道出了蒋要彻底控制中交两行的决心。中交两行在拒绝改组后，即被改组为特许专业银行，中国银行被"政府特许为国际汇兑银行，"交通银行被特许为"发展全国实业之银行"。中交两行虽暂时保持了独立地位，但南京国民政府不能容忍此种状况，1935年，趁金融危机之时，再次向中交两行注入官股，并进行董事会的改组，最终实现了对中交两行的完全控制。

因中央银行受条例与章程限制，不能随意为政府垫款。早在1933年，蒋介石以豫鄂皖三省总司令部特许的名义，将其下面的"农村金融救济处"改组成"豫鄂皖赣四省农民银行"，为围剿红军提供军事经费。1935年6月4日，国民党政府公布《中国农民银行条例》，将四省农民银行改组为中国农民银行，为股份有限公司组织形式。法币改革后，在蒋介石的支持下，取得法币发行权，成为南京国民政府直接控制的国家银行体系组成成员之一。中国农民银行1935年设总行于汉口，旋即于1936年修正条例中又改为南京，经财政部批准，可在其他区域设立分支行号或与其他农业金融机关订立代理契约。基于同样的目的，1935年，经南京国民政府批准，中央银行拨款1000万元，设立中央信托局，以比较灵活的信托经营方式为政府提供资金支持。

早在1898年，清政府就设立邮政局并开办汇兑业务，于1908年开办储蓄业务。到1929年，通汇的邮局和邮政代办所达2374处，办理储蓄的邮局达206处（北京市档案馆，2000）。② 由于邮政机构遍及全国，它们兼办汇兑储蓄业务也可以伸展到全国任何偏僻的城镇。南京国民政府于1930年3月15日，在上海成立邮政储金汇业总局，

---

① 中国银行总行、中国第二历史档案馆：《中国银行行史资料汇编（1912～1949）》，档案出版社1991年版，第385、386页。

② 北京市档案馆：《北京档案史料》，新华出版社2000年版，第3页。

直属国民党政府的交通部。次年在上海、汉口、南京等地设立分局，经营储金、汇兑、保险及其他银行业务，后又开办定期储金业务。1935年改组总局为邮政储金汇业局，改隶直于邮政总局。

至此，南京政府"四行二局"的金融垄断体系完全建立，成为南京国民政府控制与垄断金融业的阵地。"四行二局"的国家金融体系建立起来之后，依靠南京国民政府赋予的特权，在各金融领域大肆扩张业务，排挤压制民族资本银行，在短时期内实现了在发钞、外汇、商业银行业务及信托等方面的垄断。

根据《中央银行章程》，除办理普通银行业务外，中央银行享有政府授予之下列特权，"（1）遵照兑换券条例发行兑换券；（2）铸造及发行国币；（3）经理国库；（4）募集或经理国内外公债事务"（中国第二历史档案馆等，1994）。[①] 但中央银行因资力薄弱，根基不深，在成立后的相当一段时间内并没有独家垄断上述特权，中国、交通银行也依然享受中央银行特权。从这个意义上说，南京国民政府建立的是一种准中央银行制度。再看代理国库，南京国民政府虽然形式上实现了全国财政的基本统一，但在中央银行成立后的几年之内，中国、交通两行仍只代理部分国库业务。1932年6月，国民政府将财政收支体系中央、省、县三级制改为两级制，将省级财政划归中央统一掌握，纳入国家财政收支系统，国库权限扩大。1933年3月，财政部公布《中央各机关经费收支款项由国库统一处理办法》，同年在中央银行内部成立国库局，中央银行经理国库业务的规模有所扩大。1935年的《中央银行法》进一步完善了中央银行代理国库的职能。该法第26条规定，"国库及国营事业金钱之收付，均由中央银行经理"，"省、市、县金库及其公营事业金钱之收付，得由中央银行代理"（中国第二历史档案馆等，1989）。[②] 1936年10月，实行所得税制，税款也由中央银行经收，但库款的出纳收解仍然未能集中于中央银行

[①] 中国第二历史档案馆：《中华民国史档案资料汇编》第5辑第1编，财政经济（四），江苏古籍出版社1994年版，第473页。

[②] 中国第二历史档案馆、中国人民银行江苏省分行、江苏省金融志编委会：《中华民国金融法规档案资料选编》，档案出版社1989年版，第599页。

办理。

至法币改革前，所有发钞银行都还继续保持发钞权利，但与其他银行相比，中央银行还是被赋予了更大的特权。1935年颁布的《中央银行法》进一步突出了中央银行在货币发行上的特权，规定中央银行有权发行本位币兑换券和辅币兑换券，不分区域，全国一律通用，并享有免征发行税的特权，中央银行还享有代表国民政府发行各式货币的权力。"国民政府发行本位币、辅币、或厂条及人民请求代铸本位币或厂条，均由中央银行经理之"（中国第二历史档案馆等，1989）。① 政府法规的鼓励使得中央银行的货币发行量迅速增加，1934~1936年间，该行货币发行量增加了4倍（李守荣，1993）。② 法币改革以后，改为由中、中、交、农四行共同发行。在1935年《中央银行法》的修订中，首次增加银行间清算、重贴现和保管存款准备金等服务商业银行的业务，完善了其作为中央银行的职能。第28条规定，中央银行可以"收管各银行法定准备金"；"办理票据交换及各银行间之划拨结算"；办理"国民政府发行或保证之国库证券及公债息票之重贴现"，"国内银行承兑票、国内商业汇票及期票之重贴现"（财政部科研所等，1997）。③ 不过，这些条款也只是停留于纸面。1935年南京国民政府在推行法币政策的同时，还曾有将中央银行改组为中央储备银行的设想，以集中各银行法定准备金，完成"银行之银行"的任务（中国第二历史档案馆等，1989）。④ 然而，正当中央储备银行法草案完成立法程序之际，发生了卢沟桥事变，继之抗战全面爆发，关于中央储备银行的设想未能完成。

1928年中国银行被改组为"政府特许的国际汇兑银行"后，即通过拓展海外机构，与各地分行合作，推广进出口贸易汇兑等方式，

---

① 中国第二历史档案馆、中国人民银行江苏省分行、江苏省金融志编委会：《中华民国金融法规档案资料选编》，档案出版社1989年版，第599页。
② 李守荣：《中国金融体系概论》，经济管理出版社1993年版，第43页。
③ 财政部科研所、中国第二历史档案馆：《国民政府财政金融税收档案史料（1927~1937）》，中国财政经济出版社1997年版，第462页。
④ 中国第二历史档案馆、中国人民银行江苏省分行、江苏省金融志编委会：《中华民国金融法规档案资料选编》，档案出版社1989年版，第404页。

扩大外汇业务，并于 1930 年成立国外部。经过几年开拓，中国银行的国际汇兑业务额快速增长。1927 年中行进出口押汇业务的总量只有不到 300 万元，总余额仅 63 万元。至 1930 年其押汇总量已超过 4000 万元，余额 1100 多万元。1935 年押汇余额已达 2500 多万元，1936 年的余额进一步达到 3700 多万元（中国银行行史编委会，1995）。① 但在初期，中国银行虽经办了全国大部分外汇业务，但并没有实现对外汇业务的独家垄断。从 1933 年起，针对当时一些银行无限制地买卖外汇，外汇市场混乱状况，国民政府决定成立外汇审核处，外汇买卖集中由中国银行统一办理，但是，中国银行对外汇业务的集中垄断并没有维持多久，到 1939 年 7 月，这项业务便由中央银行移交给财政部办理，此是后话。

中央信托局最初为中央银行的一个业务局，但对外独立营业。其主要业务是为公共机关团体存款和公务员及军队人员提供存款、保管和保险等金融服务。除上述业务外，它还设立中央储蓄会，办理有奖储蓄。中央信托局依托其信托业务的灵活，为南京国民政府采购军火、垄断进出口物资的收购，成为国民政府的军火采购部。南京国民政府虽未明文规定将信托业归官办，但中央信托局一经成立，便对其他信托公司和各银行信托部的信托业务形成强势排挤。当时有人指出："近来中央信托局并收受普通存款，有活期定期之分，则又兼营一般储蓄业务矣，所望中央信托局为信托业中之领袖，弗为信托之霸王"（朱斯煌，1933）。② 中央信托局的主要业务范围包括：（1）办理公务员及军人储蓄、保险事项；（2）办理公有财产及政府或公共机关重要文件、契据等之保险及保管事项；（3）经理国营事业或公用事业债券、股票之募集与发行；（4）保管公用机关、团体寄存之各种证券、票据及法定保证准备；（5）承收公私机关或个人之法定保证金或准备金；（6）经收公共机关或公共团体之信托存款并代理运用；（7）办理各种保证事项；（8）其他政府或公共机关委托代理

---

① 中国银行行史编辑委员会：《中国银行行史》，中国金融出版社 1995 年版，第 213 页。
② 朱斯煌：《对于我国信托事业的感想》，载《银行周报》1933 年第 962 号。

事项。并且可经营买卖有价证券、担保放款、票据等业务（金建栋，1984）。① 中央信托局在上述领域，基本实现了独家垄断。

从邮政储金汇业局的经营范围看，几乎经营除发行钞票以外的几乎所有商业银行业务，实际是一家分支机构遍布全国的国家银行。尤其在邮政汇兑及储金业务方面，处于绝对垄断地位。1931年的《邮政储金法》和《邮政国内汇兑法》规定，邮政储金和邮政汇兑事务，"由交通部设置邮政储金汇业总局办理之"。除此之外，邮政储金汇业局还凭借政府特许，垄断了全国的简易人寿保险业务。1935年《简易人寿保险法》规定，"简易人寿保险为国营事业，属交通部主管，其他保险业者不得经营之"，"由邮政储金汇业局管理，并指挥邮政储金汇业分局或邮局经理之"（财政部科研所等，1997）。②

为加强对金融的直接控制，南京政府还通过注资改组等形式，直接控制一批商业银行。早在1928年南京政府刚刚建立时，就着手筹建由政府直接控制的商业银行——中国国货银行。该银行由"党国领袖"、国内和华侨资本家80余人发起，原定股本4000万元，筹足1000万元开业。国货银行筹备委员会原定该行为民办性质，宣布如商股招足，可以退还政府的100万元提倡股。但金融、工商业资本家因担心被官方操纵，很少有人应募。国货银行于1928年4月7日召开股东成立大会，选出董监事。但仅在该行成立两个月之后，南京国民政府工商、财政两部以国货银行章程内容不妥、股款不足、选举不合法等理由接管该行。11月15日，官商合办的中国国货银行开业，额定资本2000万元，收足500万元，官股占40%（叶世昌，2001）。③ 孔祥熙任董事长，宋子良任总经理，成为官方商业银行。

1934～1935年，南京政府趁商业银行经营困难之机，从财力与人事上控制了被称为"小三行"的中国通商银行、中国实业银行和四明商业储蓄银行。1934～1935年之间，商业银行经营困难，南京

---

① 金建栋主编：《金融信托全书》，中国财政经济出版社1984年版，第736～737页。
② 财政部科研所、中国第二历史档案馆：《国民政府财政金融税收档案史料（1927～1937）》，中国财政经济出版社1997年版，第617页。
③ 叶世昌：《中国古近代金融史》，复旦大学出版社2001年版，第265页。

国民政府却将中央、中国、交通银行大量囤积的"小三行"的兑换券要求兑现。致使三行发生挤兑，南京国民政府乘机派员接管改组"小三行"。改组后，中国通商银行由杜月笙任董事长，顾贻毂任总经理。中国实业银行改组后由中央银行国库局局长胡祖同代总经理。四明银行原董事长兼总经理孙衡甫去职，由中央银行理事叶琢堂兼总经理。1936年，财政部将三行原有股本贬值，按15%折成新股，并加入官股。折合后，中国通商银行仅存股款525000元，中国实业银行526110元，四明银行337500元；另由财政部加入中国通商银行官股3475000元，中国实业银行官股3473890元，四明银行官股3662500元，各凑成资本400万元，成为官商合办银行（寿充一，1987）。[①] 此外，新华商业储蓄银行原为中国、交通两行的子银行，在中交两行被改组以后，该行也变为官商合办银行。另在华南地区的广东银行、广州市立银行等一批商业银行也先后被南京国民政府加入官股，改组为官商合办银行，置于政府的直接控制之下。这样，南京政府通过建立四行二局的国家银行体系，从各个方面满足其不同金融需求，实际是为其政权统治奠定了稳固的资金基础。同时，四行二局的业务份额在全国金融体系中占绝对优势，这也为南京政府直接掌控全国金融局势搭建了一个平台。南京国民政府建立的四行二局垄断金融体系，除集中代理国库和货币发行等国家银行业务之外，还垄断了一些特殊性质的金融业务，南京国民政府借此实现了对这些金融领域的直接控制。

由此可知，南京国民政府通过建立官办金融机构及对部分商业银行的渗透改组，建立了强大的官僚资本金融体系。进而利用政治权力赋予其各种特权，使其规模与实力在短时间内迅速膨胀，压缩民族商业银行的生存空间。进而通过这些机构在不同领域的垄断经营，南京国民政府达到了垄断控制全国金融的目的。

南京国民政府在组建国家垄断金融体系过程中，始终注意加强对各金融机构的控制，这突出表现在人事控制和资本控制上。与北洋政

---

① 寿充一编：《孔祥熙其人其事》，中国文史出版社1987年版，第69页。

府对中交两行由紧到松直至完全失控的过程相反，南京国民政府对四行二局的控制是一个逐渐加强，直至完全掌控的过程。

首先是资本上的控制。南京国民政府在四行二局国家银行体系资本问题上的一个原则，就是要保持官股比例的绝对优势。对其设立的金融机构，南京国民政府都采取单独投资的方式。中央银行成立时资本2000万元，由国库一次拨足。《中央银行条例》同时规定，中央银行因业务需要增加资本时，可以招募商股，但商股比例不得超过49%。[①] 1935年6月制定《中央银行法》，将中央银行资本增为1亿元，全部由国库拨足，并同时将商股上限进一步压缩为40%（财政部科研所等，1997）。[②] 1936年的《修正中央银行法》又将商股比例放宽为60%（中国第二历史档案馆等，1989）。[③] 但其关于商股的规定实际上没有意义，因为中央银行从未招募过商股，其全部资本都是由政府出资构成。1933年四省农民银行成立时，南京国民政府忙于剿共，没有能力出资，资本总额1000万元，招商股500万元，为商业银行性质。至1935年改组为中国农民银行时，即对章程进行修改，规定资本1000万元，由财政部认购250万元，另规定各省市认购数不得少于250万元，其余可招募商股。按此规定，官股比例应在90%以上（中国第二历史档案馆等，1989）。[④] 其余两家局类机构，邮政储金汇业局资本总额没有规定具体数目，以全国邮政收入为担保，实际为政府全额出资，中央信托局由中央银行拨款1000万元设立，为中央银行的业务局，而中央银行本为政府出资设立，因此也是南京国民政府全额拨款。

至1923年，中国银行资本总额中商股已占到99.8%，交通银行

---

① 中国第二历史档案馆：《中华民国史档案资料汇编》第5辑第1编，财政经济（四），江苏古籍出版社1994年版，第469页。

② 财政部科研所、中国第二历史档案馆：《国民政府财政金融税收档案史料（1927～1937）》，中国财政经济出版社1997年版，第459页。

③ 中国第二历史档案馆、中国人民银行江苏省分行、江苏省金融志编委会：《中华民国金融法规档案资料选编》，档案出版社1989年版，第616页。

④ 中国第二历史档案馆、中国人民银行江苏省分行、江苏省金融志编委会：《中华民国金融法规档案资料选编》，档案出版社1989年版，第525页。

的官股也被出售殆尽。1928年南京国民政府将两行改组为专业银行后，随即对其条例进行修改。规定中国银行股本由6000万元减至改为2500万元，其中政府认股500万元，交通银行股本改为1000万元，政府认股200万元，这使得官股一跃恢复到20%的比例，虽然未占优势，但势力大大增强，为以后进一步渗透奠定了基础。1935年3月底，南京国民政府趁金融危机，银行经营困难之机，发行1亿元公债，以充实中、中、交三行资金为由，增加中、交两行官股。其中中国银行2500万元，交通银行1000万元。此次增资，使得中国银行官股比例达到60%，交通银行官股达55%（中国银行行史编委会，1995）。[1] 因遭到股东反对，1936年又重新修订中交两行条例，规定中交两行股本官商各半。但因商股分散，官股则为一家，也还是保持了绝对优势。

  资本优势是其他权力的基础，南京政府既在资本上占据了绝对优势，就可顺理成章地掌握对四行二局的领导和管理权力。中央银行为南京国民政府按照中央银行模式专门设立的国家银行，享受发行兑换券、经理国库、募集或经理公债事务、铸造及发行国币等特权。从设立开始，南京国民政府就将其业务经营人事及管理权力集中于自己手中。中央银行的一切重大事项，如分支机构的设置、资本增减、组织设置及重要职务的任命等，都由南京国民政府直接决定。"中央银行分行及国外代理处之设置或废止，须经理事会之议决，呈报国民政府备案。""中央银行于必要时，经理事会议决，监事会同意，得呈请国民政府核准扩充资本总额，并得招集商股，"中央银行设有理事会、监事会、总裁。理事会由11~15人组成，设常务理事5~7人。理事由国民政府持派，常务理事由国民政府于理事中指定。监事设置与理事相同。名义上理事会是最高权力机关、决定中央银行的业务方针、兑换券发行额、发行准备额、预算决算、资本之扩充、各项规章制度之制定、国内分行及国外代理行之裁撤等，但实际权力在总裁手中。"总裁总理全行事务，副总裁辅佐总裁处理全行事务，总裁为理

---

[1] 中国银行行史编委会：《中国银行行史》，中国金融出版社1995年版，第377~378页。

事会主席，总裁缺席时以副总裁代之"（中国第二历史档案馆等，1989）。① 中央银行的第一任总裁为当时的财政部长宋子文，足见南京国民政府对中央银行的高度重视。因总裁和理事会主席由一人担任，所以实际上是总裁专权。而其中央银行的两任总裁分别为宋子文和孔祥熙，即两任财政部长，南京国民政府对中央银行的控制程度不言而喻。1928年初设时，中央银行总行设于上海，至1935年时，为便于进一步控制，将其总行迁往南京，同时进一步将中央银行的控制权全部上收到南京国民政府。

中央信托局在设置上为中央银行的一个业务局，其管理权直接掌控于中央银行之手。理事长由中央银行总裁担任，理事、监事及局长等重要职位都由中央银行总裁指派。1930年，南京国民政府将邮政储金及汇兑业务纳入官僚金融体系之后，由交通部负责管理监督。根据1930年颁布的《交通部邮政储金汇业总局章程》规定，邮政储金汇业总局"依国民政府交通部组织法第五条之规定组织之，直隶于交通部，管理全国邮政储金及汇兑等事务"（财政部科研所等，1997）。② 邮政总局设总办1人、会办2人，均由交通部任命，其业务经营也完全接受交通部审核监督。根据其章程规定，邮政储金设监察委员会，而监察委员由以财政部长、交通部长、审计部长、邮政储金汇业总局总办、邮政总局总办5人组成。又规定，邮政储金汇业局条例修改，须请交通部转请行政院核准。这表明邮政储金汇业局虽然直辖机关为交通部，但同时受到财政部、审计部等政府部门的监督。而其最终管理权，仍是掌握于南京政府之手。邮政储金汇业总局于1935年改组为邮政储金汇业局，直隶于邮政总局，仍为南京国民政府直接掌控。

中国农民银行从其前身四省农民银行设立时起，就是蒋介石的私人金库，由其亲手控制。虽然1935年改组为中国农民银行后，保留

---

① 中国第二历史档案馆、中国人民银行江苏省分行、江苏省金融志编委会：《中华民国金融法规档案资料选编》，档案出版社1989年版，第533页。

② 财政部科研所、中国第二历史档案馆：《国民政府财政金融税收档案史料（1927～1937）》，中国财政经济出版社1997年版，第613页。

了股份有限公司的组织形式,规定董事和监事人选在"百股以上股东"中选举,再由董事和监事互选产生董事长和监事长。但如前所述,此时中国农民银行股份的90%以上已为官股,在商股散户中已不可能存在"百股以上股东"了,其领导与管理权已完全为南京国民政府掌握。

与以上新设银行的直接控制不同,对中交两行的控制是逐渐实现和加强的。在将中国银行改组为中央银行的企图失败以后,南京国民政府财政部随即将中、交两行改组为特许专业银行,对其组织形式、股本构成、经营范围等方面都做了修改。根据1928年的《中国银行条例》,中国银行的性质变为"政府特许的国际汇兑银行,"交通银行为"发展全国实业之银行,"均依照股份有限公司条例组织,并调整其股本总额。为便于控制,将两行总行迁至上海。因两行不再为国家银行,因此取消其经理国库业务,改为代理一部分国库。同时扩大其商业银行业务范围,取消其不得收受不动产及各种银行或公司股票作为抵押品的限制,并允许其间接经营工商事业。表面上看,这似乎放松了对中交两银行的限制,使其更加商业化了,但实际上这只是南京国民政府在立足未稳时的权宜之计。

在1935年再次注资之后,南京政府马上对中交两行进行董事会改组并修改条例。修改后的中交两行条例,虽然仍将两行定性为股份有限公司形式的特许专业银行,但实质上已完全落入政府掌控之中,成为国家垄断金融体系的一部分。这可从其条例中得到清楚反映:(1)增加了官股的投票权。根据1935年《中国银行条例》第20条规定的投票权,每10股一权,百股以上每20股递增一权;使递增的投票仅比原规定增加了50%(中国银行总行等,1991)。[①] 虽然从总体看,官商各持50%的股份,是平等的,但官股是一户整体,百股以上的商股却有582户,不可能达到与官股相等的投票权。(2)削弱了商股董事的力量。改组后的董事会,中交两行的商股董事人数均只占到57%,官股董事却由20%上升至43%(中国银行行史编委

---

① 中国银行总行、中国第二历史档案馆:《中国银行行史资料汇编(1912~1949)》,档案出版社1991年版,第132页。

会，1995）。① 这使得商股董事在决议中的发言权大大降低。（3）增强了政府在人事上的控制权。此次条例修改，将两行管理体制由总经理负责制改为董事长负责制，董事长"代表全行为董事会、行务总会、股东总会之主席。中国银行董事长常驻行，综理全行事务"；总经理则"承董事长之命办理全行事务，并执行董事会议决事项"；同时，将总经理的产生由互选改为由政府聘任，总经理"由董事长商同常务董事，于董事中选定，提经董事会同意聘任，报财政部核准备案"（中国银行总行等，1991）。②《中国银行章程》又规定："总经理有事故不能执行职务时，由董事长于常务董事中选定一人代理，并呈报财政部备案"（中国银行行史编委会，1995）。③ 而董事长的产生则是由财政部于常务董事中指派。这意味着中交两行的领导权完全由财政部所控制。

二、商业银行监管

南京国民政府对商业银行在市场准入与退出及其运营实施较为严厉的监管。先看准入监管。北洋政府时期，商业银行因注册程序不严而出现滥设，扩大了金融风险，后虽有注册条例的颁布，但并未实施。南京国民政府成立后，首先对银行注册程序进行规范。1929年，财政部制定《银行注册章程》，规定其适用范围为"凡开设银行，经营存款、放款、汇兑、贴现等业务者，"以及"经营前项之业务不称银行而称公司、庄号或店铺者，均须依本章程办理"（中国第二历史档案馆等，1989）。④ 这说明南京国民政府实际上还是前代旧制，把钱庄等旧式金融机构确认为银行机构。按《银行注册章程》，银行设立应列明的内容有：商号、组织、资本总额、总行所在地、营业范

---

① 中国银行行史编委会：《中国银行行史》，中国金融出版社1995年版，第384页。
② 中国银行总行、中国第二历史档案馆：《中国银行行史资料汇编（1912~1949）》，档案出版社1991年版，第173页。
③ 中国银行行史编委会：《中国银行行史》，中国金融出版社1995年版，第385页。
④ 中国第二历史档案馆、中国人民银行江苏省分行、江苏省金融志编委会：《中华民国金融法规档案资料选编》，档案出版社1989年版，第562页。

围、存立年限、创办人姓名、籍贯、住址。如为招股设立，除遵照前项所列外，并应订立招股说明书，注册章程可由地方政府转呈，也可直接送交财政部。第三条又规定，凡已经核准设立的银行，还需上缴：出资人姓名、籍贯、住址清册，各出资人已交未交资本数目清册，各职员姓名、籍贯、住址清册，所在地银行公会或商会之保结，注册费等文件。独资或无限责任公司另外出具出资人详细履历和出资人财产证明书，股份有限公司另须报送创立会决议录和监察人或检查员报告书，材料报送齐全，经财政部核准注册后，"发给营业执照后，方得开始营业。""银行发行合并或资本变化等重要事件时，须重新报财政部注册。财政部依注册资金多少收取注册费。""章程施行前业已开始营业，而未经金融监理局注册之银行，均应于本章程施行后六个月内补行注册"，"但在前清度支部及北平旧财政部注册之银行，其注册费得依第七条之规定减半缴纳，并由财政部换给新执照，其前领旧执照应即同时缴销"（中国第二历史档案馆，1997）。[①] 除注册所需资料外，还要求将金融机构的其他方面材料详细上报金融监理局。主要包括：（1）最近股东名簿，现行各项章程；（2）已缴股本、公积金和特别公积金的历年增减数目；（3）历届董事、监察人，按年列表呈送；（4）如为官营金融机构，则须上报成立时一切重要文件；商办机构，如其股本内曾有官股，则须另行声明；（5）各金融机构自成立时起至1927年6月的简明营业报告书，交易所还须呈报历年交易情形；（6）凡有纸币发行权的银行，需要将发行权取得经过、发行限额、最近发行数目及发行状况分类上报（中国第二历史档案馆，1997）。[②] 这实际是将南京国民政府上台时全国各类金融机构情况做了一次详细调查，以便采取对策。

1931年，国民政府制定《银行法》，对银行的范围作了重新界定，规定凡营下列业务之一者为银行：（1）收受存款及放款；（2）票据贴

---

① 中国第二历史档案馆：《中华民国史档案资料汇编》第5辑第1编，财政经济（四），江苏古籍出版社1997年版，第5页。

② 中国第二历史档案馆：《中华民国史档案资料汇编》第5辑第1编，财政经济（四），江苏古籍出版社1994年版，第5页。

现；(3) 汇兑或押汇。并且规定银行的组织形式应为有限公司，经财政部核准设立。由于钱庄等合伙形式的旧式金融机构并非有限公司，于是，《银行法》又规定，"营前项业务之一而不称银行者，视同银行"（中国第二历史档案馆等，1989）。①《银行法》所规定的商业银行准入门槛较北洋政府时期有大幅度提高，具体依不同责任形式而定，分别为：股份有限公司、两合公司、股份两合公司组织之银行，其资本至少须达五十万元；无限公司组织之银行，其资本至少须达二十万元。但"前两项规定之资本在商业简单地方得呈请财政部或呈由所在地主管官署转请财政部核准。但第一项所规定者至少不得在二十五万元以下，第二项所规定者至少不得在五万元以下"，为防范风险，规定"股份有限公司之股东及两合公司，股份两合公司之有限责任股东应负所认股额加倍之责任"（中国第二历史档案馆，1997）。②但在该法颁行以前设立的银行，在3年内可不受此限制。经核准设立的银行，在资本缴足1/2时，经财政部派员或委托地方官署验资，认为确实后，发给营业证书，开始营业。银行未缴的股本应在3年内缴齐。根据以上规定，商业银行形式可以为股份有限公司，但在第8条又规定，"银行之股票应为记名式。"这与股份有限公司要求不符，实际上是将银行形式限定在了有限责任公司范围。

除商业银行外，这一时期对储蓄银行规定了单独的准入标准。根据1934年的《储蓄银行法》，"凡以复利方法，收受零星存款者，为储蓄银行。合于前期规定，而不称储蓄银行者，视同储蓄银行。"储蓄银行的最低注册资本为50万元。但于"商业简单地方"，经财政部批准可以核减，但不得减至10万元以下。普通商业银行可以兼营储蓄业务，但要求注册资本必须达到100万元以上（财政部科研所等，1997）。③储蓄银行形式要求为股份有限公司，经财政部核准设立。

---

① 中国第二历史档案馆、中国人民银行江苏省分行、江苏省金融志编委会：《中华民国金融法规档案资料选编》，档案出版社1989年版，第573页。

② 中国第二历史档案馆：《中华民国史档案资料汇编》第5辑第1编，财政经济（四），江苏古籍出版社1994年版，第12页。

③ 财政部科研所、中国第二历史档案馆：《国民政府财政金融税收档案史料（1927~1937）》，中国财政经济出版社1997年版，第666页。

再看营运监管。对银行的运行过程,《银行法》和《储蓄银行法》从防范风险,规范运作方面,明显比北洋政府时期颁发的《商业银行条例草案》等法规要健全。表现在:(1)限制银行营业范围。"银行除左列附属业务外,不得兼营他业。一、买卖生金银及有价证券。二、代募公债及公司债。三、仓库业。四、保管贵重物品。五、代理收付款项"(中国第二历史档案馆,1997)。[①] 但在该法颁行以前兼营其他业务的,在3年内仍可继续经营。《储蓄银行法》以列举法对储蓄银行的业务范围作了限定,为随时收付之活期存款;整存整付之定期存款;零存整付,或整存零付及分期付息之定期存款保管业务;代收款项及汇兑;代理买卖有价证券;公益团体及合作社之款项收付;公益团体及合作社之通知存款(财政部科研所等,1997)。[②] 除此之外,不得经营其他业务。因储蓄银行为"收取零星存款"的银行,因此规定其单个客户活期存款不得超过国币5000元,活期存款总和不得超过各项存款总和的4/10,并有得使用支票;单户定期存款不超过20000元。其资金运用限于购买政府公债或"有确实担保"的有价证券;以不动产为抵押或以国债或银行存单为质押的担保放款。(2)明确禁止商业银行投资股票与房地产。《银行法》第10条规定,"银行不得为商店或他银行、他公司之股东,其在本法施行前已经出资入股者应于本法施行后三年内退出之,逾期不退出者,应按入股之数核减其资本总额。"第12条又规定"银行放款收受他银行之股票为抵押品时,不得超过该银行股票总额百分之一。如对该银行只有放款,其所放款额连同上项受押股票数额合计不得超过本银行实收资本及公积金百分之十。"同时,禁止银行收买本银行股票,并禁止以本银行股票作借款之抵押品。并且禁止购买本公司股票。除自用房屋外,禁止商业银行买入或承受不动产。(3)首次提出由中央银行保管存款准备金。《银行法》第14条规定,"无限责任组织之

---

① 中国第二历史档案馆:《中华民国史档案资料汇编》第5辑第1编,财政经济(四),江苏古籍出版社1994年版,第14页。

② 财政部科研所、中国第二历史档案馆:《国民政府财政金融税收档案史料(1927~1937)》,中国财政经济出版社1997年版,第666页。

银行应于其出资总额外照实收资本缴纳百分之二十现金为保证金,存储中央银行。"实收资本总额超过五十万元以上时,可按百分之十缴纳,以达到三十万元为限。保证金非呈请财政部核准,不得提取。但经财政部批准,保证金可以"国家债券或财政部认可之债券抵充全部或一部。保证金为维持该银行信用起见,得由财政部处分之"(中国第二历史档案馆等,1989)。① 此处所称的保证金就是存款准备金。显然,这一规定还远未完善,如缴纳者只限于无限责任组织,有最高数额限制等。但毕竟有了制度上的突破。储蓄银行要求至少以相当储蓄存款总额1/4的政府公债库券及其他担保确实的资产,交中央银行特设保管库,作为存款准备金。(4)限定银行经营信托业务的经营原则。规定商业银行经营信托业务必须经财政部核准,并且与银行业务严格区分,"银行经营信托业务之资本不得以银行之资本与法定公积金抵充。""银行收受之信托资金应分别保存,其他资产混合,非因特别事故预得委托人之同意者,资金转托他银行或他公司。"并且规定银行经营信托业务以收取报酬为限,"不得再从信托上取得不正当之利益,并不得为有损受益人利益之行为"(中国第二历史档案馆等,1989)。② (5)首次对资金运用额度进行控制,防范流动性风险。规定"银行对于任何个人或法人团体、非法人团体,放款总额不得超过其实收资本及公积金百分之十。"③ 但如果超过部分贷款有确实票据或可靠的担保品,可不受此限制。储蓄银行不动产抵押放款最高为存款总额的1/5;他行定期存单或存折质押放款最高为存款总额1/15;购入他行票据最高为存款总额1/20;同业存款最高为存款总额的1/15,但如以政府公债或有确实担保的有价证券作质押可不受此限制。另外,为迎合当时救济农村潮流,规定储蓄银行的农业放款不

---

① 中国第二历史档案馆、中国人民银行江苏省分行、江苏省金融志编委会:《中华民国金融法规档案资料选编》,档案出版社1989年版,第575页。
② 中国第二历史档案馆、中国人民银行江苏省分行、江苏省金融志编委会:《中华民国金融法规档案资料选编》,档案出版社1989年版,第577页。
③ 中国第二历史档案馆、中国人民银行江苏省分行、江苏省金融志编委会:《中华民国金融法规档案资料选编》,档案出版社1989年版,第578页。

得低于存款总额的 1/5（中国第二历史档案馆等，1989）。[①] （6）加强对储蓄银行的风险监管。要求储蓄银行至少每 3 个月公布一次借贷对照表及财产目录，财政部对储蓄银行拥有随时检查业务及财产的权力。并且，拥有全部存款总额 1/20 以上的储户，在对储蓄银行的公告和业务有疑义时，可联名申请财政部对其进行检查。为防范存款风险，规定普通银行兼营储蓄银行业务时，"其全体股东、董事、监察人，视为储蓄部之股东、董事及监察人。"但在经营中应"将储蓄部与银行部之资产负债划分独立储蓄部之资产，不得因银行部之破产而受影响"。为保障存款人利益，防范银行道德风险，《储蓄银行法》同时有一条不合常规的规定，即在"储蓄银行之财产，不足偿还各储户债务时，董事、监察人应负连带无限责任"（财政部科研所等，1997）。[②] 这似乎与储蓄银行股份有限公司的性质不符，但却表明了南京政府对银行领导层道德风险防范的重视。

最后是退出监管。《银行法》制订了比较完善的退出机制。根据该法规定，除营业期满正常终止外，银行停止营业或解散的情形包括：破产、违反法令或其行为有害公益事业、未经财政部核准擅自开业等。银行终止营业时，必须向财政部报送必需文件，经核准注销后，才可生效。1935 年 6 月，针对商业行庄大量倒闭清理的现象，财政部发布《停业各银行钱庄监督清理办法》，规定停业银行钱庄，"除经法院宣告清理者外，均由本部指派专员，会同该同业公会清理。其经法院宣告清理之银行钱庄，亦应指派专员调查清理情形，随时报部备查。"清理期限，自停业之日起，以三个月为限，"非有正当特殊事由，不得呈请延展；"银行资不抵债时，"股份有限公司组织之银行，应即依法申请宣告破产；其余银行或兼营储蓄之股份有限公司组织之银行或钱庄，应依法课经理人、董事监察人及股东人等以连带无限责任，限期理楚。为防止防无限责任人逃逸，规定在清理时

[①] 中国第二历史档案馆、中国人民银行江苏省分行、江苏省金融志编委会：《中华民国金融法规档案资料选编》，档案出版社 1989 年版，第 581 页。

[②] 财政部科研所、中国第二历史档案馆：《国民政府财政金融税收档案史料（1927～1937）》，中国财政经济出版社 1997 年版，第 667 页。

期、经理人、董事、监察人及无限责任股东等人,"不得离去其住居地,如有意图逃亡或隐匿毁弃财产之行为时,得加以看管,其已逃亡者,并得由本部所派专员呈请通缉(财政部科研所等,1997)。①

被南京国民政府改组之后的银行公会,其监管权威已大为削弱,况且,国民政府陆续颁布了《银行法》、《储蓄银行法》等银行法规,使得银行业已经有章可循,诸如银行的准入、退出、运营等监管已完全被政府包揽,无须银行公会介入。这个时期,银行公会在监管领域的重要贡献是在银行制度建设方面。一是成立用于防范银行流动性危机的联合准备金库。在金融动荡时期,准备金库多次解救银钱两业银根紧缩危机,为保持金融业的稳定起了重要作用。但准备金库存银数只有30万两现银,数额过小,一旦遇到严重的金融风潮,则难以发挥作用,且现金准备库的设置仅限上海一埠。为将准备制度扩大至全国,1927年12月上海银行公会决议将准备金连同利息发还给会员银行,同时着手酝酿另一种"准备金制度",即联合准备库。之后由于上海银行公会忙于改组,联合准备改革被迫搁浅。1932年"一·二八"事变发生后,上海金融出现恐慌。为了稳定金融,上海银行公会于1932年2月8日成立了上海银行业联合准备委员会。由上海银行公会组成一个财产保管委员会,保管各银行提供的财产。财产包括可以流动的货物,如上海租界内的地产、金条金币、纽约市场上有行市的债券。各银行可根据所缴存的财产按市价七折作为担保,发行公单、公库证和抵押证三种信用工具。公单可用于向同业十足拆借款项,也可以代替现金流通;公库证可充发行准备或向发行银行作领用钞券的准备;抵押证得为同业借款的抵押品,亦可充作发行准备。三种信用工具的发行比例是,公单占40%,公库证占20%,抵押证占40%(洪葭管,2003)。② 运用这三种工具,便可增加流通筹码,用来办理同业拆借和票据贴现,灵活同业间的资金,使原来不能运用的财产变为可流通的票据,实现了部分资产的证券化。之后,天津、杭

---

① 财政部科研所、中国第二历史档案馆:《国民政府财政金融税收档案史料(1927~1937)》,中国财政经济出版社1997年版,第673页。

② 洪葭管主编:《上海金融志》,上海社会科学出版社2003年版,第49页。

州也设立了相应的机构。联合准备制度较之前期的公共准备金库,运营更加灵活,防范风险的能力也更为增强,在中央银行准备金制度尚未建立起来以前,算得上一种完善的银行风险防范机制。二是设立票据交换所,统一票据交换与汇划。随着现代银行体系的发展,银行间的票据交换成为银行间资金清算的主要渠道。从世界金融发展看,票据交换所一般由中央银行组织设立,为商业银行提供资金清算服务。但南京国民政府却未能建立起票据交换机构。致使华商银行的票据收付和汇划业务长期委托钱庄和外商银行办理,银行必须预先存储现金于代理钱庄,"多则千余万,少则五六百万"(马寅初,1932)。① 在与外商银行打交道中也经常受到不公正待遇,"一任外商银行操纵。"可见,这种清算方式不仅增加了银行运行成本,而且弱化了银行同业之间的联系。使得华商银行处于被动地位。早在1922年,上海银行公会就曾一度筹备票据交换所,并曾拟定《上海银行公会票据交换所临时办法》但因各行意见不一,又得不到政府扶持,一直未能成功。上海银行联合准备委员会成立以后,即将此作为主要任务之一,于1933年1月设立票据交换所。交换所规定凡参加票据交换的银行,要预先在银行联合准备委员会开立交换存款准备金账户,并按银行等级分别缴纳保证金1万、2万、3万元,作为交换结算补差准备,即所谓交换差额存款。联准会再把这项存款按六、四比例分别转存于中国、交通银行。没有加入交换的银行,原由交换银行代理,因双方均感不便,改由联合准备委员会代理。上海票据交换所成立之后,天津、南京、杭州、北京、重庆、成都、西安等各大城市亦均仿效上海相继成立票据交换所,票据交换制度在全国银行业范围内得以普及。上海票据交换所初开业时,加入交换所的银行共32家,全部为联合准备委员会的成员。但票据交换为一种群体效应,"加入交换之银行愈众,则可以交换之票据愈多,于是各个组合银行(交换银行)之便利亦愈大,盖收付集中于交换,则同数抵消之效果愈显,不但手续

---

① 马寅初:《废两改元问题》,《银行周报》1932年第16卷第29号。

简捷，而通化授受减少，资金运用灵活"（朱博泉，1933）。① 因此逐渐放松加入标准，修正《交换章程》，规定除"联准会委员银行和公会会员银行可加入之外，其他只要总行营业在两年以上的银行或信托公司，经交换银行介绍均可加入，行庄和信托公司还可以委托交换银行代理交换。"② 由此，新加入行庄不断增多，至1934年底，委托代理交换的行庄、信托公司及其分支店达150余家，超过了交换银行及其分支店的总数。三是成立中国征信所，构建信用制度。信用调查为现代银行信用制度的关键环节，是商业银行信贷风险控制的主要手段。20世纪一二十年代，华商银行发展起来以后，逐渐认识到信用调查的重要性。1915年财政部公布的《银行公会章程》中，就将"办理票据交换所及征信事项"，列为银行公会的职能之一。为了维护会员银行的权益，促进银行稳健经营，上海银行公会一直强调银行开展业务时，必须重视对客户的信用调查，"有无抵押，皆当调查信用"。上海银行公会成立初期就计划成立中国征信所，但没有付诸实践。1932年3月，银行界头面人物张嘉璈、祝仰辰、资耀华、章乃器等人发起，组织了信用调查的学术研究性机构——中国兴信社。中国兴信社实行会员制，基本会员包括中国银行、交通银行、浙江实业、浙江兴业、四行储蓄会及中央银行等7家银行，后又增至16家。上海商业储蓄银行在其章程中明确规定，要在时机成熟时，成立中国征信所。同年6月，兴信社社员联合成立中国征信所，是为中国第一家民间信用调查机构，也是中国最早的公共信用调查机构。征信所的主要业务是调查工厂商号及个人的财产信用，搜集材料，并进行整理、分析，并出版《工商行名录》。征信所的信用调查业务，也适应了金融业办理票据贴现时对票据出票人、付款人信用了解的需要。需要指出的是，中国征信所与上海银行公会不存在法律上的隶属关系，自成系统。但是，中国征信所的发起人全部为各大银行领导人物，其

---

① 朱博泉：《上海票据交换所之过去现在与将来》，载《银行周报》1933年第17卷第16号。
② 《银行联合准备会扩充票据交换范围》，载《工商半月刊》第5卷第21号，1933年11月。

基本会员也主要是上海银行公会的会员。成立初期，中国征信所有18家基本会员，其中90%是上海银行公会的会员银行。不仅如此，其业务中相当一部分也是来自于上海银行公会会员银行的委托。从成立时起，上海银行公会就从资金、人力等方面给予了大力支持。据已有研究，1932~1934年中国征信所的活动经费主要由会费、调查收入、中国兴信社和上海银行公会的资助，其中会费收入约2.8万元、中国兴信社的拨款约10万元，而1934年上海银行公会的援助高达20万元。在法制建设严重滞后，信用体系严重不健全的社会环境下，信用风险成为金融业发展最大的障碍，中国近代频频发生的金融欺诈案件也证实了这一点。当法律维持不了"体制化的信用"时，同业组织的信用约束又因比单一会员企业的信用更佳，因此可以有效地促使会员追求建立在诚信基础上的长期利益，进而扮演着市场制度建设的主角。正因为如此，上海银行公会在银行信用制度建设方面的努力弥足可贵，其作用也尤显突出和重要。

三、地方银行监管

南京国民政府时期，由于地方军阀势力的削弱，北洋政府时期的地方银行混乱局面得到了根本性扭转。这种扭转首先表现在部分地方军阀消亡后，一些地方银行自然消失。南京国民政府上台后，对地方银行有意识地加强监管。1928年6月国民政府召开全国经济会议，金融专家戴葛庐向会议提出《地方银行案》，该案专列《地方银行条例》，该条例要点如下：（1）定名为中华民国地方银行条例；（2）地方银行应规定一省或特定区域内请设一行；（3）地方银行应规定按照股份有限公司组织之；（4）地方银行应规定最低资本实收额为一百万元；（5）地方银行应规定营业年限为十年或二十年；（6）地方银行应规定不得自由发行钞券；（7）地方银行应规定在国家银行尚未成立以前得向发行银行领用钞券调剂市面；（8）地方银行应规定国家金库制度尚未确定以前得由总金库委托代理之；（9）地方银行应规定以董事会为该行最高执行机关；（10）地方银行应规定各种营业状况按月呈报财政部，并由财政部随时派员监察之。以戴葛庐提案为基础，1928年7月召开的第一次全国财经会议通过了《中华民国地方银行条例》，该条例总共11条，"惜以格于情势，恐实行时发生困难，财政当局未予公布"（郭荣生，1975）。①南京国民政府前期，地方银行的市场准入、退出及业务监管的法律依据是《银行法》和《储蓄银行法》。因地方银行具有钞票发行权，为规范其发行，1928年全国经济会议决议新设之省地方银行不得自由发行钞券，财政部赞同"地方银行不得发行钞券之决定"，"理由极为正当，自应渐次实行"（中国第二历史档案馆，1997）。②随着政府垄断金融体系的建立，钞票发行权逐步集中于国家银行，1935年3月财政部制定《省银行或地方银行领用和发行兑换券暂行办法》与《省银行或地方银行印制辅币券暂行规则》。规定省银行或地方银行因正当需要须向中央银行领用法币者，得照缴四六准备依章领用。其须印制辅币券者，得详叙理由呈请财政部核准后，由财政部代印，交存中央银行保管，于需用时分批请领，请领辅币券的同时，须依法缴交相应的准备金于中央银行。1935年11月南京国民政府实行法币改革时，限制省地方银行的发行业务。1936年2月10日财政部公布《中国农民银行接收各省省银行发行部分办法》，规定各省省银行，除河南农工银行、湖北省银行、浙江地方银行、陕西省银行之发行部分由中、中、交三行接收外，其余各省省银行或类似省银行之发行部分统由中国农民银行接收。地方银行的钞票发行权逐步被削弱。

四、钱庄监管

《银行法》虽然将钱庄附属于银行范围之内，但通观整部银行法，都是按照银行经营原则拟定，如要求上报出资人财产证明书，银行必须为公司形式等，这些与钱庄向以注重信用经营原则不符，不利于其

---

① 郭荣生：《中国省银行史略》，（中国台湾）台北文海出版社1975年版，第220页。
② 中国第二历史档案馆：《中华民国史档案资料汇编》第5辑第1编财政经济（四），江苏古籍出版社1994年版，第568页。

发展。废两改元以后，钱庄赖以盈利的主要业务——银钱兑换彻底丧失。1935年白银风潮引发的金融危机，使钱庄经营陷于严重困境，几乎到不能维持地步，出于维持金融稳定的考虑，财政部采取一系列的救济措施，不过，财政部也乘机从财政与人事上加强了对钱庄业的控制。1935年6月2日，财政部长趁钱庄向南京国民政府求助之机，成立钱业监理委员会。钱业监理委员会设五个委员，分别为徐堪、杜月笙、王晓籁、顾贻谷、秦润卿，前三位都和孔祥熙及南京国民政府有着特殊的亲密关系，而作为钱业公会主席的秦润卿却居于五委员之末，不久被迫引咎辞职。钱业监理委员会成为政府救济钱业的代理人，而根据其拟定的放款规则，由钱业公会负责管理救济放款的各项具体事宜，这样，就把钱庄处于公会与联合准备库的共同管辖之下。而钱业公会与联合准备库不久就被国民政府控制，这实际上将钱庄纳入南京国民政府控制之下。

之后，财政部以"近来银行钱庄时有倒闭、停业后又复故意拖延、久不清理、影响市面、损害人民甚巨"为由，对银钱两业进行清理，规定了清理办法六则：（1）停业银行钱庄，除经法院宣告清理者外，均由本部指派专员，会同该同业公会清理，其经法院宣告清理之银行钱庄，亦应指派专员，调查清理情形，随时报部备查；（2）清理期间，自停业之日起，以三个月为限，非有相当特殊事由，不得呈请延展，但在本办法令行以前停业者，自本办法令行之日起算；（3）清理期内，如查有经理人或董事监察人，有违法舞弊情事，即行看管，依法惩办；（4）资产折实后，存欠不能十足相抵时，股份有限公司组织之银行，应即依法申请宣告破产，其余银行或兼营储蓄之股份有限公司组织之银行或钱庄，应依法请经理人、董事、监察人及股东人等以连带无限责任、限期清理；（5）清理时期，经理人、董事、监察人及无限责任股东人等，不得离其住居地，如有意图逃亡或隐匿毁灭财产之行为时，得加以看管，其已逃亡者，并得由本部所派专员呈请通缉；（6）专员监督清理一切手续，得准照商人债务清理暂行条例办理（中国第二历史档案馆等，1989）。[①] 此后国民政府又多次下令严

---

① 中国第二历史档案馆、中国人民银行江苏省分行、江苏省金融志编委会：《中华民国金融法规档案资料选编》，档案出版社1989年版，第589页。

禁钱庄倒闭、歇业，并派钱业监理委员会来进行调查后方能确定其是否属于倒闭破产之列。当然，这有利于阻止某些钱庄的故意倒闭从而来稳固金融市场，但更重要的是，它在某种程度上进一步加强了对钱庄的控制，使这一传统金融组织进一步依附于政府。正如麦克尔德利所说："经济上的需要迫使钱庄转向政府请求援助。"但是"其代价是政治上和经济上的控制"，"1935年，南京政府对这一部分钱庄的控制程度在南京政府十年时期内比以往任何时期都要大得多"。但对这种控制，钱庄无可奈何。财政部还趁此机会，按照银行营业标准，改进钱庄营业进行。主要有三个方面，第一，改革账务设置，令各钱庄编制资产负债表，采用新式簿记；第二，资金流动性管理。使钱庄资金运用及库存现金比例达到法定要求；第三，限制信用放款，加强担保品审查。此外，钱业监理委员会还赋予银行业救济钱庄之地位，强制钱业从属于银行业，强化钱庄对银行之隶属性。1935年以后，钱庄几沦为银行之"跑街"。

钱业公会也探索建立联合准备制度。1932年"一·二八"事变发生之后，上海钱业公会于1月31日召开临时大会，决定成立钱业财产特别保管委员会，要求"执行委员中不论多缺，各提出道契、栈单等物品，专为同业拆票之保障，保存公会中，公会组织保管委员会保管之，俾便互相调剂，无非为保持信用，以巩固同业之基础。"各家以道契或实物提供公会，"明为寄存，暗为保证"，数额自20万两至100万两，多多益善，由委员会负责保管。局势缓和之后，将每家存会保管的财产减至不少于10万两（杜恂诚，2006）。[①] 除保管准备金外，特别保管委员会"如遇调剂金融必要时"，"经会员大会通过，得兼办临时拆放事宜"。7月18日，经钱业公会经理会议决定，进一步将钱业财产特别保管委员会改组为上海钱业联合准备库，根据其章程规定，钱业联合准备库的职能有六项："（1）办理同业对于银行收解银两及银元事项；（2）办理同业存放事项；（3）办理同业贴现事项；（4）办理同业票据交换及转账事项；（5）办理同业共领兑

---

① 转引自杜恂诚：《近代中国钱业习惯法》，上海财经大学出版社2006年版，第159页。

换券事项；（6）办理同业应行设施事项。"① 章程第 3 条规定，准备库为永久存续机关，基本会员及会员非至歇业时，不得中途退出。② 将联合准备制度长期化、稳固化。

第四节 金融市场监管

一、证券市场监管

"民十信交风潮"以后，中国的华商证券交易所一蹶不振，多处于停业状态。1927 年 11 月，南京国民政府为加强对证券交易所的管理，成立了金融监理局，该局第二课的主要职权就是审核交易所业务及检查交易所财产，金融管理局成为交易所的监管机构。1928 年，财政部钱币司成立，交易所的管辖权又转入钱币司。同时，在工商部的组织法中，也有管理交易所立案及监督等规定，但并不十分明确。1929 年 8 月以后，交易所监管权又转归实业部。1931 年 4 月，实业部与财政部共同决定，在上海设交易所监理员办公处，由两部各派监理员 1 人，随时检查交易所和交易所和经纪人的营业情况及有关表册，上报实业、财政两部。

根据 1929 年的《交易所法》第一条规定，交易所应买卖有价证券、一种或同类数种物品；第二条规定，"买卖有价证券或买卖同种物品之交易所，每一区域以设立一所为限"（国家经济体制改革委员会政策法规司，1992）。③ 上海证券交易所由于兼营多种物品，又与上海其他交易所的经营重复，因此，根据该法第 55 条规定，"如在同一区域内有同种营业者两所以上时，应自本法施行之日起三年内合并。" 1933 年，经证券交易所和物品交易所理事反复磋商，于 4 月 9

---

①② 《1934 年全国银行年鉴》，第四章 D 第 63～66 页，1934 年 6 月。
③ 国家经济体制改革委员会政策法规司：《国内外股份经济股票交易法规选编》，中国检查出版社 1992 年版，第 1286 页。

第四章

日达成协议，决定证券物品交易所的证券部并入上海华商证券交易所。至此，上海的证券交易归上海华商证券交易所独家经营。

南京国民政府成立后，交易所的监管权转归财政部金融监理局，责令以前成立的各交易所重新向财政部申请注册，在营业执照加盖财政部印章后，才可继续营业。但因时间仓促，未能及时制定出完善的交易所监管法规，在一段时期内，仍旧沿用北洋政府时期的交易所法。"关于交易所法例未经国民政府公布以前，所有从前之证券交易历法、证券交易所法施行细则、证券交易所法附属规则、物品交易所条例、物品交易所条例施行细则、物品交易所条例附属规则及其他与有关系之法令，除与国民政府现行法令有抵触者外，得暂适用之"（中国第二历史档案馆等，1989）。[①] 直到1935年4月27日，南京国民政府才公布了《交易所法》，作为证券监管的基本法规依据。与北洋政府时期的交易所监管相比，南京国民政府的监管更加完善，基本反映了中国金融市场发展的趋势和新的监管要求。

首先，《交易所法》将物品交易所与证券交易所统称之为交易所，统一管理，结束了北洋政府时期将证券交易与物品交易分别管理的情况。"买卖有价证券或依标准买卖货物之市场，均认为交易所。非依法不得设立"（中国第二历史档案馆等，1989）。[②] 监管机构为实业部。其次，增加了同业会员的组织形式。《交易所法》规定交易所的组织形式可以为股份有限公司或同业会员组织形式。经实业部核准，交易所"可以经营附带于该交易所买卖之业务。"但公司制交易所仅限于仓库业务。交易所场内交易仍实行经纪人或会员交易制度，由经纪人或会员接受客户委托，代理进行交易，并传达交易所指令。经纪人或会员经实业部注册取得资格。为适应交易所交易规模扩大与交易方式的改变，此时期对经纪人和会员资格的限定也有所改变，规定除自然人外，法人也可充当经纪人。《交易所法》第10条规定"非

[①] 中国第二历史档案馆、中国人民银行江苏省分行、江苏省金融志编委会：《中华民国金融法规档案资料选编》，档案出版社1989年版，第1332页。

[②] 中国第二历史档案馆、中国人民银行江苏省分行、江苏省金融志编委会：《中华民国金融法规档案资料选编》，档案出版社1989年版，第1336页。

有中华民国国籍之人民或法人,不得为交易所之经纪人或会员。"限定6类人员不得为经纪人或会员,即:(1)无行为能力者;(2)受破产之宣告者;(3)被夺公权尚未复权者;(4)处一年以上徒刑,在执行完毕或赦免后未满五年者;(5)依本法第四十六条至第五十三条之规定被处刑法,在执行完毕或赦免后未满五年者;(6)在交易所受除名处分后未满五年者。与《证券交易所法》相比,删除了妇女不得充当经纪人的限制条款。已注册的经纪人或会员,发生第10条所列第一、二种情况时,即丧失资格及注册效力。《证券法》对于"中华民国法人"的认定标准,进一步做了详细规定:第一,无限公司、两合公司或股份两合公司,合伙组织的商号,要求其无限责任股东与全体职员均为"中华民国人民";第二,若为股份有限公司,要求"股份额过半数及议决权过半数,并其董事、监察人三分之二以上,均为中华民国人民"(中国第二历史档案馆等,1989)。①

同时,为防范交易风险和道德风险,对经纪人和会员的业务操作也作了非常严格的限定。首先,经纪人不得同时兼任交易所职员,一旦发生此种情况,其原有注册资格自动失效。并且"不得以支店或其他任何名义在其他同样交易所之区域承揽同样之买卖。"第17条又规定,"经纪人或会员对于交易所应负由其买卖所生之一切责任。"经纪人歇业时,至其经手的交易了结后两星期内,视为尚未歇业。这意味着仍对其经手的买卖负有全部责任。除此之外,经纪人或会员有死亡、解散、除名、退出交易所、撤销注册等情况,也适用前期规定。"如遇无人了结该经纪人或会员之买卖时,交易所得依章程委托他经纪人或会员了结之。"这有利于防范经纪人和会员的道德风险,充分保障了客户的经济利益。

此一时期进一步完善了对职员的资格及任职监管,明确规定职员任期为3年,并且须经实业部注册核准。《交易所法》对公司式交易所职员的交易活动进行限制,第26条明确规定,"股份有限公司组织之交易所,其职员或雇员均不得用任何名义自行或委托他人在交易所

---

① 中国第二历史档案馆、中国人民银行江苏省分行、江苏省金融志编委会:《中华民国金融法规档案资料选编》,档案出版社1989年版,第1336页。

从事买卖","前项交易所之职员或雇员,均不得对于该交易所之经纪人供给资本、分担盈亏或与经纪人之营业有特别利害关系"(中国第二历史档案馆等,1989)。①

《交易所法》制订了详尽的交易规则,以规范交易所的运营。规定有价证券买卖期限为3个月,棉花、棉纱、棉布、金银、杂粮、米谷、油类、皮革、丝、糖等物品交易期限最长为6个月,其他物品依实业部规定。为限制交易风险,严格了保证金制度,针对不同交易对象确定了不同保证金标准,分别为:物品交易10%,棉纱可降为5%;证券交易保证金比例为8%;金业交易为5%。对违约者,交易所有权将保证金直接抵充违约赔偿。股份制交易所对交易风险负有赔偿客户损失责任,赔偿之后,可向违约者进行追偿。因此,股份制交易所需向国库缴纳保证金。为保证委托人的权利,规定委托人对于经纪人或会员违约所产生的债权,仅次于交易所,而优先于普通债权。

《交易所法》强化了实业部对交易所的监督,第42条规定,在交易所"有违背社会法令、防害公益或扰乱公安"时,可以对其采取以下处罚措施:(1)解散;(2)停止营业;(3)停止或禁止交易所一部分之营业;(4)责令职员退职;(5)停止经纪人或会员之营业或予除名。为便于日常监督,实业部向交易所派驻监理员,监理员负责检查业务簿据、财产及其他物品,经纪人或会员簿据,并注意市场价格变动之原因。监理员还可随时派员调查交易所的一切状况,及主管官署所派人员执行公务情况。另外,实业部在认为有必要时,可以责令交易所修改章程或停止、禁止、取消其决议案或处分(国家体改委政策法规司,1992)。② 可以说,实业部对交易所有生杀予夺的权力,这说明南京国民政府试图对交易所实行严格监管。

至20世纪30年代,中国证券市场容量迅速扩大,交易种类与交易方式也日趋复杂,交易所的发展要求有新的更为完善的监管制度与

---

① 中国第二历史档案馆、中国人民银行江苏省分行、江苏省金融志编委会:《中华民国金融法规档案资料选编》,档案出版社1989年版,第1337页。
② 国家体改委政策法规司:《国内外股份经济股票交易法规选编》,中国检查出版社1992年版,第1289页。

之适应，以保障其平稳发展。1935年的《交易所法》基本反映了这种要求，也表明中国的证券市场监管正在逐步走向成熟。

二、保险市场监管

南京国民政府时期，适应保险业的发展要求，南京政府相继制订了一系列的保险法规，以规范保险经营。1928年的《保险业条例草案》将保险公司范围限定为有限公司，至1937年修正的《保险业法》将保险机构范围扩大为"股份有限公司与相互保险社"。注册资本依组织形式而异，有限公司形式的保险公司资本总额不得少于国币20万元，且所有股款必须以现金缴纳。相互保险社的基金若为一次收足，不得少于10万元；若为分期缴纳，则不得少于20万元。而且限定分期次数为最多2次（赵兰亮，2005）。[1] 相互保险社须具备相当规模，损失保险的相互保险社社员人数不得少于50人，人身保险不得少于100人（财政部科研所等，1997）。[2] 1918年的《保险业法案》没有对保险资金的运用做出规定，此次《保险业法》将保险资金及责任准备金的运用限定为：（1）银钱业存款；（2）信托存款；（3）以担保确实之有价证券为抵押之放款；（4）以人寿保险单抵押之放款；（5）以不动产为第一担保之放款；（6）对于库券及公司债之投资；（7）对于不动产之投资。且所有投资不得超过资本金或责任准备金总额的1/3，但营业用房屋投资可不受此限制（赵兰亮，2005）。[3]

南京国民政府时期在保险监管领域的最大亮点，就是开始限制外国保险公司，扶持民族保险业的发展。1937年修正《保险业法》的规定："外国保险公司之经纪人……领有执业证者，其营业范围以通

---

[1] 赵兰亮：《近代中国金融法制演进与市场变迁研究》，载复旦大学中国金融史研究中心：《上海金融中心地位的变迁》，复旦大学出版社2005年版，第56页。

[2] 财政部科研所、中国第二历史档案馆：《国民政府财政金融税收档案史料（1927~1937）》，中国财政经济出版社1997年版，第768页。

[3] 赵兰亮：《近代中国金融法制演进与市场变迁研究》，载复旦大学中国金融史研究中心：《上海金融中心地位的变迁》，复旦大学出版社2005年版，第56页。

商口岸为限，并不得委托他人在内地代为经营或介绍保险业务"（周华孚等，1992）。[①] 这意味着，只有华商保险公司才能在内地经营保险事业。1930年以前，中外保险公司基本限于业务竞争，没有资本联合。1930年以后，出现了中外合资保险公司，打破了中外保险业在资本上的隔离，也随即出现了合资保险公司的主体认定问题。《保险业法》规定，有三种情形视为中国保险公司，"第一，人身保险业，其股东全体为中国人者；第二，损失保险业，其资本三分之二以上为中国人所有，并其董事三分之二以上及总经理为中国人者；第三，相互保险社、其社员全体为中国人者"（赵兰亮，2005）。[②] 以上三类具备中国保险主体资格，受南京国民政府《保险业法》的监督管理。而且这种认定方法，也限制了外国保险在中国的发展。《保险法》按保险对象将保险分为损失保险与人身保险。其中损失保险又分为火灾保险与责任保险；人身保险又可细分为人寿保险和伤害保险。此即为当时保险的主要种类，也是保险公司的大概营业范围。因此《保险业法》对保险机构营业范围没有明确界定，只是限定"同一保险业不得兼营损失保险与人身保险；保险业不得兼营其他事业"。同时也限制其他行业兼营保险事业（赵兰亮，2005）。[③]《保险法》是中国近代保险最完善、最详尽的一部保险契约法，规定了保险双方相互的权利与义务，各险种的责任认定与赔付原则，也成为保险机构的业务经营准则。

南京国民政府时期，随着保险业在全国范围内的发展，各地都纷纷组建了保险公会。规模比较大的有1928年由华商水火险公会改组的上海保险公会；天津保险业同业公会（1934年成立）；东三省华商保险公会（1922年8月在营口成立）、滨江市保险同业公会（1931年3月成立）；南京市保险业同业公公（1934年成立）、汉口市保险

[①] 周华孚、颜鹏飞主编：《中国保险法规暨章程大全（1865～1953）》，上海人民出版社1992年版，第167页。
[②] 赵兰亮：《近代中国金融法制演进与市场变迁研究》，载复旦大学中国金融史研究中心：《上海金融中心地位的变迁》，复旦大学出版社2005年版，第57页。
[③] 赵兰亮：《近代中国金融法制演进与市场变迁研究》，引自复旦大学中国金融史研究中心：《上海金融中心地位的变迁》，复旦大学出版社2005年版，第56页。

业同业公会（1934年成立）、永嘉县保险业同业公会（1935年成立），等等。但由于各地保险业发展水平有限，保险公会活动不多，主要以上海保险公会最为活跃。

因南京国民政府的立法建设需要一段时间，因此，在1935年以前，保险同业公会对保险秩序的规范和保险业的发展，还是起了一定的积极作用，一定程度上弥补了政府监管的不足。

第一，参与保险法规的制定。南京政府在订定法律的过程中，也注意征求保险同业公会的意见。以《保险业法》的制订为例，1933年初，南京国民政府在拟定查案以后，即提交保险同业公会征询意见。保险公司在广泛征求各会员公司的意见后，提出了详尽的修改意见，并且多数被纳入法规条文。

表4-1　保险业同业公会对保险业法草案相关条目的修改意见及其成效

立法院起草之保险业法草案	保险业同业公会修改意见	最终公布之保险业法内容
第六条：……第一项第四款保险费及积存金之计算基础，应由所在地之保险业公会议决定之	第六条：……应改为：第一项第四款保险费及积存金之计算基础，应由所在地保险业公会议决呈经实业部核定之	第六条：……第一项第四款保险费及积存金之计算基础，应由所在地保险业公会议决呈经实业部核定之
第九条：保险业应设置保险计算员至少一人	第九条：应加"但财产保险不在此限"	第八条：保险业应设置保险计算员至少一人，但财产保险不在此限
第十条：保险业之股东或社员应以有中华民国国籍者为限	第十条：原文删去，应改为：左列保险业为华商保险业：一、人身保险业其股东全体为中国人者；二、财产保险业其资本三分之二以上为中国人所有，并其董事三分之二以上及总经理为中国人者；三、相互保险社其社员全体为中国人者	第九条：左列保险业为华商保险业：一、人身保险业其股东全体为中国人者；二、财产保险业其资本三分之二以上为中国人所有，并其董事三分之二以上及总经理为中国人者；三、相互保险社其社员全体为中国人者

续表

立法院起草之保险业法草案	保险业同业公会修改意见	最终公布之保险业法内容
第十二条：保险业资金之运用，应以左列中种放款或投资为限：一、存放于银钱业；二、以不动产为抵押之放款；三、以担保确实之有价证券为抵押之放款；四、对于公债库券及公司债之投资；五、对于不动产之投资。前项第五款之投资不得超过实收资本总额二分之一	第十二条：应改为：保险业资金及积存金之运用，应以左列各款为限：一、存放于银钱业；二、信托存款；三、以担保确实之有价证券为抵押之放款；四、保险单为抵押之放款；五、以不动产为抵押之放款；六、对于公债库券及公司债之投资；七、对于殷实公司股票之投资；八、对于不动产之投资，前项第七款之投资，不得超过实收资本或基金四分之一。前项第八款之投资，不得超过资金及积存金总额三分之一，但营业用之房地产不在此限。保险业之资金及积存金，应以百分之八十于中国领域以内	第十一条：保险业之资金及责任准本金之运用，以左列各款为限：一、银钱业存款；二、信托存款；三、以担保确实之有价证券为抵押之放款；四、以人寿保险单为抵押之放款；五、以不动产为第一担保之放款；六、对于公债及库券及公司债之投资；七、对于不动产之投资。前项第七款之投资，不得超过资金或责任准备金总额三分之一，但营业用之房屋不在此限。保险业之资金及责任准备金，至少以总额百分之八十投放于中华民国领域以内
第十三条：保险业由主管官署监督之	第十三条：应改为：保险业由主管官署组设保险委员会监督之	第十二条：保险业之业务由主管官署监督之
第二十二条：保险业特许营业执照与经纪人公证人执业证书之规则，由主管官署另订之	第二十二条：应改为：经纪人及公证人不得为未经主管官署核准之保险业经营或介绍保险业务	第二十一条：经纪人及公证人不得为未经主管官署核准之保险业经营或介绍保险业务

资料来源：转引自周华孚、颜鹏飞主编：《中国保险法规暨章程大全（1865～1953）》，上海人民出版社1992年版，第167～175页。

保险公会作为保险业的代言人，积极参与相关保险法规的制定，很大程度上影响了政府法规的成文,有利于保险法规的完善。

第二,划一保价与经纪人管理。晚清和北洋政府时期,政府对保险公司的准入门槛、保费率未作明确的规定,在此背景下,保险公会制订同业章程,对保险公司的会员资格、保险收费等基本事项作了明确的规定,弥补了政府法规的空缺。到南京国民政府时期,政府对于保险业准入及费率厘定等问题有了明确的法规规定,保险公会即退出对此问题的关注。此一时期,保险同业公会在划一保价,限制中外保险业的恶性竞争,规范经纪人方面起到了举足轻重的作用。

保险费率是保险公司基于大数法则,按照科学的计算方法最终厘定的保险费用。根据保险原则,保险公司所收保费总额应等于其赔付的保险金总额。因此,保险费应严格按照厘定费率征收,如若不然,必然会产生危害保险人或被保险人利益的结果。但在近代中国,由于外商保险公司大举进驻中国市场,竞争激烈,各保险公司为争夺客户,纷纷采取折价收取保费的策略,这使得保险公司风险加大。20世纪20年代以后,华商保险业加入竞争行列,保费折扣现象更加严重,"竟有放至一折以下者,而保价遂一落千丈。"保险业实行经纪人制度,而经纪人为揽取业务,也竞相降低保价折扣,加剧了保险业的恶性竞争。这种恶性竞争使得中外保险业两败俱伤。为缓解局势,中外保险公会从1928年起,就开始了长达数年的协商,讨论划一价率,整顿经纪人问题,"为保户者恒苦无所适从……自非划一价率不足以坚社会之信誉,更非厘定规章不足以收合作之效果"(赵兰亮,2004)。[①] 1931年,上海市保险业同业公会议决成立保价委员会,会同上海火险公会协议制定火险保价。并于同年8月制订了《火险保价规率》,对保险业营业规则、保价率、标准保险单款式、条文字句、地域区分、代理人规则、特份保率及违章处理等作了详细规定,禁止随意折扣,不过,统一费率问题并没有解决。由于经纪人的资格,经纪人的佣金没有限制,致使经纪人乱放折扣,竞揽业务。1935年南京国民政府公布的《保险业法》,增加了对保险经纪人的管理规

[①] 赵兰亮:《近代上海保险业同业公会述略》,引自熊月之:《透视老上海》,上海社会科学院出版社2004年版,第128页。

定:"保险业之经纪人及公证人非向实业部登记领有执业证,不得执行业务"。但此法并未实施。1936年,华洋联合委员会共同拟定了《火险经纪人登记与管理规章》,其目的在于"禁止经纪人非法发还回扣予被保险人,规定经纪人的登记及给证办法与其所得佣金的限制",《火险经纪人登记与管理规章》分总则、公会会员之责任、华洋特别保价与意外事项联合委员会、罚则、保证金及登记证6章。规定"保险业同业公会与上海火险公会共同之组织的联合委员会即为本规章所称之主管机关,办理所有有关经纪人之登记领证及本规章之解释与施行等事";"凡公会会员公司或其代表人除已在公会登记之经纪人外,概不准接受任何第三者所介绍之华人火险生意"。在火险保价折扣方面,1936年4月17日,保险业同业公会通告各会员公司,要求根据"华洋联合委员会所订之火险新率",于本年5月1日起开始施行,"第一等火险折扣率规定以85%为最高限度,超过此额之折扣或回佣一律禁止"(赵兰亮,2004)。[①] 规章发布以后,经纪人登记制度于1936年5月1日起开始实施。但关于火险保价折扣问题,却遭到多家华商保险公司的抵制。面对此种现象,华洋保险公会保持一致步调,态度坚决,在《申报》登报声明,"改填实价收费,不折不扣",并开始处罚违反规章的会员。在保险公会的坚决维持之下,关于保价折扣的决议得以实行。

保价划一与经纪人管理问题是关系保险业稳定的两个关键问题,近代中国保险市场的恶性竞争已严重影响到保险公司的盈利,危及保险市场的安全,南京国民政府在这两个问题上却没有能够进行有效监管,其所制定的《保险条例草案》和《保险业法》虽都有关于经纪人登记的规定,但都是颁而不行,导致了政府管理的缺位,而华洋保险同业公会的行为正好填补了这一监管真空。从保险公会对维持决议的强硬态度上,可知当时的保险同业公会在保险业已有之影响力,成为独立于政府之外的保险市场的监控力量。

[①] 赵兰亮:《近代上海保险业同业公会述略》,引自熊月之:《透视老上海》,上海社会科学院出版社2004年版,第131页。

三、外汇市场监管

　　清末和北洋政府时期，中国新式金融业落后，无力对外汇市场实施监管，外汇市场完全操控于外商。南京国民政府成立后，开始加强对外汇市场的管理。1929年底，国际市场金价陡涨而银价下跌，当时中国以白银计价流通，白银是主要的国际储备资产，银价下跌意味着储备资产的缩水，黄金涨价引致中国国内黄金外流，结果是，中国国际收支出现巨额逆差。1929年12月28日起，上海金价开始突涨，至1930年6月达到高潮，上海汇市发生前所未有的混乱。财政部于1930年2月规定关税征收由关金代替银洋，在当时一关金合纯金60.1866公毫，即美金4角。财政部希望通过国家银行买卖关金，间接控制货币的对外价值，这种办法最初仅用于进口税，1930年5月1日开始用于出口税，因为当时中央银行已经设立关金汇兑科，其业务为关税的收纳、外债的支付和关金的计算。在中央银行采用关金后，中国银行也以此确定上海与纽约外汇交易中心的金与银元、银两的比率。1932年8月，中央银行汇兑局成立，财政部规定各机关对外汇款，除前订有契约者外，悉数交由该局汇兑。同时还将在华外商银行经理外债还本付息的汇兑业务次第收回，并以关金收集外汇以供汇兑调拨。由于中央银行设立不久，资力薄弱，无力集中外汇管理。1934年6月，美国政府公布白银收购政策，致使国际银价大涨，白银的涨价，导致中国货币与外币的汇率大幅提高，严重扰乱了中国外汇市场。南京国民政府为安定外汇市场，于1934年9月8日宣布取缔标金投机，规定"所有新做交易，应用现金交割，不得再用外汇结价"。10日，银行公会国外汇兑委员会、金业交易所理事会召开紧急会议，推代表请财政部展期至12日，财政部未准。后又与财政部商妥以关金为结价标准，关金则依伦敦金块价格换算。10月，标金市场的非正常交易助长了金银外流，有鉴于此，财政部决定自10月15日起，中央银行"将标金买卖结价，由美元汇价改为中央银行海关金单位挂牌为标准"。此后，中央银行逐日公布关金市价，一改汇兑市场原来以汇丰挂牌为标准的惯例，消除了没有标金标准挂牌，任凭交易所开盘涨落的状况。这意味着中央银行逐日挂牌的关金行市，开始介入汇市。这是财政部限制金市套利的有力措施，这项措施对外商银行控制汇市起了一定的牵制作用。1934年9月9日，财政部命令取缔外汇投机，规定所有外汇交易除"合法及通常所必需者；本年9月8日以前订有契约者；旅行费用，或其他私人需要者"外，自即日起，一律暂行停止（杨荫溥，1936）。[①] 财政部为避免汇市剧烈变动，于1934年10月16日下令中央银行筹资4000万元，中国、交通两行分别筹集4000万元与2000万元，合计1亿元作为基金，组织外汇平市委员会，该会于10月20日成立，中央银行、中国银行、交通银行各派一名委员组成，中央银行为席德懋，中国银行为贝淞荪，交通银行为张佩绅。[②] 外汇平准委员会的成立，开南京国民政府直接管理外汇之先河。1935年11月法币改革后，上海汇市动荡的局面得到扭转。法币政策规定中、中、交三行的纸币为法币（1936年2月起中国农民银行的纸币亦称法币），宣布由中、中、交三行无限制买卖外汇。法币采取的是外汇汇兑本位，也就是自实施法币政策起，中国货币的稳定性主要反映在法币汇率的稳定上。中、中、交三行无限制买卖外汇，旨在通过干预外汇市场上外汇供需来保持外汇市场的稳定。

第五节 结论性评价

这个时期的金融监管呈现出三个特点：

第一，金融监管主题由同业自律转换为政府统制。清末和北洋政府时期，政府的势弱使其在金融监管领域失语，政府所制订的有关整理币制、监管金融机构和金融市场的法规大多流于形式，或未公布，或公布后未能实施，相反，同业组织的习惯法却成为金融监管的依

[①] 杨荫溥：《中国金融研究》，商务印书馆1936年版，第255页。
[②] 《财部设立外汇平市委员会》，载《中央银行月报》1934第3卷第11号。

据。所以，清末和北洋政府时期金融监管的主题是同业自律，南京国民政府上台后，中央权威迅速建立，并且确立了在金融领域的绝对权威地位，这个时期金融监管的主题是政府统制。表现在：监管者是政府而不是同业组织，监管的依据是国家法令而不是业规。

第二，金融法制建设不断加快，金融监管由行政管理走向法制管理。南京国民政府成立后，掀起了中国近代史上第一次金融立法高潮，据不完全统计，在1927~1937年10多年间，共颁布实施了近百部金融法规，其中包括：币制类26部、银行类35部、邮政储蓄类7部、票据法2部、造币厂类2部、交易所类17部（姚会元等，2007）。[①] 这些金融法规几乎涉及金融业的各个领域，使南京国民政府时期的金融监管有法可依，标志着近代中国的金融监管由行政化管理走向法制化管理，这是符合世界金融发展潮流的。

第三，金融同业组织的监管能力弱化，政府监管得到强化和金融机构的内部控制与稽核得到强化。南京国民政府成立后，着手改组同业组织以控制商业界，银行公会出于政府压力也被迫接受政府改组，改组后的银行公会失去了在北洋政府时期的部分权威，其金融监管能力大为削弱。在南京国民政府时期，金融机构的内部控制得到了前所未有的强化，并上升到法律的高度。《银行法》第6条规定：股份有限公司组织之银行，在开设时必须设立监察机构。依据此法，在各国家银行、商业银行、储蓄银行都设立了监察机构或专职监察员，监察人员享有相应的权力并承担相应的责任，如《中国银行暂行章程》规定监察员享有审查年终决算报告、监察银行业务并检查一切账目及库款等4项权力，在《储蓄银行法》中规定：储蓄银行之财产不足以偿还储户债务时，监察员、董事应负无限之连带责任。国民政府在1930年前后成功地改组了金融同业组织，使得素有"无冕之王"之称的银行公会和钱业公会失去昔日的权威，金融业运行的依据不再是同业章程而是政府法规，金融监管的主体不再是同业公会而是政府部门。

---

① 姚会元、易棉阳：《中国政府金融监管的演进与特点》，载《广东金融学院学报》2007年第5期。

第五章

抗战时期的金融监管

抗战爆发后,经济实力成为决定战争胜负的关键因素。正如1940年3月28日蒋介石致四联总处函中所言:"今后抗战之成败,全在于经济与金融之成效如何","但是经济方面,最重要的为金融,这是我们今后所应该努力筹划的"(重庆市档案馆、中国人民银行重庆市分行金融研究所,1993)。[①] 抗战时期,中国经济由平时经济全面转轨为战时经济形态,在战时经济状态下,维护经济体系安全是战时经济第一要务,为此,进入战时经济状态的国家无不对经济实施严厉统制,金融统制是战时经济统制的核心内容。为维护战时中国金融安全,国民政府对金融业实施严厉管制以安定金融。

第一节 管制金融机构

抗战时期的银行体系由三个层次的银行机构组成:国家行局(四行两局)、商业行庄、省地方银行和县银行。国民政府对金融机构的监管也基本上是分层次进行的。

[①] 重庆市档案馆、中国人民银行重庆市分行金融研究所:《四联总处史料》上,档案出版社1993年版,第153~155页。

一、国家行局管制

第一,业务管理。1942年5月28日,四联总处拟订了《中中交农四行业务划分及考核办法》,对四行业务进行明确分工,以谋求四行专业化发展。《办法》规定中央银行的业务范围是:(1)集中钞券发行;(2)统筹外汇收付;(3)代理国库;(4)汇解军政款项;(5)政府机关以预算作抵或特准之贷款;(6)调剂金融市场(重庆市档案馆、中国人民银行重庆市分行金融研究所,1993)。[1] 为落实《中中交农四行业务划分及考核办法》关于四行放款投资业务划分及已往放款投资转移的规定,1942年7月28日,四联总处制订了《四行放款投资业务划分实施办法》,对四行放款投资的标准、放款投资的数量限制、中交农三行向中央银行再贴现的利率限制等作了详细的规定。《实施办法》规定四行放款投资的标准是:凡政府机关以核定经费预算及税收指抵借款,中交农三行及其他金融机关重贴现重抵押,或同业抵押拆放方式透借款项,及政府特准的贷款,由中央银行承做;凡内地及进出口有关之工矿事业贷款与投资,由中国银行承做;凡交通运输公用及一般工矿事业贷款与投资,由交通银行承做;凡农业生产、农田水利、土地金融、合作事业及农具制造、农业改良、农产加工及运销之贷款与投资,由中国农民银行承做。规定各行接受放款及投资的条件是:数额在100万元以上者,应事前报请四联总处理事会核定后再行承做,如被理事会否决的放款,四行不得另自承做(中国第二历史档案馆,2003)。[2]

第二,发行管理。1942年5月28日,四联总处拟订了《统一发行实施办法草案》,《草案》要点如下:(1)中、交、农三行已发未发及订印未交钞券之处理。《草案》规定:三行已发之各种钞券仍照

---

[1] 重庆市档案馆、中国人民银行重庆市分行金融研究所:《四联总处史料》上,档案出版社1993年版,第562页。
[2] 中国第二历史档案馆:《四联总处会议录》第16册,广西师范大学出版社2003年版,第65~66页。

旧流通;三行定制未交钞券,自1942年7月1日后全部由中央银行接收,中央银行在接收后,必须得继续使用或发行。(2)准备金之移交。《草案》规定:三行在1942年6月30日以前的发行准备金,应于7月底以前全部移交中央银行接收,中央银行按各行40%之保证准备数额给予周息五厘之利息,以三年为限。(3)三行因业务需要资金之供应。《草案》规定:由中央银行以重贴现、同业拆放、财政部垫款作抵和四联总处核定贷款转作押款的四项办法供应三行资金,其利率照原订利率减低二厘至四厘(重庆市档案馆、中国人民银行重庆市分行金融研究所,1993)。[①] 6月14日,财政部公布了《统一发行办法》,明确规定自1942年7月1日起,所有法币之发行统由中央银行集中办理。6月18日,四联总处第130次理事会修正通过了《统一发行实施办法》,提出了三行在交出准备金后弥补资金不足的五项办法:即调整人事、节约开支;酌量提高贷款利率;增加三行资本;努力推进应办业务;开支如仍有不足,可酌用津贴办法(重庆市档案馆、中国人民银行重庆市分行金融研究所,1993)。[②] 上述办法经财政部核定后,于9月27日函转四行照办,至此,货币发行统一由中央银行集中办理。

第三,人事管理。(1)调整与考核四行工作人员。1942年7月21日四联总处制订了《中中交农四行人员考核与提拔办法》,规定由四联总处负责监督四行人员的考核与调整事宜。考核内容包括以下四项:考核各行主管人员推行金融政策的成绩、考核各行主管人员有无违犯金融政策及法令行为、考核各行负责人员升降奖惩、考核各行职员的思想及表现等。调整的内容包括五项:调派四行职员、限制四行职员人数、主管各行各级职员之任用、核定各行高级职员之服务地点、在必要时调度各行高级职员等(重庆市档案馆、中国人民银行

[①] 重庆市档案馆、中国人民银行重庆市分行金融研究所:《四联总处史料》中,档案出版社1993年版,第38~40页。

[②] 重庆市档案馆、中国人民银行重庆市分行金融研究所:《四联总处史料》中,档案出版社1993年版,第49页。

重庆市分行金融研究所，1993）。① （2）统一各行局人事制度。1943年，在四联总处的组织下，各行局指派代表组织了一个各行局人事制度设计委员会，该委员会先后举行了会议 12 次，按照"划一"、"简单"、"紧缩"三原则，并参照"公务员任用法"、"文官官等俸禄表"和"公务员铨叙法规"等标准，拟订了人事规则草案 21 种及有关职员"任免"、"服务与奖惩及考绩"、"保证"、"请假"、"薪给"等规则草案 17 种，这些规则自 1944 年 1 月起开始实施。第三，训练银行人员。1942 年 5 月 28 日，四联总处理事会议决成立"银行人员训练所"，9 月 17 日通过了《银行人员训练所章程》，1943 年 1 月从高中毕业生中招收了第一期中级班学员，2 月 8 日开学，实际受训人员 103 人，12 月 16 日又招收了第二期中级班学员共 103 人，1944 年 1 月第一期高级班新生 42 人入学，同月，高级会计班新生 40 人入学，至 1944 年已训练高、中级学员 290 人（重庆市档案馆、中国人民银行重庆市分行金融研究所，1993）。②

二、商业行庄管制

抗战时期国民政府对商业行庄的监管主要体现三个方面。

第一个方面，对业务的监管。抗战时期，商业行庄在业务上都存在不同程度的有悖于战时经济健康发展的行为：其一，囤积货物。据 1939 年 1 月经济部和四联总处对重庆市银钱号调查的结果显示，重庆市商业行庄囤积了布匹 20.6 万余匹，棉花 7500 余包，棉纱 4800 余包，纸张 6300 余令，及相当数量的五金杂货，商业行庄的囤积行为助长了物价的高涨（重庆市档案馆、中国人民银行重庆市分行金融研究所，1993）。③ 其二，放款对象以商业行号和同业为主，工矿

---

① 重庆市档案馆、中国人民银行重庆市分行金融研究所：《四联总处史料》上，档案出版社 1993 年版，第 674～675 页。
② 重庆市档案馆、中国人民银行重庆市分行金融研究所：《四联总处史料》上，档案出版社 1993 年版，第 690～691 页。
③ 重庆市档案馆、中国人民银行重庆市分行金融研究所：《四联总处史料》下，档案出版社 1993 年版，第 374 页。

业放款数量较少。1941年7月至1942年2月,重庆市17家商业银行的放款总额为1.4亿余元,其中商业放款为67812000元,占放款总额的47%,同业放款为29621000元,占放款总额的21%,工业放款为39042000元,27%,私人及其他放款为7296000元,占放款总额的5%(重庆市档案馆、中国人民银行重庆市分行金融研究所,1993)。[①] 资金不仅是抗战时期最重要的生产要素也是最稀缺的资源,商业行庄的放款行为极不利于后方生产建设。其三,放款方式以信用放款[②]为主抵押放款为辅,这不仅有悖于现代商业银行放款原则而且容易引发金融风险。其四,利用汇款业务逃避资金管制。其方式大致有二:一是垫款汇解而不订合法之放款契约,即银行把资金汇给了工商业户或私人但没有订立放款契约;二是买入汇款而无合法之汇款票据,即资金已经从银行汇出去了但没有汇款票据。这些实际上都是变相之信用放款,由于它假借汇款名义,其实际用途很难监管,所以,"其风险程度远在信用放款以上"(重庆市档案馆、中国人民银行重庆市分行金融研究所,1993)。[③]

为制止商业行庄直接经营商业,并引导其资金投资于生产事业,《修正非常时期管理银行暂行办法》第3条规定:"银行运用存款,以投资生产建设及联合产销事业为原则。其承做抵押放款,应以各该行业正当商人为限。押款已届满期请求展期者,并应考察其货物性质,如系民生日用必需品,应即限令押款人赎取出售,不得展期,以杜囤积居奇",第4条规定:"银行不得直接经营商业或囤积货物,并不得以代理部、贸易部或信托部等名义自行经营或代客买卖货

[①] 重庆市档案馆、中国人民银行重庆市分行金融研究所:《四联总处史料》下,档案出版社1993年版,第415页。

[②] 商业行庄的信用放款以商业信用放款为主,生产信用放款所占比例很小。根据四联总处1942年6月的调查报告,内江聚兴诚银行放款余额为370余万元,全系信用放款,其中商业信用放款占99万元;桂林各行庄的1430余万元放款中,商业信用放款占1150余万元;昆明各行庄放款总额为175000000余元,其中信用放款达107000000余元。详见重庆市档案馆、中国人民银行重庆市分行金融研究所:《四联总处史料》下,档案出版社1993年版,第429页。

[③] 重庆市档案馆、中国人民银行重庆市分行金融研究所:《四联总处史料》下,档案出版社1993年版,第474页。

物","银行承做汇往口岸汇款,应以购买日用必需及抗战必需物品之款为限"(重庆市档案馆,1992)。① 根据这些原则,四联总处和财政部先后制定一些具体措施:其一,发行实业证券,劝导各商业银行组织银行团联合承销;推行承兑票据,并组织联合承兑机构,吸引商业银行资金投放于民生国防有关之事业(重庆市档案馆、中国人民银行重庆市分行金融研究所,1993)。② 其二,规定信用放款不得超过放款总额的50%,即信用放款总额在同一时期内不得超过抵押放款总额,在1942年5月23日颁布的《管理银行抵押放款办法》和《管理银行信用放款办法》中对抵押放款和信用放款作了更加详细的规定(重庆市档案馆,1992)。③ 其三,严厉监管商业银行利用汇款作信用放款的行为。

第二个方面,银行利率监管。早在1930年,国民政府就颁布实施《民法债编》,规定:最高利率为周年20%,法定利率为周年5%(中国法规刊行社编委会,1948)。④ 但在实际中,这条规定没有得到执行,抗战爆发之前的1936年,大银行存款利率达七八厘,小银行还要抬高至七厘至一分二厘,借方利率如此高,贷款利率更高(吴红叶,1936)。⑤ 抗战时期,市场利率更加高涨,影响到正常工商业秩序。1940年底,国民政府通令各地银行:无论是现金借贷还是实

---

① 重庆市档案馆:《抗战时期国民政府经济法规》上,档案出版社1992年版,第652~654页。

② 重庆市档案馆、中国人民银行重庆市分行金融研究所:《四联总处史料》下,档案出版社1993年版,第452页。

③ 《管理银行抵押放款办法》规定:银行承做抵押放款,必须以下列证券物品之一为抵押品:有价证券、银行定期存单、栈单、提单、商品或原料,但另经主管机关定有管制办法者,应依照各该办法办理;银行承做抵押放款,不得以下列证券物品为押品:本银行股票、禁止进口物品、违反禁令物品、容易腐坏变质之物品。《管理银行信用放款办法》规定:银行承做个人信用放款,除因生活必须每户可贷2000元外,其余一律停做;银行承做工商信用贷款,数额超过5000元以上者,必须要同业厂商做担保,且借款只能用于增加生产或购运必须物品,放款期限最长不得超过3个月,每户放款不得超过该行放款总额5%,各户总计不得超过50%。重庆市档案馆:《抗日战争时期国民政府经济法规》上,档案出版社1992年,第677~678页。

④ 中国法规刊行社编委会编:《六法全书》,春明书店1948年版,第29页。

⑤ 吴红叶:《上海银行业投资冻结的研究》下,载《银行周报》1936年第20卷第17号。

物借贷，年利率不得超过 2 分，针对农业领域高利盘剥的现象，国民政府规定"凡以钞币受谷利者，照订约时之谷价为标准，其利率不得超过20%，以资限制，而符法令"。①

第三个方面，对准备金的监管。《非常时期管理银行暂行办法》第二条规定："银行经收存款，除储蓄存款应照储蓄银行法办理外，其普通存款，应以所收存款总额20%为准备金，转存当地中中交农四行任何一行，并由收存行给以适当息"（重庆市档案馆、中国人民银行重庆市分行金融研究所，1993）。② 为了落实这个精神，四联总处于1941年4月制订了收存准备金办法七条：（1）存款准备金之缴存，先就四行分支行处所在地举办。（2）四行都已设行的地方，以中央银行为负责承办行；无中央银行地方，以中国银行为负责承办行；无中国银行地方，以交通银行为承办行；其仅有四行中之一者，即由该行负责承办。（3）负责承办行由财政部授予稽核各缴存准备金银行账目之权。（4）省银行存款准备金，应缴存于该总行所在地承办行。商业银行存款准备金，除就近缴存于该行所在地之承办行外，并得汇总缴存于指定地方之承办行。（5）四行所收存款准备金摊存之比例如下：四行全设的地方——35%、30%、20%、15%；设立三行的地方——40%、30%、30%；设立两行的地方——60%、40%；设立一行的地方——100%。（6）各缴存准备金银行应送报表，应一律送交负责承办行，由该行以一份送财部，一份送四联总处，一份留存备查。（7）存款准备金由负责承办行接洽办理，其余各行应协助办理（重庆市档案馆、中国人民银行重庆市分行金融研究所，1993）。③ 1942年，四联总处划分了四行职能，实行四行专业

---

① 《行政院令禁高利贷》，载《银行周报》1940年第24卷第48号。
② 《非常时期管理银行暂行办法》只规定普通存款必须缴纳准备金，1942年财政部和四联总处规定，比期存款和信托存款也必须缴纳与普通存款同量的准备金，1943年财政部和四联总处又规定，各商业行庄和省地方银行也应将储蓄存款的20%缴存中国农民银行，用于投资农贷。重庆市档案馆、中国人民银行重庆市分行金融研究所：《四联总处史料》下，档案出版社1993年版，第394、395、468页。
③ 重庆市档案馆、中国人民银行重庆市分行金融研究所：《四联总处史料》下，档案出版社1993年版，第387~388页。

化后，存款准备金集中缴存于中央银行，中国银行、交通银行和中国农民银行所收存之准备金，自1942年6月21日起一律转存于中央银行（重庆市档案馆、中国人民银行重庆市分行金融研究所，1993）。①

三、省县地方银行管制

省县地方银行为地方金融基层组织，于国家金融全局关系重大。抗战时期，四联总处把地方银行也纳入了其监管的范围。第一，管理地方银行辅币发行。1940年7月18日四联总处第38次理事会修正通过《管理各省省银行发行一元券及辅币券办法》15条，并附整理办法三条。该办法对省银行发行钞券之印制、保管和发行准备的性质、缴存与保管均有详密规定。钞券印制保管方面，该办法规定，"各省省银行或地方银行发行或增发钞券，应先拟具运用计划及拟印券类、数额，呈请财政部核定之"；"发行钞券及准备之缴存、保管事宜，由发行准备管理委员会监督之"；且"地方银行钞券以在本省流通为限"。省地方银行呈经核准印制之钞券，"应由财政部交由中央信托局代印，如必须就地印制者，应呈准财政部会由中央信托局派员监印，所需印制费用，均由各该发行行负担"，"钞券印竣后，所用票版，应会同中央信托局及发行准备管理委员会指定之人员暨原承印机关签封，交中央信托局保管，并呈报财政部备案"，"地方银行钞券印妥，由中央信托局送交发行准备管理委员会指定保管之银行保管。各该发行行向保管行缴存准备金领取发行"。发行准备方面，该办法规定，各省省银行或地方银行发行钞券应缴现成准备六成，其中金银、法币不得少于发行总额40%，货物栈单不得超过发行总额20%；保证准备四成，其中公债以中央银行核准发行之公债为限，各省市政府发行者依票面七折作价，存单以中中交农及中央信托局存单为限。其中第十条规定"各省省银行或地方银行于每月底应各制发行券及准备金明细表一式五份，保管行留存两份，其余三份分送财政部、发

---

① 重庆市档案馆、中国人民银行重庆市分行金融研究所：《四联总处史料》下，档案出版社1993年版，第425页。

行准备管理委员会和四联总处"。至于各省银行原来发行之钞券,其整理办法三项如下:(1)各省省银行或地方银行应在管理办法公布后三个月内,制具发行券及准备金明细表(包括历次定制未收、定制销毁、存出、库存、流通、准印及未印各券,并现金、保证准备金各项详数)报请发行准备管理委员会核转财政部,由财政部通盘筹划,重行核定发行数额。(2)各省省银行或地方银行以前发行钞券之准备金尚未缴足者,其短缺之数得暂作留存券,但须在管理办法公布后六个月内补缴准备金至留存券递减为发行总额20%。(3)各省省银行或地方银行在以前接收案内曾以票本抵充准备金者,如已将接收券领回发行,所有票本抵充部分之准备金,仍由该行如数补缴。为监管各地方银行领用、发行和运用一元券及辅币券以及其准备金之缴交,财政部派各省地方银行监理员驻行监督,按旬将一元券、辅币券之流通,库存及交存准备金各数,列表呈报,并按月将监督情形编制检查报告呈核(重庆市档案馆、中国人民银行重庆市分行金融研究所,1993)。① 第二,监管地方银行业务。1942年3月2日,中央银行县乡银行业务督导处正式成立,对县乡银行予以扶植、督导和管理。其主要工作包括:(1)扶植方面,对各县行未尽明了的登记手续,详加指示并协助办理;筹拨事业基金500万元,酌情在筹股困难的县行中加入一定的提倡股。(2)督导方面,根据各县行所送营业报告及各项表报,分别予以指示,以资改进;派员分途前往视察而予以指导,并根据视察报告,分函指示其改进办法;若无法派员前往视察,则拟订视察纲要,分函中央银行各分行处分别视察其附近县行。(3)管理方面,划一县行会计制度,以促进其业务的健全;拟具分区管理办法,就中央银行设有分行或办事处及办理收解存汇的国税经收处等所在地,暂行划分为重庆等87区,每区指定该行分行处1家,负管理之责。1942年四行专业化后,中央银行负有协助财政部管理金融市场之责,其中包括调剂资金供求,推行票据制度,督促各银行缴纳存款准备金,考核各银行、钱庄放款、投资及存款、汇款业务是否

---

① 重庆市档案馆、中国人民银行重庆市分行金融研究所:《四联总处史料》中,档案出版社1993年版,第11~14页。

遵循政府有关法令办理等事项。1944年11月，国家总动员会议通过《加强银行监理办法》，规定各区银行检查处设处长一人，由财政部派充；副处长一人，由当地中央银行经理兼任。并就区内银行分布情形，做到每行每年至少检查二次，检查所用经费由中央银行负担，作正式开支（重庆市档案馆、中国人民银行重庆市分行金融研究所，1993）。①

第二节　管制金融市场

金融市场是一个大系统，包罗许多具体的、相互独立但又相互关联的市场。抗战时期的金融市场主要由票据贴现市场、证券市场、外汇市场、内汇市场、货币市场、金银市场等构成。为了维护战时金融市场的稳定，四联总处采取了许多措施对金融市场实施了严格的监管。

一、管制票据贴现市场

票据贴现系指银行承兑未到期的商业票据。票据贴现的基本特性是利息先付，即将票据进行贴现时必须扣除自贴现日起至票据到期日的利息，票据到期后，票据开出者必须向贴现银行按票据面额付款。在票据贴现市场中，充当买方的一般是商业银行、贴现公司等专门从事短期借贷活动的金融机构。抗战初期，四联总处主要以借款契约方式办理生产事业贷款，这种传统贷款方式的特点是贷款必须要到期之日才偿还，其结果是导致"资金呆滞，不能周转，于金融之灵活应用，生产事业之扶植发展，均多障碍"，为改变这种状况，四联总处认为对于"生产事业贷款，似可在可能范围内，尽量采取票据贴现方式以代替质押透支，以期资金运用灵活"（重庆

---

① 重庆市档案馆、中国人民银行重庆市分行金融研究所：《四联总处史料》下，档案出版社1993年版，第481页。

市档案馆、中国人民银行重庆市分行金融研究所，1993）。① 1940年2月第14次理事会议决通过了《推进银行承兑贴现业务暂行办法》，开始着手在后方筹设票据贴现市场。1942年9月，四联总处制订了《理事会关于流动资金贷款拟采用票据贴现方式的决议》，10月又制订了《四联总处生产事业票据保证承兑及贴现暂行办法草案》，草案共16条，对生产事业因交易行为而签发的票据的种类、发票人应具备的条件、票据期限、票据承兑的担保、票据贴现率等作了详细的规定（重庆市档案馆、中国人民银行重庆市分行金融研究所，1993）。② 这个草案对于规范战时生产事业票据市场起了重要的作用。

统一发行以后，四行实行专业化，中央银行被赋予了监管金融市场的职能，而推行票据再贴现和公开市场买卖是中央银行发挥调控功能的两个最重要的工具。有鉴于此，1943年4月，财政部会同四联总处制订了《非常时期票据承兑贴现办法》，进一步扩容战时票据承

---

① 重庆市档案馆、中国人民银行重庆市分行金融研究所：《四联总处史料》下，档案出版社1993年版，第577、573页。

② 《草案》第一条规定票据的种类有六种：（1）生产机关因购货而商准殷实行庄保证生产机关承兑，由卖主向生产机关签发之票据；（2）生产机关因购货而商准殷实行庄承兑，由卖主向行庄签发之票据；（3）生产机关因购货而商准殷实行庄承兑，由生产机关向行庄签发付给卖主之票据；（4）生产机关因售货，由买主商准殷实行庄保证买主承兑，由生产机关向买主签发之票据；（5）生产机关因售货，由买主商准殷实行庄承兑，由生产机关向行庄签发之票据；（6）生产机关因售货，由买主商准殷实行庄承兑，由买主向行庄签发付给生产机关之票据。《草案》第二条规定交易行为专指生产事业为购买必需要之机器零件原料或其他有关生产之货物，及售卖其制成品所成之交易行为。《草案》第三条规定票据之发票人、保证人及承兑人，必须为合法之生产机关、合法之商业机关及合法之银行钱庄，并曾依法登记，领有营业执照，加入当地同业公会者为合格。《草案》第四条规定票据之期限，自承兑之日起算，为购买必需要之机器零件原料或其他有关生产之货物而签发之票据，最多不得超过180天，为买卖其制成品而签发之票据，最多不得超过90天。《草案》第五条、第九条规定，持票人向银行申请贴现时，必须提供货物作为第一担保品，必须提供买方所出之票据来源申请书、买主及贴现人所出之用途申请书、货物栈单或运输提单、保险单等要件作为第二担保品。《草案》第十二条规定，票据贴现率的最高限额由四联总处会商四行斟酌金融市场需要规定之。重庆市档案馆、中国人民银行重庆市分行金融研究所：《四联总处史料》下，档案出版社1993年版，第574~576页。

兑市场（重庆市档案馆、中国人民银行重庆市分行金融研究所，1993）。① 在这三种票据中，银行承兑汇票占绝对多数，而"银行经营承兑业务，原系放出信用，银行于签印承兑时，因不须付出现金，稍不审慎，易涉浮滥，倘负责人随时承兑不予入账，尤属不易稽考，不惟其本身业务有欠稳妥，且信用浮滥亦更兹流弊"，为加强票据信用，财政部更加严格管制银行办理承兑业务，除要遵照《非常时期票据承兑贴现办法》外，还得遵照1943年10月27日财政部所颁布的《银行办理承兑业务管制办法令》：(1) 各银行票据承兑数额，以各该银行前期决算时实际资产总额1/4为该行承兑最高额；(2) 各银行办理承兑业务，必须逐笔登账；(3) 银行承兑之票据到期，由承兑银行负付款全责。如果承兑行不能如期履行付款责任，财政部依法从严惩处（重庆市档案馆、中国人民银行重庆市分行金融研究所，1993）。②

根据《非常时期票据承兑贴现办法》的有关规定，四联总处于1943年10月22日成立了票据市场筹备委员会，③ 筹设联合票据承兑所。1944年10月2日联合票据承兑所正式开业，所内附设之专门办理工商金融各业调查的联合征信所也于同日营业。截至1944年11月

---

① 《办法》第二条规定票据系指随附于合法商业行为签发之票据，其种类有三：工商业承兑票据，即商人因交易行为所发生之债权债务，由债权人向债务人发票请其承兑之票据；农业承兑票据，即农民组织之合法团体，因直接或间接协助农民产销而发生之债权，向订有承兑契约之农业金融机关发票，及因出售产品而发生之债权向债务人发票，请其承兑之票据；银行承兑汇票，即商人因交易行为发生债权债务，由债权人或债务人向订有承兑契约之往来行庄发票请其承兑之票据。这里所定义的票据明显超出了四联总处在前所定义的生产事业票据的范围。《办法》第五条规定了票据期限，自承兑之日起算，最多不得超过90日；但农业承兑票据以180日为最长期限。《办法》第六条明确规定银行遇到下列两种情况，不得贴现票据：一是承兑人或申请贴现人于请求贴现时，在银行所负债务，包括主债务从债务，合并计算已超过其资本额一倍以上者；二是因其他业务上之正当理由，银行不便接受者。第九条规定银行承兑票据收取的手续费最高不得超过票面额5‰。《办法》第十一条规定票据之贴现率，由当地银行公会及中央银行会商公告，重贴现率由中央银行公告。重庆市档案馆、中国人民银行重庆市分行金融研究所：《四联总处史料》下，档案出版社1993年版，第578～580页。

② 重庆市档案馆、中国人民银行重庆市分行金融研究所：《四联总处史料》下，档案出版社1993年版，第588页。

③ 票据市场筹备委员会组成人员是：刘攻芸、戴铭礼、郭景琨、徐广迟、汤莜斋、杜梅和、张纳川、刘建华、王志莘，由戴铭礼负责召集。

底，联合票据承兑所共承兑各公司厂号票据 13 笔，票面金额合计 5290 万元；至 1945 年 5 月止，共承兑各公司厂号票据 32 笔，票面金额 182100000 元；至 1945 年 8 月止，共承兑各公司厂号票据 29 笔，票面金额 175300000 元（重庆市档案馆、中国人民银行重庆市分行金融研究所，1993）。①

二、管制外汇与内汇市场

1935 年法币改革规定法币的对外汇价，法币 1 元合英金 1 先令 2.5 便士，美金 0.2975 美元。由中央银行实行汇价钉住政策，由中、中、交、农四行无限制买卖外汇。抗战爆发后，开始时仍维持外汇钉住政策，由中央银行无限制买卖外汇，上海不少投机者利用这个机会以法币购取外汇作为资金逃避的手段。1938 年 3 月华北伪政权成立了联合准备银行，发行无担保的不兑现货币，强迫沦陷区人民使用，以伪币换取法币，再以法币套取外汇。这些情况导致了外汇的大量流失，为堵塞漏洞，从 1938 年 3 月 14 日起，国民政府实行外汇管理政策，随着战时外汇市场形势的变化，外汇管制日趋严密。

抗战时期，管理外汇市场的机构更迭异常频繁，现列表统计如表 5-1 所示。

抗战时期对外汇市场的管理主要体现在售汇和结汇两个领域：第一，售汇管理。为堵塞外汇流失漏洞，1938 年 3 月 12 日，财政部会同四联总处颁布了《购买外汇请核办法》和《购买外汇请核规则》，开始对外汇支出实施管理。规定了购买外汇的三条规则：（1）外汇之卖出，自 1938 年 3 月 4 日起，由中央银行总行于政府所在地办理，但为便利起见，得由该行在香港设立通讯处，以司承转；（2）各银行因正当用途，于收付相抵后需用外汇时，应填具申请书送达中央银行总行或其香港通讯处；（3）中央银行总行接到申请书，应即依照购买外汇请核

---

① 重庆市档案馆、中国人民银行重庆市分行金融研究所：《四联总处史料》下，档案出版社 1993 年版，第 604、605、605 页。

表 5-1　　　　　　抗战时期外汇市场管理机构更迭

机构名称	设立时间	职掌	备考
中央银行外汇审核处	1938年3月	办理各银行购买外汇之审核摊汇事宜	1939年7月1日取消，其原办审核工作归并外汇审核委员会办理
财政部外汇审核委员会	1939年5月	办理进口物品审核购买外汇之审核事宜	1939年12月起仅负初步审核责任，审核决定权移交四联总处汇兑处办理；1940年10月外汇管理委员会成立后即被撤销而将其原办理审核工作移交该会办理
贸易委员会出口结汇科	1938年4月	办理出口结汇之各项行政工作	1941年10月并入外汇管理委员会
中英平衡基金委员会	1939年4月	稳定中英汇率	1941年8月并入平准基金委员会
四联总处汇兑处	1939年12月	办理外汇之审核摊汇事宜	1941年10月外汇审核工作移交外汇管理委员会
外汇管理委员会	1941年10月	统筹外汇管理，但对平准基金之运用无权管理	一直维持至抗战结束
平准基金委员会	1941年8月	平准法币汇率，管理市场外汇	1943年11月30日，该会取消，业务并入外汇管理委员会

规则核定后，按法定汇价售与外汇（重庆市档案馆，1992）。[①] 1939年起，国民政府对进口商品的售汇也实施管理，1939年7月4日，公布了《进口物品申请购买外汇规则》，1940年2月19日公布了《进口物品申请购买外汇规则施行细则》，对进口物品购买外汇作了详细规定（重庆市档案馆，1992）。[②] 第二，结汇管理。1942年2月

[①] 重庆市档案馆：《抗战时期国民政府经济法规》上，档案出版社1992年版，第679页。

[②] 这些规定的主要包括：(1) 进口物品，不在禁止输入之列而为国内所必需者，才能申请购买外汇；(2) 申请购买外汇时，应先将所购物品名称、数量、入口及运往地点填具申请书，连同证明文件，送外汇审核委员会审核或由银行代转；(3) 外汇审核委员会核准购买外汇时，应填具"特种核准外汇通知书"，分别通知申请人及指定之中、交办理；(4) 经核准购买之外汇，由指定之中国银行或交通银行按照法定价售给，但申请人必须按售价与中、交两行挂牌价格差额之平衡价。重庆市档案馆：《抗战时期国民政府经济法规》上，档案出版社1992年版，第682页。

17日，外汇管理委员会修正颁布了《结汇货物出口报运办法》，《办法》明确规定了必须结汇的出口货物的种类，包括蛋品、羽毛、肠衣、皮革、皮毛、染料、药料、油蜡、子仁、木材、茧丝、麻等12种。对于结汇出口货物，无论由政府贸易机关运销，或由商号自行运销，《办法》规定均须按照中央银行挂牌汇率向中国或交通银行售结外汇，但由农民小贩肩挑背负运赴毗连海陆边界之国外市场销售，总计重量在30公斤以下，价值不超过国币200元者，准予免结外汇出口（重庆市档案馆、中国人民银行重庆市分行金融研究所，1993）。[①]

抗战爆发后，内汇市场上资金投向和需求出现了许多亟待解决的新问题：第一，内地资金大量外逃，而资金是发展内地经济的最重要的生产要素也是内地最稀缺的资源；第二，发展内地生产所必需的生产资料和满足内地人民生活需要消费资料，仰给于沿海及海外市场的供给；第三，内地交通闭塞给运输钞票带来极大的不便，使货币市场头寸周转困难，而军政汇款、商业汇款、机关工作人员赡养家属汇款、慈善事业汇款等却刻不容缓；第四，内汇市场上的黑市汇率带动了后方物价的上涨。这些问题如果得不到妥善解决，极有可能导致整个战时金融的瘫痪甚至危及抗战大局。为此，1939年7月18日，四联总处制订了《便利内汇暂行办法》，对内汇市场实施严格管理。该办法规定：（1）由口岸汇内地者免收汇费[②]。（2）内地与内地之间汇款按财政部规定的汇率尽量通汇。（3）由内地汇口岸者则限于购置日用必需品及抗战必要物品，[③] 并且必须遵守申请内汇手续：内地

[①] 重庆市档案馆、中国人民银行重庆市分行金融研究所：《四联总处史料》下，档案出版社1993年版，第169页。

[②] 按《便利内汇暂行办法》规定：口岸与内地分别包括：上海、香港、宁波、温州、福州、泉州、广州、龙洲、鼓浪屿、汕头等处为口岸，除沦陷区和口岸以外的地区为内地。

[③] 按《便利内汇暂行办法》规定，日用必需品及抗战必要物品包括19种：（1）国产本色棉布；（2）国产漂白或染色棉布；（3）国产印花棉布；（4）国产棉花；（5）国产棉线；（6）棉纱，十支至三十二支国产；（7）黄紫铜条、竿、丝、钉、片、板、管子；（8）各种生熟钢；（9）各种马口铁、三角铁；（10）锌块、片、板；（11）各种机器及其配件，包括各种锉刀、砂轮、坩埚；（12）车床、钻床、刨床及其配件；（13）电灯、电话、无线电及其配件；（14）化学工业用品及药料；（15）医药卫生材料；（16）各种染料；（17）家用及洗衣肥皂；（18）书籍纸张；（19）交通器材。

进口厂商向口岸进货时,在订货单寄出之前,必须先将拟进口货物名称、数量、价值等向当地四联分处申请内运货价准汇单;申请经四行核准发给准汇单,同时通知口岸四行登记;口岸出口商接到内地进货商之订货单后,在起运之前,先持发票向当地四行索取起运证明书;口岸四行对出口商的上项申请,经查明确系内地四行所发出的准汇单据后,发给起运证明书;货物运到内地,由进口商持发票及起运证明书,并货价准汇单,向当地四行申请查核,四行查核之后,即由四行摊汇,中央银行35%、中国银行30%、交通银行20%、农民银行15%汇出汇款。《便利内汇暂行办法》是抗战时期监管内汇市场的纲领性文件,在此基础上,四联总处又制订了一系列规程,① 以完善对内汇市场的监管。概括起来,四联总处主要从三个方面对内汇市场实施监管。

第一,划一内汇汇费。1940年3月,四联总处第24次理事会通过《国内统一征费实施细则》,《细则》把国内汇款划分为五类并且规定了各种汇款的汇费标准(重庆市档案馆、中国人民银行重庆市分行金融研究所,1993)。② 1941年1月,四联总处第61次理事会对内汇征费标准进行了七项修正:手续费仍收1‰;运费改为隔省19‰,省内9‰;另收邮电费;军事党务慈善机关手续费运费全免;行政机关汇款手续费全免,运费收1/4;国营事业机关汇款手续费全

---

① 包括《国内统一征费实施细则》、《四行钞券集中运存站及改善军政大宗汇款实施办法》、《各分支处办理公私机关服务人员家属赡养费口岸汇款审核须知》等。

② 口岸汇款,即由国内任何地方向口岸及附近地带的汇款;口岸间汇款,即各口岸及其附近地带之间的相互汇款;本省汇款,即国统区内各省之间的汇款;他省汇款,即由某省汇往其他任何省区的汇款;腹地汇款,即由各口岸与战区以及各该附近地带汇往后方各省之汇款。各种汇款的征费标准是:口岸汇款——如为交汇划,则每1000元收手续费1元,运送费49元,共50元,如为交划头,则每1000元收手续费1元,运送费99元,共100元;口岸间汇款——由当地四行按况及成例酌定之;本省汇款——每1000元收手续费1元,运费4元,共5元;他省汇款——每1000元收手续费1元,运费9元,共10元;腹地汇款——各口岸四行参照市场情形,随时酌定适宜办法。行政机关的口岸汇款、本省汇款、他省汇款手续费全免,运费减半;银行同业的口岸汇款、本省汇款、他省汇款手续费减半,运费照收;军事机关和慈善机关的口岸汇款、本省汇款、他省汇款的手续费运费全免,邮电费照收。重庆市档案馆、中国人民银行重庆市分行金融研究所:《四联总处史料》下,档案出版社1993年版,第14~15页。

免，运费照收；国营事业机关由口岸汇入内地款项，应尽可能交由四行承汇（重庆市档案馆、中国人民银行重庆市分行金融研究所，1993）。① 至1942年，内汇市场随战局的变化而变幻无常，加之黑市汇率也越来越高，固定的汇率使四行内汇业务难以为继，四联总处第113次理事会决定"此后各地四行核收汇费，应由各该地分支处根据当地情形，并参酌国内汇款收费变通原则之规定，酌量变通办理。惟同一地点各行收取汇费必须一致，不得分歧"，汇费征收标准随市场行情而灵活变通（重庆市档案馆、中国人民银行重庆市分行金融研究所，1993）。②

第二，平抑内汇黑市。四行对后方商人汇往口岸汇款实施管制，但口岸汇款的需求却并未因管制而减少，同时后方资金外流也未因汇款限制而减少，商业银行利用这个机会以高于法定汇率的汇价承做汇款，内汇黑市产生。1939年下半年，申汇黑市平均达每100元40余元左右，10月份申汇黑市最高竟达每100元收汇费60元之巨（重庆市档案馆、中国人民银行重庆市分行金融研究所，1993）。③ 太平洋战争之后，进口物资来源中断，商民大量搜购各地存货，以囤积居奇，于是纷纷前往柳州、衡阳、金华、西安等地抢购物资，使得这些地方的汇款需求猛增，商业银行趁机抬高汇费，如金华的黑市汇价每1000元达120元，衡阳、柳州每1000元40元，西安每1000元70元。汇费高涨使进口物资成本提高，推动后方物价上涨，因此，内汇市场黑市汇率非平抑不可。四联总处采取两项措施：首先，开放口岸商汇，取消对正当商汇的限制，调整后方与口岸的法币购买力，以畅通汇款，防止商民辗转套汇。其次，变通四行汇款收费标准。具体办法是：四联总处授权重庆四联分处逐日斟酌前一天市场汇价情形，厘定当日四行商汇汇价，大致以照市价八折为原则，并由各行挂牌公

---

① 重庆市档案馆、中国人民银行重庆市分行金融研究所：《四联总处史料》下，档案出版社1993年版，第31页。
② 重庆市档案馆、中国人民银行重庆市分行金融研究所：《四联总处史料》下，档案出版社1993年版，第66页。
③ 重庆市档案馆、中国人民银行重庆市分行金融研究所：《四联总处史料》下，档案出版社1993年版，第34页。

告，尽量收汇，汇费的最高限额为本省汇款每1000元收10元，他省汇款每1000元收20元（重庆市档案馆、中国人民银行重庆市分行金融研究所，1993）。① 四联总处对汇率的监管的效果是较明显的，以重庆对柳州、衡阳的汇价为例：1942年5月初每1000元收费39元左右，6月底跌至18元左右，8月底跌至10元左右，11月底跌至9元左右，12月份略有回升，也只有13元左右，1943年4月份跌至11元左右。重庆对桂林、广州、洛阳、老河口、西安、金华、永康等城市的汇价也呈现下降的趋势（重庆市档案馆、中国人民银行重庆市分行金融研究所，1993）。②

第三，管理军政汇款。军政汇款，关系抗战大局，丝毫不能懈怠。但抗战初期，一方面由于交通阻塞，运钞困难，钞券难以接济，以至贻误军需解付；另一方面由于军政汇款数额巨大，普通筹划头寸的方式难以应付。鉴于此，1940年8月8日，四联总处第45次理事会通过《四行钞券集中运存站及改善军政大宗汇款实施办法》，决定采取集中运存钞券的办法来解付军政款项，确定重庆、成都、万县、西安、兰州、洛阳、昆明、贵阳、桂林、曲江、沅陵、衡阳、赣州、永康、永安、屯溪、老河口、立煌等18处为四行集中钞券运存站。各地军政大宗汇款，均全部由18处运存站拨付，以保证军政汇款畅通（重庆市档案馆、中国人民银行重庆市分行金融研究所，1993）。③ 1940年9月19日，四联总处第47次理事会制订了《划一军政各机关汇款审核及分配汇解补充办法》，规定了四行解付汇款的次序：军款第一，党政款项第二，收购出口或平价物资款项第三，盐斤增产购运及国防工业增产等所需款项第四，其余各种款项第五（重庆市档案馆、中国人民银行重

---

① 重庆市档案馆、中国人民银行重庆市分行金融研究所：《四联总处史料》下，档案出版社1993年版，第67页。

② 重庆市档案馆、中国人民银行重庆市分行金融研究所：《四联总处史料》下，档案出版社1993年版，第76~84页。

③ 重庆市档案馆、中国人民银行重庆市分行金融研究所：《四联总处史料》下，档案出版社1993年版，第17~19页。

庆市分行金融研究所，1993）。① 1942 年实行四行专业化，由中央银行单独代理国库，军政款项本应由中央银行单独办理，但考虑到中央银行尚未普遍设立分支行处，筹设汇兑网又需要时间，在此情况下，1942年7月2日，四联总处制订了《重庆四行汇解军政款项实施办法》，规定了摊汇军政款项的两项原则：凡中央银行设行地区，军政款项由中央银行汇解；凡中央银行尚未设行地区，则由中交农三行分摊承汇。1941 年度经四联总处核准由重庆汇往各地的军政汇款总额为 5653375000 元，1942 年度为 12088355000 元，1943 年度为 22317136000 元（重庆市档案馆、中国人民银行重庆市分行金融研究所，1993）。②

三、管制黄金市场

抗战爆发以后，充实外汇准备，稳定法币汇价，购买战略物资，成为十分尖锐而紧迫的问题，为此，1938 年 5 月，四联总处设立了收兑金银处，专事收兑金银（主要是收兑黄金），以统制黄金市场。

首先，管理金银生产。为大量增加金银产量，1939 年 11 月 7 日，收兑金银处拟订《增产统收金类意见》，提出了增加生产的办法。第一，发展公营金矿。西部产金区域，分布于四川、西康、湖南、广西、云南、河南、陕西、贵州、青海、新疆各省，但至 1939 年底，由政府开办的金矿，仅四川松潘采金处、西康金矿局、沅桃区采金处、青海东区采金处、南溪区采金处等数处，且经营不久，采量不多。为大量增产，四联总处决定增设以下国营矿局：淅商区采金处——经营丹江流域如淅川、商南、安康、郧县、均县、郧西、竹山等县金矿；在四川设立两个采金处——开采大金川和大渡河流域的淘沙金。成立

---

① 重庆市档案馆、中国人民银行重庆市分行金融研究所：《四联总处史料》下，档案出版社 1993 年版，第 21 页。
② 军政汇款包括四个部分：军事机关汇款、政府机关汇款、国营或公营事业机关汇款和慈善机关汇款，其中以军事机关汇款为主。以 1943 年为例：军事机关汇款占 80%，政府机关汇款占 14%，国营或公营事业机关汇款占 4%，慈善机关汇款占 2%，其他年份比例也大致相似。重庆市档案馆、中国人民银行重庆市分行金融研究所：《四联总处史料》下，档案出版社 1993 年版，第 65 页、111 页、116 页。

甘肃、云南广西探勘队，勘探这些地区的金矿储藏情况。第二，发展民营金矿。《意见》提出了发展民营金矿四项措施：一是督促民营金矿。包括：(1) 限期完成设权领照等手续；(2) 督促并奖励领照之金矿如期开采；(3) 考查各矿生产情况；(4) 监督其产金，不得偷漏隐匿。二是组织民营金矿。包括：(1) 切实调查登记；(2) 依照矿业法规及采金暂行办法，划区设权；(3) 组织完备者，得享受技术指导与贷款之协助；(4) 统计生产；(5) 奖惩。三是指导民营金矿。包括：(1) 选择矿区；(2) 测绘矿图；(3) 呈请手续；(4) 施工计划；(5) 设备工具；(6) 应用水力；(7) 改良旧法；(8) 参用机器；(9) 管理工人；(10) 官厅报表。四是资助民营金矿。民营金矿有因资金缺乏而不能尽量开采，或中途停业者，四联总处予以资助（重庆市档案馆、中国人民银行重庆市分行金融研究所，1993）。[①] 国营金矿的产金量远不及民营金矿，如1939年采金局国营矿区全部产金，"仅约千两，而民营矿区产量达三十万两，是国营矿区之产量，实不过民产千分之二三"（重庆市档案馆、中国人民银行重庆市分行金融研究所，1993）。[②] 基于此，1940年4月，四联总处对国营金矿和民营金矿进行了明确的分工：国营金矿着重开采脉金，因为脉金蕴藏丰富但开采技术难度较大，所以"非请采金局积极开发不足以见成效，而宏产量"；民营金矿则着重开采砂金，因为"砂金产区地方散漫，而淘采便易，宜利用民营，以期普遍，而收速效"，还要求采金局对民营金矿提供资金贷款或技术指导，并且不能因为贷款和技术援助就将民营金矿划为官矿（重庆市档案馆、中国人民银行重庆市分行金融研究所，1993）。[③]

其次，管制金价。抗战初期的金价，在牌价之外另给请兑人手续费和特奖金，为鼓励大宗缴兑，规定请兑人所得手续费和特奖金与所

[①] 重庆市档案馆、中国人民银行重庆市分行金融研究所：《四联总处史料》下，档案出版社1993年版，第618~619页。

[②] 重庆市档案馆、中国人民银行重庆市分行金融研究所：《四联总处史料》下，档案出版社1993年版，第631页。

[③] 重庆市档案馆、中国人民银行重庆市分行金融研究所：《四联总处史料》下，档案出版社1993年版，第632页。

缴黄金数量成正比，商民为得到差价，往往大肆积聚黄金，这在一定程度上又刺激了金价的上涨。1939年1月，收兑金银处划一黄金收兑费用，规定请兑人手续费和特奖金，不论数量多少，一律为5%，均包括于核定牌价内，代兑人手续费5%和炼铸费5‰及收兑行处手续费1%，则在牌价之外计算（重庆市档案馆、中国人民银行重庆市分行金融研究所，1993）。① 金价水准，以不超过伦敦与沪港市价为原则。不过，沪港金价一般要远高于四联总处所核定的牌价，1940年4月，上海的金价为每两767元，香港金价为每两748元，而四联总处所核定的牌价为每两572.40元，每两差价达100余元，引起了后方黄金的大量走私（重庆市档案馆、中国人民银行重庆市分行金融研究所，1993）。② 但随着法币的持续贬值，上海的标金价格则陡涨，特别是1941年下半年英美封存中国资金之后，涨风更甚，以至于金价黑市超过牌价二三倍。在此情况下，必须对黄金牌价作重新调整，收兑金银处认为，核定收兑牌价不能追随黑市金价，四联总处第95次理事会决议，收兑牌价不宜追随黑市，以不超过世界金价折合国币价格为上限，1941年8月以后，由于世界金价相对稳定，黄金牌价未再上调（重庆市档案馆、中国人民银行重庆市分行金融研究所，1993）。③

最后，统制收兑。从1939年起，对黄金收兑实行统制，具体办法是实行分区负责收兑。收兑金银处将国统区划分为十个区，即四川区、陕甘区、云贵区、湘鄂区、两广区、赣皖区、浙闽区、康藏区、豫晋绥区、青宁区等，各区分别指定四行负责收兑，四行的分工原则是：已设立中央银行的地方，由中央银行负责收兑，未设立中央银行但有中国银行、交通银行、农民银行的地方，由中国银行或交通银行

---

① 如核定价为380元，则请兑人手续费与特奖金38元，包括在内；代兑费19元，炼铸费1.9元，及收兑行处手续费3.8元在外，计算金价为342元，共计总价为404.70元。重庆市档案馆、中国人民银行重庆市分行金融研究所：《四联总处史料》下，档案出版社1993年版，第621页。

② 重庆市档案馆、中国人民银行重庆市分行金融研究所：《四联总处史料》下，档案出版社1993年版，第630页。

③ 重庆市档案馆、中国人民银行重庆市分行金融研究所：《四联总处史料》下，档案出版社1993年版，第649页。

负责收兑,边区地方则由农民银行负责收兑,四行均未设立的地方,委托代兑机关办理;四行均设有分支行处或三行或二行设有行处着,除由一行负责收兑外,其他行处协同收兑(重庆市档案馆、中国人民银行重庆市分行金融研究所,1993)。①

表 5-2　　　　　　　抗日战争时期收兑金银量值　　单位:市两、国币元

年份	总计	生金	银类
1938	16144751.90 元	31464.8741 市两,6152948.30 元	9991803.60 元
1939	92794071.03 元	314917.3703 市两,88277294.09 元	4516776.94 元
1940	121202517.52 元	267148.8501 市两,119913437.46 元	1289080.06 元
1941	48632293.39 元	84152.2005 市两,48066114.67 元	5661178.72 元
1942	3107592.87 元	4875.9914 市两,3078783.44 元	28807.43 元
1943	726461.66 元	1040.1535 市两,689463.46 元	36998.20 元
总计	282607688.37 元	703599.4399 市两,合 266178043.42 元	16429644.95 元

资料来源:重庆市档案馆、中国人民银行重庆市分行金融研究所:《四联总处史料》下,档案出版社 1993 年版,第 661 页。

太平洋战争以后,外汇市场不复存在,1942 年英美大借款成立,外汇头寸相对充裕,国民政府认为没有必要再通过收兑金银来充实外汇储备;加之沪、港沦陷,大陆国际交通线被完全切断,大规模进口战略物资已不可能。在此情况下,国民政府不再为扶植金银生产和收兑金银而增加发行从而增大通货膨胀压力。1942 年 3 月,四联总处撤销收兑金银处,所有收兑金银事宜移交中央银行办理,1943 年 5 月,财政部通令将所有前颁统制金银收兑、取缔黄金买卖的法令一律停止执行,标志着国民政府黄金政策完全转向,不再统制黄金市场。

---

① 重庆市档案馆、中国人民银行重庆市分行金融研究所:《四联总处史料》下,档案出版社 1993 年版,第 627 页。

第三节 管制通货膨胀

一、战时通货膨胀成因分析

通货膨胀的一般定义是：通货膨胀是一个一般物价水平持续上升的过程，也等于说，是一个货币持续贬值的过程（唐旭等，2002）。[①] 通货膨胀是一种非常复杂的现象，关于它的形成机理和扩展原因，西方经济学家提出了多种经济理论加以解释。

第一，货币主义的通货膨胀论。货币数量论在解释通货膨胀方面的基本思想是，每一次通货膨胀背后都有货币供给的迅速增长。货币数量论者提出的交易方程是：

$$M \times V = P \times y$$

式中的 M、V、P、y 分别表示货币的供给量、货币的流通速度、商品价格水平和实际国民收入。等式的左边，是经济中的总支出；等式的右边，是名义收入。公式即货币供给量×货币流通速度（总支出）=物价水平×实际收入（总收入）货币数量论认为，在这个等式中，货币流通速度 V 和实际国民收入 y 在短期内都是常数，因此，物价水平 P 就随着货币供给量的变动而变动。当货币供给量增加时，物价水平就上升，形成通货膨胀。

第二，需求拉上和成本推进的通货膨胀。需求拉上的通货膨胀是指通货膨胀的原因由于总需求超过了总供给，就是"太多的货币追求太少的货物"。当物品和劳务的需求超过按现行价格可得到的供给时，通货膨胀缺口就被拉开了，于是物价总水平上涨以填补这一缺口。成本推动的通货膨胀是指由生产要素价格上涨所引起的物价水平普遍上升。当代西方经济学家萨谬尔森和索罗在这个理论基础上，进

[①] 见莱德勒（Laidler）、帕金（Parkin）1975 年发表的《通货膨胀概览》第 741 页，转引自唐旭等：《金融理论前沿与课题》，中国金融出版社 2002 年版，第 1 页。

一步提出了混合型通货膨胀,即需求和成本因素混合的通货膨胀。

第三,理性预期理论。理性预期学派经济学家对通货膨胀形成机理提出了独特的见解,他们认为经济活动中的公众都是"经济人",已经掌握了大量的信息,对物价的变动趋势形成了"理性预期",因此政府的政策效应被理性预期所抵消,甚至根本不能产生效应。

抗战时期通货膨胀的形成机理是比较复杂的。① 需求拉上和成本推进是抗战时期物价上涨的一个重要原因。抗战爆发后,军需、民用急剧扩张,经济落后的大后方无法足额提供战略与民用物资,物质供应全面短缺,造成巨大的物质供需缺口,加之沦陷区数以亿计的游资充斥大后方,使得总需求超过了总供给。大后方交通闭塞,内运物质无论是通过公路运输、铁路运输还是驿运,运输费用异常昂贵,太平洋战争以后,空运成为从国外内运物质的唯一途径,运费更加昂贵。除了运输费用外,物质转运时还需加仓库保管费、车站码头搬运费等,这些最后都会计入最终产品的成本之中,推动了后方物质价格的上扬。大后方人们对物价上涨的心理预期也是战时通货膨胀的一个原因。在战时,物质供应长期紧张,物价涨势迅猛,因而社会心理势必恐慌,加之战争在短期内不会结束,人们预期到钞票将会继续增发,物质供应将会持续紧张,为了避免因货币贬值而造成损失,人们纷纷抢购物质,以储货保值,手中尽量不持有货币,这就加速了货币的流通速度,推动物价以更快的速度上涨。这正如美国经济学家唐·帕尔伯格所言"由于担心通货膨胀,公民们对于固定面值的金融工具持怀疑态度。明

---

① 杨菁的《试论抗战时期的通货膨胀》(载《抗日战争研究》1999 年第 4 期);冯宪龙的《抗战时期国民政府通货膨胀政策评析》(载《社会科学辑刊》1997 年第 3 期);周忠等的《通货膨胀与国民党政权的覆亡》(载《嘉应大学学报》1995 年第 2 期);潘国琪的《抗战初期国民政府财政政策考辨》(载《抗日战争研究》2003 年第 1 期);徐旭阳的《评抗日战争时期国民政府的财政政策》(载《湖北师范学院学报》1994 年第 2 期);张兆如等的《抗战时期国民政府的财金政策研究》(载《河北师范大学学报》1996 年第 3 期);苏黎明的《抗战时期国民政府外债举借述评》(载《中国社会经济史研究》2001 年第 1 期);张公权的《中国通货膨胀史》(文史资料出版社 1986 年);吴冈的《旧中国通货膨胀史料》(上海人民出版社 1953 年版);杨培新的《旧中国的通货膨胀》(增订本)(人民出版社 1985 年版);赵小勇的《抗战初期大后方通货膨胀新论》(《安徽师范大学学报》2004 年第 5 期),上述论文从不同视角分析了抗战时期通货膨胀的成因。

智的人士到此时已经丢掉了货币幻觉"（帕尔伯格，1998）。①

战时通货膨胀的形成原因尽管复杂，但主要是一种货币现象。抗战爆发后，国民政府的财政收支出现严重失衡。战前，关、盐、统三大税收是中央财政的主要来源，随着东南沿海省份的沦陷，此三大税收之税源地大部丧失，中央财政收入骤然下降。国民政府不得不采取增加旧税、举办新税的措施来增加财政收入，但国统区多系贫瘠省区，经济异常落后，增旧税、办新税实无效果。1937年度国民政府税收收入仅为4.1亿元，1939年度也只有4.3亿元左右，比1936年度的实际收入10.41亿元减少了60%左右（《中国财政简史》编写组，1980）。② 而财政支出随着战事的扩大急剧膨胀，1937年财政支出为20.91亿元，1941年上升到100.03亿元，1943年增加至588.16亿元，至1945年达到12150.89亿元，财政赤字随着财政支出的骤增而扩大，1937年财政赤字为15.32亿元，1941年为88.2亿元，1943年为419.44亿元，1945年达到6583.67亿元（陆仰渊，1991）。③ 在税收难以增加、公债难以增发的情况下，弥补财政赤字主要仰仗于银行增发钞票，银行增发钞票直接带动物价上扬。见表5-3。

二、国民政府对通货膨胀的管制对策

1940年起物价的持续上涨，引起了蒋介石的高度警觉。在给四联总处秘书长徐堪的电报中，蒋介石指出"近来物价高涨，……实为后方社会最严重之问题。吾人必须以最大之决心，及不惜资金之牺牲，以求迅速确实之彻底调整"（重庆市档案馆、中国人民银行重庆市分行金融研究所，1993）。④ 抗战时期，国民政府主要从两个方面来治理通货膨胀。

---

① [美]唐·帕尔伯格著，孙忠译：《通货膨胀的历史与分析》，中国发展出版社1998年版，第108页。

② 《中国财政简史》编写组：《中国财政简史》，中国财政经济出版社1980年版，第255页。

③ 陆仰渊等主编：《民国社会经济史》，中国经济出版社1991年版，第555、557页。

④ 重庆市档案馆、中国人民银行重庆市分行金融研究所：《四联总处史料》下，档案出版社1993年版，第240页。

表 5-3　　　1937~1945 年法币发行额、发行指数及物价总指数

年月	发行额	发行指数	物价总指数	年月	发行额	发行指数	物价总指数
1937.7	1.45	1.03	0.97	1941.12	15.1	10.71	28.48
1937.12	1.64	1.16	0.98	1942.1	16.0	11.35	29.21
1938.1	1.68	1.19	0.98	1942.6	24.9	17.65	41.62
1938.6	1.73	1.23	1.03	1942.12	34.4	24.40	57.41
1938.12	2.31	1.64	1.04	1943.1	35.7	25.32	58.93
1939.1	2.31	1.64	1.08	1943.6	49.9	35.38	112.50
1939.6	2.70	1.91	1.20	1943.12	75.4	53.46	200.33
1939.12	4.29	3.04	1.77	1944.1	81.6	57.85	218.24
1940.1	4.45	3.16	1.79	1944.6	122.8	87.07	544.70
1940.6	6.06	4.30	3.36	1944.12	189.5	134.36	548.60
1940.12	7.87	5.58	10.94	1945.1	202.9	143.86	658.60
1941.1	8.2	5.82	11.08	1945.7	462.3	327.77	1645.00
1941.6	10.7	7.59	17.26				

说明：(1) 法币发行单位 10 亿元；(2) 法币发行指数，基期 1937 年 6 月 = 1；(3) 物价总指数以重庆市基要商品为例，基期 1937 年 6 月 = 1。

首先，从物资的供需来治理通货膨胀。后方物价趋涨的主要原因之一就是"后方生产不足，消费扩张，致货源短缺，供不应求"（重庆市档案馆、中国人民银行重庆市分行金融研究所，1993），[1] 因此，治理通货膨胀就"必须从消极方面，限制消费，厉行节约。积极方面，增加生产，畅通货源。并以严禁居奇囤积为治标之法，以尽力保持必需品之供给量为治本之法"（重庆市档案馆、中国人民银行重庆市分行金融研究所，1993）。[2] 根据这个原则，国民政府主要采取了如下措施：

第一，严厉打击囤积居奇。囤积居奇与物价上涨之间存在恶性循

---

[1] 重庆市档案馆、中国人民银行重庆市分行金融研究所：《四联总处史料》下，档案出版社 1993 年版，第 295 页。

[2] 重庆市档案馆、中国人民银行重庆市分行金融研究所：《四联总处史料》下，档案出版社 1993 年版，第 300 页。

环关系：其一，物价愈涨，囤积愈甚；其二，生产资金因被用于囤积而减少，这就会导致生产能力普遍下降，生产能力下降，则物品之供给减少，从而引起物价上涨；其三，囤积之物资会因为居奇而涨价，生产这些物资的利润就会相对较高，这就会引导生产者竞相生产可供囤积之物品，其他物资的产量将会下降，造成供给失衡，从而引起物价上涨（重庆市档案馆、中国人民银行重庆市分行金融研究所，1993）。① 正因为此，四联总处认为必须严厉打击囤积居奇，在第24次理事会上议决了六项措施：其一，取消四川和贵州两省的屯粮计划；其二，查处后方的囤积粮食事件；其三，呈请经济部严格取缔粮食及日用必需品的囤积居奇及买空卖空行为；其四，四行在川黔两省境内停止粮食押款；其五，各地合作社储押之粮食，除估计本年秋以前各社员需用者外，令其限期出售；其六，四行逐步紧缩同业放款，以免商业银行及钱庄等利用四行资金购屯货物或转贷商民购屯（重庆市档案馆、中国人民银行重庆市分行金融研究所，1993）。②

第二，管制物价。主要措施是：其一，设立平价购销处平抑物价。1939年12月，在经济部内成立了平价购销处，主办西南西北各省必需品的平价购销事宜，平价购销处本身并不购买物资，而是委托福生庄、农本局、燃料管理处及中国国货联营公司代为。购买服用、粮食及日用品等物资，然后以平价卖出达到平抑物价之目的。平价购销处的2000万元营运资本，全部由四联总处以低利率贷给。除此之外，"其他公私机关凡以平价供销日用各地为目的而需用资金者，总处亦均尽量协助"，例如，1940年3月，四联总处贷给协和药品公司流动资金港币90万元，专为采购药品，廉价供后方之用，周息六厘，期限一年；1940年4月，以押汇方式贷给战时医疗药品管理委员会50万元以救济内地药荒；1940年7月，江西省第四战区设立交易公店以平抑物价，四联总处贷给10万元作为流动资金，等等（重庆市

---

① 重庆市档案馆、中国人民银行重庆市分行金融研究所：《四联总处史料》下，档案出版社1993年版，第250页。

② 重庆市档案馆、中国人民银行重庆市分行金融研究所：《四联总处史料》下，档案出版社1993年版，第232页。

档案馆、中国人民银行重庆市分行金融研究所，1993）。① 其二，拟订安定物价方案。1940 年 8 月 22 日，四联总处拟订了《加强各业同业公会组织统制日用品交易以安定物价建议案》，建议国民政府通过加强各业同业公会组织和统制日用品交易来控制物价。该方案包括三项要点：（1）运用深入社会并具有历史之各业同业公会，加强其组织，使成为有效力能负责之市场机构，分别统制市场交易；（2）确定基价差价制度，使各地平价机关得视当地产销仓储运输利润等情形，订定适合当地环境整售零售公价，通令各业同业厂商切实执行，以收安定物价之效；（3）普遍推行发票及标价制度。若售价超过公价，购买者可以凭发票检举，对违法商人严厉处罚，实行标价制度可以便于民众协助政府监督物价，以免厂商暗中抬价（重庆市档案馆、中国人民银行重庆市分行金融研究所，1993）。② 其三，统制粮食。由于平价购销处掌握的物资毕竟有限，其供应难以填补市场的欲壑，"所以即使平价供应的物品低于市价，却不能抑低一般市价"（寿进文，1957）。③ 在此情况下，国民政府实施物资统制，企图以此来掌握物资的供需主动权。"粮食为物价中心"，国民政府试图从管制粮食入手逐步达到统制所有战略物资的目的。但对于统制粮食的办法，朝野众说纷纭，莫衷一是，主要有三种看法：（1）实行"粮食公有"，禁止粮食自由买卖；（2）发行粮食券，强制征发粮食；（3）以高价收购粮食。四联总处认为这些措施均不可行，就"粮食公有"而言，四联总处认为当时国统区的环境"并不构成公有之条件"，如果冒然进行，收购所需之款项、储藏所需之仓库、运输所需之工具、管理所需之人力等，政府均难以负担。就发行粮食券而言，四联总处认为不仅"在技术上有困难"，而且发行粮食券会助长通货膨胀，所以，"发行存粮证券计划，无论从技术上或政策上研究。目前均不宜

---

① 重庆市档案馆、中国人民银行重庆市分行金融研究所：《四联总处史料》下，档案出版社 1993 年版，第 284～285 页。
② 重庆市档案馆、中国人民银行重庆市分行金融研究所：《四联总处史料》下，档案出版社 1993 年版，第 281 页。
③ 寿进文：《抗日战争时期国民党统治区的物价问题》，上海人民出版社，1957 年，第 38 页。

采行"（重庆市档案馆、中国人民银行重庆市分行金融研究所，1993）。① 至于以高价收购粮食，更会直接增加法币发行额，加速通货膨胀，刺激物价上涨，助长囤积藏匿之风。要从根本上解决战时军需民用粮食问题，"最适当之方法，莫如田赋改征'本色'（即征收实物办法）"（重庆市档案馆、中国人民银行重庆市分行金融研究所，1993）。② 四联总处还分析了田赋征实的两个优点：（1）"法简易行"。粮价高涨之时，"并不加重人民负担"，粮价跌落之时，"农民亦不致有折钞纳税转多亏累之弊"；（2）在赋实增加的同时减少政府支出，从而降低通货膨胀压力（重庆市档案馆、中国人民银行重庆市分行金融研究所，1993）。③ 在四联总处递交田赋征实建议后的第三天，国民政府行政院第409次会议通过了"各省得酌征实物，其征率分别专案核定"方案，开始在国统区实行田赋征实。据统计，1941年"全国共征实物二千四百余万石，折价每市石百元，计当在二十四万万元以上，足可应付战前全国总支出而有余，即以现时中央岁入而论，亦已占税收总额半数以上"（俞鸿钧，1941）。④ 若将1942～1944年田赋征实折成法币，约占国民政府各年财政收入的32.66%、49.14%、54.68%（张公权，1983）。⑤ 后来的历史事实证明，田赋征实是减轻国统区通货膨胀压力的有效措施。

第三，购买生产原料，增加物资供给。为了增加生产原料的供给，孔祥熙多次指示四联总处敦促"各行局应尽量运用金融力量，控制物资，以便协助生产，平抑物价"。1942年12月10日，第154次理事会通过了"各行局代购生产原料办法纲要"，1943年2月，四联总处设立了原料购办委员会，3月4日召开的第165次理事会上，又通过了"自购生产原料办法草案"，正式启动购料工作。原料购买委员会购买生产

---

① 重庆市档案馆、中国人民银行重庆市分行金融研究所：《四联总处史料》下，档案出版社1993年版，第273页。
②③ 重庆市档案馆、中国人民银行重庆市分行金融研究所：《四联总处史料》下，档案出版社1993年版，第274页。
④ 俞鸿钧：《战时田赋》，《中央银行经济汇报》1941年第6卷第1、2期。
⑤ 张公权：《中国通货膨胀的历史背景和综合分析》，载《工商经济史料》第2辑，文史资料出版社1983年版。

原料的形式分"代购"和"自购"两种。代购是指生产单位在申请购买生产原料的借款时，先将生产所需原料情形列表连同委托购料申请书呈报四联总处核准后，由被指定的行局代为购办，并酌收手续费。自购系指先由原料购办委员会调查估计生产机关"生产原料之产储量，并就生产机关之生产能力及所需原料数量"，指定行局"预作适时之采购运储"，然后配售给生产单位。至1944年底，购办金额共计达248404.5万元，其中代购68991万元，自购179413.5万元。购办的物资主要有棉花、液体燃料及原料、煤焦、五金原料、纸张、食油原料、化学原料、羊毛、蚕茧、谷麦等，其中以棉花为最多，购棉金额达14亿元，约占购办总金额的80%左右，其次、又次、再次为五金原料、煤焦、液体燃料及原料，但与购棉相比，相去甚远（四联总处秘书处，1944）。① 四联总处统筹购买生产原料的原意在于掌握物质供给以平抑物价，但在实际操作过程中，各行局所购物质并未全部及时配售给生产单位，而是自己囤积以谋私利，有鉴于此，1945年5月，四联总处撤销生产原料购买委员会，停办购买原料业务。

第四，从通货的角度来治理物价上涨。四联总处认识到"通货增加，亦为物价上涨之一种原因"，所以，"倘不亟谋撙节各种开支，同时以种种方法增高旧税税率或增定新税，开辟财源，使国库收支相当平衡，则继续增发之通货，必继续引起物价之上涨"，但"增加税收，紧缩发行一节，因税区税源之紧缩，尤难以适合战时庞大之支出"（重庆市档案馆、中国人民银行重庆市分行金融研究所，1993）。② 四联总处能做的就是如何想方设法回笼通货及紧缩商业信用。

第一，吸收游资以收缩通货。四联总处采取了三种措施：（1）加强推动各种储蓄业务，（2）建议政府实行强迫储蓄，（3）推行美金储蓄。四联总处通过推行各种储蓄措施，吸收大量的社会游资本，如表5-4所示。

---

① 四联总处秘书处：《四联总处1944年度办理购料业务概况》，载《金融周刊》1944年第6卷第12期。
② 重庆市档案馆、中国人民银行重庆市分行金融研究所：《四联总处史料》下，档案出版社1993年版，第297页。

表5-4　战时国家行局储蓄结余额、法币发行总额及储蓄增额与法币发行总额比率

年份	储蓄结余额（元）	储蓄增额 A（元）	法币发行额 B（亿元）	A/B
1937年底	228891852		16.4	13.96%
1938年底	248243185	19351333	23.1	0.84%
1939年底	303048145	54804960	42.9	1.28%
1940年底	554665930	251617785	78.7	3.19%
1941年底	1229054862	674388932	151.4	4.45%
1942年底	3064523086	1835468224	343.6	5.34%
1943年底	8435385554	5370862468	753.8	15.63%
1944年底	18796900000	10361510000	1894.6	5.46%
1945年底	73422500000	54625600000	10319.3	5.29%

说明：储蓄结余额是一个累加数字，当年与前年的储蓄结余额之差才是当年储蓄额。

资料来源：历年储蓄结余额来源于：《四联总处史料》，中，档案出版社，1993年，第184页；历年法币发行额来源于吴冈编：《旧中国通货膨胀史料》，上海人民出版社1958年，第92~95页。

根据表5-4，不难发现，通过节约建国储蓄运动，回笼了巨额货币，这对于缓减抗战时期的通货膨胀压力是起了一定的作用。

第二，紧缩信用。为紧缩信用，四联总处规定了国家行局和商业行庄投资放款的三项原则：（1）为积极紧缩信用并协助增加生产起见，四行投资放款应以协助国防有关及民生必需品之生产事业为主，所有普通放款及不急需之投资，应暂行停止，已放出的款项，期满应立即清结。且必要时，得视放款之对象与用途，分别于到期前收回放款之一部或全部。（2）为使投资放款能收实效起见，对于公私事业之投放款项，事前审查与事后考核必须严格，但办理手续应力求简捷。（3）凡属增产军民必需之民营事业，由四行投资放款协助者，其出产之物品应达一定限度，产品不得囤积居奇。且每月产销数量价值，应按期报告四联总处查核。而出品之配销及售价之规定，应按物

资主管机关之规定办理,以求投资放款与掌握物资政策之严格配合(重庆市档案馆、中国人民银行重庆市分行金融研究所,1993)。① 在四联总处的监管下,国家行局贴放格局发生了明显的变化,生产性贷款开始占据主要地位,自1940~1944年,生产性贷款分别占贴放总额的70.06%、88.26%、69.20%、88.62%、92.13%(杨菁,1999)。②

三、管制成效

应该说,国民政府对通货膨胀治理是十分重视的,并且采取了一系列措施,客观地讲,抗战时期通货膨胀的治理取得了一定的成效,但总体而言,治理是失败的。原因有三:

第一,对抗战初期的通货膨胀重视不够,坐失了治理通货膨胀的最佳时机。抗战爆发后的一年时间内,国民政府"对于收入财源丧失以及由于收支不敷而造成的通货膨胀恶果都抱着消极地听之任之的态度",直到1938年底,"才开始觉悟到对于冷酷的通货膨胀问题加以认真探讨"(张公权,1986)。③ 由于对通货膨胀的严重性认识不够,导致了措施的失当,在1941年之前,实行评价是国民政府治理通货膨胀的主要措施,而这种评价措施仅仅以法令规章劝导商民,是一种被动的措施,结果是政府对物资的评价跟着物价的上涨而上扬,物价越评越高。例如西安市在评价前,猪肉每斤市价11元,牛肉7元,羊肉6元,评价后,猪肉每斤上涨到23~30余元,牛肉15~20余元,羊肉13~18元(重庆市档案馆、中国人民银行重庆市分行金融研究所,1993)。④ 如果在战初物价温和上涨的阶段就采取1942年以后实行的平抑物价措施,应该不至于出现物价完全失控的局面。

---

① 重庆市档案馆、中国人民银行重庆市分行金融研究所:《四联总处史料》下,档案出版社1993年版,第314~315页。
② 杨菁:《试论抗战时期的通货膨胀》,载《抗日战争研究》1999年第4期。
③ 张公权著,杨志信译:《中国通货膨胀史(1937~1949年)》,文史资料出版社1986年版,第4页。
④ 重庆市档案馆、中国人民银行重庆市分行金融研究所:《四联总处史料》下,档案出版社1993年版,第324页。

第二，物资供求始终严重失衡，使治理效果大打折扣。"欲求物价平稳而供求接近，必须统制物资。统制物资而不谋供求接近，则欲物价平稳，不特舍本逐末，亦且缘木求鱼。徒事平抑物价而不谋供求接近，其遗祸尤烈。今政府于物价之平抑与物资之统制，均以付诸实施，而物价之剧烈波动未已，何也？……主要原因在于供求未能接近"（殷锡琪，1943）。①

第三，治理措施严重失当是造成物价失控的主要原因。根据对抗战时期通货膨胀形成机理的计量分析结果，我们清楚地看到，货币发行量每增长1%，物价指数就上涨1.4127%，这说明滥发纸币是造成恶性通货膨胀的最重要因素，因此，治理通货膨胀的主要侧重点应该在于控制货币发行量。但在抗战初期，国民政府对滥发通货造成物价上涨的事实却是"常常讳言或忽视其存在"，即使到物价上涨非常厉害的抗战中后期，朝野"对于通货膨胀影响物价上涨的程度，仍持着不同见解"，不少人"低估通货膨胀对于物价上涨的重要影响"（寿进文，1957）。②连四联总处也认为"币额膨胀之主因，不外财政之透支与物价指数之上升，而以后者为甚"（重庆市档案馆、中国人民银行重庆市分行金融研究所，1993）。③思想上的认识不清导致了行动上的裹足不前。增加税收、发行公债、发行货币是解决战时财政困难的三大主要手段，当增税和发行公债都遇到困难时，国民政府选择了开动印钞机来弥补财政赤字的办法。尽管采取了强制储蓄、紧缩信用等手段来回笼货币，但货币投放量却同时以几何级数增长，这无异于是"用左手打倒了自己的右手"（帕尔伯格，1998）。④那么，"当初中国的通货膨胀究竟是不是可以避免呢？按照张介高（中央银行高级职员）、周顺兴（中央大学经济学教授）、杨（即杨格，1929～

---

① 殷锡琪：《统制物质与平抑物价》，《财政评论》1943年第9卷第1期。
② 寿进文：《抗日战争时期国民党统治区的物价问题》，上海人民出版社1957年版，第17页。
③ 重庆市档案馆、中国人民银行重庆市分行金融研究所：《四联总处史料》下，档案出版社1993年版，第338页。
④ 唐·帕尔伯格著，孙忠译：《通货膨胀的历史与分析》，中国发展出版社1998年版，第114页。

1947 年任国民政府的金融顾问）诸位的看法，如果当局有勇气提高税收、坚决控制货币和信贷的增长，那么通货膨胀是可以被控制在一个较为温和的层次上的。从其他国家的经验来看，这是有可能实现的，有鉴于第一次世界大战的教训，绝大多数欧洲国家都在第二次世界大战期间和战后成功地将通货膨胀限制在合理的限度内，只有匈牙利和希腊构成引人注目的例外"（帕尔伯格，1998）。[1]

第四节 结论性评价

抗战时期的金融监管有两个突出显著特征：一是在监管方式是典型的行政命令式监管。战时经济的特殊性决定金融监管主要只能靠行政部门以命令方式进行，金融机构能做什么，不能做什么，都由国民政府来规定，如果金融机构违反了政府规定，就会受到严厉的惩罚。抗战时期，国民政府先后颁布了诸如《非常时期安定金融办法》《修正非常时期管理银行办法》《非常时期管理银行办法》《加强银行管理办法》《统一发行办法》《中央银行管理外汇办法》《监督银楼业收兑金类办法》《战时保险业管理办法》等金融法规，就是试图通过行政命令的方式来实现对金融业的控制。这种行政命令式的金融监管对维护抗战时期金融体系的稳定是必要的，不过无法有效解决两个问题：首先是信息不对称问题，即监管者不但不可能掌握其所需要的充分信息而且其所掌握的信息甚至有可能少于被监管者所掌握的信息；其次是经验不对称问题，即被监管者在他们的业务范围内比监管者拥有更多的经验，经验欠缺者不可能对经验丰富者实施有效的监管。这两个问题得不到有效解决，必然会增大金融监管的成本。二是过分强调政府在金融业监管中的作用，忽视金融同业组织对金融业的自律作用和金融机构的内部控制与稽核作用。蒋介石和国民政府大员"被中国传统信念和现代独裁思想相合并起来的奇怪逻辑所支配"，认为"只

---

[1] 唐·帕尔伯格著，孙忠译：《通货膨胀的历史与分析》，中国发展出版社 1998 年版，第 118 页。

要有绝对权威，什么东西都会有"（张公权，1986）。[①] 为了树立所谓政府绝对权威，国民政府颁布了系列法规严厉管制金融同业组织，一方面确实在一定程度上起到了制止金融同业组织和金融机构为谋求自身私利最大化而破坏国家金融体系的作用，但在另一方面也使金融同业组织的自律作用和金融机构的内部控制作用被严重削弱，结果是增大了抗战时期的金融监管成本。这是因为政府监管实际上是外部监管，而金融同业组织对金融业的自律作用和金融机构的内部控制与稽核则是内部监管，如果外部监管以内部监管为基础，就能降低监管成本，如果不注意发挥内部监管的作用，商业行庄的内部控制就不会成为一种自觉行为，外部监管也就难以奏效。

以波斯纳和斯蒂格勒为代表的芝加哥所建立的监管经济学理论认为，实施金融监管在带来收益的同时也要付出成本，并且，金融监管越严格，其成本也就越高。抗战时期严厉的金融监管同样引起了高成本，具体而言，主要表现为以下两个方面：

第一，金融监管机构在执法过程中的寻租、腐败成本。按公共选择学派的解释，国家实际上是受控于利益集团手中，一旦利益集团控制了国家，它就完全可能会利用手中的权力谋取自身私利，从而滋生腐败。抗战时期，主要金融监管机构如财政部、四联总处、中央银行基本被孔祥熙集团控制，孔祥熙本人一身兼三任，既是财政部部长，又是四联总处副主席，还是中央银行总裁，孔氏集团的核心成员也在金融监管机构担任要职，如徐堪就是四联总处秘书长，孔祥熙的两个义子郭子美、郭景琨分别担任中央银行和财政部要员，这为孔氏集团借监管之机谋取私利大开方便之门。1943年，财政部将"1942年同盟胜利美金公债"交给中央银行国库局分发各地银行发行，总额为1亿美金，折合法币20亿元，1943年10月15日，财政部命令国库局停售美金公债，剩余的约5000万美元的债券全部交中央银行业务局购进。国库局局长受孔祥熙的指使，利用职权以低价购进，高价卖出，牟取暴利。据估计，此项贪污数目达法币二十六亿四千七百余万

[①] 张公权著、杨志信译：《中国通货膨胀史（1937~1949年）》，中国文史出版社1986年版，第5页。

元（陈雅庚，1990）。[①]

第二，金融机构的规避管制行为所引起的成本。金融监管机构和金融机构是两个不同的利益主体，他们有各自的效用函数，因而他们都会尽最大努力来谋求自身利益的最大化。这表现为：金融监管机构总是想方设法将金融机构的一切行为纳入其管制范围之内，以牢牢地控制住金融机构，而金融机构则千方百计规避金融监管机构对他们的管制，以实现其经营利润的最大化，面对金融机构规避监管的行为，金融监管机构不得不采取更加严厉的监管措施来实施对金融机构的监管，这样一个监管——规避——更加严厉的监管的恶性循环导致了监管成本的提高。例如，为禁止商业行庄的商业性放款，财政部和四联总处采取严厉措施管制商业行庄的放款业务，这使商业行庄的资金无法找到生利的机会，为规避管制，商业行庄采取了汇款的方式来进行信用放款，反过来加大了财政部和四联总处监管商业行庄放款业务的成本。再如对银行利率的管制，为遏止利率的提高，1943年废除了比期利率代之以日拆利率，商业行庄的普通存贷款利率必须参照中央银行每日公布的日拆利率来做适当调整，最高限度报中央银行核定，但金融市场上存在三种高低悬殊的利率：最低的是国家银行利率，居中的是商业行庄报经核定的法定利率，最高的为黑市利率，这使商业行庄只能以高于法定利率的黑市利率来兜揽存款，在放款时商业行庄也不得不执行黑市利率，否则亏本。为规避国家管制利率的规定，商业行庄采取了作两套账的办法，在"明账"上以法定利率开展业务，以应付检查，而其真实的存放款利率则作在"暗账"上，并且"暗账"只有各行高级职员才知道，这进一步加大了金融监管部门监管市场利率的难度。

成本与收益如影随形，它们是对立统一的。金融监管对经济发展的贡献主要体现在监管的效益上。由于金融监管产生的必要性在于消除金融体系的内在脆弱性，纠正市场失灵，最终达到维护金融安全和提高金融效率的目的，所以，金融监管的收益应该包括以下两个方面。

[①] 陈雅庚：《孔祥熙鲸吞美金公债一幕》，载《孔祥熙其人其事》，中国文史出版社1990年版，第146页。

第一,安全型收益。金融监管通过规范金融市场参与主体的行为、设置金融市场准入的最低标准、风险监管和金融救助等措施保证金融机构的质量,增加社会公众的信心,消减可能引起金融动荡的因素,从而保证经济、金融的安全稳定。在战时经济状态下,金融领域存在巨大的系统风险,如资金外逃、商业银行囤积居奇、外汇市场汇率剧烈波动、黑市利率充斥市面等,处于战时经济状态的任何国家,都把稳定金融作为战时金融监管的第一目标,也是战时金融监管的最大收益。抗战时期,针对商业行庄囤积居奇和逃避资金管制的行为,四联总处采取严厉的措施监管商业行庄的资产业务,把其资金从直接经营商业引导到生产领域,不仅缓减了大后方通货膨胀压力而且增加了物质供给;针对黑市利率充斥市面的状况,四联总处采取了提高存贷款利率、平抑黑市利率的措施,对于吸收游资、稳定物价起了一定的作用;针对外汇市场上诡秘多变的状况,四联总处积极介入外汇市场,采取了结汇、售汇管理和汇率管制等手段,起到了打击敌伪的套汇行为,维持法币价值稳定的作用;等等。本来,中国的金融体系是比较脆弱的,但在长达八年的时间里,中国金融体系却没有崩溃,最主要的原因就在于四联总处监管措施的得力。

第二,效率型收益。信息不对称在一般市场上普遍存在,在金融市场尤其突出,战时金融领域的信息不对称主要表现为信息不完全,即信息供给不充分、故意隐瞒真实信息甚至提供虚假信息等,由于信息对于金融交易来说是非常重要的,信息不完全就会导致金融市场交易的不公正和效率损失,对此,只有依靠金融监管才能解决。抗战时期,商业行庄为追逐高额利润,不顾战时经济大局,隐瞒财务状况,把大量资金引入商业领域,引导物价以更快速度上涨,这便是资金使用效率的损失,四联总处对商业行庄贷款趋向实施直接管制,提高了战时资金的利用效率。

总体而言,抗战时期的金融监管所带来的收益要大于成本,因为金融监管保证了战时金融体系的稳定。

第六章

南京国民政府后期的金融监管

南京国民政府后期（1946~1949年）金融监管的主题依然是政府管制，管制金融机构和金融市场依然是这个时期金融监管的主要内容。需要指出的是，1947年国民政府颁布新《银行法》把各类银行与钱庄都纳入到银行体系中，因此，对各类银行和钱庄的监管按新《银行法》统一执行，因此，在本章关于金融机构监管中不再分门别类进行叙述；解放战争时期，政治、军事、经济形势急剧变化，使得金融市场变幻莫测，国民政府管制金融的重点是金融市场，使得这个时期金融市场监管的内容非常丰富。此外，接管收复区金融、管制物价、处理金融危机是构成金融监管的新内容。

第一节　金融机构管制

1946年3月19日，行政院第736次会议通过实施《财政部管理银行办法》，抗战时期颁行的《非常时期管理暂行银行》废止。该办法共27条，其要旨如下：其一，定义银行。"凡经营收受存款及放款、票据贴现、汇兑或押汇各项业务者为银行，收受存款而不称银行者视同银行"。其二，银行的设立。"银行除在本办法公布前已经财政部核准领有营业执照者外，一律不得设立。但县银行不在此限"；"商业银行设立分支行处，应先呈请财政部核准，但经财政部命令指定限制增设分支行处地方，不得请求增设。商业银行在限制地点以外之分支行处，不得请求迁入限制地点营业"。其三，存款准备金管理。银行所吸收的普通存款，活期存款以 10%～20% 的比例、定期存款以 7%～15% 的比例以现款缴存准备金于中央银行或指定代理银行，具体准备率由中央银行就金融市场情形商承财政部核定。其四，银行业务管理。（1）银行非经特许，不得买卖外汇及生金银。（2）商业银行运用资金，以农工矿生产事业、日用重要物品之运销事业、对外贸易重要产品之运销事业为主要对象，贷款数额不得少于贷放总额的 50%；银行对农工矿商的放款，应以合法经营本业者限，无论以透支或贷放方式办理，均应于事前订立契约；银行对农工矿生产事业之放款，期限最长不得超过一年，其余放款期限最长不得超过六个月，展期均以一次为限。（3）银行的附属业务范围包括五种：买卖有价证券、代募公债及公司债、仓库业、保管贵重物品、代理收付款项，除此之外，不得兼营他业；银行不得为商店或他银行或他公司之股东，但经财政部核准，得投资于生产建设事业；银行不得直接经营工商事业，并不得囤积货物或设置代理部贸易部等机构，或以信托部名义代客买卖货物，或为其他投机买卖之行为；银行不得收买本银行股票，及承受本银行股票为质押品。除关于营业上所必需之不动产外，不得买入或承受不动产；银行放款收受他银行之股票为抵押品时，不得超过该银行股本总额 10%，如对该银行另有放款，连同上项受押股票合计不得超过本银行实收资本及公积金 10%。（4）财政部派员或委托其他机关检查银行之业务情形及财产状况，或派员驻在银行监理其业务；银行业务情形及财产状况，经财政部检查，认为难于继续营业时，得命令于一定期间内变更执行业务之方法，或改选重要职员，或增资改组，为保护公众权利，在规定期间令其停止营业，或押扣其财产，及为其他必要处分。（5）银行违反法令或其行为有害公益时，除依法惩处外，并得命令银行撤销其重要职员，情节重大者，撤销其营业执照，勒令停止清理，银行于撤销营业执照时解散；私设银行或经营银行业务者，除由财政部勒令停业外，处以五十万元以下罚款；未经财政部核准，商业银行私设分支机构，除由财政部饬令撤销其增设之分支机构外，处以三十万元以下罚款；银行未按比例缴存准备金，处漏缴金额 10% 之罚款，再犯者加倍处罚；银行拒绝或妨碍财政部派驻银行检查人员行使职权或于账册有不实之记载或以其他地方欺蒙官署或公众者，除其重要职员应依刑法妨害公务或伪造文书论罪外，并视其情节处该银行以五十万元以下罚款；银行服务人员不得挪用行款，或以贷款方式利用行款，违者以侵占罪论处（重庆市档案馆、中国人民银行重庆市分行金融研究所，1993）。①

《财政部管理银行办法》，系《银行法》未实施前的过渡办法，1947 年 9 月 1 日，国民政府颁布新《银行法》，《财政部管理银行办法》予以废止。新《银行法》分为定义、通则、商业银行、实业银行、储蓄银行、信托公司、钱庄、外国银行、银行之登记及特许、附则等 10 章，共 119 条。它对银行、活期存款、定期存款、普通存款、储蓄存款、信托款项、存款总额、付现准备金、保证准备金、银行负责人等在定义上作了界定。新《银行法》将银行业务分为主要业务和附属业务。主要业务有收益各种存款、票据兑现、办理各种放款或票据贴现、国内汇兑、特许经营之国外汇兑、代理收付款项等六项。附属业务有仓库及保管业务，买卖有价证券与投资、代募或承募公债、公司债及公司股票、特许买卖生金银及外国货币、受托经营财产等五项。新《银行法》将银行分为商业银行、实业银行、储蓄银行、信托公司和钱庄五类。对五类银行的不同规定见表 6-1。

现场检查是银行监管的重要手段，在金融投机风行的非常时期，现场检查的作用犹大。1947 年 8 月，财政部将银行现场检查方式区分为三种：专案检查、普遍检查、抽查。② 新《银行法》对现场检查的规定更加具体："中央主管官署得随时派员或令地方主管官署派员，检查银行业务及账目，或令银行于限期内造具资产负债表、财产目录或其他报告呈报；前项账目、表册或报告，有故意为不实之记载

---

① 重庆市档案馆、中国人民银行重庆市分行金融研究所：《四联总处史料》下，档案出版社 1993 年版，第 494~496 页。

② 专案检查是指根据财政部的指令，因某种案件而检查与该案有关某家或若干家商业行庄，普遍检查系经常轮流检查各商业行庄之一般业务，抽查系根据各方密报、行庄定期报表、票据交换数字、公库拆款数字等项随时抽查。《财政部关于上海市银钱行庄实施普遍检查令》，载《银行周报》1946 年 30 卷 27 号。

表6-1　　　　　　《银行法》规定五类银行比较

银行种类	商业银行	实业银行	储蓄银行	信托公司	钱庄
定义	收受普通存款与办理一般放款、汇兑及票据承兑或贴现者	对农工矿或其他生产、公用、交通事业经营银行业务者	以复利方法收受以储蓄为目的之定额存款者	以信托方式收受运用或经理款项及财产者	按照各地钱庄习惯经营商业银行业务者
存款保证准备金率（%）	活期10~15 定期5~10	活期8~12 定期5~8	活期10~15 定期5~10	活期10~15 定期5~10	活期10~15 定期5~10
付现准备金最低比率（%）	活期15 定期7	活期12 定期6	活期10 定期5	活期15 定期7	活期15 定期7
放款占存款总额比重（%）	信用放款25 抵押放款15 投资20	信用放款25 抵押放款30 投资40	信用放款10 抵押放款30 投资25	信用放款25 抵押放款15 投资20	信用放款50 抵押放款15 投资20
放款最长期限	信用放款6月 抵押放款1年	信用放款6月 抵押放款1年	信用放款6月 抵押放款2年		信用放款6月 抵押放款1年

资料来源：叶世昌、潘连贵：《中国古近代金融史》，复旦大学出版社2004年版，第378页

者，得课各银行负责人1年以下有期徒刑、拘役或2万元以下罚金，其情节重大者，并得撤销其营业执照"。[①] 1947年10月30日，财政部发出财钱庚二字第17826号训令，重申《银行法》有关规定，并饬令各银行，"嗣后查有各银行账目表册或报告，故为不实之事实，

---

① 中国第二历史档案馆、中国人民银行江苏省分行、江苏省金融志编委会：《中华民国金融档案法规资料选编》，档案出版社1989年版，第746~752页。

本部即依照上项规定，决不宽贷"。①

新《银行法》首次对外国银行在华经营活动进行监管。包括：外国银行未经特许不得在中国境内设立分行；中央主管官署得按照国际贸易及生产事业需要，指定外国银行可设分行的地区；只准许外国银行经营商业银行或实业银行业务，不得经营或兼营储蓄银行或信托公司业务；设在中国境内的外国银行分行收付款以中国国币为限，非经中央银行特许，不得收受外币存款或办理外汇；所收定期存款应在中国境内运用等。这是中国中央政府第一次从法律上对外资银行进行监管。当然，新《银行法》并没有完全取消外资银行的特权。

对于新《银行法》，时人多持赞许态度，认为它"融合各种银行法规及管理条例，规定周详，成为现在一个完整的银行法，在立法上是一大进步"（唐云鸿，1947）。② 对其未来更寄予了厚望，如朱斯煌认为新《银行法》的颁行使"此后金融事业将有大道可循，诚为中国金融史上足资纪念一页"（朱斯煌，1947）。③ 当然，质疑甚至反对的声音也不少（刘云，1948）。④ 客观地看，较之清末《银行通行则例》、北洋政府时期的《银行通行法》和南京政府时期的1931年《银行法》，新《银行法》在内容上更趋完善，在实践上更具操作性，标志着近代中国银行立法水平的提高，这也是时人予以较高评价的主要原因。但新《银行法》生不逢时，它出台之日，正是国民政府财政金融一片混乱之时，在一个非正常的经济环境中，普通法律往往力不从心，取而代之的是严厉的临时性管制措施。

新《银行法》公布后不久，为加强信用控制，安定金融，配合经济政策，国民政府于1947年12月23日颁行《加强金融业务管制

---

① 《银行账册如故为不实之记载即依法严办》，载《银行周报》1947年第31卷47号。
② 唐云鸿：《谈立法院通过银行法后》，载《银行周报》1947年第31卷19、20号合刊。
③ 朱斯煌：《新银行法评议》，载《银行周报》1947年第31卷19、20号合刊。
④ 有人认为此次立法受美国银行立法影响颇巨，某些法律条文并不符合中国的实际。如第40条"银行为保障存款人利益，应联合成立存款保险之组织"，系仿美国作法，但中国的银行资力薄弱，"恐不胜负荷保险费用"；第48条、第57条、第66条规定的商业银行、实业银行、储蓄银行所应缴纳的保证准备金，系属硬性规定，似应考虑只定最低额，"使中央银行或其他国家银行得斟酌金融市场情形，为控制信用的工具"。刘云：《论新银行法》，载《银行周报》1948年第32卷13号。

办法》。该办法对国家行局业务作了如下规定：（1）各项放款，应以协助交通、公用事业、重要民生日用必需品生产事业及出口物质之增产外销为限；（2）国家行局的各种放款，须逐笔列表，报金融管理局查核，其不合现行法令规定者，管理局得依情节轻重，令其作应有之纠正；（3）各行局库存放同业款项，在设中央银行地方，应一律存放中央银行，未设中央银行地方，互相存放，不得以买汇贴现或其他任何方式以资金转放省市银行或商营行庄；（4）各行局库因调拨联行间头寸必需汇款时，应先向中央银行商洽办理，若央行不能及时办理，得买入汇款，但以异地收交者为限，期限不得超过五日，其付款人并必须为原卖汇行之联行。对省市银行业务作如下规定：（1）各项放款以协助地方生产、公用交通等事业之发展为主。除日用重要物品及本省特产之运销业务外，不得对一般商业放款；（2）省市银行存放同业款项，除当地无央行者得存放于其他国家行局库外，应一律存放当地央行。不得以任何方式以资金存放其他国家行局库或转放商业行庄；（3）凡已经核准设立之省银行省外办事处，除汇兑外，不得经营其他业务。违者撤销其办事处。关于银钱行庄的业务，作了如下规定：（1）银钱行庄存款放款利率，不得超过央行核定牌告日拆；任何银钱行庄对农工矿商之放款，应以合法经营本业者为限；（2）任何银钱行庄每一交易发生，应即根据事实填制传票，记入规定账簿，各项放款必须逐笔记载其用途，以备查核；（3）商营行庄在交换所退票，金额占该行庄当日交换总额50%以上，连续三次，经查明显有藉辞退票，以图轧平交换差额者，得由当地金融管理机关规定限期，饬令调整头寸，并饬当地行庄在限期内停止对该行拆放款项；（4）任何银钱行庄非经政府委托，不得经营物品购销业务，或另立字号别做经营，违反者以囤积居奇论罪，并得由财政部吊销其营业执照；（5）银钱行庄不得收受以黄金外币为借款之抵押品，不得收受顾客寄存或委托代管黄金外币，违者一经发觉，应即送交央行收兑（重庆市档案馆、中国人民银行重庆市分行金融研究所，1993）。[1]为

---

[1] 重庆市档案馆、中国人民银行重庆市分行金融研究所：《四联总处史料》下，档案出版社1993年版，第506~508页。

有效执行上述金融管制办法,财政部决定在上海、天津、广州、汉口等地成立金融管理局,金融管理局的执掌包括:国家行局库暨其信托部或其附属机构之放款汇款投资及其他交易之审查及检举;省市银行中外商营银钱行庄信托公司、保险公司、信用合作社及其附属机构或其他经营金融业务之行号之放款汇款投资及其他交易之审查检举事项;银钱业联合准备委员会及票据交换所之督导及检查事项;政府机关及国营事业机关违背公款存汇办法之检举及取缔事项;非法金融机构之检举及取缔事项;金融市场动态之检查及报告事项。按《财政部金融管理局组织规程》,金融管理局设局长一人,总理全局事务,副局长一人,辅助局长总理一切,设主任稽核一人,由副局长兼任。金融管理局在执行职务时,当地政府及军警机关均应切实协助,金融管理局可以随时责令各行庄局库公司或机关提供报告,并得派员检查账册文书及其有关仓库(重庆市档案馆、中国人民银行重庆市分行金融研究所,1993)。[①] 设立金融管理局,是财政部在无奈中的选择,在政府的高压下,金融管制也起到了些许作用,但这种管制本身就不公平,因为"公私金融机构之管制,未能站在同一水准,因此合法之私营金融机构则为政府管制工作所束缚,而对公营金融机构似力有所不逮,致力量弱而漏洞多"(康广仁,1948)。[②]

1948年下半年,随着军事形势的急剧逆转,国民政府统治区经济形势日益恶化,金融经济几近崩溃。陷于绝境中的国民政府大员异想天开地认为,币制改革是挽救颓势的良方。于是,1948年9月18日,更换已经实行13年的货币本位制度,仓促推行币制改革。当然,国民政府决策层也深知,此次币制改革没有成熟的经济基础,能否有效推行,完全仰仗政府强制力量。就在8月19日,国民政府公布《整理财政及加强管制经济办法》,该办法共33条,其中,与银行业监管直接相关的规定共8条,其要点如次:(1)银行业务经营范围的划定。《办法》规定国家行局库,不得作任何商业贷款,对于奉行

[①] 重庆市档案馆、中国人民银行重庆市分行金融研究所:《四联总处史料》下,档案出版社1993年版,第509~510页。

[②] 康广仁:《论加强金融管制办法》,《银行周报》1948年第32卷1号。

国策之贷款，应负考核资金运用及成效之责；商业银钱行庄，须严格遵守银行法及金融管制法令经营业务，不得以任何方式经营物品购销业务，如有违反，财政部查明后，责令限期结束，违者除吊销其营业执照外，并以囤积居奇论罪；信用合作社除收受社员存款及社股贷款于社员外，不得经营银钱业之其他业务，违者除勒令解散外，并依私营银行之规定处罚；除银钱业外，任何公司、商号不得收受存款或放款，违者除勒令停业外，并依私营银行之规定处罚。（2）海外分支机构敷设的限定。规定本国银行在海外设有分支机构者，应由财政部考核其业务成绩，凡成绩不良者，限期勒令撤销其海外机构。（3）银钱业违规处罚的规定。银钱业若被停止票据交换，或违反经济管制法令，或资力薄弱难循正轨发展，应吊销其营业执照或予以停业之处分。（4）关于银行增资的规定。财政部参照战前银行法规定之银行最低资本额，拟定各区银行、钱庄、信托公司之最低资本额，报经行政院核定后，限于两个月内增达最低资本额；其现金增资部分，不得少于50%；逾期无力增足者，一律勒令停业，限期清理（中国第二历史档案馆等，1989）。[①] 1948年10月份之后，物价完全失控，特别是蒋经国上海"打虎"行动失败后，国民政府统治区金融经济彻底崩盘，政府几乎失去对金融的监管能力，因而，《整理财政及加强管制经济办法》几等具文，没有实际效果。

第二节　金融市场管制

一、管制证券市场

抗战胜利后证券市场监管主要体现为三个方面：一是接管与清理

[①] 中国第二历史档案馆、中国人民银行江苏省分行、江苏省金融志编委会：《中华民国金融档案法规资料选编》，档案出版社1989年版，第785~786页。

汪伪华商证券交易所;二是重开证券交易所,恢复证券市场交易;①三是打击场外黑市交易。1937年7月7日,"七七"事变爆发,8月13日,日军进犯上海,华商证交所奉命停业。但上海租界,外商股票交易继续存在,欧战爆发后,中国国内流向香港、新加坡等地的资金回流,外汇投机者又转向外股,以至外股交易量猛增,每周成交量达300万~400万股(朱斯煌,1948)。② 太平洋战争爆发之后,日军进驻上海租界,由于敌伪禁止外股、公债交易,大量游资转趋华股,华股交易悄然兴盛起来。专门经营股票的公司激增,1940年仅有10家,1941年新设8家,1942年设立的有127家(匡家在,1994)。③为规范股票交易十分紊乱之情形,汪伪实业部于1942年8月26日发布"取缔买卖华商股票暂行规则",查封一批股票公司,然而这种手段并不奏效,日伪对华股交易既禁止不住,便改加控制利用,着手使交易所复业。1943年9月29日,上海华商证券交易所宣告复业,上市股票陆续增至199种。④ 抗战胜利后,国民政府财政部于1945年10月通令上海各交易所"非得财政部命令不得开业,"同时对日伪经营的交易所予以接收,私营的予以清理。上海华商交所停业后,黑市交易非但没有消失反而因战时金融中心重庆的资金回流而猖獗。在黑市交易取缔不了的情况下,国民政府转而采取建立证券交易所,以图运用证券市场实行金融控制。1946年5月,国民政府决定重开上海证券交易所,由财政部和经济部组织筹委会,以杜月笙为主任委员、王志莘为副主任委员,徐寄顾、俞寰澄、夏屏芳、徐维明、顾善昌、瞿季刚、钱新之等7人为委员。经过4个月的筹备,1946年9月9日,上海证券交易所正式开幕,9月16日开始营业。重开后的上海

---

① 战后,上海、北京、天津等地都重开了证券交易所,但上海以外地区的证券交易所开设时间晚因而存在时间短,且市场容量很小,沪上证券交易所引全国证券交易所潮流。本节讨论证券市场监管重点要是上海证券市场的监管。
② 朱斯煌:《民国经济史》,银行学会编印1948年版,第153页。
③ 匡家在:《旧中国证券市场初探》,载《中国经济史研究》1994年第4期。
④ 不过,上市公司多是一些名不见经传的新厂、小厂股票,较有历史和规模的比较重要的工厂企业股票则未能上市。在这199家上市股票中,经常成交者不过80~90种,有大量成交者不过10家而已。《证券交易所》,投资周刊社编,1947年版,第36~37页。

证交所采用股份有限公司组织开式，资本为 10 亿元，由前华商证交所股东认缴 60%，其余 40% 由中国、交通、农民三银行及中央信托局，中央邮政储金汇业局两局认购（匡家在，1994）。① 为加强管理上海证券交易所，财政部和经济部设置监理委员会专门监管上交所业务。委员会下设总务、审查、调查三科，依法执行对证券交易所一切监督检查及稽核交易税事宜，其执掌有：上市证券的调查审定、证券业同业公会会员字号数额及资格的调查审定、证券交易所章则规程之审定、上市证券公司厂商财务业务的调查审定、交易业务的监督管理、交易税的稽征等。沿袭战前由中央向地方派驻交易所监理员的做法，财政部于 1946 年 9 月 4 日派王鳌堂为上海证券交易所监理员，经济部也于 9 月 7 日派吴宗焘为上海交易所监理员，并重新颁布了《修正交易所监理员暂行规程》。该规程与 1931 年颁布的《交易所监理员暂行规则》相比较，除将交易所监理员的派驻与管辖权由战前的财政部与实业部改为战后的财政部与经济部外，其余内容无本质区别（刘志英，2004）。② 尽管证券交易所和监管机构次第设立，但场外黑市交易仍十分猖獗，引发场内交易发生剧烈波动，黑市成为困扰上海证券市场健康发展的重要因素，因此，打击、取缔黑市交易成为政府证券市场监管的一项重要工作。1946 年 10 月，上海证券交易所致函上海市长吴国桢，强烈要求取缔证券黑市。吴国桢予以积极回应，11 月 13 日，吴国桢饬令警察局协助证券交易所对场外交易予以取缔，同时，财政部也下令严厉打击场外交易等违法行为并函请上海市随时协助。11 月 15 日，上海市政府发布《取缔证券黑市交易布告》，同日上午，由警察、社会两局派员协同监理员办公处及上海证券交易所人员分 10 组出击，抄查经营证券黑市字号，查出协兴、永泰、康恒、宏庆、永兴昌、万隆、泰丰、安利、源昌、福康等 9 家证券号在交易所以外以差金买卖证券，证据确凿，当即勒令停止该项买卖，由公用局拆除电话，停止营业（刘志英，2004）。③ 尽管政府对黑市证券交易采取了严厉的取缔措施，但各

---

① 匡家在：《旧中国证券市场初探》，载《中国经济史研究》1994 年第 4 期。
② 刘志英：《近代上海华商证券市场研究》，学林出版社 2004 年版，第 122 页。
③ 转引自刘志英：《近代上海华商证券市场研究》，学林出版社 2004 年版，第 124 页。

证券号暗中仍有场外交易。1947年3月，国民政府与上海市政府、证券交易所联手再次打击证券黑市，但仍不能禁止。

证交所开业之初只做现期货交易，交易寥落，为激活交易市场，11月4日起试办"递延交割"交易，12月12日试办套利交易。1947年3月，国民政府实施"经济紧急措施方案"，严禁黄金、美钞等买卖，游资转涌证券市场，股票交易升温。在物价迅速上涨的刺激下，股价扶摇直上。从开业到1947年底，股价上涨了30倍，同时期物价上涨了25倍，股价上涨率超过物价上涨率（以证交所开业的前两周为基础计算）。到1947年底，上市股票增至32种，经核准的经纪人累计达245家，实际参加交易者210家，其中个人经纪人160家，法人经纪人50家（含外商7家）。在股票上市的32家公司中，股票全部上市的25家，部分上市的4家，正在办理增资手续的3家。综计上市股数为2953390万股，按年终最后收市价格计算，总值为70783亿元。这一段时间，上证所成交股数为865亿股（经纪人内转账除外），其中现货455亿股，"递交"401亿股，成交金额344990亿元（内部转账77533亿元除外），实际交割金额计79035亿元，实际交割比例为23%。这一时段，上证所收入共计590亿元，其中经手费为457亿元，占77%，上市费35亿元，占6%，支出总计339亿元，经提存各项准备后，纯益为120亿元（洪葭管、张继凤，1989）。① 1948年1月，国民政府财经部令上证所经纪人增资，4月发布取缔"递延交割"的命令，上海证交所18种股价惨跌，5月份又令上证所开拍"三十七年短期国库券"，但成交稀少。8月19日，国民党实行币制改革，推行金圆券，令交易所停业。1949年1月26日，国府行政院通过"上海证券交易所复业办法"，将可上市证券分为政府债券、国营事业股票、民营事业股票三类，除政府债券可酌做一天期货外，余下均以现货交易为限。2月21日，上证所复业，上市交易的证券仅展票32种。受国民党军事失利的影响，资金大量外逃，股票交易量锐减。5月初，上海证交所再次停业。6月10日，证券大楼被查封，证券市场宣告封闭。

---

① 洪葭管、张继凤：《近代中国的金融市场》，中国金融出版社1989年版，第463~464页。

二、管制外汇与内汇市场

抗战时期，为防止日伪套汇，太平洋战争爆发之后国民政府关闭了外汇市场，此种局面一直维持到战后。战时关闭外汇市场是出于维护金融稳定的考虑，是非常时期的非常之举。在战后经济恢复时期，无买卖外汇的公开市场，其后果是不仅使"对外贸易陷于停顿"，而且使"黑市之纷扰，乃日甚一日，牵动黄金市价，刺激物价，影响金融"（朱斯煌，1948）。[①] 是时，国民政府持有外汇约1.4亿美元以及接收的敌伪的黄金和白银约值6000万美元，再加上剩余的美国借款、美军在中国开支的结还、中央银行自有的资财总计值美金8.5804994648亿美元，其中，美元外汇为5.7136632784亿美元，英镑合值44292656.19美元，黄金合值1.9892096245亿美元，白银合值43470000美元（张公权，1986）。[②] 掌握如此丰厚的外汇家底，国民政府大员们认为开放外汇市场不仅可以维持汇率的稳定，而且用外汇购买进口商品可以解决商品供给的缺乏，从而减轻通货膨胀压力。于是，在1946年2月25日的国防最高委员会上，行政院院长宋子文提出开放外汇市场案，该议案要点如下：（1）将进口货物划分为三类：工业及民生需要物品，人民不必请求政府许可，得随时购办输入；申请许可后，得输入之物品如烟草、火油、汽油、毛织、丝织品等；若干不准输入之奢侈品。（2）设立输入设计临时委员会，以调整统计各项物品之输入情形及审核调整国外购买。以及前条各项物品间之规定事宜。（3）中央银行指定若干银行，得买卖外汇。（4）现行官价外汇汇率应予废止。中央银行应察酌市面情形，并依照供求实况，随时供给或收买外汇，以资调节，而防止过度之波动，对于外币钞票及黄金之买卖，并依同样原则办理。（5）政府指拨美金5亿元为法币准备金，并饬中央银行于现有外汇中，划出一相当数量作为基

---

① 朱斯煌主编：《民国经济史》，银行学会编印1948年版，第630页。
② 张公权：《中国通货膨胀史（1937~1949年）》，中国文史出版社1986年版，第193页。

金，作随时平准市场之用，并应充实现有机构，指定要员专负指挥运用之责（洪葭管，2005）。① 根据宋子文的提案，1946年2月25日，中央银行公布《中央银行管理外汇暂行办法》，② 3月1日，颁行《进出口贸易暂行办法》，③ 3月2日，中央银行公布了27家经营外汇的指定银行，④ 并决定组织"指定银行公会"，以便讨论有关外汇业务事情，同日核准申请经营外汇之经纪人16家。⑤ 3月4日上午10时，外汇市场在上海正式开放，中央银行通知指定银行与外汇经纪人

---

① 洪葭管：《中央银行史料》下，中国金融出版社2005年版，第976页。

② 该《办法》共七章，其核心内容包括：(1) 明确中央银行为外汇管理机关，职掌有六项：①指定干银行为"指定银行"，指定银行得经营外汇业务。②银行、银号、钱庄为"甲种准许经营行号"；旅行社为"乙种准许经营行号"。甲种准许经营行号，得于规定期间内，经营外币钞票。乙种准许经营行号，得于规定期间以内，经营发售或兑付外币。旅行信用状或外币旅行支票，并分别发给甲乙两种准许经营凭证。③核定"外汇经纪人"。外汇经纪人得于规定期间内，经营外汇经纪业务，并发给准许经营凭证。④规定指定银行，准许经营行号、外汇经纪人及一般应行遵守之各项章则。⑤察酌市面情形，于必要时平衡外汇外币价格。⑥依照政府政策，处理国外封锁资产及其权益。(2) 定义了"外汇"。①下列各项，无论其封存、半封存与自由，若以外币支付或在国外支付者均为外汇。其一，存银行公司商号及其他组织与个人之一切款项；其二，电汇，即期汇票、见票汇票、远期汇票、支票、旅行汇票，一年以内到期付款之期票，贷款单据及其他一切付款凭证、信用状、银行及商业承兑汇票；其三，一年以内到器之政府公债。期票、库券、储蓄券及其他政府债券。其四，凡一年以内到期之一切票据、债券，银行所通常经营者，均包括在内。②外币钞票存于国内或国外者。朱斯煌：《民国经济史》，银行学会编印1948年版，第632～634页。

③ 该办法共4章，11条。第一章规定了进口的三大类：自由进口类、许可进口类、禁止进口类；第二章规定了出口物品；第三章明确了输入设计委员会的组成人员与职掌，职掌有七：衡量复员期内必须进口之重要物品；编列业经定购或正在采购物品之数量与价值及其到达日期；根据国家财政状况、需要缓急与国际收支平衡状况拟定进口物品计划；防止各机关在国外竞购；核定供应之来源；指导进口物品之分配及其销售；审核各机关之进口需要，使其互相配合，避免重复与靡费。第四章为附则。《中央银行史料》，第980～982页。1946年11月，修正了《进出口贸易暂行办法》，增设输入临时管理委员会和输出推广委员会。

④ 指定银行是：中国银行、交通银行、中国农民银行、邮政储金汇业局、中央信托局、汇丰银行、麦加利银行、花旗银行、大通银行、有利银行、浙江兴业银行、国货银行、金城银行、上海商业储蓄银行、中南银行、浙江实业银行、聚兴诚银行、华比银行、莫斯科国民银行、友邦银行、荷兰银行、荷兰安达银行、沙逊银行、广东银行、东亚银行、华侨银行、中兴银行。

⑤ 经纪人号行及名单是：401 F. C. Auan, 402 A. F. Clark, 403 R. Jarno, 404 E. Kann, 405 郭宝树, 406 李观森, 407 顾兆麟, 408 H. mairiand, 409 施赛瑜, 410 董旋笙, 411 韦书伯, 412 王一石, 413 C. M. Wentworth, 414 老中庸, 415 L. R. Wilson, 416 徐宝裕。

的美元电汇卖价为2020元，指定银行与顾客作外汇交易时的实际汇率，随市场实际情况决定。3月7日，中央银行又规定远期汇率，一个月期为2120元，二个月期2220元，三个月期2320元，远期与即期每一个月的差额为100元。①

此时的汇率并不是由外汇市场上外币与本币的供求结构来决定，而是由中央银行决定，是典型的政府管制汇率。自1946年3月开放外汇市场之日起，中国国内物价已经呈几何级数上涨，物价一天一价，而汇价在中央银行未做调整时，仍是固定不变。其结果是，汇价远低于物价，这反映在外汇市场上就是本币价值被高估，本币升值作用于外贸领域就是抑制出口刺激进口，因为以本币计价的进口商品在国内市场的价格变得相对便宜，而以外币计价的出口商品在国外市场的价格显得相对昂贵。事实上，"由于汇价增长远不及国内物价上升之速，向外国输入商品其利润至为优厚"，"进口商向国外订货者更多，如美棉每担仅五六万元，较国棉价格尚低2万元以上"，进口商竞相购买美棉，造成外贸逆差与棉花囤积的双重被动局面。② 从1946年3月至1947年1月，通过进口中央银行共出售美金30070余万元，而出口商的售汇额与进口商因取消开出之信用书而退回之外汇为3250余万元美金，买卖相抵，净卖出美金24130万余元，也就是说，在十个月内，从外汇市场上中央银行流出美金2.4亿余元（洪葭管，2005）。③ 为改变此种被动局面，中央银行不得不于1946年8月18日把美元电汇价调高至卖价3350元，但市场汇率仍然超过官价汇率10%，1946年底市场汇率上涨50%，出口实际上已陷于停顿。1947年1月的官价汇率只有市场汇率的50%，政府不得不采取与差别汇率制相类似的调整汇率新办法：对出口给予100%的补贴，对进口征收50%的附加税。但此举因损害了美商的利益而遭到了美国的反对，不久即予废止。1947年2月7日，第三次调高电汇卖价至12000元，此次新汇价较1946年3月4日汇价约提高6倍，较战前对美汇率美

---

① 《中央银行月报》，新第1卷第4期，第15~16页，1946年4月。
② 《中央银行月报》，新第2卷第3期，第20~21页，1947年3月。
③ 洪葭管：《中央银行史料》下，中国金融出版社2005年版，第990页。

金1元合国币3.3元,上涨约4000倍(洪葭管,2005)。① 尽管如此,官定汇率仍只有市场汇率的60.29%。详情见表6-2。

表6-2　　　　　中、美货币官价汇率与市场汇率比较

时间	官价汇率（每美元等于法币数）	市场汇率（每美元等于法币数）	官价汇率为市场汇率的百分比（%）
1946年3月	2020	—	—
4月	2020	—	—
5月	2020	—	—
6月	2020	2665	75.80
7月	2020	2519	80.19
8月	2611	2909	89.76
9月	3350	3576	83.90
10月	3350	4230	79.20
11月	3350	4532	73.92
12月	3350	6063	55.25
1947年1月	3350	6765	49.52
2月	7369	12222	60.29
3月	12000	14000	85.71
4月	12000	16250	73.85
5月	12000	27204	44.11
6月	12000	36826	32.59
7月	12000	43640	27.50

原注:(1)格局中央银行统计数字,1946年以前官价汇率用美金计算,1946年以后用法币计算。(2)1946年8月第一次调整官价汇率。(3)1947年2月第二次调整官价汇率。

资料来源:张公权:《中国通货膨胀史(1937~1949年)》,文史资料出版社1986年版,第198页。

---

① 洪葭管:《中央银行史料》下,中国金融出版社2005年版,第988页。

官定汇率长期低于市场汇率使出口难以增加而进口却不能减少，外汇耗损巨大，1946年2月到1947年2月一年之中，政府出售的外汇、黄金总计约值5亿美元。表6-3对中央银行1947年2月与1946年2月的外汇、黄金、白银的持有量作了比较。

表6-3　　1946年2月~1947年2月中央银行外汇、金、银持有量

	1947年2月底	1946年2月底	1946年2月至1947年2月之间的净消失额
美元外汇	199072689	546543364	347470675
英镑	31093208	44652795	13559587
黄金	83001139	198920962	115919823
白银	33810000	43470000	9660000
共计价值（美元）	346977036	833587121	486610085

资料来源：张公权：《中国通货膨胀史（1937~1949年）》，文史资料出版社1986年版，第193页。

至1947年8月，国内物价已涨至战前的三万余倍，与同时期美国物价比较，中美汇兑之购买力约为法币6万余元合美金1元，但外汇官价仍保持在12000元，法币价值被高估了5倍，"其结果一面则输出与侨汇均形缩减，政府外汇收入因而减少；一面则进口商人与制造工业虽得到低廉汇率运入商品，但大都物品仍以黑市价格销售，从中获取过分得利。政府以外汇收入减少，不得不逐步减低官价结汇数额，正当商业，当然受到相当影响，而大部分外汇反落于走私商人之手，消费者未得丝毫利益，以致商业日趋停滞"（朱斯煌，2005）。[①] 有鉴于此，国民政府不得不修正外汇及输出入管理办法。1947年8月15日于国务会议上修正中央银行管理外汇办法，同日修正进出口贸易办法。依照修正后之办法，凡民生日用必需品，如棉花、米、麦、面粉、煤及焦煤，仍由中央银行供给官价外汇，其余经中央银行

---

① 朱斯煌：《民国经济史》，银行学会编印1948年版，第702~703页。

核准的进口商品及财政上之支付,概由指定银行依市价结售,出口所创外汇与侨汇也按市价售与指定银行。为防止汇价暴涨暴跌,1947年8月18日,在中央银行内专门设立外汇平衡基金委员会,① 随时调整基金汇率,维持外汇供需平衡,避免外汇市场的不正当波动。此后,外汇交易价格分为两种,一为官价,一为平准基金之价格,前者适用于民生日用必需品,后者适用于一般商品。经平准基金委员会审核,基准价格为法币39000元合美元1元,这个价格约为购买力平价的60%但高于官价3倍以上,对于出口和侨汇有利,实施当月的下半月出口外汇收入比上半月骤然增加4.6倍,侨汇收入增加2倍,此种状况一直维持到1948年1月,但1948年2月起,在通货膨胀的刺激下,市场汇率突飞猛涨,平准基金委员会在舆论的责难下,不敢提高汇价,委员会汇率落在物价与市场汇价之下。见表6-4。

表6-4　　　中、美货币的基金委员会汇率与市场汇率比较

时间	基金委员会汇率 (每元美金等于法币数)	市场汇率	委员会汇率占 市场汇率%
1948年1月	108350	179045	60.52
2月	138292	218235	63.37
3月	211583	440620	47.06
4月	313385	661154	47.40
5月	399000	1167154	34.19

资料来源:张公权:《中国通货膨胀史(1937~1949年)》,文史资料出版社1986年版,第203页。

委员会汇率一路走低,与市场汇率差距日益扩大,汇率最低时仅

---

① 平准基金委员会由政府指派能与中央银行和上海主要商业银行密切合作的人员组成;委员会得向中央银行提取外汇或当地货币以应其所需要的运营资金之用;指定银行,得按基金汇率买卖外汇;委员会在与上海各外商银行协商后,得按市场情况随时宣布基金汇率;除了政府为进口重要原料(如棉花、大米、小麦、面粉、煤炭、焦炭)经过官方渠道作无利分配之用而需要购买的外汇以及中央银行仍按原定的法币12000元等于美金一元的汇率供给政府的那一部分外汇外,所有申请的外汇,一律按基金汇率计算。

为购买力平价的 30%，外汇收入增幅回落，但自 2 月至 5 月，平均每月出口外汇收入仍超过 1947 年 7 月（即外汇平衡基金委员会成立前月）的 68%（朱斯煌，1948）。[①] 8 月 19 日，国民政府实施币制改革，新发行的金圆券对美金的汇率为 4∶1，对其他各国汇率依照美汇比率折算，平衡基金委员会原有外汇挂牌市价取消。8 月 20 日，平准基金委员会撤销。

根据《外汇及输出入管理办法》，进口商在取得进口许可证时就可按照当时牌价结购外汇，但进口商品的销售价格，并非按结汇的汇率成本而大都超过黑市汇率，1948 年起黑市汇率暴涨，远超过一般物价的上涨幅度，进口商品的销售价格与进口成本相比较，相差太大。为改变此种局面，中央银行于 1948 年 5 月 7 日修改了输入结汇办法，其要点为：（1）进口商得到输管会通知核准发给输入许可证时，须立即将该许可证的外汇数额的 50%，按当日市价折合国币缴存中央银行，此项存款可作指定银行所开具的信用状或委托购置证项下的定金。（2）自 5 月 7 日及以后发放的输入许可证，指定银行于结售许可证项下的外汇与进口商时，须缴验有关货物业已运抵本国口岸的证件，始予照结外汇。5 月 10 日，中央银行又通告各指定银行，规定"进口商向指定银行开信用状时，除原已缴纳的 50% 保证金外，必须按照当时牌价再行缴纳 50% 保证金（共为 100%）"。[②] 5 月 31 日，开始实施输入结汇办法，中央银行公布了"结汇证明书使用办法"，其要点为：（1）一切因输出货物而获得的外汇，仍须由出口商依照平衡会汇率结售于指定银行，指定银行发给结汇证明书，出口商得销售于领有输入许可证的进口商，或其他准向指定银行购买外汇的客户，证明书的有效期间，自发行之日起以 7 天（后改 30 天）为限。（2）进口商领到输入许可证之后，向指定银行请求购买外汇之时，除按平衡会汇率结汇外，复须缴纳同值的结汇证明书；但米、麦、面粉、肥料、棉花的进口，及其他经政府核准的用途，可不需缴纳结汇证明书。（3）指定银行得接受原币汇入汇款，及在国内的外

---

① 洪葭管：《中央银行史料》下，中国金融出版社 2005 年版，第 1022 页。
② 《中央银行月报》新第 3 卷第 6 期，1948 年 6 月。

国货币。其中汇入汇款除根据平衡会汇率折付外,再加给汇款贴水,此项贴水应相等于指定银行出售结汇证明书的价格。指定银行以汇入汇款或银行汇票缴付中央银行,央行即签发特种结汇证明书,指定银行售予合格进口商或其他合格客户(洪葭管,2005)。① 此项修正结汇进口办法一经公布,"即遭进口商严厉的反对,指定银行亦深感责任与风险甚大,碍难接受",各界"虽坚决反对,但政府当局声明政策决不改变,两相坚持,不得要领,于是进出口贸易均陷停顿"。② 6月30日,中央银行废止结汇证明书办法采用结汇证明书制度,该制度要点为:(1)凡出口商在结售外汇与指定银行时,由指定银行代中央银行给以普通结汇证明书,此书得在自由市场售与进口商,进口商领到输入许可证向指定银行请购外汇时,必须缴纳同值之结汇证明书(米、麦、面粉、棉花、肥料除外)。指定银行以汇入汇款、银行汇票或外币缴付中央银行时,中央银行应签发特种结汇证明书,由指定银行售予进口商或客户。(2)出口商所得之结汇证明书,可以自由转让,以七天为限期,过期无效。(3)对于侨汇、外国机构汇款,及国内之外币,指定银行得照牌价收买付以法币,并以与结汇证明书相等之贴水(洪葭管,2005)。③ 结汇办法的第一次修改仅针对进口,其目的在减少进口商利润,对出口及侨汇没有改进,故遭到各界反对;第二次修改,则兼顾了进出口双方的利益,还可吸收侨汇,此项办法公布后,各方给予了积极的反映,但其作用仅在解决进出口贸易与侨汇诸问题,对于物价则无关,一旦进出口货物涨价引领物价上涨时,这项办法就得取消。在物价没有稳定的情况下,这项办法注定是短期之策。而且,中央银行的两次修订都忽视了一个同样的问题:如果中央银行所供给的外汇低于市场需要,市场汇率必将上升,结汇汇率最终成为另一种形式的官价汇率,则官价汇率与市场汇率永远不能结合起来,使两种汇率互相推波助澜,而这又会反过来促使进出口商品价格上涨并加剧通货膨胀,造成外汇汇率进一步下跌,汇率下跌又

---

① 洪葭管:《中央银行史料》下,中国金融出版社2005年版,第1030页。
② 上海银行编:《海光月刊》1948年第12卷第6期。
③ 洪葭管:《中央银行史料》下,中国金融出版社2005年版,第1030页。

引起侨汇的减少和出口贸易的下降（张公权，1986）。[①]

与 8 月 19 日金圆券改革相适应，中央银行再次改行固定汇率制度，规定金圆 1 元等于美元 25 分，等于英镑 1 先令 8 便士。在其后的 40 天之内，因政府采取强制手段冻结物价并禁止黄金、白银和外币的流通、出售与收藏，新汇率相当稳定。但限价政策垮台后，从 10 月下旬起，市场汇率重新盛行，中央银行不得不放弃固定汇率政策。1948 年 11 月 22 日，中央银行实施外汇移转证和进出口贸易连锁制。其要点如下：（1）出口货物所得外汇应全部交中央银行或指定银行换取等额之外汇移转证；（2）华侨汇款及其他国外汇入汇款亦应换取外汇移转证，并得移转于中央银行及指定银行；（3）外汇移转证准用以抵付持有输入许可证所需之货款，或经核准非进口之外汇需要；（4）外汇移转证得转让，其限期不得超过两个月；（5）侨民汇回本国之外汇，包括一切由国外汇入之汇款，得按当日外汇移转证之市价径行售与中央银行或指定银行。[②] 外汇新办法与已往之结汇证明书制大同小异，其差别在于：第一，结汇证明书期限 7 天，移转证期限延长至 2 个月；第二，许可输入之进口货，中央银行不再供给外汇，由进口商直接向出口商或侨汇持有人购买移转证；第三，侨汇及出口外汇不再有特殊与普通之别，仅以一种移转证付之。外汇移转证使进口和出口联动，进口许可签证多，则外汇需求大，移转证价格上升，因移转证直接表现出口商所得，故而移转证涨价可能刺激出口；反之，进口许可签证少，则移转证价格下跌，抑制出口。如果出口经常大于进口，则移转证价格下跌，若进口超过出口，则移转证价格上升，甚至产生黑市。总括起来，实施连锁制之后，"出口贸易受制于进口，其枢纽点在输入许可证之签发，尤在管理当局之运用"（洪葭管，2005），[③] 由于批给进口的外汇减少，加之国民政府在军事上的失利，外商不敢向中国下大规模的进口订单，使结汇证明书在商业上的需求大为减少，但是，逃资却不断增加，结汇汇率与市场汇率

---

① 张公权：《中国通货膨胀史（1937～1949 年）》，中国文史出版社 1986 年，第 205 页。
② 《海光月刊》1948 年第 12 卷第 12 期。
③ 洪葭管：《中央银行史料》下，中国金融出版社 2005 年版，第 1034 页。

之间又出现差距。详情见表6-5。

表6-5　　　　　　　　1948年末和1949年初的汇率

时间	结汇汇率 （1美元等于金圆券）	市场汇率 （1美元等于金圆券）	结汇汇率占 市场汇率 （%）
1948年8月 （19~31日）	4	4	100
9月	4	4	100
10月	4	15	26.67
11月	28	42	66.67
12月	122	135	90.37
1949年1月	240	700	34.29
2月	2660	2980	89.26
3月	16000	17700	90.40
4月	205000	813880	25.18
5月（1~21日）	—	23280000	—

资料来源：张公权：《中国通货膨胀史（1937~1949年）》，文史资料出版社1986年版，第206页。

表6-5显示，在金圆券改革刚开始实施的头两个月，结汇汇率与市场汇率基本相符。但自1948年10月份之后，结汇汇率与市场汇率的差距波动非常大，说明市场汇率因经济形势的急速逆转而剧烈波动，政府汇率管制日益困难，1949年1月市场汇率比1948年12月上涨了5倍多，1949年4月市场汇率比1949年3月上涨了48倍，结汇汇率的调整不可能赶上完全失控的市场汇率。1949年5月底，解放军兵临上海，市场一片混乱。美元1元值金圆券2300万元。上海解放后，金圆券的汇率终于灭痕。

战后初期，内汇市场上三个急需解决的大问题：一是东北汇兑问题；二是申汇问题；三是行局代解汇款调拨头寸问题。

第一，东北汇兑问题。东北早在法币改革之前就沦陷，东北自1931年以后一直流通日伪银行所发行的钞票。抗战胜利后，为便于整理，国民政府决定在东北发行流通券，限在东北境内流通，并按照当时关内外物价比例，规定流通券与法币的比价为1∶13。但关内外的汇兑只局限于军政汇款，商民汇款没有开展，致使流通券在平津之间产生黑市。有鉴于此，东北四联分处经与东北行营经委会及财政部特派员会商后，于1946年开放商汇，汇款牌价为东北汇入关内为1∶11.5，由关内汇往东北为1∶12.5，由中、交、农、信四行局免费承汇。商汇的开放极大的便利了关内外的商业，但也造成了不少问题：其一，东北流通券一元汇入关内只能兑换法币十一元五角，而关内法币十二元五角便可兑换流通券一元，黑市汇价只要在十一元五角之上，而不及十二元五角时，关内商民仍将在黑市买入沈汇或流通券，而不愿交由国家银行汇往关外，致使黑市猖獗。其二，汇兑差额牌价办法，从东北方面看，是贬低流通券对法币的比值，因而不能限制资金出关；在关内方面看，是限制内地资金之出关；从银行方面看，牌价进出相差一元，汇水实达9%，这个汇价过高。其三，汇兑差价办法，利于汇入不利汇出，这一方面是鼓励内地货物出关，而以关内为牺牲，另一方面足以阻止东北货物入关，而妨碍工业之复兴（重庆市档案馆、中国人民银行重庆市分行金融研究所，1993）。[①] 针对以上弊病，1946年11月7日，四联总处理事会通过了《解决山海关内外汇兑问题治本治标办法》，治标办法四条：其一，中央银行在平津尽量按牌价收兑流通券；其二，中央银行在山海关为进出口旅客办理兑换；其三，放宽关内外汇款办法，将汇价按实际情形随时调整，以消灭黑市；其四，关内外中央银行牌价改为一致，并避免奇零数目，各行局承汇时，斟酌另收汇水。治本办法就是停止东北流通券之发行，使用法币，订定比价，限期收回流通券（重庆市档案馆、中国人民银行重庆市分行金融研究所，1993）。[②]

第二，申汇问题。"申"是上海的别称，"汇"就是汇兑，申汇就是对以上海钱庄或商号为付款人、以上海规元为计算单位的汇票的

[①] 重庆市档案馆、中国人民银行重庆市分行金融研究所：《四联总处史料》下，档案出版社1993年版，第141页。

[②] 重庆市档案馆、中国人民银行重庆市分行金融研究所：《四联总处史料》下，档案出版社1993年版，第139页。

统称。因此，申汇又称"申票"，申票是表现形式，申汇是实质内容，它"一般地意味着中国各地对申汇兑的总称"（傅文龄，1992），[①] 简单地讲，就是从全国各地向上海的汇款。金融复员上海以后，沪上军政汇款剧增，后方各商业银行纷纷来上海筹设分行或回沪复业之后即承做各地工商业汇款来沪，但因同业汇款没有开放，头寸无法调拨，致使申汇汇率一再高涨，最高时渝汇沪每千元收百元。中央银行不得不限制申汇。但此举造成了一系列问题：其一，阻碍上海与各地之间贸易往来从而延缓内地经济复兴。银行汇兑与货物运销互相促进，汇兑畅则货物流通，汇兑不畅则货流受阻，贸易滞塞。中央银行对申汇采取限制办法以后，一方面商人调汇不得，不得不设法提现自运，一方面沪上货物无法外流，金融经济，深受其害。上海为进出口贸易的枢纽，进口货物，均由上海转运各地，所以，上海对内地贸易居于出超，其对内汇兑则为入超。限制申汇，毫无疑问，阻碍上海与各地间贸易往来。其二，上海不仅是国际金融中心，还是中国工商业最发达的地区，近代开埠以来，从内地向上海积聚是资金的运动方向，上海一直是国内资金的集散地，中央银行限制申汇，促使各地游资不得不就地进行投机，刺激当地物价上涨。其三，商业机关在中央银行宣布限制申汇后，将其原存于国家行局的款项大量提存，自行设法运往目的地，致使部分游资脱离国家行局之掌握。其四，各地商业行庄趁机牟利，造成各地申汇汇率暴涨现象（重庆市档案馆、中国人民银行重庆市分行金融研究所，1993）。[②] 针对此，中央银行放宽申汇，将原定商业行庄每周3000万元限额予以大幅度的提高，"中国银行每周各地现调数额改为50亿元另行规定侨汇头寸10亿元共60亿元，交通银行则暂定每周为40亿元侨汇10亿元共50亿元，中农银行每周为35亿元，中信邮汇两局则视其实际需要情形随时商定"，南京、杭州的商业银行每周每家放宽为5000万元，西安、重庆、成

[①] 傅文龄主编：《日本横滨正金银行在华活动史料》，中国金融出版社1992年版，第252页。

[②] 重庆市档案馆、中国人民银行重庆市分行金融研究所：《四联总处史料》下，档案出版社1993年版，第131页。

都、汉口、兰州、天津、广州、青岛、昆明等处放宽为6000万元（洪葭管，2005）。①

第三，行局代解汇款调拨头寸问题。该问题一直是解放战争时期内汇市场上颇费脑筋的问题。1942年四行专业化之后，中央银行应该是全权代理国库，但由于中央银行分支机构没有普设，未设央行的地方有赖于中国银行、交通银行和农民银行代解军事党务慈善机关免费汇款。多行汇款调拨地点漫无标准等问题，"在四川代解款项，而指定在广州调还者，既与事实不符，且亦有违政府金融管制政策之意旨"（重庆市档案馆、中国人民银行重庆市分行金融研究所，1993）。② 经四联总处与四行会商，决定按区域范围调拨头寸，不得越区调拨，全国分为三个大区：冀、察、热三省为华北区，闽、粤、桂三省为华南区，其他各省为华中区，各区域调拨款额，以两个月为限，逾期视为放弃（重庆市档案馆、中国人民银行重庆市分行金融研究所，1993）。③ 随着战局的变化，国统区资金外逃现象日趋严重，这引起了财政部和四联总处的重视，1947年3月13日，四联总处第339次理事会作出如下规定：经国内前往香港或其他国境以外之地区，每人携带之本国货币不得超过国币25万元；全国各地银钱行庄从即日起，停做汇往香港国币汇款（重庆市档案馆、中国人民银行重庆市分行金融研究所，1993）。④

三、管制利率市场

抗战时期废止比期利率之后，金融市场上的利率十分紊乱，这种状况在战后依然存在甚至加剧。如战后重庆金融市场有三种利率：一是国家银行利率，各行局存款利率一般为月息六七厘；二是商业银行

---

① 洪葭管：《中央银行史料》下，中国金融出版社2005年版，第954页。
② 重庆市档案馆、中国人民银行重庆市分行金融研究所：《四联总处史料》下，档案出版社1993年版，第151页。
③ 重庆市档案馆、中国人民银行重庆市分行金融研究所：《四联总处史料》下，档案出版社1993年版，第152页。
④ 重庆市档案馆、中国人民银行重庆市分行金融研究所：《四联总处史料》下，档案出版社1993年版，第144页。

的账面利率，即法定的存款利率为二分八厘，放款利率为三分二厘；三是黑市利率，此种利率参差不齐，变动很快，存款高达七分以上，放款则更高（重庆市档案馆、中国人民银行重庆市分行金融研究所，1993）。[①] 上海金融市场上的各种利率的差额则更大。见表6-6。

表6-6　　　　　1946～1947年上海月息率比较

月份	中央银行再贴现月率（%）		核准的市场利息月息（%）		黑市利息月息率（%）	
	1946年	1947年	1946年	1947年	1946年	1947年
1月	1.8	1.8	7.0	13.5	11.0	18.0
2月	1.8	1.8	8.0	13.5	19.0	19.0
3月	1.8	1.8	8.0	13.5	19.0	16.0
4月	1.8	1.8	8.0	13.5	13.0	12.0
5月	1.8	1.8	8.0	15.0	16.0	20.0
6月	1.8	1.8	8.0	15.0	13.5	19.0
7月	1.8	1.8	8.0	15.0	14.0	19.0
8月	1.8	1.8	13.5	14.2	13.0	15.0
9月	1.8	1.8	15.0	15.0	16.0	18.0
10月	1.8	1.8	16.5	18.0	16.0	21.0
11月	1.8	1.8	15.0	16.5	13.5	19.0
12月	1.8	1.8	13.5	19.5	16.0	23.0

资料来源：张公权：《中国通货膨胀史：1937～1949年》，文史资料出版社1988年版，第168页。

从上面的数据可以看出，利率问题实际上就是利差所导致。如在1947年初，中央银行的利率仅为核定市场利率的1/6、黑市利率的

[①] 重庆市档案馆、中国人民银行重庆市分行金融研究所：《四联总处史料》下，档案出版社1993年版，第530页。

1/10。巨额的利差引致了许多流弊：如国家银行存款除各种带有强制性储蓄存款外，大部分为机关存款，私人存款因利率过低很难吸收；商业银行若按执行核定的市场利率则根本不能开展业务，为此，商业银行往往备有两套账簿，一套是假账，系备检查之用，一为私账，记载实际营业情形；官方利率与黑市利率之间所存在的差额，驱使资金向私营银行集中，1947年中，在银行业的总结算额中，私营银行所占的比重高达92.9%，其结果是，对国家银行贷款的限制在货币市场上遏制不了投机活动。

    似乎只要提高官方利率便可解决利率问题，其实，问题远远没有这么简单。就战后利率调整问题，四联总处与中央银行多次召开专门会议进行协商，正反意见难以协同。就物价而言，反方认为在交通困难，物质缺乏的情况下，提高利率会加重商人及生产者成本，从而抬高物价，而正方却认为现时已非利息应否提高问题而为各种利率之差别如何调整的问题，如上海参议员童襄在上海参议会上提请上海市银行举办低利贷款，以压平物价，在童襄看来，上海物价在3～5个月内增加一倍的原因在于上海利率太高所牵引，欲安定社会，应由市政府令市银行划出若干资金，以最低利率分借于确实经营日用品之小型工业，及小资本商店与日常蔬菜行家。① 就生产而言，反方认为生产贷款多仰给于国家银行，目前各行局存放款利差，除中央银行外均为一分八厘，若提高存款利率，势必同时提高贷款利率，这会增加生产成本，正方却认为，一般生产者早已不能借到低利资金，对于生产成本事实上没有影响，军事工业因有战时生产局统筹办理，其生产资金不会受提高利率的影响。就吸收游资而言，都认为提高利率利于吸收游资，但反方则认为，在战时优厚商业利率的推动下，市场利率随之上涨，一般商业机关因难以从金融机关融资而不得不举借高利贷，提高利率或许可以吸收小部分游资但大部分游资仍以高利贷方式在市场活动，黑市利率也会因银行利率的提高而上升。如此，不但不能消灭黑市利率，反因市场利率的提高而引起金融市场的波动。就消灭黑市

---

① 《市府令市银行及各商业银行同时开办小本工商低利贷款》，载《银行周报》1946年第30卷第45号。

利率而言，正方认为提高利率可以消灭黑市，纠正行庄制造假账作伪风气，而反方则认为中国金融市场组织中央银行不易控制，而物价不断上涨又会带动利率的高涨，除非将利率提高到黑市程度，否则消灭黑市利率的可能性甚小（重庆市档案馆、中国人民银行重庆市分行金融研究所，1993）。①

对于利率调整之所以众说纷纭，莫衷一是，是因为调整利率必须克服三大困难：其一，国家银行存款利率提高后，各行的负担加重，那么，放款利率是否也应提高？其二，假设国家银行存款利率提高，而放款仍维持低利政策以求维护工矿生产事业，还是随市场行情提高放款利率，若提高，提高多少？其三，采取何种方式才能有效地管制黑市利率？对于第一、二个问题，中央银行和国家行局当然希望把利率提高到与市场利率相接近的水平，但财政部和官僚资本企业却坚决反对，作为利率最高监管机构的四联总处，最后采行折中方案，实行国家银行差别利率办法，即：对政府企业的贷款仍维持原有的低利率，对主要工业贷款的利率稍微提高，对其他私营企业贷款的利率则提高到与核定市场利率相接近的水平。这在1947年11月20日四联总处理事会上通过的《调整利率办法草案》中有清楚规定。按《调整利率办法草案》，国家银行经办下列各项贷款实行低利率：政府机关垫借款项以预算作抵，同时于支领经费时即行扣还者；出品售价或收费标准确受政府全部管制的国营事业；配给物质或采取定货方式之产销事业贷款。其他合乎放款原则的国营或民营生产运销及出口交通等事业贷款，由借款人自负盈亏，其利率应参照市场情形随时调整。对于存款利率，国家银行按下列标准给息：活期存款参照中央银行核定存款市息计算但不得超过，定期及储蓄信托等存款由四联总处会同各行局另行商定。央行对各行局及商业行庄的存款按下列标准：对国家行局库活期存款参照国家行局库给息之最低标准计算，对商业行庄存款准备金及特种定期存款参照核定利率酌情调整。国家行局对军政机关（库款以外者）及国营事业之存款按下列标准：凡向国家行局

---

① 重庆市档案馆、中国人民银行重庆市分行金融研究所：《四联总处史料》下，档案出版社1993年版，第531页。

库借有低利贷款者应照低利计算，凡未向国家行局借有贷款或者贷款之利率系照市息计算者应参照市场利率酌情提高（重庆市档案馆、中国人民银行重庆市分行金融研究所，1993）。①

1948年6月24日，四联总处第366次理事会所通过的《关于检讨利率政策案的决议》则更加详细地诠释了国家银行差别利率办法。该决议将国家银行贷款划分为两种：国策贷款和业务贷款。国策贷款执行低利原则，具体为月息八分五厘（合央行挂牌市息的1/3）。业务贷款由承放行局尽先以所收存款应付，其利率以不超过央行挂牌市息、不低于挂牌市息的75%为范围，具体把业务贷款划分为三类：出口及交通事业贷款月息一角五分（约合挂牌市息60%），工矿生产事业贷款月息一角八分（约合挂牌市息70%），民生日用必需品运销事业贷款月息二角（约合市息80%），三类利息并非固定，按照所合比例，随时比照挂牌市息调整（重庆市档案馆、中国人民银行重庆市分行金融研究所，1993）。②

1948年"八一九"币制改革之后，四联总处对国家银行贷款利率作了调整。工贷利率按如下标准调整：8月19日前贷出的款项，仍按之前所定之利率计息，自8月23日起，国家银行放款利息减低为月息三分，存款利率减低为月息二分。农贷利率，币制改革以前之放款按月息七分计算，币改以后农贷利率减低为月息二分八厘，外加贷收合作社及农会事业补助费月息一厘，合作社及农会转贷社员及会员，以加收月息一厘为限（重庆市档案馆、中国人民银行重庆市分行金融研究所，1993）。③ "八一九"币制改革失败以后，黑市日益猖獗，1948年12月3日，为配合经济管制办法的实施，财政部发布实施低利政策的训令，如核定的放款日拆每1000元仅15元，与币制改革前的日拆仅提高了1/15，但工资依照生活指数给付则为币制改革前的15.4倍，两

---

① 重庆市档案馆、中国人民银行重庆市分行金融研究所：《四联总处史料》下，档案出版社1993年版，第559~560页。
② 重庆市档案馆、中国人民银行重庆市分行金融研究所：《四联总处史料》下，档案出版社1993年版，第565页。
③ 重庆市档案馆、中国人民银行重庆市分行金融研究所：《四联总处史料》下，档案出版社1993年版，第570页。

者相比，相去悬殊。① 低利政策使银钱业难以为继，行庄放款利率过低，行庄的开支以及存款的吸收都成为问题，结果是，"一般工商业周转资金，只有求之于市场，市场暗息因之提高，地下钱庄随之猖獗，工商业乃受高利贷的压迫"。② 为此，1948年12月6日，上海银钱信托三公会联合致函财政部、金融管理局和中央银行稽核处，恳请"体察现实，改弦更张，准其将放款利率按照供求率，自觅水准"，提出在"本案尚未奉准"的过渡期内，准许"按照核定利息，加收50%手续费，藉以暂时弥补"。③ 但财政部对三公会加收手续费的请求未作任何积极回应。

在恶性通货膨胀的经济环境下，黑市利率有其存在的必然性甚至合理性，要压平黑市高利率，就必须增加国家银行贷款，但这样可能会助长投机，加速通货膨胀，基于此种考虑，国民政府一直未能拿出有效办法管制黑市利率，以至黑市利率越涨越高。

第三节　接管和整理收复区金融

金融是现代经济的核心，抗战胜利后，国民政府在金融领域的第一件大事就是接管和整理收复区金融。具体包括三个方面：

一是接收和整理敌伪金融机构。抗战时期，日本在东南沿海地区广设银行及其附属机构，其中，在金融中心上海，日本设立了22处，南京设立5处，杭州设立1处，芜湖设立1处，安庆设立1处（洪葭管，2005）。③ 在财政部的统一部署下，1945年9月12日，国家行局对

---

①③　《上海市银钱信托业三公会呈请按照核定利率酌加百分之五十之手续费藉以维持生存呈财政部金管局暨致国行稽核处函》，载《银行周报》1949年第33卷2号。

②　《迅速开放工贷撤销利率管制》，载《银行周报》1948年第32卷50号。

③　上海地区有：正金银行、株式会社上海银行、株式会社汉口银行上海支店、住友银行、朝鲜银行、台湾银行、三菱帝国两银行及其附设企业机关、日伪合办之中日实业银行、日伪合办之中江实业银行、东亚水火保险公司、东亚再保险公司、日伪合办通惠保险公司、日本生命保险株式会社上海支店、千代田生命保险相互社中支支部、第一生命保险相互会社上海支社、上海安田信托株式会社、日伪合资安利保险公司、虹江码头仓库及江山大阪仓库、上海日本经济会议所、大东印刷厂、德华银行、上海恒产公司；南京地区有：正金银行、朝鲜银行、台湾银行、三菱帝国两银行及其附设企业机关、汉口及上海银行；杭州有正金银行；芜湖有台湾银行；安庆有中日银行。洪葭管主编：《中央银行史料》下，中国金融出版社2005年版，第925页。

日本在各处的金融机构分别接管：中央银行接管朝鲜银行，中国银行接管正金银行及德华银行，中国农民银行接管台湾银行，交通银行接管住友银行、上海银行株式会社、汉口银行株式会社上海支店，中央信托局接收三菱银行及帝国银行与其附属企业机关。汪伪政权在沦陷区设立的银行，依其性质由业务相近之各国家行局接受清理。伪中央储备银行、华兴银行、满洲国银行上海支店、汪伪政权省市地方银行由中央银行接收清理，伪中央信托局、伪中央保险公司、伪中央储蓄会等由中央信托局接收清理，伪邮政储金汇业局、伪中日实业、伪中江实业等银行由邮政储金汇业局接收清理。对于日本银行和汪伪银行的债权债务进行有区别的整理，伪银行债务的债权人，若为本国人民或盟国人民而无附逆嫌疑者，"视该银行本身债权收回至相当程度时，酌予偿还"，对于日本银行则不然，"我国政府断无代敌人偿还债务之义务"（洪葭管，2005）。[①]

二是整理商业性金融机构。依据财政部所订的《收复区敌伪钞票及金融机关处理办法》第五条，敌伪核准的金融机关，战后应一律停止营业，限期清理。但在接收上海金融时发现："三行两局尚未复业，若遽令一律停止，则京沪两地金融窒息，影响至巨"。于是，对接收政策进行适时调整：战时经敌伪核准设立的商业银行、钱庄、信托公司一律停业，并令自行清理；但战前经财政部核准设立战时仍继续营业的商业金融机关，则由特派员办公处派员查明过去业务，报财政部核准，在清查期间，暂仍继续营业，以防止出现京沪地区的金融真空。

三是整理敌伪钞票。敌伪在沦陷区各地发行的钞票，有伪中央储备银行在华中、华南的中储券，伪中国联合准备银行在华北发行的银联券，伪蒙疆银行在察南、晋北及内蒙古所发行的蒙疆券，伪满中央银行在东北发行的满洲券，这些伪钞的发行以中储券最滥，联银券次之，东北和台湾的情形较好。据统计，截至1945年8月，中储券发行额为332169300万元，联银券发行额为13260200万元，满洲券发行额为815700万元。[②] 抗战胜利后，各地伪钞对法币的兑换率日益下跌，中储券对法币的比值在9月上旬为134∶1，中旬跌至200∶1；联银

[①] 洪葭管主编：《中央银行史料》下，中国金融出版社2005年版，第926页。
[②] 《中央银行月报》新第1卷第1期，1946年1月。

券对法币的比值在 7 月底为 1.2∶1，3 个月后跌至 5∶1。伪币价值的下跌，严重影响了生产生活。1945 年 9 月起，财政部着手次第整理伪钞。9 月 27 日，财政部实施《伪中央储备银行钞票收换办法》，其要点为：伪中央储备银行钞票准以 200 元兑换法币 1 元，由中央银行及其委托之机关办理收换事宜；自 1945 年 11 月 1 日起至 1946 年 3 月 31 日止，为收换期间，逾期未持清收之伪钞一律作废。1945 年 11 月 4 日，国民政府公布《中央银行发行东北九省流通券办法》以整理东北币制，其要点为：中央银行九省流通券，为东北省内流通之法币；东北九省与内地之汇兑，由财政部另订办法管理之。① 1945 年 11 月 21 日起，整理联银券，比价为联银券 5 元兑法币 1 元。接管人员中饱私囊，1945 年 10 月，财政部驻冀察热区财政金融特派员张果惟主持接管伪中国联合准备银行，张果惟初到天津时，召集银钱业谈话，谎称联银券仍可流通，随后逐步用法币换回，以免市民遭受损失。但张果惟等接管大员，乘着物价一度下跌，把从重庆带来法币换成联银券，然后抢买黄金，乘飞机跑单帮送到重庆，再换成法币回来又买黄金。津渝两地的金价相差很大，来回倒卖，莫不利市几倍（巴图，2001）。②

第四节 管制物价

一、抗战胜利后物价的变动趋势

1945 年 8 月 15 日，日本宣布无条件投降，长达八年之久的艰苦抗战终于结束，全国人民为之一振，期盼已久的和平时期终于来临，于是，他们把"多年来贮藏的消费品一齐涌到市场，许多是半价抛售"（张公权，1986），③ 大量物资的涌入，使市场物价在 1945 年 8

---

① 《中央银行月报》新第 1 卷第 1 期，1946 年 1 月。
② 巴图：《民国金融帝国》，群众出版社 2001 年版，第 169 页。
③ 张公权：《中国通货膨胀史（1937～1949 年）》，中国文史出版社 1986 年版，第 48 页。

月的最后一周突然下降，一直到 10 月份，全国物价呈相对稳定之势。重庆的批发物价指数从 8 月份的 179500 下降到 9 月份的 122600，10 月份又下降到 118417，物价下降幅度几达 30%，上海的指数以法币计算由 8 月份的 43200 下降到 9 月份的 34508，下降幅度也在 20% 左右，但这种下降趋势只是昙花一现，上海物价从 10 月份后即迅速回升，重庆物价亦于 11 月份开始逐步上升。到 12 月份，上海的批发物价指数达到 88544，比 8 月份上升了 1 倍，此后如脱缰的野马，一发不可收拾。

表 6-7　　1945 年 8 月至 1949 年 5 月重庆、上海总物价指数变动趋势

（1937 年 1~6 月 =1）

时间	上海物价总指数	重庆物价总指数
1945 年 8 月	86400.00	1795.00
9 月	345.99	1226.00
10 月	378.63	1184.00
11 月	992.52	1350.85
12 月	885.44	1404.48
1946 年 1 月	983.45	1337.12
6 月	3723.75	1716.45
12 月	5713.13	2687.63
1947 年 1 月	6868.30	3537.08
6 月	29931.00	9253.40
12 月	83796.00	40107.00
1948 年 1 月	127474.00	63277.00
6 月	884800.00	455080.00
8 月	1.64	0.52
12 月	35.84	10.16
1949 年 1 月	128.76	28.07
5 月	2102000.00	456100.00

注：（1）1948 年 8 月之前为金圆券发行前的统计数据；（2）1948 年 8 月起为金圆券发行之后的统计数据。资料来源：吴冈：《旧中国通货膨胀史料》，第 160~163 页、170~173 页。

中国金融经济中心上海的物价指数,1945年9月从8月的高位下跌,9月和10月物价水平出现抗战以来罕见的稳定,11月份物价又开始上涨,涨幅达两倍以上,此后一发不可控制,但从1945年11月到1947年1月,物价还是呈算术级数上涨,1947年黄金风潮以后,物价呈几何级数上涨,如脱缰野马,完全失控。

二、通货膨胀的成因分析

造成1946~1949年通货膨胀的原因主要有三:

第一,国民政府财政金融政策的失误直接导致通货膨胀。首先,战后初期放松了金融管制。抗战时期,由于物资严重匮乏,人们的消费需求受到了很大的压抑,随着胜利的到来,国际贸易的次第恢复,战时长期积累下来的消费需求,在战后得到了总爆发,旺盛的消费需求拉动了通货膨胀。对此,国民政府因过高估计了抗战胜利后的经济形势和社会总供给能力,[①] 从而在决策上作出完全相反的决定,对战时所采取的各项管制措施一律予以废除,从而在决策上更加漫无限制。在国家政治、经济秩序尚未恢复常态以前,过早地放弃对物价、分配、资金等管制,事实证明是极为有害的,使社会久久不能走出无序状态。其次,由于国民政府高估了战争胜利对经济稳定的作用,战争一结束,政府立即启动耗资庞大的战后经济恢复计划,大幅度提高

---

① 国民政府天真地估计,抗战胜利后,相互隔绝的五个经济区域(国民党统治区、军阀统治区、抗日根据地、日本占领区、外国租借区)将会结成一体,其结果,对于中国物质供给缺乏的困境即可立即解除。他们的设想是:东北所产的杂粮将克服中国缺粮的现象,所产的钢铁可以使中国达到半自给自足的程度;东北和台湾的造纸和纸浆工业以及台湾的制糖工业,可以使中国完全不从国外进口纸张和食糖;接收日本在中国设立的棉纺织厂后,棉纺织工业就可以供应数年的国内需求;交通运输线不再被破坏,北煤就可以南运。这一切加起来,中国经济可以强盛起来,国内生产就可以成倍地增加,进口可以减低到最低的限度,就可以自动遏制通货膨胀。不幸的是,事实却正好与设想相反,在东北所接收的煤矿仅足以供应当地公用事业和民用的需要,东北前线的军粮还得依靠关内供应,沈阳成千上万的工厂不能开工,因内战,连接南北的津浦、平汉两大铁路干线遭到破坏,无法修复。北方的煤、棉无法南运,南方的工业品也无法北运;台湾遭到空袭破坏的工厂,因外汇头寸短缺而不能购买机器和零件,无法修复。抗战胜利的果实化为泡影,经济结构加速支离破碎。

政府公务员的薪金，与此同时，军费开支仍维持在战时水平。在政府财政收入不能同比增加的背景下，大幅度增加政府开支，不但无助于经济的恢复，而只是导致了物价的进一步上涨。再次，战后错误的货币兑换政策直接引发通货膨胀的重新抬头。早在抗战时期，四联总处就开始谋划战后金融复员，战争结束后的第19天，国民政府便宣布华中、华南各傀儡政权银行的钞票必须按200∶1的比率在四个月内兑换成法币，且每人最多只能兑换五万元法币，但又规定在兑换期截止之前，傀儡政权银行的钞票仍准许在市面计价流通。这些措施如同干柴堆里的火薪，直接点燃了战后通货膨胀。因为国民政府所确定的伪钞与法币的兑换比率，实际上严重低估了伪钞的价值。这尽管可以减轻增发法币的压力，但对于伪币的持有者而言，在兑换期截止之前尽量套购物质是最理性的选择，毫无根据任意规定的五万元法币兑换限额，起了同样的作用，因为凡持有超过此限额的伪币者，都用来抢购物质。总之，"低的兑换率，长的兑换期，每人兑换额的限制，允许伪钞在市面的流通使用等等都使这一兑换办法产生了高度通货膨胀的性质"（张公权，1986）。① 最后，不合理的汇率、进出口政策。1946年3月4日正式开放外汇市场，把法币的对外汇率定为1∶2020美元，中央银行奉命无限制买卖外汇。以当时国内的物价上涨程度来说，法币的对外价值是被严重高估了，加上因汇率高估，不敷成本，而处于完全停止状态，外汇有出无进，国际收支急剧恶化，外汇储备逐渐枯竭，外贸没能成为战胜通货膨胀的有力武器。而在社会动荡背景下滋生的人们对外汇的偏好、资金外逃和外汇投机等，更加加剧了国家外汇储备的消耗。国民政府不得不放弃维持固定汇率的政策，改为采用机动汇率。1946年8月19日将官价汇率提高到3350元，上涨约60%，市场汇率也立即从2500元升至3700元，引起整个物价波动。为了防止官价汇率低于市场汇率，利于吸收侨汇和出口结售汇，1947年8月设立平准基金。但由于通货膨胀不断恶化，基金汇率频频提高，一方面直接刺激进出口物品价格提高，在比价效应的驱使下，一

---

① 张公权：《中国通货膨胀史（1937～1949年）》，文史资料出版社1986年版，第49页。

般物价水平也随之高涨,另一方面由于进口物资越来越少,国内物资供应更稀缺,更多的纸币追逐更少的商品,物价上涨更甚。因此汇率及进出口政策的每一次调整,都成为促进物价飞涨的直接诱导因素(张公权,1986)。①

第二,财政赤字有增无减,钞票发行额继续以几何级数递增,恶化了这一时期通货膨胀。1946年政府财政支出增加了3.2倍,在收入方面尽管抛售了大量黄金、外汇和处理了大量敌伪资产,但仅足以支付财政支出的37%。1947年的支出比1946年又增长了5.7倍,收入却因停售黄金以及出售外汇和敌伪产业的减少而锐减,仅占支出的32%(张公权,1986)。② 1947年以后,国民党在军事上节节败退,税收来源急剧减少,财政赤字如滚雪球一般日益庞大。弥补财政赤字的途径剩下两途,一是发行公债,二是增发钞票。应该说,中央银行在发行公债上是尽了力的,1947年5月,张公权接任央行总裁后立即着手发行1亿美元的美元公债,该公债用外币认购,到期用美元偿还,同时还发行3亿美元的短期国库券,该种库券到期按照当时的官定汇率用法币偿还。发行之初,公众积极认购,但不久当公众洞窥政府并无诚意控制通货膨胀之后,认购热情迅速降到冰点。至1947年8月,美元公债认购数仅为25819550美元,其中四分之一被商业银行和棉纺织厂认购;短期国库券在1947年4到12月,认购额仅为5142.25亿元,约计30834680美元,1948年第一季度认购数为33555.16亿元,合11635660美元。出售各项公债所得的收入,仅占总收入的4.3%(张公权,1986)。③ 财政赤字几乎完全靠发行新钞来弥补。到1947年,政府向银行借款为数之巨,以致银行停止了一切对私营企业的贷款,而钞票的增发也完全是为了供应政府之用。表6-8对此有清楚反映。

---

① 张公权:《中国通货膨胀史(1937~1949年)》,文史资料出版社1986年版,第49~53页。

② 张公权:《中国通货膨胀史(1937~1949年)》,文史资料出版社1986年版,第50页。

③ 张公权:《中国通货膨胀史(1937~1949年)》,文史资料出版社1986年版,第110页。

表 6-8　　　　1946~1948 年政府赤字、银行垫款和钞票增发

（百万元法币）

年份	赤字	银行对政府垫款	钞票增发额
1946	4697802	4697802	2694200
1947	29329512	29329512	29462400
1948 年 1~7 月	434565612	434565612	341573700

资料来源：张公权：《中国通货膨胀史（1937~1949 年）》，文史资料出版社 1986 年版，第 110 页。

从表 6-8 可知，财政赤字全部仰给于银行垫款，而银行垫款在 1946 年有 57.35% 靠增发钞票来弥补，1947 年则达 100%，1948 年为 78.6%。1947 年的钞票增发额为 1946 年的 126 倍，在物质供给没有增加的情况，如此增发钞票，物价岂能不涨！

第三，人们的通货膨胀心理预期拉上了物价。在战时，物质供应长期紧张，物价涨势迅猛，因而社会心理势必恐慌，加之战争在短期内不会结束，人们预期到钞票将会继续增发，物质供应将会持续紧张，为了避免因货币贬值而造成损失，人们纷纷抢购物质，以储货保值，手中尽量不持有货币，这就加速了货币的流通速度，推动物价以更快的速度上涨。这正如美国经济学家唐·帕尔伯格所言"由于担心通货膨胀，公民们对于固定面值的金融工具持怀疑态度。明智的人士到此时已经丢掉了货币幻觉"（帕尔伯格，1998）。[①]

三、国民政府治理通货膨胀的措施

面对日益严重的通货膨胀，国民政府采取了经济措施和行政手段进行治理。

第一，抛售黄金，回笼法币。抗战胜利时，国民政府拥有黄金 600 万盎司，外汇 9 亿美元，接受的敌伪产业折合法币 10 万亿元，

---

① ［美］唐·帕尔伯格著，孙忠译：《通货膨胀的历史与分析》，中国发展出版社 1998 年版，第 108 页。

相当于1945年法币发行额5569亿元的20倍，此外，还握有美国给予的救济物质和美军剩余物质约合20亿美元（杨培新，1985）。① 以此家底为后盾，国民政府于1946年初再度责令中央银行抛售黄金，以抵消由于预算赤字所增加的社会购买力。从1946年3月开放黄金市场到1947年2月15日停售黄金，中央银行共售出纯金3512831.067盎司，回笼法币约9989亿元（中国人民银行总行参事室，1991）。② 此次黄金政策的运用，在抽紧银根，回笼法币，缓和物价上涨方面是有一定成效的（张公权，1986），③ 但在恶性通货膨胀时期，黄金"演变而为投机之标的物"，不到一年，投机者套取了中央银行黄金储备的76%（贺水金，2008）。④ 中央银行不得不于1947年2月17日停止抛售黄金，战后第一次以反通货膨胀为目的的黄金政策失败。为配合金圆券改革，1949年政府再次实行黄金政策，但此时中央银行家底已不能与1946年相比，因此最初核定金银外汇以及外汇转移证运用的限额每月不超过1500万美元，从2月25日至3月14日，央行实际售出的金银外汇及外汇转移证总数仅500万美元，只及规定限额的1/3，3月15日至21日，央行买卖力度有所加大，净售出黄金39870两，折合美元1993512309元，18日起又增加银元配售，共售169392元。此外，还实行物质配售和股票买卖，配售烟煤、生丝、台糖等物质，回笼金圆券35亿元以上。此次黄金政策，一定程度上也起到了"减少通货之发行，缓和物价上涨之速率"的成效。如1948年11月，物价较同月发行增加约16倍半，12月物价趋于平疲，1949年1月，物价上涨速率再次超过发行速率，2月物价上涨竟超过发行3倍多，"依此推算，设无国行从中调节，（3月）物价上升与发行之比率当在2月3倍之上"，但"自3月1日～19

---

① 杨培新：《旧中国的通货膨胀》，人民出版社1985年版，第60页。
② 中国人民银行总行参事室：《中华民国货币史资料》第2辑，上海人民出版社1991年版，第744页。
③ 1946年3月到1947年2月，法币增发32483亿元，抛售黄金所回笼的法币占其中的1/3。吴岗：《旧中国通货膨胀史料》，上海人民出版社1958年版，第156页。
④ 贺水金：《南京政府中央银行反通货膨胀政策及其绩效评析》，载《中国经济史研究》2008年第3期。

日，物价与发行之上升比率仅 1.83 倍。至物价上涨比率言，本年以来，1 月上涨速率较上一月高 2 倍以上，2 月则达 9 倍余，3 月 1 日~19 日上涨速率较上月仅 3 倍有余，自系本会（即平准会）运用之结果"。当然，平准会也承认"值此军政支出浩繁，政局欠安之际，欲求经济全面稳定，当非政府现有资力所及"，所能做到的仅是"和缓物价之波动，是通货膨胀暂时不再恶化"（贺水金，2008）。[①]

第二，管制信贷。在恶性通货膨胀时期，信贷资金用于生产投资的平均利润一般不超过 10%，有时甚至亏本，但用于投机的收益却高得多。表 6-9 对此有清楚反映。

表 6-9　　　　　　　　1948 年投机获利估计数

1948 年	从商品涨价中（上海批发物价指数）每月获利的%	从证券（以一种主要证券指数为例）涨价中获利的%	每月黑市利率平均数
1 月份	40	45	24
2 月份	43	14	23
3 月份	62	80	29
4 月份	16	10	26
5 月份	44	20	28
6 月份	88	77	30

资料来源：张公权：《中国通货膨胀史（1937~1949 年)》，文史资料出版社 1986 年版，第 170 页。

从表 6-9 可见，从事商品投机的获利最大，平均达 49%，购买证券次之，平均为 41%，再次为黑市贷款，平均 27%。在利润的驱使下，信贷资金自然流向投机领域，无论哪一种投机方式都促长通货膨胀。针对此，国民政府试图通过管制信贷来遏制通货膨胀。1946

[①] 中国历史第二档案馆，中央银行档案全宗号 396 卷号 2741，1949 年金银外汇平准会 1949 年 2~4 月工作报告，转引自贺水金：《南京政府中央银行反通货膨胀政策及其绩效评析》，载《中国经济史研究》2008 年第 3 期。

年 9 月,政府决定国家银行除对盐商的贷款、有证明文件的贷款和经四联总处批准的贷款外,其他贷款一律暂停,抵押贷款和无保证的贷款禁止发放。严厉管制信贷一方面可以打击投机,但另一方面却扼杀了生产。1947 年 4 月,又把四联总处对国家银行每笔贷款审批额从 5000 万元放宽至 2 亿元,对国家银行的再贴现和再抵押也不加限制(重庆市档案馆、中国人民银行重庆市分行金融研究所,1993)。[①] 1947 年下半年,上海物价突然飞涨,至 12 月,上海物价指数达到 83796,几达 6 月份的 3 倍,政府又陷入极端限制信贷的境地。8 月公布管制信贷办法,把国家银行的贷款对象限定为五类:从事匮乏的日用必需品的生产和分配的工商业者、从事生产能与进口的主要商品相竞争的工商企业、运输行业和公用事业、出口商;私营银行不得从事投机交易和商品买卖;在各大金融中心城市设立金融管理局,审查各银行账目和责令政府规定的银行停止营业。尽管政府作了种种努力,但投机活动和物价上涨之风依然没有刹住,迫使国民政府在信贷管制上更加极端化,1948 年春节后规定银行除对农业和出口工业发放贷款外,其余贷款一律停止,这引起了货币市场的极大震动,这项禁令于 3 月解除,但对贷款期限仍严加限制:再贴现不得超过 15 天、再抵押贷款不得超过 30 天、跟单汇票贷款不得超过 20 天、出口贷款可以延期到三个月。不过,这些措施几等具文,大都不能落到实处。

第三,实施行政管制。黄金风潮以后,国民政府重新实行各种管制办法。2 月 16 日,国民政府公布了一项紧急法令,对日用必需品(如面粉、棉纱、布匹、燃料、食盐、白糖、食油)实行限价;工资按 1947 年 1 月份的生活指数予以冻结,基本工资率不许有所变动;责令工厂按 1947 年 1 月份的平均零售价向职工配发日用必需品,禁止私人买、卖、收藏黄金和外汇。这些措施在实施之初起了一定的效果,但从 4 月份开始,随着美元黑市的出现,各种商品黑市也相继产生,国民政府不得不于 4 月中旬提高限价,5 月份对工资解冻。废止

---

① 重庆市档案馆、中国人民银行重庆市分行金融研究所:《四联总处史料》下,档案出版社 1993 年版,第 273 页。

物价和工资的限额办法之后,物价以管制前数倍的速度上涨,1947年8月,国民政府实行对薪金和工资收入者配发生活必需品的办法,以压低生活费上涨。同时,恢复提高银行利息,管制银行信贷。最初对国家银行的信贷管制对象仅限于五种主要工业,12月份,又规定国家银行非奉命不得向私营银行贷款,凡违反者,严惩不贷,为加强直接管制力度,设立了金融管理局专施其职(张公权,1986)。①1948年1月开始,物价以每两个月翻一番的速度上涨,蒋介石为之震动,下令停止一切银行贷款,此项信贷禁令,对于遏制通货膨胀来说收效甚微,但却造成了货币市场的混乱,使正当的工、商业交易无法进行,3月底不得不解除信贷禁令。

第四,实施币值改革。金融管制措施的失效,国民政府陷入了无奈与绝望的境地,主管财政金融官员们几乎丧失了理智,于是,一个非常而荒谬的方案便出台了。1948年8月,新任财政部长王云五提出:改变货币本位可以恢复经济稳定,国家财政也可因之自动达到平衡。他拟订了一个用新通货取代法币的方案,得到了蒋介石的积极支持。1948年8月19日,国民政府公布《金圆券发行办法》,宣布实施币值改革,规定:新币单位含金量为0.2217克净金;由金圆券代表流通;与旧币的兑换率为每一金圆券等于300万法币;新币发行的准备金为40%的黄金、白银和外汇;金圆券的发行额以20亿元为限;所有商品的价格一律按8月19日的价格折合金圆券予以冻结,非政府批准,不得擅自涨价;私人不得私自藏有黄金、白银或外汇其已持有者,概须上缴,政府以金圆券作价收兑(张公权,1986)。②与此同时,还发布了《人民所有金银外币处理办法》《中华民国人民

---

① 1947年12月成立的金融管理局,其本身所采取的手段,即有失道德标准。如使用秘密警察向有违章嫌疑的银行进行突击搜查,对无线电发报和电话通话都进行监听。金融管理局对银行非法活动的这种搜查,使信誉良好的银行也要使用暗账和进行秘密交易。这反而使黑市交易更加猖獗。秘密警察对于由成千上万的民众所形成的取得货币和创造货币的活动是控制不了的;对银行合乎经济需要的活动也是防止不了的。结果,1948年头几个月所采取的高压政策,对于通货膨胀问题,丝毫不起作用。张公权:《中国通货膨胀史(1937~1949年)》,文史资料出版社1986年版,第173页。

② 张公权:《中国通货膨胀史(1937~1949年)》,文史资料出版社1986年版,第57页。

存放国外外汇资产登记管理办法》《整理财政及加强管制经济办法》（叶世昌，2001）。① 为保证币制改革的顺利推进，国民政府还派高级官员驻扎上海、天津、广州三大地区亲自负责执行以上规定，在上海还调派秘密警察协助严厉执行，在暴力的压制下，物价暂时稳定下来，但这如同是一匹烈马被强行拽住，烈马一旦挣脱，必将以更快的速度猛冲猛撞。

在财政收支不能平衡的情况下，变换本位货币的金圆券改革不可能成功。事实上，政府对金圆券改革后的财政收支的预算完全是臆想，如把财政赤字占总支出的比重由70%减到30%根本就不可能做到，对收入的估计更加不切实际：关税为金圆4.8亿元、货物税7亿元、直接税3.6亿元、盐税2.2亿元、其他税收和政府企业盈利2亿元、出售剩余物质和敌产收入4亿元，但实际情况是：剩余物质和敌产，早已所剩无几；关税，由于外汇头寸缺乏，进口减少，出口也很有限，而远远不能达到估计之数；货物税，由于工厂减产及通货膨胀使有货者不愿脱手，而难以如数征收；盐税，由于盐价规定过低，更难指望；直接税，由于逃税之风日盛，也无法征收。实行金圆券改革后，除10月财政收支稍有好转外，财政赤字情况愈趋恶化（张公权，1986）。②

对于风雨飘摇中的国民政府而言，弥补巨额财政赤字的办法，除增加发行外别无他途。1948年8月19日所公布的20亿元金圆券最高发行限额，至11月9日就不能再坚守。是日，中央银行总裁俞鸿钧

---

① 《人民所有金银外币处理办法》规定：黄金、白银、银币及外币禁止流通、买卖或持有；持有者应于1948年9月30日前向中央银行或其委托银行兑换金圆券，黄金每两兑换金圆券200元，白银每两兑金圆券3元，银币每元兑换金圆券2元，美国币券兑换金圆券4元，其他各国币券照中央银行外汇汇率兑换金圆券。《中华民国存放国外外汇资产登记管理办法》规定：外汇资产包括在国外的存款、外币、金块、外币证券，1948年8月20日以前获得的限于12月31日以前向中央银行申报登记，8月21日以后获得的两个月内申报登记。《整理财政及加强管制经济办法》规定了增进各种税收，调节国际收支及物价、薪资、金融管理等内容，其中包括上海、天津证券交易所暂停营业，非经行政院核准，不得复业。叶世昌等著：《中国古近代金融史》，复旦大学出版社2001年版，第405～406页。

② 张公权：《中国通货膨胀史（1937～1949年）》，文史资料出版社1986年版，第112页。

表 6-10　　　　　1948 年 9～12 月政府支出和收入

月份	支出（元）	收入（元）	赤字占支出百分比（%）
9 月	金圆 343414000	金圆 108854000	69
10 月	金圆 282833000	金圆 145090000	49
11 月	金圆 674944000	金圆 172410000	75
12 月	金圆 2649609000	金圆 446747000	83

资料来源：张公权：《中国通货膨胀史（1937~1949 年）》，文史资料出版社 1986 年版，第 101 页。

密电蒋介石：军政费增加极巨，请政府放宽发行限额。11 日，行政院公布《修正金圆券发行办法》和《修正人民所存金银外币处理办法》，取消金圆券发行最高限额，准许人民持有外币，银币可以流通；金圆券存入中央银行一年后，可折提黄金或银币；汇率由原来 1 美元折合 4 金圆券贬值至 20 金圆券。金圆券发行限额放开后，顿成一泻千里之势。如表 6-11 所示。

钞票发行剧增，以至许多地方发生钞荒。中央银行向财政部的公函中言"近来国库支出激增，券源短绌，供应时虞不及，各地方需要券料，虽经竭力设法运济，仍患短缺极深，无以解决困难"（中国人民银行总行参事室，1991）。[①] 与金圆券发行剧增同步，金圆券价值飞速贬值，[②] 至 1949 年 5 月，金圆券已一文不值，500 万元只能和 1948 年 9 月的 1 元等价，上海大米每石需 4.4 亿元，若以每石米 320 万粒计，买 1 粒米需 130 多元（杨荫溥，1985）。[③] 桂林、柳州、南宁、康定、宝鸡、吉安、南昌、哈密、兰州等地甚至拒用金圆券。5

[①] 中国人民银行总参事室编：《中华民国货币史资料》第二辑，上海人民出版社 1991 年版，第 622 页。

[②] 以下有一些形象记载，或许更能理解金圆券的贬值程度：职员领工资拿到金圆券后，马上换成银元、美钞或黄金，如果稍有延迟，就要蒙受损失；百姓拿到金圆券后马上兑换黄金抢购东西，全国有 40 多个城市发生抢米风潮，参加群众 17 万人；商店的店主破天荒地说自己商店的商品质量不行，劝顾客别买；上海小花园一带的女鞋，连清朝以来几十年最老式的不论大脚小脚穿的各种鞋子都被抢购一空。

[③] 杨荫溥：《民国财政史》，中国财政经济出版社 1985 年版，第 216 页。

月27日，上海解放，金圆券停发。国民政府逃难广州后，于7月3日停发金圆券。金圆券成为一个沉痛的历史笑柄！

表6-11　　　　　　　金圆券发行和物价指数

时间	发行额（亿元）	发行指数	上海批发物价指数
1948年8月	5.44	1.00	1.64
9月	12.02	2.21	1.97
10月	18.50	3.40	2.20
11月	33.94	6.24	25.43
12月	83.20	15.29	35.84
1949年1月	208.70	38.36	128.76
2月	597.30	109.80	897.78
3月	1961.30	360.53	4053.20
4月	15312.00	2814.71	83820.00
5月	565392.00	103932.35	2102000.00
6月	1303046.00	239530.51	—

资料来源：金圆券发行额来源于《中华民国货币史资料》第2辑，第597页，物价指数来源于吴冈：《旧中国通货膨胀史料》，第162~163页。

就在7月3日，国民政府在广州宣布再次进行"以银元为本位"的币制改革，发行银元券。银元券名为兑换券，实则不能兑现，人们拒绝使用。银元券共发行1亿元，实际流通2000万元，其中广州流通1000万元，重庆500万元，其他地区500万元。1949年10月，广州解放，银元券作为国民政府发行的最后也是最短命的纸币，随着蒋介石集团的被赶出大陆而终结。

第五节　处理金融危机

抗战时期，尽管法币日益贬值，但其对外价值却因政府实行固定汇率制度而长期维持在 20∶1，法币内外价值的严重背离导致外汇黑市猖獗，黑市汇率超过官方汇率几近百倍。随着抗战的临近胜利，战后重建工作提上日程，客观上要求国民党调整战时金融政策。1945年 6 月，宋子文出任行政院院长，在宋氏看来，法币对外价值严重高估，使外贸停顿，极不利于经济发展，战后经济重建必须开放金融。1946 年 2 月 25 日，宋子文向国防最高会议提出开放金融市场案，将固定汇率改为随市场供给决定的自由浮动汇率，并由中央银行操控买卖市场。在宋子文看到，实行金融开放政策，必需建立起能吞吐通货的金融市场，几乎与此同时，宋子文又决定以中央银行库存黄金为基础，以官定价格在上海黄金市场公开买卖，借此回笼市面上流通的过量法币，以稳定物价。以硬通货换回软通货，首先需要政府掌握大量硬通货，这一点，宋子文是有信心的，1945 年底，中央银行的黄金外汇储备达 85805 万美元，其中黄金为 568 万盎司，而 1946 年仅上海一地变卖的接收物资收入即达法币 6698 亿元。[①] 宋子文开放金融还得到了美国的支持，国民政府美籍经济顾问、杨格（Arthur N. Young）在这一政策的极力鼓吹者，还承诺向美国国会为国民政府争取 20 亿美元贷款。[②]

1946 年 2 月 26 日，贝祖诒出任中央银行总裁，金融开放政策进入实际运作。3 月 4 日，中央银行开放外汇市场，以法币 2020 元兑 1 美元的价格买卖美元。与此相配合，中央银行制订了《黄金买卖细则》。3 月 8 日，中央银行开始买卖黄金，每条（10 两）售价 165 万元。黄金买卖之初，吞吐量大体持平，4 月卖出 3674 条，买进 3000 条，从 5 月开始，卖出大大超过买进，6 月卖出 19982 条，买进只有 402 条，净卖出 19580 条，买卖已经失衡，但因为当时中央银行手中掌握的黄金美元数量甚大，通过大量抛售，尚可维持黄金价格的基本

[①] Strictly Confidential, January 1, 1946, Arthur Young Collection, Box 116, HooverArchive, Stanford University, Stanford, U. S. A, Hear after HA.《中华民国重要史料初编》，第 7 编第 1 册第 339 页，中国台湾，1985 年。

[②] 杨格在其回忆录中，很少未提及他与这一政策的关系，杨格同时说，他和宋并不经常见面，只在非常时期提供建议或有所讨论。但实际上杨格对宋的政策有很大影响。《中华民国重要史料初编》第 7 编第 1 册第 339 页，中国台湾，1985。

平稳（汪朝光，1999）。[①] 至 1946 年底时，金价开始大幅度波动，1947 年之后，市面金价每天都有波动，2 月初中央银行停止黄金抛售的前几天，一天涨价竟达九次。如表 6-12 所列（以黄金每条折合法币计算，每条 10 两）。

表 6-12　　　　1946 年 1 月～1947 年 2 月上海黄金市场
黄金价格波动情况（千元）

时间	最高价格	最低价格	时间	最高价格	最低价格
1946 年 1～3 月	1940	795	1947 年 1 月 4 日	4580	3954
1946 年 4～6 月	2030	1420	1947 年 1 月 31 日	4630	4190
1946 年 7～9 月	2300	1863	1947 年 2 月 4 日	4700	4400
1946 年 10 月	2300	1863	1947 年 2 月 7 日	5330	4840
1946 年 11 月	2240	2150	1947 年 1 月 10 日	7200	5430
1946 年 12 月	3715	2758	1947 年 2 月 13 日	7800	6700

资料来源：何汉文：《记上海黄金风潮案》，载《币祸》，中国文史出版社 2004 年版，第 301 页。

1946 年 3 月到 12 月，金价平均上涨了 150%，同一时期物价上升了 200% 多，金价低于物价，购买黄金囤积更加有利可图，这就刺激了投机者的神经，官、军、商、企都投身于黄金大投机漩涡中。首先进行投机的是掌握了公共资源的官僚，他们利用国家钱财进行私人投机，如青海军阀马步芳在上海设立的湟中公司，擅自动用甘清、青海两公路工程费 10 亿元用于购买黄金（李立侠，2004）。[②] 官僚、豪门除动用自己钞票购买黄金外，还通过向四行贷款套购黄金，仅在 12 月初的头几天中，四联总处就发放了 560 亿元"生产贷款"，事后查明这些贷款都是用于抢购黄金，甚至央行上午发出的"生产贷款"

[①] T, V, Pei to T. V. Soong, July 22, 1947, Arthur Young Collection, Box, 116, HA. 转引自汪朝光：《简论 1947 年的黄金风潮》，载《中国经济史研究》1999 年第 4 期。

[②] 李立侠：《回忆中央银行黄金案》，载《币祸》，中国文史出版社 2004 年版，第 327 页。

支票，在当日下午抛售黄金的收款中，支票就回了笼。在前线作战的高级军官把领到的军饷钞票，大批装运上海抢购黄金和美钞，各部队为了争取交通工具运送钞票，经常发生争执以致武装冲突。直接控制黄金买卖的中央银行自己也被暴利冲昏了头脑，居然也参与黄金投机，中央银行由南京开往徐州等地的运送钞票的专车，开到半途，便又调转车头，运回上海购买黄金。

在投机者的刺激下，金价如脱缰野马，疯狂上涨，央行不得不增加金条抛售，在上海的库存黄金快要完结之时，不惜包用中航运输飞机，将重庆的库存厂条也运来济急。但相对于近乎天文数字的法币而言，央行所掌握的黄金实在太少，在1月30日，央行抛售的黄金还有19000条（合近6吨），而2月份的上半个月，一共只抛售了10900多条，其捉襟见肘的情形已经非常明显。嗅觉灵敏的投机者马上觉察到库存即将告罄，更加疯狂地投机以套购最后一笔黄金。在此情况下，央行不得不于2月8日停止暗售黄金，10日，停止对金号的配售。由此更引起金、汇黑市价格暴涨，上海金价涨至720万，美元达到16000元，带动市场谣言四起，一片混乱，2月11日起，蒋介石连续召见宋子文并主持中央常委会，讨论经济形势。此时，上海黄金官价730万，但有价无市，黑市高达940万，直逼千万大关（广州已达1100万）。宋子文虽也意识到形势的严重，但仍图最后一搏，他要求蒋介石核减预算，节约开支，以稳住金价。在军事决战关头，蒋介石不可能接受宋子文的建议，他要求宋子文速筹对公教人员以实物代货币的紧急方案，以安定人心。然宋子文仍不甘心，2月13日，他请美国顾问杨格向蒋介石提出改变外汇汇率、继续抛售黄金的紧急方案，但蒋认为"决难持久"，"期期以为不可"。蒋决定孤注一掷，实行停售黄金、管制物价、禁用外币、取缔投机等一系列经济紧急措施。2月15日，中央银行公告停止抛售黄金。顿时，上海黄金市场只有黑市而无牌价，金价飞涨，引领物价狂升，物质奇缺，市面十分紊乱。黄金风潮达到高潮。16日，国防最高委员会通过《经济紧急措施方案》，主要内容为：（1）平衡预算，本年度政府各部门预算，除非迫切需要支出者，均应缓发；严格征收税收，加辟税源；加紧标售敌伪产业和剩余物资；国营生产事业，除属于重工业范围及确须由政府经营者外，应公开出卖或售与民营。（2）取缔投机买卖安定金融市场，即日起禁止黄金买卖；禁止国外币券在境内流通；加强金融业务管制。（3）发展贸易，法币与美元比价调为12000∶1；废除出口补助与进口附加税办法；推广出口；修正进口许可制度。（4）严格管制物价；一切日用必需品，按评议物价实施办法，严格议定价格；职工薪金以1月为最高指数，不得以任何方式增加底薪，粮、布、燃料亦按1月平均零售价，定量配给于职工。（5）政府对食米、面粉、纱布、燃料、食盐、白糖、食油等主要日用必需品以定价供应公教人员，先在京、沪两地试办，并在各重要地区分期推进。[1] 与此同时，还公布《取缔黄金投机买卖办法》，其要点为：（1）禁止商民买卖金条金饰；（2）禁止黄金计价流通；（3）禁止人民携带黄金条块出国，旅客携带金饰出国不得超过二两；（4）冻结黄金价格，黄金持有人必须按中央银行公告的黄金价格将黄金兑换成国币；（5）淘采的黄金按央行公告价格兑换国币；（6）工业及医疗所需黄金，经财政部核准由央行售给；（7）除中央银行及其所委托之银行可以收兑黄金外，其他银行一律不得买卖黄金，违者投机操纵扰乱金融论罪；（8）报刊不得登载央行公告价格之外之黄金行市（洪葭管，2005）。[2] 为实施这些管制措施，宋子文下令在上海成立经济监察团，发动宪警特务进行严查，在当局的高压下，上海市面短期内得到了稳定，但毫无经济基础的行政管制不可能收到长期效果，这些管制措施在实施仅一个月后便完全失效（张公权，1986）。[3]

黄金风潮中到底抛售了多少黄金，由于当年从未公布过确切的统计数字，一直众说纷纭，成为一个历史谜团。据黄金案调查者、监察院委员何汉文回忆，宋子文上台时，中央银行库存黄金约900万两，在开放黄金市场期间，每月售出黄金约7万两左右，12个月共计抛

---

[1] 《中央银行月报》新2卷第3期，1947年3月。
[2] 洪葭管：《中央银行史料》下，中国金融出版社2005年版，第1121页。
[3] 张公权：《中国通货膨胀史（1937~1949年）》，中国文史出版社1986年版，第50页。

售黄金应在850万两左右（何汉文，2004）。① 但中央银行高级职员沈日新和李立侠客的估计则要少得多，沈日新回忆，自1946年3月到1947年2月至的一年时间内，耗损外汇、黄金占1946年2月末存底的58.41%强，若只就黄金而言，一年间卖出黄金3531680两，这个数目占原来存底的60%（沈日新，2004）。② 李立侠回忆，抛售黄金数量应是370余万两（李立侠，2004）。③ 不管怎样，此次风潮耗损了国民政府的大部分黄金外汇家底，引起了蒋介石和朝野人士的强烈不满，国民党内部各派趁机利用这个机会掀起了倒宋运动，黄金风潮又衍生出一场政治风波。

　　上海黄金风潮爆发后，舆论哗然，宋子文因而成为众矢之的，各派或从私人立场或从公的立场出发，对宋子文口诛笔伐。张群为首的政学系因为自从宋子文上台后，把张公权从中央银行副总裁位置上挤走，对宋子文极端不满，趁机利用黄金风潮倒宋，以攫取财政金融大权和行政院院长职位。二陈为首的CC派，在财政金融领域只控制了中国农民银行，中国银行、中央信托局尚在争夺之中，中央银行被宋子文控制，想乘机通过倒宋更多地染指财政金融。孔祥熙一系主张倒宋，是因为从1945年宋子文把孔祥熙的财政大权夺去后一直不能进入财政金融决策中枢，此时若能扳倒宋子文，就增加了一线卷土重来的希望。于右任为首的检察院，一贯以超然自居，自命不介入一切派系争斗，但此次也力主查办且挺身而出承担查办职责，出于两点考虑：一是出被宋子文冷落的怨气，二是借机抬高检察院的威信。社会贤达则出于正义力主严查宋子文，因无政治得失，最为激进，冲锋在前的是著名学者傅斯年，他在《世纪评论》杂志连续发表《这个样子的宋子文非走开不可》和《宋子文的失败》两文，以极为尖锐的文辞痛责宋子文的经济政策。"不特不足平抑物价，反而刺激物价"；指责宋子

---

① 何汉文：《记上海黄金风潮案》，载《币祸》，中国文史出版社2004年版，第308页。
② 沈日新：《1947年黄金风潮的内幕》，载《币祸》，中国文史出版社2004年版，第292页。
③ 李立侠：《回忆中央银行黄金案》，载《币祸》，中国文史出版社2004年版，第327页。

文坐视民族工业破产，毫无信用，任用私人，只知以流畅的英国话交些个决不登大雅之堂的美国人；因此要挽救目前的危机，"第一件便是请走宋子文"，因为"国家吃不消他了，人民吃不消他了，他真该走了，不走一切垮了。"傅文一出轰动朝野，成为倒宋潮中的重磅炮弹。

2月13日，监察院院长于右任主持院会，决定派何汉文等四委员前往上海彻查。次日立法院会议则对宋子文发动猛烈攻击，认为"宋子文应辞职以谢国人"。2月16日晚，监察院何汉文、谷凤翔、万灿、张庆桢四监委作为上海黄金案彻查委员赴上海开始调查。据四监委的调查结果，1946年3月到1947年2月，中央银行买卖黄金根本就无章可循，多数情况是暗箱操作，黄金风潮在很大程度上是舞弊的结果。

在中央银行内部，宋子文是黄金买卖的最高决策者，央行总裁贝祖诒、业务局局长林凤苞和副局长杨安仁具体负责，每天的抛售数量由三人决定，抛售价格由林、杨二人与公会负责人詹莲生商定，每天商定黄金买卖情形，用英文向宋子文汇报，财政部长俞鸿钧无权过问，甚至蒋介石也不知底里。黄金买卖操控于几人之手，为投机舞弊大开方便之门。这从抛售黄金的市场代理人的选定上就可得到印证。央行从金业公会中选定同丰余、太康润、大丰恒三家金号，银楼业公会中选定方九霞昌记、杨庆和发记两家银楼为代理人，据后来监察院的调查，这五家资力其实非常薄弱。同丰余资本为1500万元，太康润为2400万元，大丰恒为1000万元，方九霞为910万元，杨庆和为960万元，以当时法币价值论，它们的资力几乎等于零（何汉文，2004）。[①]如此微小的资本根本就不具备承办以百万计的黄金买卖业务的能力，那它们凭什么承做央行的黄金买卖业务呢？太康润、大丰恒、方九霞、杨庆和实际上都受控于同丰余经理詹莲生，詹莲生之所以能揽到黄金买卖业务，与贝祖诒的关系直接相关。詹莲生是苏州人，与贝祖诒既是同乡又是亲戚，而且还做过贝祖诒兄长、颜料大王贝润荪的颜料生意经纪人，贝祖诒在担任中国银行上海分行经理时，詹莲生便在上海金业交易所暗地与贝祖诒勾结，利用中国银行的资本做投机生

---

① 何汉文：《记上海黄金风潮案》，载《币祸》，中国文史出版社2004年版，第309页。

意，牟取暴利，在贝祖诒的支持下，詹莲生控制了上海金业并当选为上海金业公会主席，贝祖诒就任央行总裁后自然想到以詹莲生为黄金买卖代理人，贝祖诒是宋子文的亲信，贝祖诒的提名宋子文完全允准，詹莲生就这样成为了宋、贝在上海黄金市场的代理人。林凤苞、杨安仁是贝祖诒的亲信，这样，贝、林、杨、詹完全控制了黄金买卖，舞弊之门洞开。监察院在调阅同丰余账目时发现，同丰余居然没有黄金买卖的出进明细账，在同丰余董事会名单中，有两个假名查不出下落，据说便是贝、林、杨等的化名。据何汉文的估计，詹莲生在央行买卖黄金的一年间，其经售利润约为13.5万两，加上火耗收入、成色掠取，总共超过20万两，但这笔巨额黄金不是詹莲生一人独吞，何汉文审讯詹莲生时问及黄金去向，詹莲生答："赚项也大，应酬也大，并没有得到多少金子"，显然，在黄金买卖中，官员与商人朋比为奸（何汉文，2004）。[①]

那么，蒋介石、宋子文应该负什么责任？是失察？还是包庇？1946年3月开放黄金市场，经过了国防最高委员会和行政院的核准，但1947年2月8日，停止暗售黄金，15日停止一切黄金抛售，以至引发大风潮，事前并没有由中央银行或财政部向国防最高委员会提出市场金价不断狂涨、央行库存告罄等严重情形的报告，通过讨论作出决定。行政院既无决定，究竟是谁下的停售命令？监察委员询问贝祖诒，贝答复是奉宋子文电话指示，没有文字手令。再问宋子文，宋答复是奉蒋介石口头指示，他不过是奉命行事。监察院四监委于2月19日致电蒋介石："此次中央银行停售黄金，事出突兀，致引起风潮，摇动金融经济。据宋院长称，停售系奉钧座指示，确否祈赐电示"，蒋介石的批示是："并无其事。事到如今，有何办法！"（何汉文，2004）[②] 既然并无其事，为何不追究责任，由此看来，黄金风潮的形成，上至蒋、宋，下至贝、林、杨、詹，都负有责任。至于各自分赃多少，迄今是历史谜团。

[①] 何汉文：《记上海黄金风潮案》，载《币祸》，中国文史出版社2004年版，第313页。
[②] 何汉文：《记上海黄金风潮案》，载《币祸》，中国文史出版社2004年版，第316～317页。

监察院四委员根据调查所得事实，对贝祖诒、林凤苞、杨安仁在黄金风潮中的行为定性为违法失职：其一，泄露国家机密。中央银行存金底数，属于国家机密，而央行"总裁贝祖诒等，竟以全部出售金块交由同丰余金号一家负责分配与大丰恒等七家熔化金条而不交中央造币厂熔化"，致使央行全部售金的熔化数量被同丰余洞悉；央行所指定的售金行号，均须同丰余经理詹莲生一人盖章方能领取，致使央行所售出的黄金总数全被詹莲生洞悉，以至詹莲生"伺机与黄金政策，作投机决斗，以获取巨利"，因而"贝祖诒等实有有意泄露此项机密之嫌疑"。其二，官商勾结。央行每日出售黄金的价格，由同丰余等五家行号与央行以对讲电话报告为准，"而五家行号之指定，系由贝祖诒、林凤苞、杨安仁三人任意决定，漫无标准"，五家行号均受詹莲生控制，"显然放任詹莲生保持操纵，谓为官商勾结，实非过分"。其三，擅作主张。暗售黄金的方略，"非政府决定，当为贝、林、杨三人擅定之办法"。其四，纵容部下。管理黄金库存的央行襄理王松涛等央行职员，利用职权从事黄金买卖，而贝祖诒不加以约束，"实有纵使部属染指黄金投机买卖之嫌疑"。其五，隐瞒信息。1947年1月起，金价暴涨，黄金政策已难以为继，但贝祖诒却不据实呈报，2月10日，突然停止暗售，事后未向上峰呈报（洪葭管，2005）。①监察院将调查结果公布后，上海地方法院判处林凤苞、杨安仁、詹莲生等一线舞弊人员徒刑。②贝祖诒被免去中央银行总裁职务，由张公权接任。宋子文是黄金案的关键人物，国民党内部的倒宋派当然希望严厉惩治宋子文，1947年3月4日，由监察院四监委打头阵，提出并向社会公布弹劾宋子文案，认为宋子文自"接任行政院长以来，其误国失职多端，尤以此次黄金风潮，使社会骚动，影响国计民生至深且巨"，应"依法提出弹劾，即请提出惩戒，以正纲纪"。③

---

　　① 洪葭管：《中央银行史料》下，中国金融出版社2005年版，第1114页。
　　② 此为何汉文的回忆，另据沈日新回忆，杨安仁被判七年，詹莲生被判四年，但林凤苞并未判刑。
　　③ 《监察院对宋子文黄金舞弊案的弹劾书及审查报告》，全宗八，卷号1362，中国第二历史档案馆藏。

第六章 南京国民政府后期的金融监管

尽管蒋介石对宋子文也颇有不满,但蒋宋之间打断骨头连着筋,一损俱损,关键时刻不会弃宋。于是,蒋介石授意监察院长于右任,不要对宋落井下石,最后,监察院对宋子文所应负之责任界定为:"本案所举弹劾宋子文之事实,均属政策运用问题,尚未举出有何犯罪情事。"既然如此,宋子文就不必负刑事责任,蒋介石以免去宋子文行政院长职务向社会交代,但几乎同时又任命宋为广东省主席,由京官变为地方官。

在黄金案中最大的受益者是政学系,宋子文垮台后,张群继任行政院长,贝祖诒被免职后,张公权上台。最失望的CC系,几乎没有捞到好处。于是,他们主张进一步彻查宋子文在黄金案中的贪污行为,3月23日的国民党五届三中全会上,CC中央委员黄宇人等100余人提出《惩治金钞风潮负责大员及彻查官办商行账目没收贪官污吏之财产以肃官方而平民愤案》,请求政府惩治宋子文、贝祖诒及其部属。但蒋介石一力为宋子文辩护,谓"宋子文在行政院长任内,并不贪污,如谓余见贪污而不知,则由余负责"(汪朝光,1999),[①]在蒋的高压下,查办宋的声浪就此停息。

黄金风潮,在经济上几乎掏空了国民政府的家底,在政治上使国民党内部党争更趋显性化和尖锐化,因而它给国民党的打击是致命的。从博弈论的角度看,黄金风潮的结局是负和博弈。研究历史不仅要通过描述还原历史真相,还应该从描述中提炼历史启迪。

国民政府时期的一切经济问题,实际上都与国民党内部利益集团息息相关,黄金风潮中的经济投机和政治博弈,利益集团的影响则更加明显。以研究利益集团理论著称的美国经济学家奥尔森认为利益集团的实质在于最大限度地追逐特殊利益。对集团来说,有两种增进其成员利益的途径:一种是通过努力增加全社会的总体利益,从而使自己在总利益中的份额随之增加;另一种是努力争取自己成员在社会总利益中得到更多的份额。经验表明,集团均倾向于后一种方式为自己的成员牟利。其原因在于任何一个集团要想使全社会的效率提高,就

---

① 转引自汪朝光:《简论1947年的黄金风潮》,载《中国经济史研究》1999年第4期。

必须为此付出高昂的代价，负担促成这一目标的全部费用。而每个组织的成员人数同全社会的总人口相比又是微不足道的，他们获得的仅是其中极小部分的利益，而那些对此未作任何贡献的其他社会成员也能获得同样的份额。因此集团为其成员谋取利益的唯一途径，只能是尽量在社会总利益中争取较大份额。在国民党内部，存在蒋介石系、孔祥熙系、宋子文系、政学系、CC系等多个利益集团，这些利益集团之间长期互相倾轧，互相拆台，谁坐在台上，其他派别就在台下拆柱，因而谁也搞不清楚自己在台上能坐多久，一旦上台就加紧牟取本集团的利益，把社会利益置于第二位。宋子文系在黄金风潮中损公肥私，就是例证。之前孔祥熙当政期间的两次黄金风潮，孔祥熙系也利用职权之便中饱私囊。

第六节 结论性评价

从最终结果看，解放战争时期的金融监管是失灵的，或者说，该时期政府所实施的金融监管完全失败。这里，需要缕析的是政府金融监管为何失败？从中留下了什么历史教训？

第一，国民政府对抗战后经济形势判断的失误及由此造成的监管措施的不当直接导致监管失灵。如物价管制。首先在对通货膨胀的认识上，国民政府决策层就没有意识到通货膨胀的危害。当战争结束之时，中国的财政已接近全面崩溃的危险地步，通货膨胀进一步恶化的趋势已非常明显，所以，平衡预算、防止通货膨胀恶化成为燃眉之急。但"不幸的是，政府当局被胜利冲昏了头脑，竟认为胜利本身就可以自动解决通货膨胀问题"（张公权，1986）。[①] 政府之所以产生这个奇怪想法的逻辑是：抗战胜利，提高了中国在国际事务上的地位，并且政府可以暂时把全国人民统一在它的统治之下。于是，政府认为，这些有利条件本身就足以成为发行钞票的无形准备，这些有

[①] 张公权：《中国通货膨胀史（1937～1949年）》，文史资料出版社1986年版，第99页。

形、无形的巨大产业，不仅可以用来维持现有的通货流通量，而且把将来的钞票发行额增加几倍，也不会有害。这种盲目的乐观，便为早已把中国拖上经济解体、政治灾难之路的国民政府在战后采取不现实的经济政策奠定了基础。抗战胜利后，国民政府的家底比较殷实：拥有900万两黄金储备、10亿美元的外汇储备，以此为基础，中国政府如果实行币制整顿和预算平衡不是不可能的，但国民政府在奇怪逻辑的支配下，丧失了最佳的整顿时机。正因为没有意识到通货膨胀的危害，国民政府在推行治理措施时，错过了争取财政收支平衡的机会。抗战胜利之初，人们把战时所贮藏的商品向市场抛售，以往对物价的压力暂时消失；通货膨胀的缓和，也为政府压缩支出提供了可能。同时，沿海工、商中心地区的收复，使关税、盐税、货物税等收入的增加也大有前途，若能抓住这一机会迅速拟订复员计划并付诸实施，财政收支有望实现平衡。然而，国民政府的大员们对战后经济形势的严重性缺乏认识，不切实际地增大政府支出，把财政赤字拉到天文数字。1945年中央政府预算支出为2638亿元，但实际支出达23480亿元，超出九倍；1946年，原拟定的预算支出为25249亿元，实际支出达75477.9亿元，约增加了三倍；1947年的政府支出较1946年增加了三倍；1948年上半年预算支出为960000亿元，但实际支出达6554710.87亿元，比预算增加了7倍（张公权，1986）。[①] 政府支出与通货膨胀互相促进，即支出随着通货膨胀的恶化而增加，通货膨胀因支出的增加而恶化。对于这个逻辑，中央银行早有意识，1947年5月，中央银行新任总裁张公权进言政府改革财政，将财政建立在健全的基础上。张向蒋介石呼吁，控制通货膨胀必须建立在改革预算之上，希望政府通过压缩赤字来减少新钞的发行，从而控制物价上涨。但财政部长却持反对意见，认为只要物价不断上涨，控制预算不可能做到。他的观点得到蒋介石的默认，结果这份基本解决通货

---

① 张公权：《中国通货膨胀史（1937~1949年）》，文史资料出版社1986年版，第101页。

膨胀的方案就便束之高阁（张公权，1986）。①

外汇管制的失败同样是源于对形势判断的失误。战后，政府认为通货膨胀的主要原因是商品的供不应求，因而只要重新开放沿海口岸，便利从国外进口商品，商品价格的上涨就会自动制止。外贸政策越是自由放任，通货膨胀就越易于克服。中央银行于战后有着空前巨额黄金和外汇储备，政府深信有足够的力量控制市场，中央银行的巨额储备是战胜投机活动的主要武器，公开市场政策的运用是能对赤字财政、钞票过量发行所造成的影响起缓和作用的。上面的种种假设，就是战后制定外汇政策的依据。不幸的是，政府忽视了抗战时期平准基金运用的经验教训，没有采取有效的补救措施，因而对许多重要问题都没有果敢第对待，包括：削减非必需商品的进口；拨给最重要商品进口所需要的外汇；防止投机倒把，资金外逃，商品走私；制止上海外汇流入黑市，制止在香港的中国货币黑市；争取盟国的继续合作等（张公权，1986）。② 政策失误造成的后果是灾难性的，如1946年8月，中央银行实行进口许可证限额制度，该限制办法实施以后，商人便不能从中央银行取得外汇，只能出高价向自由市场购买外汇，于是，官价汇率与市场汇率的差距急剧扩大，这等于是把外汇驱赶到自由市场而不交售中央银行。为遏制此种情况，1947年2月，国民政府颁行处理经济紧急措施，严格禁止自由市场交易，其本意在于限制资本自由流动，但事实上却促发了资金外逃的高潮，特别是逃往香港。自由市场交易转移至香港以逃避中国政府的限制。资金外逃助长了自由市场汇率，进而带动了官价汇率，而且使通货膨胀进一步恶化。中央银行不得不于1947年8月放弃外汇定价政策，成立平准基金，企图根据市场现状确定外汇牌价，按黄金的牌价支付进口。设立平准基金的原意是防止官价汇率低于自由市场汇率，以鼓励从出口取得的外汇和侨汇流入中央银行。但随着通货膨胀的迅速发展，平准基

---

① 张公权：《中国通货膨胀史（1937~1949年）》，文史资料出版社1986年版，第109页。

② 张公权：《中国通货膨胀史（1937~1949年）》，文史资料出版社1986年版，第196~197页。

金不得不频频提高官定汇率,但这又引起了政治上的激烈反对,其理由是,经常提高官价汇率影响一般物价水平。至1948年5月,平准基金的外汇牌价低于自由市场汇率1/3(见表6-13),使出口创汇额和侨汇额大幅度减少,但重要商品的进口却不能压缩,其结果是国际收支状况进一步恶化,外汇储备降到最低点,外汇政策失败。

表6-13　　　　　　　　　抗战后的汇率

时间	公开市场汇率（每美元等于法币数）	官价汇率（每美元等于法币数）	公开市场：较前期增加（%）	上海批发物价指数：较前期增加（%）
1945年12月	1222	20	—	—
1946年12月	6063	3350	230	180
1947年12月	149615	77636	410	350
1948年12月	405000000	366000000	17510	5730
1949年4月	2441640000000	615000000000	602000	581000

资料来源:张公权:《中国通货膨胀史(1937~1949年)》,文史资料出版社,1986年版,第195页。

第二,各利益集团的"分利"行为及利益集团之间互相掣肘也促使战后金融监管失灵。在奥尔森的利益集团理论中,他把不关心社会总收益的下降的利益集团称为"分利集团",在奥尔森看来,由于利益集团的目的在于重新分配国民收入而不是去创造更多的社会财富,因而分利行为把人们的目光集中在再分配问题上,这种重视再分配的现象使社会政治生活中相对增加了分配问题的重要性,同时减少了对更广泛的公共利益的关心。分利行为的零和特征使得一些人的收益增加,但同时意味着另一些人收益的减少,可能导致分配不公,从而引起成员间的利益冲突。黄金风潮中,权贵投机者赚得盆满钵满,下层民众却饱受因黄金涨价而引发的物价暴涨之苦。在黄金风潮过后的治理过程中,权贵总能逃脱监管而一般群众却又一次面临合法的掠夺,如经济监察团,以查处投机为名,从一般商民手中没收黄金20

多万两，有权贵背景的公司投机黄金可以逍遥法外，没有背景的公司如正泰橡胶厂、大中华造纸厂却因以生产贷款买黄金而吃官司。国民党利益集团的分利行为最终造成社会中的政治冲突加剧，黄金风潮两个月之后便爆发了大规模的群众运动，使国民党的统治进一步失控。有人认为宋子文的黄金政策与外汇政策，实际上就是以合法方式将国家财产转入私人腰包，证据是宋子文、孔祥熙家族控制的孚中公司和扬子公司从1946年3月开放外汇市场，直到1947年2月黄金风潮爆发，共计结汇33447万美元，占同期售出外汇总数的88%。这些以官价得到的外汇或用于购买明令禁止进口的物品以赢利，或直接到黑市出售赚取市场差价。此事被《中央日报》透露后，朝野震动，在蒋介石的亲自过问下，报纸其后发出更正，称小数点标错，使总数一下减少了99%，成为334万美元（漆敬尧，1993）。①此事成为民国经济史上的一桩悬案，但宋、孔家族通过官价与黑市的差价套汇谋利当为事实。据财政部上蒋介石呈文，孚中公司结汇153.8万美元，扬子公司结汇180.7万美元。监察院和审计部的联合调查，则称孚中公司结汇158.5万美元，扬子公司结汇182万美元。因此，小数点问题并非空穴来风（中国人民银行总行参事室，1991）。②

---

① 漆敬尧：《小数点的玄机化解一场政治风暴》，载《传记文学》1993年第1期。
② 中国人民银行总行参事室编：《中华民国货币史资料》第二辑，上海人民出版社1991年版，第835、842~843页。

第七章

近代中国金融监管模式变迁轨迹

金融监管模式，即金融监管的制度安排，它包括金融监管当局对金融机构和金融市场施加影响的机制以及监管体系的组织结构（黄达，2003）。[①] 由于历史文化传统、法律、政治体制、经济发展水平等方面的差异，各国金融监管机构的设置颇不相同。即使是同一国家，不同时期的金融监管机构的设置也有较大差异。根据监管主体的多少，金融监管体制大体可以划分为两种类型：单一监管和多头监管模式。

单一监管模式的基本特征是，由一家金融监管机关对金融业实施高度集中监管，从金融史视角看，一般由中央银行执行监管职能。这种监管模式被各国广泛采用，如英国、澳大利亚、爱尔兰、荷兰等，这些国家市场体系较为完整，经济发展水平比较平衡，中央银行拥有较高的独立性，这些特点决定中央银行比其他机构更为容易和有效地履行金融监管职能。多数发展中国家如印度、巴西、埃及等采行这种集中单一的金融监管模式，其主要原因在于这些国家政府承担着较大的推动经济发展的职能，而且国内市场体系很不完善，金融制度结构比较简单，客观上需要政府通过中央银行集中统一地干预和管理国内金融体系，而集中单一的金融监管模式既是政府干预金融体系的必要条件，又能与相对简单的国内金融制度结构相适应，不过，作为监管

---

① 黄达主编：《金融学》，中国人民大学出版社2003年版，第720页。

机构的中央银行由于缺乏独立性，因而在金融监管方面主要体现的是政府的意志。多头监管模式是根据从事金融业务的不同机构主体及其业务范围的不同，由不同的监管机构分别实施监管的体制，若监管机构只有两家，则为双头监管体制，这是多头监管体制的特例。根据监管权限在中央和地方的不同划分，又可将其区分为"双线多头"和"一线多头"两种模式。"双线多头"的特征为中央和地方两级拥有对金融机构的监管权，形成"双线"管理格局；同时每一级又有若干个监管机构共同完成监管任务，形成"多头"管理格局。实行这种金融监管体制的国家不多，美国是实行这一监管体制的典型。"一线多头"的特征是金融监管权力集中于中央一级，地方是中央监管的代理者和执行者，没有独立的监管权力；但在中央一级拥有金融监管权力并实施监管政策的机构并不只有一个，而是有两个或两个以上机构，它们共同负责对金融体系的监管，形成"多头"管理格局。此种模式一般与经济金融较为发达和中央拥有较大权力的国家相联系，日本是实施这一体制的典型（孔祥毅，2002）。①

近代中国金融监管处在不断的变化之中，大体经历了单一监管（清末）——双头监管（北洋政府时期）——多头监管（南京国民政府时期），且不同时期的金融监管主体不完全相同，同一监管主体的监管职能也不尽相同。

第一节　清末：单一监管模式

中国银行业在产生之初，清政府就意识到了银行监管的重要。户部尚书载泽在一份奏折中提出，东西各国均有银行监理专门立法，中国在整理财政之时，银行监理尤为重要，政府应加强对银行的监管，以"期与各国成法相符"，户部对各种银行"皆有统辖查考之权，且各设专例以监督之"，由于"银行为通国财政所关"，银行监管应为

---

① 孔祥毅主编：《百年金融制度变迁与金融协调》，中国社会科学出版社2002年版，第273~274页。

"户部之专责"（中国人民银行总行参事室，1991）。[①] 可见，清末执行金融监管职能的最初是户部，1897年中国通商银行的设立就经过了户部的审批，1906年9月，户部改为度支部，1908年度支部颁行的《银行通行则例》明确规定，度支部负责实施银行监管，其执掌如下：（1）核准银行的设立与歇业。凡欲创立银行，无论采用独资或公司制，均须报度支部核准备案，歇业也须将存欠数目计算清楚，报度支部查核；（2）纸币发行审核。官设商立各行号每月须将发行数目及准备数目，按期咨报度支部查核，度支部随时派员查核；（3）银行每半年须详造该行所有财产目录及出入对照表，呈送度支部查核；（4）银行组织变更核准。银行组织结构发生变化，如由独资改为公司制，或公司制改为独资，或与其他公司合并等，须报度支部核准；（5）违规惩处。银行如违规，由度支部按情节轻重处以相应数目的罚款（中国第二历史档案馆，1989）。[②] 作为国家银行的大清银行并无监管金融的权力。1908年的《大清银行则例》尽管赋了了大清银行部分中央银行职能，但同时又规定其必须接受度支部的监管，包括增加股本、设立分行分号、发行纸币等，均须"禀准度支部"，度支部向大清银行派驻监理官2人，监理官"应随时检查大清银行之票据、现金及一切账簿"，度支部认为有必要查核大清银行时，"可随时派员会同监理官查核大清银行一切事务"（周葆銮，1920）。[③] 而大清银行发行纸币，"须遵守兑换纸币则例，另订详细章程，呈度支部核准施行"，在发行新币时，也必须"向度支部请领新币，由部复准知照选币分别发放"（中国人民银行总行参事室，1991）。[④] 监管银行的专门机构，在户部时期为钱法堂，户部改度支部后，钱法堂改称通阜（钱币）司。

[①] 中国人民银行总行参事室编：《中国近代货币史资料》第一辑，下，中华书局1964年版，第1044页。
[②] 中国第二历史档案馆、中国人民银行江苏省分行、江苏省金融志编委会：《中华民国金融法规档案资料选编》，档案出版社1989年版，第145～148页。
[③] 周葆銮：《中华银行史》，商务印书馆1920年版，第10～15页。
[④] 中国人民银行总行参事室编：《中国近代货币史资料》第一辑，下，中华书局1964年版，第1046页。

需要提及的是，清末新政期间，为整理混乱的货币制度，清政府接受精琦的建议，设立财政处，与户部共掌金融财政，以整理财政及制币等事为主要职责（刘平，2008）。① 不过财政处并未实际理事。1909年，度支部内设立币制调查局，1910年《币制条例》颁行后，币制调查局改称币制局，专司币制管理。

清末，户部（度支部）是唯一的实际金融监管机构，因而，清末时期的金融监管是典型的单一监管模式。

第二节　北洋政府时期：双头监管模式

民国初年，北洋政府仿效日本由大藏省监管金融的做法，规定由财政部负责管理钱币、银行等事务。② 与清末不同的是，为了加强财政部对银行的监管能力，1913年，北洋政府设立银行监理官，即在各省官钱银号派驻监理官直接实行监管。监理官的职责主要有4项：随时检查各省官钱银号的各种账簿及金库；随时检查纸币发行数目及准备情况；随时检查各种票据及一切文件；随时质问一切事务情形。监理官是财政部派驻金融机构的稽核人员，他们直接听命于财政部长，实施对金融机构的现场稽查和监督。③ 1916年，财政部颁行《银行稽查章程》，该章程规定财政部特设银行稽查，办理各处官立、私立、各银行稽查事宜，银行稽查由财政部派员充任，或派主管司员兼任，如需委托各银行监理官或其他职员办理时，得由部令派为银行稽查（周葆銮，1920）。④ 1919年1月9日，北洋政府进一步具体明确

---

① 刘平：《近代中国银行监管制度研究（1897~1949）》，复旦大学出版社2008年版，第53页。
② 中国第二历史档案馆编：《中华民国史档案资料汇编》第二辑，江苏古籍出版社1991年版，第8~9页。
③ 姚会元、易棉阳：《中国政府金融监管的演进与特点（1900~1949）》，载《广东金融学院学报》2007年第5期。
④ 周葆銮：《中华银行史》，商务印书馆1920年版，第24~28页。

了财政部对银行业的监管权限。①

为整理币制，1914年财政部设立币制局专司其职，币制局成为北洋政府时期的另一金融监管机构。币制局设立的目的，在厉行1914年颁布的《国币条例》，统一银货、发行金券，并组织推行金币之贸易机关（张辑颜，1936）。② 1918年，北洋政府改组币制局，划分币制局与财政部的职责。币制局专门负责整理币制，包括监管中央造币厂、生金银出入、国内外货币统计、中央和各省官钱银号的发行与准备情况、调查货币的流通状况及其重量成色等。币制局直隶国务总理，督办由财政总长兼任，"凡财政部所属造币总分厂、印刷局、造纸厂及各银行监理官，应受币制局之监督和指挥"（中国第二历史档案馆，1997）。③ 尽管北洋政府赋予了币制局整理币制的权力，但因币制局始终缺乏独立性，受政局左右，没有真正履行其职责。1923年12月底，币制局撤销，其执掌重新划归财政部泉币司专理。④

农商部是北洋政府时期另一重要的金融监管机构。金融机构营业执照的审核与发放归农商部管理。如1917年5月，金城银行在天津设立金城商业银行股份有限公司，在备齐了简章、股东名册、注册格式及注册费银，首先呈报天津县长，再"呈请津道尹转呈省长咨陈农商部查照注册，给发执照"（中国人民银行上海市分行金融研究室，1983）。⑤ 按1914年《证券交易所法》的规定，农商部除负责行

---

① 财政部的银行业的监管范围是：（1）中国银行官股事项；（2）中交两行则例内规定应属财政部核准事项；（3）中国实业银行筹备事项；（4）普通商业银行验资注册事项；（5）农工银行筹备事项；（6）储蓄、殖业等特种银行核定事项；（7）核定各种私立银行草案规则事项；（8）外国银行新设立案事项；（9）关于银行公会设立监督事项；（10）稽查取缔各种私立银行事项；（11）处理国家银行与各省财政机关垫款归欠事项；（12）处理各省官银号与各省财政机关垫款归欠事项等。中国第二历史档案馆编：《中华民国史档案资料汇编》第三辑，江苏古籍出版社1991年版，第4页。

② 张辑颜：《中国金融论》，黎明书局1936年版，第204~205页。

③ 中国第二历史档案馆编：《中华民国史档案资料汇编》第三辑，江苏古籍出版社1997年版，第2页。

④ 《币制局设立始末纪》，《银行周报》1923年第7卷第50期。

⑤ 中国人民银行上海市分行金融研究室编：《金城银行史料》，上海人民出版社1983年版，第13页。

使对交易所的登记、审核外,① 对证券市场也实施监管,其职权如下:(1)当证券交易所的行为违法或妨碍公益、扰乱公安时,有权解散证券交易所;停止或禁止证券交易所全部或部分营业;撤销证券交易所作出的决议或处分。(2)必要时,可派临时视察员检查证券交易所与经纪人的业务、账簿、财产或其他一切物件。(3)必要时,可令证券交易所改定章程,证券交易所营业期间内因故解散时,须禀报农商部,并由农商部咨行财政部备案(上海市档案馆,1992)。② 鉴于信交风潮,1926年9月,农商部颁布《交易所监理官条例》,按照该条例的规定,农商部在各区域内设立交易所监理官,监理官向各交易所派驻委员1人,负责稽核交易所账目、征收交易所税及其他监督事项。③ 此举尽管遭到交易所的抵制,但农商部最终还是强力推行,可见,农商部在监管证券市场上的权威。

可见,北洋政府时期,财政部和农商部共同承担着监管全国金融的职能,因而,该时期是双头监管。

第三节 南京国民政府时期:多头监管模式

无论是抗战时期还是战前与战后,南京国民政府在金融监管领域实行多头监管体制,但不同时期的监管机构不尽相同,同一机构在不同时期的监管职权也有所变化。

南京国民政府上台之后,迫不及待地控制全国金融业。为此,1927年11月1日,国民政府第12次会议决定裁撤财政部钱币司,鉴

---

① 1916年冬,孙中山与虞洽卿基于"上海有设立交易所之必要,并知我不自设,外人将有越俎代我设立之势,反客为主,主权尽失。将来商业枢纽,全为外人所操纵"的想法,采纳了日本友人的建议,"组织上海交易所股份有限公司,拟具章程并说明书,呈请农商部核准。"1921年6月25日上海证券物品交易所的营业执照系由农商部发给。《孙中山与证券业》,http://www.jrj.com.cn/newsread/detail。

② 上海市档案馆编:《旧上海的证券交易所》,上海古籍出版社1992年版,第277页。

③ 《交易所监理官条例》,载《银行周报》1926年第10卷第36号。

于上海乃全国金融中心，为监管上海乃至全国金融，会议决定于上海设立金融监理局。按财政部给上海银行公会的解释，金融管理局"系为统一本部旧辖钱币司、银行监理官、交易所监理官、特种营业稽征特派员等职务而设，一方面在执行政府监督银行、交易所等任务，一方面在巩固金融机关之信用，使得充分保障"。（刘平，2008）[①] 金融监理局成立后，为统一事权，上海交易所监理官、江苏银行监理官、全国特种营业稽征特派员等一律裁撤，归并金融管理局办理。1927年11月19日，《财政部金融监理局组织条例》颁行，按条例规定，金融监理局隶属国民政府财政部，监理全国关于金融行政上一切事宜。金融监理局下辖三课，各课执掌分别如下。第一课：银行章程则例审核及注册事项；检查银行业务及财产事项；监察银行纸币发行及准备事项；以及银行其他一切事项。第二课：交易所、保险公司、信托公司、储蓄会等业务事项。第三课：厘定一切金融法规章程事项；调查国内外金融状况事项；编制金融各项统计事项；编译及报告事项以及其他调查事项。金融监理局检查银行等金融机关后，应随时将检查情形呈请财政部核办；金融监理局关于各种金融机关设立、注册等经详密审查核议后，呈请财政部核办；金融监理局对金融制度兴革等事宜，应随时拟具意见，呈请财政部核办（财政部财政科学研究所等，1997）[②]。国民政府设立金融监理局，旨在一统金融，但是时国民政府初立，根基未固，金融监理局在实际运作中难以开展工作，如上海银行公会就公开抵制金融监理局，要求财政部"金融监理局暂行停止进行，而召集各项金融团体从长研究，以符政府历次宣言与民合作之原旨"（刘平，2008）[③]。金融监理局存在时间不到一年，于1928年8月金融监理局奉财政部之令改组为泉币司，并于8

[①] 财政部快邮代电第107号（1927年11月11日），上海档案馆藏上海银行公会档案，档号S173—1—221，转引自刘平：《近代中国银行监管制度研究（1897～1949）》，复旦大学出版社2008年版，第55页。

[②] 财政部科研所、中国第二历史档案馆合编：《国民政府财政金融税收档案资料汇编（1927～1937年）》，中国财政经济出版社1997年版，第391～392页。

[③] 转引自刘平：《近代中国银行监管制度研究（1897～1949）》，复旦大学出版社2008年版，第55页。

月 31 日停止办公，原管事务，悉数移归财政部泉币司办理。① 金融监理局之后，泉币司成为财政部内专门的金融监管机构。其执掌共 11 项，包括：（1）整理币制事项；（2）调查货币事项；（3）货币计算事项；（4）金银货币及生金银出入事项；（5）监督造币厂事项；（6）监督银行及储蓄会事项；（7）发行纸币事项；（8）稽核准备金事项；（9）国内外金融事项；（10）监督交易所、保险公司事项；（11）其他币制及银行一切事项（张辑颜，1936）。②

工商部也具有部分管理金融的权力，工商部组织法规定工商部具有管理证券交易所立案和监督等职责。如 1929 年工商部颁布部令《验换交易所及经纪人执照章程》，规定北洋政府时期设立的交易所及其经纪人应于两个月内将原领执照呈请工商部查验换给新照，旧照即行注销，凡部依章程规定期限内未呈验换照者，视同未经核准。但财政部也具备交易所准入监管之权，这样就造成政出多门，1929 年 8 月，财政部与工商部会商决定，由财政部将交易所设立注册案卷全部移往工商部接管，与金融有关事项，如征收交易所税等仍由财政部负责。1930 年，工商部与农商部合并为实业部之后，监管权自然移归实业部，1934 年 4 月，实业部与财政部共同决定，在上海设立交易所监理官办公处，监理员由两部各会派监理员 1 人，互相监视。不过，由于内国公债是交易所的主要标的物，而公债的发行又主要是财政部负责，因此，对上海证券交易所的监管主要由财政部所派监理员负责（刘志英，2004）。③

晚清、北洋政府时期，中国没有真正的中央银行，南京国民政府上台后，于 1928 年组建中央银行，不过，在中央银行成立后的十多年内，因资力不强，难以切实履行中央银行职责，因而不具备完全的金融监管能力。但由于中央银行有国民政府做后盾，还是具备一定的监管能力。如 1929 年 4 月 20 日财政部公布的《银行注册章程施行细则》规定"银行呈请验资注册时，应将所收资本存储于所在地中央

---

① 《金融监理局改为泉币司之函知》，载《钱业月报》1928 年第 8 卷第 8 号。
② 张辑颜：《中国金融论》，黎明书局 1936 年版，第 210 页。
③ 刘志英：《近代上海华商证券市场研究》，学林出版社 2004 年版，第 98 页。

银行或其代理处,取具该银行证明书,附呈地方政府转请或迳请财政部核准"(财政部财政科学研究所,1997)。① 这说明,在银行的准入监管上,中央银行具有一席发言权。

抗战时期的金融监管由四联总处、财政部、中央银行、外汇管理委员会、发行准备委员会和储蓄存款保证准备保管委员会等多个部门承担,属于典型的多头监管模式。

四联总处是抗战时期设立的最重要的金融监管机构。四联总处成立于1937年8月,起初,四联总处只是一个起着联络和协调作用的松散的办事机构,1939年9月,国防最高委员会核定"战时健全中央金融机构办法纲要"十条,改组成立四联总处,改组以后,四联总处地位大为提升,"举凡战时金融之设施,以及经济之策划,均为总处任务,所谓决定政策,指示方针,与考核工作是也"(重庆市档案馆、中国人民银行重庆市分行金融研究所,1993),② 此时的四联总处已经是一个名副其实的战时最高财政金融决策机构。其金融监管权力包括以下方面:(1)调剂四行银行券;(2)设计全国金融网;(3)集中运用全国资金;(4)审核四行发行准备;(5)发行与领用受托之小额币券;(6)进行联合贴放;(7)审核内地及口岸汇款;(8)审核外汇申请;(9)联合投资战时特种生产事业;(10)调剂战时物资;(11)管理所收兑的生金银;(12)推行特种储蓄;(13)办理其他四行所应办之事项;(14)复核四行预算决算(重庆市档案馆、中国人民银行重庆市分行金融研究所,1993)。③

财政部是抗战时期另一重要金融监管机构,内设之钱币司和银行监理官专门负责实施金融监管。其中,钱币司的监管内容包括以下十一项:(1)规划整理币制及化验硬币;(2)稽核货币及生金银的进出口;(3)监督造币厂及印刷局;(4)审核发行纸币及检查准备金

---

① 财政部科研所、中国第二历史档案馆合编:《国民政府财政金融税收档案资料汇编(1927~1937年)》,中国财政经济出版社1997年版,第648页。
② 重庆市档案馆、重庆市人民银行金融研究所:《四联总处史料》上,档案出版社1993年版,第54页。
③ 重庆市档案馆、重庆市人民银行金融研究所:《四联总处史料》上,档案出版社1993年版,第54~55页。

状况;(5)监督银行储蓄业务及信托业务;(6)监督交易所保险业及其他特种金融事业;(7)调剂国内外金融;(8)管理全国内外汇兑;(9)调查货币金融;(10)监督各种奖券;(11)货币金融其他事项(童蒙正,1942)。① 1943年初,财政部为"实施金融政策,加强管制全国银钱行庄业务",在重庆及各重要都市设置了银行监理官,并在各省地方银行和重要商业银行设置了驻行监理员(重庆市档案馆、中国人民银行重庆市分行金融研究所,1993)。② 按照《财政部银行监理官办公处组织规程》的规定,银行监理官的职掌包括九项:(1)事前审核管辖区内银钱行庄放款业务;(2)事后抽查管辖区内银钱行庄放款用途;(3)审核管辖区内银钱行庄日计表及存放汇兑等表;(4)督促管辖区内银钱行庄提缴普通存款准备金及储蓄存款保证准备金;(5)检查管辖区内银钱行庄账目,并会同主管官署检查向银钱行庄借款厂商之账目;(6)报告管辖区内银钱行庄业务状况;(7)调查报告管辖区内金融经济状况;(8)向部建议金融应兴应革事项;(9)其他部令饬办事项。根据《财政部驻银行监理官规程》,驻行监理官享有如下权力:(1)审核驻在行放款业务;(2)考查驻在行放款用途;(3)审核驻在行日计表及存款汇兑等表;(4)督促驻在行提缴普通存款准备金及储蓄存款保证准备;(5)检查驻在行账册簿籍、仓库库存及其他有关文件物件;(6)报告驻在行业务状况并陈述改进意见;(7)向财部建议金融应兴应革事项;(8)其他部令饬办事项(重庆市档案馆、中国人民银行重庆市分行金融研究所,1993)。③ 驻省地方银行监理官除以上规定任务外,还有以下监理任务:(1)审核发行或领用壹元券辅币券数目;(2)检

---

① 童蒙正:《金融动员与调整金融机构问题》,载《金融知识》1942年第1卷第5期。
② 财政部将国统区划分为17个区,即重庆区、内江区、宜宾区、成都区、万县区、兰州区、西安区、洛阳区、贵阳区、衡阳区、昆明区、桂林区、曲江区、吉安区、屯溪区、永安区和迪化区,重庆市由财政部直接管辖,故没有另设监理官,在其他16区都设置了银行监理官办公处,并明确划分了各区银行监理官所管辖的范围,详情请参阅重庆市档案馆、重庆市人民银行金融研究所:《四联总处史料》下,档案出版社1993年版,第458~459页。
③ 重庆市档案馆、重庆市人民银行金融研究所:《四联总处史料》下,档案出版社1993年版,第454页。

查发行或领用壹元券辅币券准备金；（3）审核关于壹元券辅币券以新换旧各事项；（4）封存及保管已印未发之壹元券辅币券及印刷戳记；（5）监督领用壹元券辅币券是否照章运用；（6）监督信托部受政府委托办理之业务（重庆市档案馆、中国人民银行重庆市分行金融研究所，1993）。①

1942年实行四行专业化之后，中央银行也具备了部分金融监管职能，其监管重点是金融市场，包括：（1）调剂资金供求；（2）推行票据制度；（3）督促各银行缴纳存款准备金；（4）考核各银行钱庄之放款、投资、存款及汇款业务是否遵照《非常时期管理银行暂行办法》及其他有关法令办理（重庆市档案馆，1992）。② 1941年1月，中央银行受财政部委托，协助财政部督导县乡银行业务，1942年3月，中央银行成立县乡银行督导处，负责对县乡银行的扶植、督导、管理、调整等工作（刘慧宇，1999）。③ 1944年12月，行政院实施《加强银行监理办法》，规定各区银行监理官办公处处长由财政部派员充任，副处长由当地中央银行经理兼任，经费由中央银行负担，办公处就辖区内银行分布之情形，做到每行每年至少检查2次，这实际上是明确中央银行协助财政部监管银行业（中国第二历史档案馆，1989）。④

外汇管理委员会是抗战时期的最高外汇管理机构，它成立于1941年9月，其职掌包括以下十项：（1）审定外汇管理政策；（2）审核申请购买外汇；（3）处理出口货物的结汇；（4）督导华侨汇款；（5）处理国外封存资金；（6）处理国外购料借款；（7）督促收集金银；（8）管理银行外汇业务；（9）控制外汇市场；（10）调研外汇管理状况。外汇管理委员会虽为统筹外汇管理机关，但对平准基金运用无权

---

① 重庆市档案馆、重庆市人民银行金融研究所：《四联总处史料》下，档案出版社1993年版，第455页。
② 重庆市档案馆编：《抗战时期国民政府经济法规》上，档案出版社1992年版，第647~648页。
③ 刘慧宇：《中国中央银行研究（1928~1949）》，中国经济出版社1999年版，第245页。
④ 中国第二历史档案馆、中国人民银行江苏省分行等编：《中华民国金融法规档案资料选编》上，档案出版社1989年版，第687~688页。

管理（童蒙正，1942）。①

此外，发行准备委员会和储蓄存款保证准备保管委员会也是抗战时期的两个重要的金融管理机构。发行准备委员会的职掌是保管、检查法币准备金和办理法币发行与收换事宜；储蓄存款保证准备委员会职掌是保管、监督、检查储蓄存款保证准备金（童蒙正，1942）。②

在所有的金融监管机构中，四联总处和财政部是级别最高、履行职责时间最长的金融监管机构，而其他的监管机构则只负责某项具体职责，且存在时间大都不长。根据钱币司、银行监理官、四联总处的各自职掌的划分，财政部和四联总处在战时金融监管上有所分工，财政部主要主管金融行政和一般的金融立法，四联总处主要管理金融业务，如货币发行、外汇统筹、资金调拨、金融市场的管理和调剂等，在监管实践中，四联总处和财政部互相配合，所以，它们之间仅是一种模糊的分工。

抗战胜利后，金融监管领域的头等大事是接收收复区金融，时语是金融复员。1945 年 9 月 22 日，财政部颁行《财政部派驻收复区财政金融特派员办公处办事规则》，该规则将收复区划分为七个区域：京沪区（辖南京市、上海市、江苏省、浙江省、安徽省），辽吉黑区（辖辽宁省、吉林省、黑龙江省及哈尔滨特区），冀鲁察热区（辖河北省、山东省、察哈尔省、热河省、北平市、天津市、青岛市及威海卫特区），晋绥豫区（辖山西省、绥远省、河南省），鄂湘赣区（辖湖北省、湖南省、江西省及汉口市），粤桂闽区（辖广东省、广西省、福建省），台湾区（辖台湾、澎湖）。各区均设立财政金融特派员公署，驻各区特派员分别为：京沪区陈行，辽吉黑区关吉玉，冀鲁察热区张果为，晋绥豫区仇曾治，鄂湘赣区贾士毅，粤桂闽区钟锷，台湾区陈公亮（吴景平，2008）。③ 财政金融特派员执掌包括：（1）区内有关财政金融之敌伪财产及财务机关接收、国有财产之接收；（2）法币供应及款项划拨之洽办；（3）敌伪银行资产之接收清理；（4）敌伪

---

① ② 童蒙正：《金融动员与调整金融机构问题》，载《金融知识》1942 年第 1 卷第 5 期。

③ 吴景平等主编：《现代化与国际化进程中的中国金融法制建设》，复旦大学出版社 2008 年版，第 44 页。

银行发行钞券账册、库存券、准备金之接收及流通券之登记；(5) 国家行局所设分支机构之督导；(6) 区内商营金融机构之督导及清查等（中国第二历史档案馆等，1989）。① 至1946年2月，各区金融接收工作基本结束，是月底，各区特派员办公处一律结束。所有各区财政金融事宜，移归财政部各主管司署分别接管。

1947年黄金风潮以后，各金融机关投机行为日炽，为防止各地金融机关之投机及非法活动，以安定市面，1947年12月，财政部在上海、天津、广州、汉口等大都市设置金融管理局，金融管理局各冠以所在地地名，其管理区域由财政部具体规定。金融管理局秉承财政部之命办理各地金融机构之检查监督及检举事项，主要包括：(1) 国家行局库暨其信托部或其附属机构，以及省市银行、中外商营银钱行庄、信托公司、保险公司、信用合作社及其附属机构或其他经营金融业务之行号之放款、汇款、投资及其他交易之审查及检举事项；(2) 银钱业联合准备委员会及票据交换所之监督及检查；(3) 政府机关及国营实业机关违背公款存汇办法之检举及取缔事项；(4) 非法金融机构之检举及取缔事项；(5) 黄金、外币、外汇非法买卖之检举及取缔事项等（重庆市档案馆、中国人民银行重庆市分行金融研究所，1993）。② 金融管理局成立之时，正值经济金融一片混乱，政府当局对金融管理局寄予了厚望，蒋介石亲自召见了四个局长，并进行了勉励（李立侠，1987）。③ 为便于金融管理局执行任务，财政部赋予了该局执行职务的诸多特权，可随时责令各行庄、局、库、公司或机关提供报告，并得派员检查账册、文书及其有关仓库，当地政府及军警机关切实协助，如其事项涉及其他机关执掌者，并得会同其他机关办理。1947年12月19日，财政部又公布了《财政部金融管理局办事规则》，对稽核处、秘书处内设各组执掌，以及具体

---

① 中国第二历史档案馆、中国人民银行江苏省分行等编：《中华民国金融法规档案资料选编》下，档案出版社1989年版，第1480~1481页。
② 重庆市档案馆、重庆市人民银行金融研究所：《四联总处史料》上，档案出版社1993年版，第106页。
③ 李立侠：《张公权与中央银行》，载寿充一、寿乐英主编：《中央银行史话》，中国文史出版社1987年版，第51页。

工作流程等作了明确划分。金融管理局对安定金融起了一定的作用，如上海金融管理局与上海市警察局合作，破获了一起大金钞案；再如汉口金融管理局严厉打击非法钱庄，取缔非法钱庄共计 44 家，其中武昌 5 家，汉口 39 家，平日周转的游资达 1500 亿～2000 亿元。广州金融管理局于 1948 年 1 月初开始检查金融机构，计 1 月份检查行庄 33 家，2 月份检查行庄 66 家，3 月份检查行庄 10 家（刘平，2008）。① 金融管理局专为打击市面混乱而设，因而其采取的措施既非一般行政手段，更非经济手段，而是与军统等特务机关合作，利用便衣警察管理金融。其行为在打击市场混乱的同时又加剧了市场混乱。时任中央银行行长也承认"1947 年 12 月政府成立金融，其本身所采用的手段，即有失于道德标准，使用秘密警察向有违章嫌疑的银行进行突击搜查，对无线电发报和电话都进行监听……使信誉良好的要使用暗账进行交易。这反而使黑市交易更加猖獗"。加上各地关系盘根错杂，金融管理局主管官员不敢放手工作，至 1948 年 5 月，四大金融管理局相继撤销（中国人民银行总行金融研究所历史研究室，1990）。②

四联总处是抗战时期最高财政金融机构，抗战胜利后，四联总处存在的合理性受到质疑，有人认为抗战时期"四联总处业务逐渐扩大，职权日增，在后方时代，上有与财政部管理金融的机构分庭抗礼、割裂行政权力之势，下则取中央银行为银行之银行的职权而代之"，因而其"存在实际上已成为问题"。③ 国民政府坚持认为四联总处"为适应非常时期之组织，兹战事虽告结束，而复员期间政府各项金融经济设施仍须赓续协助推进，惟为适合当前环境起见，此后工作应以审核放款及研讨物价为主"（重庆市档案馆、中国人民银行重庆市分行金融研究所，1993）。④ 1945 年 12 月 1 日，国民政府对四联总处进行第三次改

---

① 刘平：《近代中国银行监管制度研究（1897～1949）》，复旦大学出版社 2008 年版，第 61 页。
② 中国人民银行总行金融研究所金融历史研究室编：《近代中国金融业管理》，人民出版社 1990 年版，第 346～347 页。
③ 《四联总处使命完成》，载《银行周报》1948 年第 32 卷第 43 期。
④ 重庆市档案馆、重庆市人民银行金融研究所：《四联总处史料》上，档案出版社 1993 年版，第 106 页。

组，对其职权进行了限制。原隶属理事会的战后金融复员计划实施委员会、各行局实务研究委员会及划一各行局人事制度设计委员会一律撤销；战时金融经济委员会改称金融经济委员会，其下各小组委员会除特种小组委员会及放款小组委员会仍予保留外，其余储蓄、农贷、土地金融及放款考核等小组合并改组为普通业务小组委员会；秘书处下设之发行、业务、储蓄、农贷等七个科合并改组为"总务"和"业务"两科，会计处撤销，其原下属之统计科改隶秘书处；原设在西部地区的分支处，凡"业务清简核无继续存在必要者，均予裁撤"，有的分处则降格为支处，在业务繁多的收复区则"视事实酌设分支处"（重庆市档案馆、中国人民银行重庆市分行金融研究所，1993）。[①] 四联总处监管金融的权力大为削弱，局限于以下领域：（1）督办金融复员；（2）管理收复区的钞券供应和定额本票；（3）修订战后投资贴放方针和制订战后协助生产事业纲领；（4）考核各行局业务。

经济部是抗战以后一个重要的金融监管机构，战争一结束，经济部就成立战时生产局苏浙皖区特派员办公处，直接负责管理上海证券市场。1946年，经济部与财政部共同筹设新的上海证券交易所，交易所成立后，两部为加强业务管理，设立上海市证券交易所监理委员会，设委员15人，由财政部和经济部共同会派。监理委员会职权包括：上市证券的调查审定；证券业同业公会会员字号数额及资格的调查审定；证券交易所章则规程之审定；上市证券公司厂商财务业务的调查审核；交易业务的监督管理；交易税的稽征；财政部经济部临时交办以及其他有关监督管理事宜（刘志英，2004）。[②]

抗战以后，中央银行监管金融职能得到强化。抗战胜利前夕，财政部公布施行《财政部授权中央银行检查金融机构业务办法》，对中央银行检查金融机构作了具体规定。该办法规定，财政部授权中央银行检查的金融机构包括银行、信托公司、保险公司及合作金库，但中国银行、交通银行、中国农民银行、中央新信托据、邮政储金汇业局及

[①] 重庆市档案馆、重庆市人民银行金融研究所：《四联总处史料》上，档案出版社1993年版，第105~107页。

[②] 刘志英：《近代上海华商证券市场研究》，学林出版社2004年版，第122页。

各县银行业务的检查,不在前项授权范围以内。中央银行检查金融机构,除专案指定者外,每一单位每年不得少于两次,但财政部于特别需要时,得直接派员检查。检查人员于执行检查后,应将结果缮具书面报告,送由负责行直接送财政部,并分报总行备查。中央银行应按月将检查情形编制报告,并附具改进意见,送请财政部查核处理。为适应战后金融经济形势的需要,按财政部的规定,1945年6月,中央银行将原有县乡银行业务督导处改组为金融机构业务检查处,负责办理全国金融机构业务之检查事宜,9月,中央银行将内设之稽核处和金融机构业务检查处合并,将财政部授权检查金融机构业务划归稽核处办理(中国第二历史档案馆,1997)。[①] 抗战时期,财政部、中央银行均由孔祥熙集团控制,随着抗战后期孔祥熙的倒台,这种权力格局被打破,中央银行被宋子文集团控制,财政部部长俞鸿钧是孔祥熙老部下,尽管俞鸿钧竭力靠拢宋子文集团但终未博得宋子文的信任,因而他与宋子文集团貌合神离,转而与张群为首的政学系走得更近。战后,各集团极力争夺金融控制权,作为财政部内专门金融监管机关的钱币司,对于中央银行充任银行检查的实施机关,大为不满,欲将原授权中央银行检查金融机构办法予以撤销,由财政部直接办理。1946年2月,钱币司提出"今后之银行检查事务,似应注重于银行机构之健全,资金运用之督导,检查次数自不需如战时之频繁,而此项积极工作,如非由本部直接指挥,统筹推动……为彰宏今后金融管理之成果,切实简化机构,节省经费起见,原有《授权中央银行检查金融机构办法》拟即取消,仍归本部自行办理"(刘平,2008)。[②] 是时,宋子文充任行政院长,这个建议当然不被采纳。财政部并不甘于金融监管大权的旁落,1946年4月23日,财政部致电中央银行"查重庆区行庄业务检查事宜原由本部直接派员办理,收复区各地行庄业务检查事宜系由本部

[①] 中国第二历史档案馆编:《中华民国史档案资料汇编》第五辑第二编"财政经济"(三),江苏古籍出版社1997年版,第462~463页。

[②] 钱币司签呈(1946年2月12日),中国第二历史档案馆馆藏:三(1)—4862,转引自刘平:《近代中国银行监管制度研究(1897~1949)》,复旦大学出版社2008年版,第70页。

各特派员办公处办理，兹本部还都在即，各特派员办公处亦已先后撤销，所有全国行庄业务检查事宜，除东北九省暂缓办理，台湾另筹办法，暨京沪两地由部直接派员办理外，其余各地应即交由贵行分别指定负责行依照规定办理；并为便利检查行庄工作起见，贵行设置之金融机构业务检查处除受贵行监督指挥外，必要时得由本部径为指挥以期迅捷"（刘平，2008）。① 对于财政部的要求，中央银行作出了让步，"惟本行与财部关系向极融洽，且检查职务原系授权代办，今财部既已如此决定，本行似可同意办理，不必有所主张"（刘平，2008）。② 中央银行的让步获得了财政部的好感，1946年9月20日，财政部部务会议决议，进一步扩大中央银行的银行监管权力，"检查银行工作，应一律授权中央银行办理"，财政部"保留专案检查之权"（刘平，2008）。③

上面的描述清楚地显示，始终南京国民政府时期，金融监管一直维系多头监管体制，但各头之间并非平行关系，财政部始终是最重要的金融监管机构，与其他监管机构相比，其监管的权力最大。

第四节 结论性评价

综察近代中国金融监管体制的演变过程，除晚清政府外，民国历届政府都选择了多头监管体制。多头监管格局的形成，是与20世纪上半叶中国政界分崩离析的政治格局相适应的。换言之，多头监管体制是各派政治势力权力博弈的结果，这就造成，金融监管领域政出多门，互相掣肘，效率低下。从世界金融史视角看，世界上主要国家和地区的金融监

---

① 财政部快邮代电（1946年4月23日），中国第二历史档案馆馆藏：三（1）—4862，转引自刘平：《近代中国银行监管制度研究（1897~1949）》，复旦大学出版社2008年版，第70页。

② 李立侠呈中央银行总裁副总裁（1946年5月2日），中国第二历史档案馆馆藏：三（1）—4862，转引自刘平：《近代中国银行监管制度研究（1897~1949）》，复旦大学出版社2008年版，第71页。

③ 钱币司签呈（1946年10月2日），中国第二历史档案馆馆藏：三（1）—4862，转引自刘平：《近代中国银行监管制度研究（1897~1949）》，复旦大学出版社2008年版，第71页。

管机关大致有三类：第一类是由财政部监管金融；第二类是由中央银行监管金融；第三类是另设一个独立于财政部和中央银行的政府部门执行金融监管职能（周林，1998）。① 但世界上多数国家中央银行兼任实施货币政策和金融监管两项职责。几乎没有人否认中央银行在实施货币政策中的重要作用，但对于是否由中央银行承担金融监管的职能，学术界众说纷纭，莫衷一是。米尔顿·弗里德曼和尤金·法马的观点颇具代表性。弗里德曼认为，中央银行必须具有金融监管职能，在弗里德曼看来，适度稳定金融体系是经济有效运行的先决条件，政府应该承担提供稳定的职能，履行支付结算和防止相关欺诈行为的特殊困难性，使得货币政策和对银行业的监管高度相关。同时，由于货币具有的广泛渗透性，使得银行业对国民经济的各个产业都会产生重大影响，要使货币政策达到预期目标，必须有对银行业的监管相配合。尤金·法马则持完全不同的看法，在法马看来，控制通货膨胀与监管银行业无任何关系，存款虽然是保存和转移财富的有效方式，但不是唯一的方式。因而试图通过金融监管来控制物价，作用相当有限。他还认为，通过金融监管来实施货币政策的结果，只能是迫使金融机构由要求缴纳准备金的负债业务，转向无须缴纳准备金的负债业务。因此，货币政策的实施不需要金融监管的配合。② 近代中国，财政部是历届政府的最重要的金融监管主体，尽管历届政府都致力于加强中央银行的金融监管职权，但始终中国近代金融史，中央银行从来就不是最重要的金融监管主体，到抗战后期，在四联总处的扶植下，中央银行逐步具备了"发行的银行"、"政府的银行"两大职能，但却缺失"银行的银行"这一重要职能，从中央银行的地位看，四联总处是其管家婆，中央银行的最终决策权受到四联总处的制约，直到1947年，金融界还把四联总处称为"太上中央银行"（重庆市档案馆、中国人民银行重庆市分行金融研究所，1993）。③ 以财政部为主体的金融监管体制的最大缺陷在于监管主体难以保持相对独立性，财政部本身是

---

① 周林：《世界银行业监管》，上海财经大学出版社1998年版，第16页。
② 黄达主编：《金融学》，中国人民大学出版社2004年版，第722页。
③ 重庆市档案馆、重庆市人民银行金融研究所：《四联总处史料》上，档案出版社1993年版，第42页。

政府的一个部门,其监管行为与目标难以摆脱政治上的干预与压力,这一缺陷的存在正是世界上大多数国家选择中央银行作为金融监管主体的原因。在政治漩涡澎湃的近代中国,财政部更难保持其相对独立性,因而其监管过程和目标也易受各种利益集团的干扰,导致监管过程中寻租普遍存在,监管难以落实。如,1935年,财政部检查银行的准备金情况,而蒋介石却不允许财政部检查被其所控制的中国农民银行的准备金,财政部无可奈何,只能作罢!(姚会元、易棉阳,2007)[1]

近代中国的金融监管体制变迁方式以强制性变迁为主,诱致性变迁为辅。前者是一种政府主导型的制度变迁模式,后者是需求引致型制度变迁模式,在近代中国,两者之间表现为一种逆向交替关系,即强制性变迁的目标不是诱致性变迁目标的延续,甚至完全错位。近代中国诱致性金融监管体制变迁的目标是要建立一种能稳固金融信用基础,减少金融和经济波动的金融体系,但政府特别是南京国民政府所发动的金融监管体制的强制性变迁,其主要目的是要实现政府利益的最大化,对民间利益则显然不是重点考虑对象,如管制金融机构、统一币制、建立中央银行制度,主要目的在于垄断发行,为纸币无限制发行扫清障碍。当政府在追求自身租金最大化和谋求社会福利最大化的双重目标上陷入矛盾状态时,政府最常见的选择是放弃后者,国家也就可能因此而兴、因此而衰,这就是所谓"诺思悖论"(诺思,1991)。[2] 不幸的是,"诺思悖论"在南京国民政府那里得到应验。南京国民政府初期所推行的强制性制度变迁,多少还考虑民间利益,如废两改元,因此,金融监管所带来的边际收益大于边际成本,新的金融监管制度成为推动金融经济发展的力量。但至后来,政府基本上不考虑社会福利,其监管目的主要是追求自身利益最大化,边际成本随着监管的推进而递增,边际收益则递减,如集中发行权后,政府只顾征收铸币税,不考虑滥发通货对社会经济乃至民众心里的危害,最终结果是金融经济的崩溃,南京国民政府因此倒台。

---

[1] 姚会元、易棉阳:《中国政府金融监管制度的演进与特点(1900~1949)》,载《广东金融学院学报》2007年第5期。

[2] 诺思:《经济史中的结构与变迁》,上海三联书店、上海人民出版社1991年版,第17页。

第八章

市场、政府与近代中国金融监管制度变迁

——基于新比较经济学视角

从宏观金融的视角看,近代中国存在两种金融制度模式,即1927年前的市场化监管制度和国民政府时期的行政化监管制度。自由市场型和政府垄断型,前者存在于晚清和北洋政府时期,后者则对应着国民政府时期,两种金融制度的基本功能特征很不相同(杜恂诚,2000)。[①] 近代中国金融监管制度是金融制度系统中的一个子系统,其制度变迁路径与金融制度路径基本吻合,也就是,在近代中国同样经历了两种金融监管制度模式,即1927年前的市场化监管制度和国民政府时期的行政化监管制度。对近代中国金融监管制度变迁作长时段考察的文献,就笔者管见所及,并不多见。姚会元与笔者的一篇文章从金融监管内涵的角度对近代中国金融监管作了勾勒。但这种勾勒停留在描述层面,既没有对近代中国金融监管制度模式的特征作抽象概括也没有从理论上回答1927年前后中国为什么会选择完全不同的两种金融监管制度。本书首先对近代中国所经历的两种金融监管制度作比较,然后运用新比较经济学所给出的制度分析框架对1927

[①] 主要表现在政府作用的大小、有无中央银行制度等多方面。如自由市场型金融制度推进速度慢,而其市场定位精细,金融业的首创性强;垄断型金融制度的推进速度快、力度大,但其变革仅具形式意义。在自由市场制度下,金融与经济的关系是平行的;而在垄断制度下,经济仰赖金融,而金融则操诸政府之手,金融市场不再具有自发的创造性。参见杜恂诚:《中国近代两种金融制度的比较》,载《中国社会科学》2000年第2期。

年前后中国为何会出现两种不同的金融监管制度作尝试性解释,最后是简短的结论性评价。

第一节 民国时期两种金融监管制度的内涵

市场化金融监管是指监管者以市场主体的身份出现,依据行业规则和习惯法对金融机构和金融市场实施监督和管理。行政化金融监管则是指金融管理当局及其他监管部门依据相关的金融法律、法规准则或职责要求,以一定的法规程序,对金融机构和金融市场实施监督与稽核。1927年以前的中国金融监管属于市场金融监管,1927年之后的金融监管则是典型的行政化监管。民国时期两种金融监管制度的内涵大不相同,兹分析如下。

第一,在市场化监管制度下,政府基本不干预金融机构的市场准入与业务运作,在行政化监管制度下,政府严格控制金融机构的市场准入与业务运作。民初袁世凯当政时期,中、交两行因羽翼未丰,加之初始股本主要由政府认购,政府对两行有一定的控制力,不过,这种控制仅局限于发行和垫借款等领域。1916年,上海中国银行抵制政府"停兑令"事件之后,中国银行在金融家张嘉璈的领导下,逐步摆脱政府的羁绊走上了独立发展的商办化道路。交通银行也于1922年6月召开股东总会,选举张謇、钱新之为总协理,确立"发行独立,准备公开"、"对政府旧欠进行清理,拒绝一切军政借款"、"营业上着重汇兑等商业性服务"的新方针(翁先定,1988)。[①] 至于商业性金融机构,其存在与发展,悉由市场决定,北洋政府基本不干预。很多商业性金融机构的设立,甚至没有在政府注册,其组织形式、业务范围、经营业绩、总分行所在地,政府茫然不知,自然无力实施有效监管。如1920年前后,上海突设150多家证券交易所、物品交易所和信托公司。这些金融机构,只有10家在北洋政府农商部

---

① 翁先定:《交通银行官场活动研究(1907~1927)》,载《中国社会科学院经济研究所集刊》第11辑,中国社会科学出版社1988年版,第416~417页。

登记立案，绕过中国政府在外国领署立案的近40家，而大多数交易所和信托公司根本就没有办理过立案手续，擅自设立。政府对金融机构市场准入的监管能力之弱由此可见一斑。

  第二，南京国民政府上台以后，政府对金融机构的市场准入和业务运作进行严格监管。在国民政府决策者看来，引发20世纪20年代金融风潮的原因，"一由于设立之初，验资不实，即准注册；二由于开业之后，应造营业报告，银行既不照章办理，政府亦未随时检查"（中国第二历史档案馆，1997）。① 正是基于这种认识，1927年12月1日，财政部公布《金融监理局检查章程》，对国内金融机构的注册作出了明确规定，"凡已开业之银行、交易所、信托公司、保险公司、储蓄会等，不论以否注册，必须在一个月内补行注册，换取执照。注册呈报书应包括如下内容：公司之组织、股本总额、已缴股本数目、每股银数、每股已交官定利率、公积金数目、特别公积金数目、营业年限、总行开业年月日、总行所在地、曾在何处注册、分行所在地、董事姓名、监察人姓名"（中国第二历史档案馆，1989）。② 此章程公布后，遭到已习惯于自由发展的银行界的反对，上海银行公会上书财政部要求暂停对银行实行注册，但财政部不但没有因银行公会的消极抵制而停止推行，反以更强硬的势态推进。1929年1月财政部制订专门的《银行注册章程》，规定"凡开设银行，经营存款、放款、汇兑、贴现等业务，须依本章程注册。凡经营前项之业务不称银行而称公司、庄号或店铺者，均须依本章程办理"（中国第二历史档案馆，1997）。③ 为具体落实该章程，4月财政部又制订《银行注册章程施行细则》。此时，由于南京当局作为中央政府的地位业已基本确立，上海银行公会没有反对《银行注册章程》及其《施行细则》

---

  ① 中国第二历史档案馆：《中华民国史档案资料汇编》第五辑第一编"财政经济"（一），江苏古籍出版社1997年版，第528页。
  ② 中国第二历史档案馆、中国人民银行江苏省分行、江苏省金融志编委会：《中华民国金融法规档案资料选编》上，档案出版社1989年版，第527~528页。
  ③ 中国第二历史档案馆：《中华民国史档案资料汇编》第五辑第一编"财政经济"（四），江苏古籍出版社1997年版，第8~10页。

的颁行（吴景平，2002）。① 1931年南京政府颁布成立后的首部《银行法》，规定银行非经财政部核准，不得设立，经财政部核准后方可招募资本，财政部验资确实并发给证书后才能营业；在银行业务上，《银行法》明确规定了银行的附属业务范围和不得从事的各种商业行为。此外，对于银行的增资减资、财政部对银行业务及财产状况的派员检查乃至银行的营业时间和休息日，均作出了原则性规定（中国第二历史档案馆，1989）。② 金融机构的准入与业务运作必须在政府监管下依法进行。

第三，在市场化监管制度下，金融市场自发产生和自主发展，市场震荡由市场来调节；在行政化监管制度下，金融市场多由政府开辟和推进，市场动荡主要由政府熨平。民国初年，随着资本主义经济的日趋活跃，证券（主要是股票）交易日趋活跃，出现了一个专门以买卖证券为业的特殊群体——股票掮客，掮客经常在上海大新街、福州路转角处的惠芳茶楼集会，边喝茶边进行证券买卖，"茶会"便是中国证券交易所的最初形态。随着交易的渐趋兴旺，1914年由股票掮客发起成立上海股票商业公会，会员13家，至1919年2月，该公会的会员增加到60家左右，经公会大会议决成立证券交易所，即后来的华商证券交易所。公会和交易所的设立尽管呈请了北洋政府农商部审批，但这只是走过场，政府既不对证券交易所做合理的认定规范，也不对资本的真实性和业务范围做切实审核。由于证券市场是自发产生，当证券市场发生振荡时，政府一般不出手救市，如1921年"信交风潮"发生时，北洋政府没有对证券交易所施以援手，证券交易所靠自身力量来解决问题，最终结果是，140余家证券交易所，幸存6家。"信交风潮"对中国金融业的健康发展造成了严重影响，鉴于此，北洋政府试图干预证券市场，1926年9月，农商部专门设立交易所监理官并颁布《交易所监理官条例》，交易所监理官的职责主

---

① 吴景平：《上海金融业与国民政府关系研究（1927~1937）》，上海财经大学出版社2002年版，第341页。
② 中国第二历史档案馆、中国人民银行江苏省分行、江苏省金融志编委会：《中华民国金融法规档案资料选编》上，档案出版社1989年版，第572~580页。

要是：征收交易税、监督交易所设立、经营的业务等各种信息是否属实，稽核买卖账目等，以便为违规行为收集和提供证据。[1] 北洋政府设立交易所监理官的举动遭到了上海六大交易所理事长的联合反对，认为设置监理官逐日稽查，于市场秩序"妨碍滋多"，"以命令变更法律，系属违法处分，损害人民权利"。[2] 农商部不得不作出妥协，削弱监理官权限，"其职权以检查交易所条例，督征交易税为限"，并由农商部、孙传芳和商埠公署批示，交易所监理官才得以正式就职。[3] 交易所反对政府设置监理官事件折射出北洋政府时期的证券市场是以市场为导向的自由型市场，政府权力的触角还不能到达市场微观运行层面。1927年南京政府上台以后，致力于加强证券市场监管，1928年在财政部内设立金融管理局负责监管证券市场，为强化政府对证券市场的监管职能，1929年国民政府将金融管理局由局级提升为部级，1931年又赋予实业部证券市场监管职能，会同财政部共同监管证券市场。与此同时，国民政府恢复设立了上海交易所监理官署，1931年改称为上海交易所监理员办公处，并颁布《交易所监理员暂行规程》和《上海交易所监理员办公处办事规程》，交易所的一切交易行为包括股票递延交割、股票价格升降幅度设计（即涨跌停板制度）等，悉归上海交易所监理官署统一管理。抗战时期上海沦陷以后，上海交易所不复存在，抗战胜利后，国民政府于1946年又恢复设立上海证券交易所，但与前不同的是，政府可以直接任命交易所理事长，对股市实现了由间接监管向直接控制的转变（刘志英，2004）。[4] 政府权力可以控制市场的具体运作。

第四，市场化监管制度下，金融监管的依据主要不是政府法规而是行业规则、不成文法和习惯法，实施金融监管的主体主要是行业自律组织；在行政化监管制度下，政府当局成为监管主体，实施监管的依据主要是政府法规。因历届北洋政府的孱弱，政府所颁布的《银

---

[1] 《交易所监理官条例》，载《银行周报》1926年10卷第36期。
[2] 《交易所反对监理官》，载《银行周报》1926年10卷第37期。
[3] 《交易所监理官正式就职》，载《银行周报》1926年10卷38期。
[4] 刘志英：《近代上海华商证券市场研究》，学林出版社2004年版，第84~133页。

行通行法》《交易所法》《国币条例》等金融法规基本上是流于形式，没有得到很好的执行。在正式制度缺位的情况下，行业非正式制度成为信用约束依据。如政府颁布的《银行通行法》没有真正实施，商业银行经营管理无法可依，不利于银行业的健康发展。在此情况下，上海银行公会根据华资银行多年经营所积累的经验，于1920年9月订立《上海银行营业规程》，会员银行一体遵守。上海钱业公会也订立了《上海钱业营业规则》，入会钱庄必须共同遵守。银行公会和钱业公会所订立的营业规则，具有法律效力（杨荫溥，1932）。[①] 以上是成了文的行业规则，还有许多不成文的规定或惯例。如：洋厘和日拆由钱业公会决定，中外银行一体遵守；外汇牌价由汇丰银行挂牌，外汇市场按此牌价买卖外汇。由于行业规则和习惯法成为金融监管的依据，同业公会成为主要的金融监管主体，政府反而只起辅助作用。北洋政府后期，随着同业公会的壮大和政府权威的日益旁落，同业公会甚至刻意排挤政府在金融监管领域的作用，如银行公会公开宣称自己负有监督政府发行公债和制订金融政策的责任，银行公会警告北洋政府说："频年政治纷乱，信用扫地，敝会有不得不一言以促政府之反省者"，"乃亟求自救不谋，不得不直言警告……敝会有维持金融之责"（姚会元，1995）。[②] 由此可窥北洋政府在金融监管领域之无为。

　　南京国民政府从加强金融立法和改组金融同业公会来实现政府对金融的统制。1927~1937年是中国近代史上第一次金融立法高潮时期，据粗略统计，10年时间内，共颁布实施了近百部金融法规，其中包括：银行类35部、币制类26部、交易所类17部、邮政储蓄类7部、票据类2部、造币厂类2部。这些金融法规几乎涉及金融行业的各个领域，使金融监管有法可依。当然，法规能不能实施，取决于政府对社会的控制力。1930年国民政府完成全国形式上统一之后，着手控制同业组织。1931年，国民政府对银行公会实施改组，改组后

[①] 杨荫溥：《杨著中国金融论》，黎明书局1932年版，第40、256页。
[②] 转引自姚会元：《江浙金融资产阶级浅论》，载《上海社会科学院学术季刊》1995年第3期。

的银行公会,尽管保持了一定的独立性,但总体上被纳入到政府的统一管制之下,其对银行业的监管必须是在政府允准的权利范围内实施,这实际上是削弱了银行公会的监管权力。以银行业营业规则的修订为例来说明:1933年2月,上海银行公会依成例将《上海市银行业同业公会营业规程》呈送政府部门备案,这本是走走过场而已,但出乎上海银行公会意外的是,政府部门居然对《营业规程》提出了修改意见,而且修改意见直接剥夺银行公会的监管权力。如上海市社会局将《营业规程》第30条原文"本规程呈准财政部、实业部、上海市社会局、上海特区及地方法院、上海市商会备案后并交银行周报暨当地各日报公布施行。其修改时亦同"改为"业规如有未尽事宜,或遇事实上发生室碍时,本会得呈请修改或还由社会局饬令修改之,"将第31条原文"本规程如有未尽事宜由本会随时修改之"改为"本业规自奉上海市社会局核准公布之日施行,并呈报实业、财政两部备案"。[①] 这样实际上是部分剥夺上海银行公会制定和修改同业营业规程的自主权,对此,上海银行公会大为光火,向实业部投诉上海市社会局此举是对公会的侵权。但实业部却完全站在上海市社会局一边,对公会的处境毫不同情,明确表态:"当经询,据主管科意见,此案沪市社会局批改各节系照惯例办理。根据工商会议议决案,业规须合当地情形,应由地方主管官署负责核定。"[②] 实业部的态度代表了政府的态度,银行公会最后不得不接受事实。

第二节 近代中国金融监管的演进

从理论史的角度考察,无论是充满自由主义色彩的古典主义经济学还是信奉国家干预主义的凯恩斯主义经济学,都没有把市场和政府纳入到一个理论体系中,古典和新古典经济学强调市场万能但排斥政

[①] 上海市档案馆藏:《财政部及上海市社会局对上海银行公会营业规程的修改》,档案号:5173-1-82。

[②] 上海市档案馆藏:《实业部张轶欧致函上海银行公会林康侯》,档案号:5173-1-82。

府，凯恩斯主义经济学主张政府干预但忽视市场的调节作用。由詹科夫（Simeon Djankov）、爱德华·格拉泽（Edward Glaser）、拉伯塔（Rafael La Porta）、洛配茨-德-西拉内斯（Lopez-de-Silanes）、施莱佛（Andrei Shleifer）等五位经济学家于2003年提出的以产权理论为基础的新比较经济学分析框架则将市场与政府置于一个理论体系中，解决了传统经济学理论市场与政府不能内在兼容的困境。[①] 新比较经济学理论认为，一个社会要避免两种极端情形的出现：一个是因私人控制而导致的"无序"，在这个无序的制度结构中，法律和秩序处于崩溃的状态，私人主宰一切；另一个是因政府控制而导致的"专制"，在这个专制的制度结构中，政府决定一切，为谋求自身利益最大化，它往往创设一种压制人们积极性的制度安排。在此基础上，新比较经济学提出并定义了制度可能性边界（Institutional Possibility Frontier，IPF）。在一个由无序和专制组成的二维空间中，新比较经济学刻画并揭示了一种制度安排是如何在由更多私人侵占所导致的无序和由更多政府侵占所导致的专制之间实现均衡（如图8-1所示）。

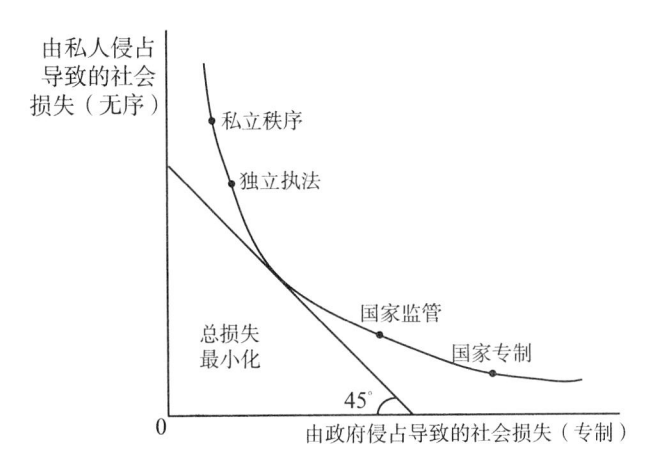

图8-1 制度可能性边界曲线

[①] Simeon Djankov, Edward Glaser, Rafael La Porta, Lopez-de-Silanes, Andrei Shleifer: The New Emparative Economics, Journal of Comparative Economics, December, 2003.

图 8-1 纵轴指无序即私人部门的过多进入从而对社会利益侵占过多所致的社会损失，横轴表示专制即政府过多进入所导致的社会损失。在制度可能性边界曲线上，可以用四个点表示四种控制战略，即私立秩序、独立执法、国家监督、国家专制，依政府介入程度由轻至重排序。这四种战略所代表的由无序所导致的社会成本是递减的，由专制所导致的社会成本是递增的。私立秩序战略表示经济社会处在政府基本失控的无序状态，因私人侵占所导致的社会损失很高，在独立执法战略下，因政府的介入减少了私人侵占所导致的社会损失；国家专制战略表示经济社会处在国家完全阉割民间的高度专制状态，因政府侵占所导致的社会损失很高，在国家监管状态下，市场因素的增加减少了因政府侵占所导致的社会损失。向右下方倾斜的 45 度直线表示在特定的无序与专制状态下所对应的社会总成本，它与制度可能性边界的切点代表能实现社会成本最小化的制度选择。

可以运用新比较经济学给出的理论框架来解释民国时期金融监管的演进。

民初袁世凯执政时期的中国金融业，大体对应着新比较经济学框架中的独立执法战略状态。此时，政府权威尚存，金融业刚刚萌起同业组织尚未产生，政府对金融业有一定的控制力。特别是新生的银行业，无论是市场准入还是业务运作都有赖于政府，中、交两家国家银行就是由政府投资兴办，最大的商业性银行——中国通商银行也是由官僚盛宣怀"奉特旨兴办"。20 世纪初，中国金融界的格局是外资银行和钱庄双寡头控制，新生银行业难以通过市场竞争谋得一席生存领地，银行主要靠经营与政府有关的业务生存，经销政府公债是所有银行的主要业务，也是主要利润来源，银行高度依附于政府财政，以至成为"政府隶属机关"。（张郁兰，1958）[①] 可见，民初政府对银行业有一定的控制力。但对货币市场、外汇市场、外资银行等则基本失控。1912 年北洋政府专门设立币制委员会，着手整理币制，1914 年颁行《国币条例》和《国币条例施行细则》，对国币的单位、成色、

[①] 张郁兰：《中国银行业发展史》，上海人民出版社 1958 年版，第 23 页。

种类、重量、铸发权及流通办法均作了明确的规定（张家骧，1925）。①但这些条例根本就没有实施。外资银行在华的所有经营行为，北洋政府无权过问，因外汇市场操控于外资银行，自然，外汇市场也不归政府监管。袁世凯死后，中央政府大权旁落，政令不出都门，政府对金融业基本失控。金融业的运行主要靠市场调节，同业组织成为最重要的金融监管主体，中国金融业沿着制度可能性曲线向左上方移动，进入私立秩序战略状态。中国金融业因无序而导致金融风潮频繁发生，1916~1926年短短十年时间内，就发生了10多次大风潮，140余次区域性小风潮，严重影响了中国金融业的健康发展。譬如影响最大的信交风潮完全是因私立无序所致：1920年前后，证券交易所利润因股票价格的上涨而高涨，投机者纷纷出资兴办交易所，一时"同声附和者，风起云涌"，"一人唱之，百人和之。千百十万之股本，可于座谈之倾，强认足额。盖公司之名称方出，公司之股价已涨。苟能侧身发起之林，强认若干股，则一转瞬间，面团团作富翁矣"。甚至"即仅挂一筹备招牌，其一元一股之认股证，执有者亦居为奇货"（朱荫贵，1998）。②这团金融泡沫于1921年底破灭，信交风潮不仅摧毁了交易所和信托公司，而且累及银行业、钱业和工商业，几乎摧毁了刚刚萌起的中国金融业，1921年也因此被称为"近代中国金融史上最惨痛的一年"。

历届北洋政府都力量孱弱，起不了引导金融业健康发展的作用，金融监管的重任就落在金融同业组织的身上。综察世界金融史，即使是市场秩序井然的市场经济国家，同业组织也难以承担起监管金融的重任，只能是监管的补充而难以胜任监管主体的职责。北洋政府时期，战乱频仍，公理让道于强权，中央政府的法令都被视为草芥，何况同业组织的章程？在北洋政府时期成立的绝大多数金融同业组织势微力弱，并无监管能力，真正具有监管能力的只有银行公会和钱业公会。即使是有"金融界无冕之王"称号的上海银行公会，其约束力

---

① 张家骧：《中华货币史》，民国大学1925年版，第3编，第53~58页。
② 朱荫贵：《近代上海证券市场上股票买卖的三次高潮》，载《中国经济史研究》1998年第3期。

也仅局限于会员银行，对于会外银行、外资银行、钱庄则鞭长莫及。如近代以来，中国币制庞杂混乱，不仅货币种类繁多，发行分散，而且发行准备金不集中，严重影响了工商业发展和政治统一。整理货币市场，统一币制，不仅有利于中国经济的发展而且符合世界金融发展潮流。上海银行公会成立伊始就积极筹建上海造币厂以铸造统一通行之货币，同时联络会外银行和其他团体呈文北洋政府，请其确定发行制度，划一币制，并强调应将废两改元作为整理币制切要之图。① 可是，上海银行公会废两的举措立即招致钱业公会的强烈反对，后者声明废除银两"钱业全体决无赞成之理"，还指出银行业没有权力和资格议论银两废止之事（陆兆麟，1920）。② 废两改元被迫搁置。还要看到，银行公会与会员银行之间是平等关系而非上下级关系，这就决定公会只能通过协调与讨价还价来设计制度安排，不能采取强制手段，一旦某家银行对某项制度表示不满，这项制度就难以推行，即使这种制度有利于金融业健康发展，公共准备金制度的结束便是例证。公共准备金制度可以降低银行业经营风险，保护会员银行安全，保证同业公共信用。正因为如此，上海银行公会提议建立公共准备金制度，从动议到实施，花费了几年时间。在运作实践中，有些稳健经营的会员银行无须从该制度中受惠，加之准备金又没有丰厚的利息收益。1927年12月上旬，约10家会员银行致函银行公会要求发还所交准备金。各行称此项准备金设立以来，实际发挥作用不大，"而各行徒然搁置一款，两无裨益。殊非图谋经济发展之道，刻拟请将此项准备金各自提回"。③ 12月10日，上海银行公会不得不决议将准备金发还会员银行，公共准备金制度结束。公共准备金制度的结束，完全是各会员行短视所致，会员行只看到了自身能否从该制度中直接受益而没有看到该制度维持金融稳定所带来的间接收益。

---

① 上海银行周报社编：《全国银行公会联合会议汇纪》，上海银行周报社印行（年月不祥），第29~32页
② 陆兆麟：《废除汇划银之理由及其办法》，载《银行周报》1920年第4卷第48号。
③ 上海市档案馆藏：《盐业、永亨、中孚、东亚、大陆、中国实业、东莱、中华、农商、聚兴诚银行致上海银行公会函》，档案号：S173—2—3。

当金融业刚刚萌起之时，因对社会经济的影响小，故而其无序发展不会引起人们的广泛关注，一旦金融行业的存量大小足以影响社会经济时，或者说当金融业的无序发展给社会利益带来巨大损失时，社会便希望金融业从无序走向有序。金融业有序发展必须依靠政府来改变私立秩序的战略状态。中国金融业在经历了20世纪20年代的多次金融风潮之后，金融家们切实感知到无序发展之苦，上海银行公会会长、交通银行总经理钱新之所言代表了金融家的心声，"中国金融向来无制度、无整理、无监察，以致金融有不能统一之苦。"① 正因为此，银行界进言财政部，希望政府在以下方面有所作为：在银行的市场准入门槛上，希望政府能对此"作出限制"；在加强银行信息披露方面，对于银行的营业报告书、资产负债表、损益计算书等，因关系重大，希望政府"绝不可采取放任主义，听其自然"（徐沧水，1928）。② 可见，金融界渴望强势政府的出现，以引导金融业走上有序发展之路。

1927年南京国民政府上台之后，一方面致力于全国的军政统一，另一方面着手统制经济。蒋介石认为"国家如不对人民的经济活动确定分限，确定计划，任人民流于斗争，只有招致社会混乱与民族困穷的结果"，"无论是养欲或是制欲，都需要一个管理众人之事的政府来办理"（蒋介石，1984）。③ 蒋介石把统制经济视为结束社会混乱和民族穷困的救世良方，蒋介石的经济统制观得到了金融界的赞同，银行家陈光甫认为"资本主义经济组织的思想背景，以个人主义为前提，因各个人目的利害不同，便无形中发生了个人的或阶级的倾轧和排挤，而引起了社会的不安和经济的纷扰"，"如果我是政府，如果生产、消费、运输等事业都归我统辖，我可以将全国的出产量和购买力等等通盘计划起来，一方面权衡轻重，调剂得失，另一方面将各种无意识的经济活动，一概取消，又将追求个人利益为目标的、自相

---

① 《上海将设金融管理处》，载《申报》1927年7月6日。
② 徐沧水：《对于银行法规修订会先进一言》，载《银行周报》1928年12卷13号。
③ 蒋介石：《中国经济学说》，载《先总统蒋公全集》第1册，（中国台湾）中国文化大学出版部1984年版，第190页。

矛盾的、利害冲突的经济组织,完全放弃,而以社会全体——即全国为中心的社会制度,来代替以个人为中心的社会制度"(上海商业储蓄银行,1949)[①]在国民政府最高决策层看来,"统制全国金融是政府统制全国生产的第一步",在这种理念的指引下,国民政府统制经济便从统制金融入手。国民政府分两步实施金融统制:第一步是于1929~1931年对金融业同业公会实行强制改组,把银行公会和钱业公会置于政府的控制之下;第二步是从1931年起陆续颁布《银行法》、《银行收益税法》、《储蓄银行法》、《证券交易所法》等近100百部金融法规,对金融业实施严格的法律监管。此后,金融界什么事情能办还是不能办?按何种规则办?不再由同业公会决定,而是依据政府法规和指令,这表明中国金融业由"不干涉状态进入实行统制主义"(寿充一,1991)[②]在国民政府的强力统制下,中国金融业进入新比较经济学框架中的国家监管战略状态。国家对金融业实施监管,一方面大大降低了因私立无序而引致的社会损失,这主要体现在20世纪30年代中国金融界基本上消失了全国性金融风潮,就是连区域性金融风潮也很少发生。[③]另一方面是金融领域的系列强制性制度变迁有利于中国金融业朝着现代化方向健康发展,这包括:废两改元和法币改革的成功实施,结束了清季以来货币制度的混乱;中央银行的设立及中央银行制度的确立,使中国银行业逐步走上有序发展轨道。

1937年抗战爆发后,中国经济由平时经济全面转轨为战时经济,为集中人力、物力、财力支持抗日战争,国民政府对金融经济实施严格的管制。抗战时期,国民政府密集颁行《非常时期安定金融办法》、《非常时期管理银行办法》、《修正非常时期管理银行办法》、《加强银行管理办法》、《统一发行办法》、《中央银行管理外汇办法》、《监督银楼业收兑金类办法》、《战时保险业管理办法》等金融

---

① 上海商业储蓄银行:《陈光甫先生言论集》,上海商业储蓄银行1948印行,第133~134页。
② 寿充一:《陈光甫与上海银行》,中国文史出版社1991年版,第114页。
③ 1934年发生了白银风潮,是因美国在国际金融市场上高价白银引起中国白银外流而引发的危机,此次金融风潮并非国内金融业的无序经营而引发。

法规，以政府行政命令对金融业实施直接的战时管制。中国金融监管进入新比较经济学框架中的国家专制状态。[①] 在战时状态下，金融领域存在如商业银行囤积居奇、黑市利率充斥市面、外汇市场汇率波动剧烈、资金外逃等系统性风险，因此，国家对战时金融业实施严格管制是必要的。经济史实反复证明，国家专制很容易滋生利益集团，利益集团一旦形成，就会利用政府权力为自身谋取私利，而且，一种极端的情况是，如果国家完全被多个利益集团控制，利益集团为实现自身利益最大化而不惜损害国家利益，造成巨大社会损失。不幸的是，解放战争时期的南京国民政府竟践履了这种极端情况。在南京国民政府内部，长期存在蒋介石集团、孔祥熙集团、宋子文集团、政学系集团、CC集团等利益集团，其中，孔祥熙集团控制四联总处，宋子文集团控制中央银行，政学系控制财政部，CC集团没有固定地盘但势力染指到财政部和中央银行，蒋介石集团超然期间。这些利益集团充分利用对金融资源的掌控权，大行掠夺，扰乱金融秩序。试举三例：1944年国民政府为遏制金价上涨决定管制黄金购买，统一由中国农民银行挂牌出售黄金，孔祥熙集团集团经营的裕华银行却大量以低价购进再以高价售出，"此一波折，国家失去了不少黄金，裕华得数万万之净益"（杨天石，1998）。[②] 1946年行政院院长宋子文亲自拟订了《中央银行管理外汇暂行办法》和《进出口贸易暂行办法》，禁止企业和私人利用外汇进口奢侈品，但宋子文自己控制的中国建设银公司却大量进口并囤积卡车、无线电、冰箱等"应在禁止进口之列"的商品（洪葭管，2005）。[③] 1948年国统区金融已陷入混乱之中，是年9月蒋经国亲自到上海整顿金融秩序，蒋经国的行为因损害了孔祥熙集团的利益而遭到孔令侃、宋美龄的极力抵制，在蒋介石的亲自干

---

① 抗战胜利后，国民政府考虑到战争已经结束，于1946年放宽了对金融业的战时管制，解放战争爆发后，中国实际上再次进入战时经济状态，特别是1947年黄金风潮之后，国统区金融经济日益恶化，国民政府从1947年起对金融业又实施严格管制，所以，抗战胜利到1949年国民政府垮台，中国金融业仍是处在国家专制的战略状态。

② 傅斯年档案，1~40，转引自杨天石：《近代中国史事钩沉——海外访史录》，社会科学文献出版社1998年版，第550页。

③ 洪葭管：《中央银行史料》下，中国金融出版社2005年版，第996页。

预下，蒋经国的金融管制计划功亏一篑。人们对国民政府的金融经济管制彻底失望，中国金融业迅速进入完全失控状态，1949年国统区金融经济全盘崩溃，这就是国家专制所造成的最终结局。

第三节　结论性评价

1927年以前，市场主导金融业，不过在清末民初，政府对金融业具有一定的控制力，近代中国金融业的初始状态处在制度可能性曲线的独立执法状态，北洋政府时期，随着中央权威的旁落，政府对金融业逐渐失控，与此相对应，作为市场主体的金融同业组织逐渐势强，私人部门取代政府成为金融监管的主体，中国金融业沿着制度可能性边界曲线向左上方移动。私人侵占导致高昂的社会成本，但在银行业和钱业，银行公会和钱业公会的监管使中国银行业和钱业保持了相对稳定的发展，起到降低交易成本的作用，其他领域，同业组织不但起不了降低社会损失的作用甚至扩大社会损失，证券业最为明显。即便是银行业和钱业，公会的作用也只局限于会员银行，对整个银行业则鞭长莫及。对于危机的处理、整个银钱业的规范发展，公会更显力不从心。因此，1927年前，尽管金融业飞速发展，但繁荣与混乱并存，金融业的系统风险随着金融总量的扩大而提高，金融行业的制度缺陷到了非解决不可的程度，如货币制度、中央银行制度、商业银行经营制度、金融法制、证券市场制度，等等。创新制度，需要政府的强力推进，至20世纪20年代后期，市场对制度的需求更加迫切。南京国民政府成立后，逐步加强中央权威，根基稳固之后，在金融领域推行一系列强制性制度变迁，如统一币制、建立中央银行制度、通过立法规范金融业的有序发展，应该说，国民政府的制度变迁实现了政府制度供给和市场制度需求的均衡，否则，不可解释为什么前朝几十年做不成的事情在国民政府那里几年就办成，也不可解释为什么张嘉璈等银行家在北洋政府时期冒死抵制政府以谋求银行业的独立发展而在南京政府时期却积极地配合政府的金融改革。20世纪30年代，

第八章

经济统制主义成为主流思潮,有着强力专制欲望的国民政府决策层毫不犹豫地选择了统制经济方案,但这种统制是建立在政府阉割市场的基础上。金融是经济的核心,经济统制在金融业率先实行,金融业从制度可能性曲线的左上端急速掉头并跳跃到制度可能性曲线上接近切点位置的国家监管状态,在这种状态下,政府与市场互相配合,联袂整理金融。最典型的案例是 30 年代的币制改革。在币制改革的过程中,银行公会站在大局的角度和长远的高度,不惜损失自身利益,服从国家利益,积极配合政府实施法币改革。1928 年,上海银行公会曾在全国经济会议上提出应早日统一货币发行权与集中保管准备金(经济会议秘书处,1928)。[①] 不过,此时公会所主张的货币发行统一不是取消商业银行的发行权,而是指兑换券发行的统一和取消地方政府所控制的省银行的发行权。可是,1935 年的金融危机使国民政府意识到通货发行权和准备金必须集中于中央银行,否则后者在面对危机时将无法控制信用收缩和稳定金融市场。由于享有发行权的 12 家商业银行基本上是上海银行公会的会员银行,而且它们的发钞总额约占当时总发行额的 34%,所以统一货币发行权的改革如果得不到上海银行公会的支持,将难以取得预想的成效。政府对此有着清醒的认识,因此,1935 年 11 月 3 日下午财政部长孔祥熙召集上海银行界会议,出席会议的除了政府的官员和中央银行的代表外,还有上海主要商业银行的代表和上海银行公会主席陈光甫。孔祥熙首先解释了政府推行币制改革的意图与规定,强调自 11 月 4 日起推行法币改革,同时表示希望得到上海银行公会的配合与支持,指出"政府为努力自救复兴经济,必须保存国家命脉所系之通货准备金以谋金融之永久安固"(中国第二历史档案馆,1989)。[②] 法币政策不仅取消了商业银行的发行权,而且各行还得交出准备金,对于上海银行公会而言,利益毫无疑问受到损害。上海银行公会从大局出发,认为法币政策是

---

① 经济会议秘书处编印:《全国经济会议专刊》,1928 年,第 533~552 页。
② 中国第二历史档案馆、中国人民银行江苏省分行、江苏省金融志编委会:《中华民国金融法规档案资料选编》上,档案出版社 1989 年版,第 402~404 页。

"巩固币制与改革金融之惟一办法",① 理应遵照办理,同时号召会员银行积极配合法币改革。上海银行公会致函财政部表明将全力支持政府改革,认为"钧部现挽救狂澜,毅然布告革新币制办法,诚为刻不容缓之图"。② 中国自古实行金属本位制,对于纸币,市面颇有顾虑,采用种种办法加以抵制,或不兑换,或将银元窖藏于地下。为了保证法币政策顺利实施,上海银行公以"增进金融业公共利益"为己任,认为"在此币制转变时期于同业间之沟通声气、交换意见,更属责无旁贷",通过《银行周报》阐述新货币的意义、好处和兑换办法;及时将政府的政策通告各地银钱公会,要求"各行所发往来户支票,其原有印就银元或银洋等字样者,以后亦应改为国币"。③ 币制改革对钱业的影响很大,但钱业公会也能从社会整体利益出发,明确表示不反对废两改元,只是希望"当局于改弦易辙时有妥当周密之办法",④ 还建言政府,若实行废两改元,在政府方面"须有充分之筹划准备,如政治清明、取消治外法权及外商银行发行纸币之特别权益、统一造币制度、统一发行等均应顾及",否则"利未见而害先至,效未显而弊已著"。⑤ 政府与市场积极配合,极大地降低了改革成本,过去几十年作不了的事情,用几年的时间就彻底完成。抗战爆发以后,中国经济高度统制,在金融监管领域,政府几乎彻底取代了市场,中国金融业进入制度可能性边界曲线上的国家专制状态,因国民政府实际上由几大利益集团控制,所以,与其说是政府监管金融,毋宁说是利益集团控制金融,监管者一旦被利益集团或利益所俘虏,金融监管就会失灵,金融走向崩溃。

---

① 《孔部长召集银行界会商金融》,载《银行周报》1935 年第 19 卷第 43 号。
② 《各业团体拥护法币》,载《银行周报》1935 年第 19 卷第 45 号。
③ 《致各会员银行》,1935 年 11 月 8 日,上海市档案馆藏,档案号:S173-1-79。
④ 《钱业昨开会员大会》,载《申报》1932 年 7 月 10 日。
⑤ 《本业为废两改元之临时大会》,载《钱业月报》1932 年第 12 卷第 7 号。

第九章

交易费用与近代中国金融监管制度的变迁

——基于新制度经济学视角

近代中国金融监管肇始于20世纪初期，历经清末、北洋政府、南京政府三个时期。以1927年为界，之前，无论是晚清政府还是北洋政府，因自身权威不够基本上不介入金融业，金融业走的是一条自由发展型道路，1927年南京国民政府上台以后，迅速加强了中央集权并控制了金融业，金融业走上政府垄断型道路。两条不同的金融发展道路产生了两种不同的金融监管制度，即1927年以前的市场化金融监管制度和南京国民政府时期的行政化金融监管制度，两种不同金融监管制度的内涵大不相同，体现在：在市场化金融监管制度下，执行金融监管职能的主要是同业公会等市场主体而非政府，金融监管的依据主要是行业规则和习惯法，政府法规要么缺位，要么颁而不行，而且政府基本上不干预金融机构和金融市场的运作，金融业出现震荡时，主要靠市场力量来熨平；在行政化金融监管制度下，政府取代同业组织成为金融监管的主体，监管依据不再是行业规则而主要是政府法规，政府积极干预金融机构和金融市场的运作，金融业出现震荡时，政府积极出手救市。新制度经济学认为，交易费用是制度的运行成本，不同的制度安排有不同的交易费用，既然近代中国存在两种不同金融监管制度，那么，每一种制度安排下的交易费用也必然不同。迄今所发表的论著都没有从交易费用视角对近代中国两种不同金融监管制度变迁作研究，这种研究，不仅能深化对近代中国金融监管制度的认识，而且在现实上,可以为当下我国金融监管制度的构建提供借鉴。

第一节 分析框架:交易费用与制度变迁

"交易"概念在西方主流经济学文献中早已存在,但把"交易"概念一般化的是老制度主义代表人物康芒斯,他把交易活动看做是与生产活动相对应的概念,在康芒斯看来,生产是人对自然的活动,而交易则是人与人之间的活动,生产活动与交易活动共同构成了人类全部的经济活动(康芒斯,1962)。[①] 不过,康芒斯没有对交易活动进行深究,因而没有发现交易活动中的费用问题。交易费用理论源于科斯,1937年科斯发表《企业性质》,文中认为价格系统并非无成本运作,而是在其运作过程中会产生交易费用,因为交易各方要搞清楚与其有关的价格,要进行谈判和签约(科斯,1937)。[②] 尽管科斯发现并澄清了交易费用,但他却没有给出交易费用的明确界定,他的论文发表之后也长期受到冷遇,直到三四十年后才受到经济学界的普遍重视。第一个给出"交易费用"定义的是阿罗(Arrow, K. J.)。他在1969年的一篇文章中认为,交易费用在通常情况下妨碍了市场形成,在特殊情况下阻止了市场形成,它可定义为"经济系统运行的成本"(阿罗,1969)。[③] 不过,阿罗定义也不具有可操作性。20世纪70年代中期以来,威廉姆森(Williamson, O. E)、达尔曼(Dahlman, C. J.)、张五常从不同视角对交易费下定义,使交易费用的含义不断丰富。埃里克·沸路博顿、鲁道夫·芮切特(2006)综合前人研究,将交易费用划为三种类型:市场型交易费用(market transaction costs)、管理型交易费用(managerial transaction costs)、政治型交易

[①] 康芒斯:《制度经济学》上,商务印书馆1962年版。
[②] Coase R. H (1937):"The Nature of the Firm", Economiea (11): 390.
[③] Arrow, K. J, 1969, "The organization of Economic Activity: Issues Pertinent to the Choice of Market Versus Non – Market Allocation", in Joint Economic Committee, The Analysis and Evaluation of Public Expenditure: the PPB System, Vol. 1, Government Printing offiee: 59 – 73.

第九章

费用（political transaction costs）。① 此种划分为制度经济学界所广泛接受。在菲路博顿和芮切特看来，市场型交易费用包括三类：搜寻和信息费用、讨价还价和决策费用、监督和合约义务履行费用。市场型交易费用的存在会造成资源配置的扭曲，因此，需要构建能大幅度降低市场型交易费用的制度安排和组织形式。管理型交易费用是企业和其雇员之间的劳动合约执行的费用，从管理型交易费用变动与否的视角看，则可细分为固定的交易费用和可变的交易费用，前者是建立、维持或改变一个组织设计的费用，后者是组织运行的费用。市场和管理交易一般被认为是在界定良好的政治背景下发生的，这是一个与资本市场秩序相一致的制度安排，同时也意味着特殊的正式组织，提供这种组织以及与之相关的公共品显然会产生费用，这就是政治型交易费用，一般意义上，它可以被理解为是集体行动提供公共产品所产生的费用。具体而言，这些费用：一是建立、维持和改变一个体制中的正式和非正式政治组织的费用。这里包括与建立法律框架、管理架构、体制等有关的费用，除此之外，还有与政党和通常意义上的压力集团有关的费用，实际上，为了实现"强制力的教化"和"有组织的暴力的垄断"，所有这些费用的支出都不会是一个小数目。二是政体运行的费用，这些费用曾被看做是"统治者的义务"方面的支出，它包括立法、国防、公正的管理等方面的开支，正如私人一样，这些行政事业需要承担搜寻和信息费用、决策制定的费用、发号施令的费用以及监督官员指令是否得以执行的费用。莱威（Levi，1988）将这类费用描述为"对服从活动进行度量、监督、建立和执行"的费用。② 为什么会存在交易费用？威廉姆森认为，交易费用的存在取决于三个因素：有限理性、机会主义和资产专用性（威廉姆森，2002）。③ 与新古典经济学中具有完全理性和自私自利的"经济人"假

---

① 埃里克·沸路博顿和鲁道夫·芮切特：《新制度经济学：一个交易费用分析范式》，上海三联书店、上海人民出版社2006年版，第59~60页。
② Levi, M. (1988): Of Rule and Revenue. Berkeley: University of California Press.
③ 威廉姆森：《资本主义经济制度：论企业签约与市场签约》，商务印书馆2002年版，第29页。

· 283 ·

设不同，威廉姆森认为现实中的行为人是具有有限理性和机会主义倾向的"契约人"，正是"契约人"的这两个特质导致了交易费用的产生。有限理性，系指行为人主观上追求理性，但客观上只能有限地做到这一点的行为特征，也就是说，行为人的经济活动只能是在有限的条件下的理性行为，交易费用大小与人的理性程度成反比，人的理性程度越大，合约完全性越高，交易费用越小，反之亦反。威廉姆森发现，人们在交易过程中不仅追求个人利益的最大化，而且通过不正当的手段来谋求个人的利益，也就是"损人利己"，此类行为，威廉姆森称之为机会主义。行为人的有限理性与机会主义倾向的存在，导致了交易活动的复杂性，增加了繁琐的交易费用。如果行为在有限理性的前提下限制机会主义的能力越高，交易费用就越小，反之亦然。资产专用性是指耐用人力资产或实物资产在何种程度上被锁定而投入一特定贸易关系，资产专用性意味着双边垄断的存在，资产专用性高，则表示垄断的程度也高，打破该垄断的所需的交易费用也高（巴泽尔，1997）。[①]

老制度经济学家把交易与制度视为内容与形式的关系，即交易是制度的基本内容，而制度是交易的存在形态。正如康芒斯所言，交易是在一定的秩序或者制度当中发生的、在利益彼此冲突的个人之间的所有权的转移，也就是说，交易是制度的实际运行方式。新制度经济学家更是把交易费用视为新制度经济学的核心范畴，或者说，新制度经济学就是建立在交易费用概念基础上，因为在新古典经济学交易费用为零的世界里，制度可有可无，在交易费用为正的新制度经济学家那里，由于制度的实际运转是由无数次交易构成，因而交易费用就是制度运行的成本，制度好坏的评判标准，就在于交易费用的高低，好制度就是交易费用低的制度（卢现祥，2003）。[②] 制度变迁的目的在于减少社会交易成本，提高社会经济的整体效益和效率，从而实现增加社会有效资源的目的（汪洪涛，2003）。[③] 循着威廉姆森逻辑，制

---

① Y. 巴泽尔：《产权的经济分析》，上海三联书店1997年版，第3页。
② 卢现祥：《西方新制度经济学》，中国发展出版社2003年版，第2页。
③ 汪洪涛：《制度经济学：制度及制度变迁性质解释》，复旦大学出版社2003年版，第54页。

度变迁可以通过减少资产专用性、减少机会主义行为动机和增加理性行为来降低交易费用,其实现途径,可以是变更正式制度或非正式制度,特别是通过法律程序构建的游戏规则因具备普遍、权威和强制性,可以提高资产的共性程度,可以在最大限度上减少败德性机会主义的内在冲动,增加理性行为动机。

第二节 市场化金融监管制度下的高昂交易费用

生产过程中的生产费用可以作出精确的计量,但作为制度运行成本的交易费用却难以准确测度,这是新制度经济学迄今没有解决的理论难题。新制度经济学家通常采取随机举例的定性描述法来说明某种制度所导致的交易费用,循着这条思路,我们对北洋政府时期市场化金融监管制度所导致的交易费用进行非精确描述。清政府在覆亡前夕,颁布了《银行通行则例》(1908年)和《币制则例》(1910年)两部金融监管法规,因清政府是时已失去对全国经济的控制力,这些法规仅停留于纸面没有真正实施。民国时期历届北洋政府也颁布了系列金融法规试图加强对金融业的监管,如为整理清季以降的混乱货币市场,北洋政府先后颁布了《国币条例》和《国币条例实行细则》(1914年)、《取缔纸币条例》(1915年)、《修正取缔纸币条例》(1920年),为使商业银行有统一的经营规则,北洋政府修订了清政府制订的《银行通行则例》,于1924年颁布了《银行通行法》。但自1916年袁世凯之后,中央政府大权旁落,政令不出都门,对全国金融经济逐渐失去控制力,同业公会成为金融业监管的主体,行业规则和习惯法成为金融监管的依据,政府颁布的法令仅仅停留于纸面。由此看来,北洋政府时期市场化金融监管制度的形成并非政府所愿。因政府缺位而形成的市场化金融监管制度,引致了高昂的交易费用,突出地体现在两个方面。

先看紊乱币制所导致的交易费。

清末、北洋政府时期的币制异常紊乱,特别是袁世凯称帝失败以后，中央政府无力对货币的发行和流通实施有效的监管，各地军阀滥铸劣币，滥发纸币，使中国币制之紊乱达无以复加之地步。正如杨格所言"中国的币制是任何一个重要国家里所仅见的最坏制度"（杨格，1981）。[①] 就币种而言，从大处划分，至少可分为银两、银元、银角、铜元、外资银行钞票、中交两行钞票、华资商业银行钞票、地方银行钞票等，每一大类下又五花八门，种类繁多。币制紊乱导致交易费用陡增。第一，硬通货成色与重量不一，使市场型交易费用增加。以银元重量与成色为例。表9-1所列的各种银币，重量与成色无一相同，在交易中，商家为减少因收取劣币造成的损失，不得不到公估局对宝银进行鉴定，一笔本不该存在的交易费用产生。第二，货币发行权分散，其结果造成每一种货币形态在全国不同的地方都有不同的种类，甚至一地之内就有好几个种类，甲地流通的货币不能流通于乙地，乙地流通的货币也不能流通于甲地，各地各种类的货币画地为牢，必须经过复杂的兑换，才能完成交易。这种烦琐、缓慢的交易过程，大大增加了交易成本，减缓了商品流转速度，阻碍了商品经济的进一步发展。第三，洋厘行市给社会经济带来种种不便。洋厘，即银元与银两之间的比价。洋厘涨，意味着银元升值而银两贬值，洋厘跌，则表明银元贬值而银两升值。洋厘的涨跌给钱庄带来了套利的机会，给社会经济却带来了种种不利，增加了社会经济运行的交易费用。譬如，每年5月和6月是茶丝的集中上市季节，9月和10月是粮棉的收获季节。在这两个季节，商人会大量采购农产品，由于商家在采购农产品时，支付给农户的主要是银元，银元的需求量随着农产品采购量的增加而增加，在供需定理的作用下，银元升值，洋厘上涨，同样数量的银两所能兑换到的银元数减少。倘若采购商在农产品收购季节之前将银元存入钱庄，存入时根据当时洋厘兑换成银两（钱庄规定只有存入银两才有利息，因此商家不得不兑换成银两），到收购季节时，采购商按上涨后的洋厘将银两又兑换成银元，由于洋厘已经上涨，银两能兑换到的银元数少于存入时的银元数，这是一笔

[①] 杨格著，陈泽宪等译：《1927~1937年中国财政经济情况》，中国社会科学出版社1981年版，第171页。

无端的制度损失（贺水金，2008）。①

表9-1　各式银元每枚的重量与成色（1920年3月调查）

币种	铸造年代	总重量（两）	成色（%）	含银量（两）	含铜量（两）
新币	民国3年	0.7200	0.890000	0.6408	0.0792
湖北龙洋	宣统年	0.7261	0.901697	0.6547	0.0714
江南龙洋	光绪戊戌	0.7246	0.902327	0.6538	0.0705
广东龙洋	光绪年	0.7245	0.902700	0.6540	0.0705
北洋银币	光绪三十年	0.7396	0.890000	0.6582	0.0814
造币总厂银币	光绪年	0.7029	0.904527	0.6521	0.6880

资料来源：《中国年鉴》第一回，第735~736页。转引自杜恂诚：《中国金融通史》第三卷，中国金融出版社2002年版，第4页。

再看金融同业监管下的交易费用。北洋政府时期，尽管颁布了《商业银行条例草案》、《银行通行法草案》、《银行通行法实施细则》、《取缔银行职员章程》等银行法规，但因历届北洋政府孱弱，政令不出都门，这些银行法规大都施而不行，政府对银行业的法律监管严重缺位导致银行业经营混乱，以致民国初年银行挤兑风潮迭起。为使银行业在"营业上应有共同遵守之规则，方足以昭划一而免分歧"（第二历史档案馆，1989）。② 上海银行公会各会员银行于1920年7月31日议决通过《上海市银行业营业规程》，该《规程》共16条，对银行的营业时间、例假日、营业种类、利率、行市、准备金等作了规定。此外，对银洋进出、各种重要单据种类及手续、各单据挂失止付办法、往来户向银行以支票调换本票等具体业务也作出了比较明确的规定。③ 上海银行公会颁布的《规程》，"补充法律条文之所未备"、"引申法律条文之所未详"，以此"备执业者之参考，以作处理

---

① 贺水金：《不和谐音：货币紊乱与近代中国经济、社会民生》，载《社会科学》2008年第5期。
② 第二历史档案馆等编：《中华民国金融法规选编》，档案出版社1989年版，第320页。
③ 《上海银行营业规程》，载《银行周报》1920年第4卷29期。

实务之指南针"（章乃器，1932）。[1] 从时人的评价中看出，《上海市银行业营业规程》是一种具有一定法律效力的非正式制度，但这毕竟不是政府颁布并强制实施的正式制度，它对会员银行的约束力有限，上海银行公会要维持《规程》的监管效力，需要不断的道义劝告，倘若会员银行集体抵制《规程》，上海银行公会也无可奈何，尽管会员银行所抵制的制度可能是一项能有效维护金融稳定的制度。这就势必导致维持一个组织设计的费用大大提高，此种费用即为新制度经济学家所指的管理型交易费用。早在1918年11月，上海银行公会为做"在会各银行不虞之备"，决定建立公共准备金制，并订立《公共准备金规则》，共16条。主要内容为：（1）规定设该准备金宗旨"系为在会各银行不虞之备。"（2）明确该准备金之来源、总数额，"由在会各银行，按认定之数，共同交存现金与保管银行保管，故名公共准备金。"准备金总额暂定为规元30万两。（3）准备金的保管、稽核监督。由会员会代表每年推选一家在会银行代表公会责任保管。稽核事宜，除保管银行代表人以外，每半年由全体会员中推选稽核人2名，前往保管银行会同查库。（4）准备金及存据的使用。则规定如果在会各银行中，有因市面牵动或其他特别情形需人维持藉资周转时，可以一定数额之抵押品，向公会抵押；其抵押具体数目，除该行交存之数外，应添加抵押若干及期限，由全体会员三分之二表决之；如各钱庄行号遇有风潮时。可以相当之抵押品，向公会抵押。其数目、时间、利息均临时酌定之，公会亦可召集全体会员会议维持。[2] 公共准备金规则于1919年2月下旬由银行公会会员大会通过，3月开始实行。当时12家会员银行交存30万两，由中国银行负责保管，不计利息，专为维持市面使用。在1920年制订的《上海银行营业规程》中，明确规定商业银行自行保管的存款准备金须在20%以上，另加10%的保证准备，两项合计在30%以上。不可否认，该项制度不仅可以降低银行业经营风险，保护会员银行安全，保证同业公共信用。上海银行公会从动议到实施，花费了几年时间，到真正实施时，

---

[1] 章乃器：《对于修订银行营业规程之管见》，载《银行周报》1932年第16卷第38期。
[2] 《公共准备金规则》，1918年11月26日，上海市档案馆藏，档案号：S173—2—3。

上海中华银行仍坚持异议,怀疑是否真有必要设立公共准备金。在此后的运作实践中,会员银行因稳健经营而无须从该制度中受惠,加之准备金又没有丰厚的利息收益。1927年12月上旬,约10家会员银行致函银行公会要求发还所交准备金。各行称此项准备金设立以来,实际发挥作用不大,"而各行徒然搁置一款,两无裨益。殊非图谋经济发展之道,刻拟请将此项准备金各自提回"。① 12月10日,上海银行公会不得不决议将准备金发还会员行,公共准备金制度结束。该制度的结束,完全是各会员行短视所致,只看到了自身能否从该制度中直接受益而没有看到该制度维持金融稳定所带来的间接收益。

随着金融业的发展,票据的使用越来越多,票据清算越来越频繁,自然就会提出设立票据交换所的需求。如英国于1773年成立伦敦票据交换所,美国于1853年成立纽约交换所,法国于1872年成立巴黎交换所,德国于1883年成立柏林交换所,日本于1878年成立大阪交换所、1886年成立东京交换所。在上海钱业界,最有实力的大钱庄——"汇划庄"共同设立汇划总会,对入会钱庄进行票据清算,没有加入汇划总会的钱庄及银行也可委托入会钱庄予以代理。上海的华资银行却没有自己的票据交换所,票据交换须委托外滩的银行和汇划钱庄办理。此种状况,不但不利于华资银行业的发展,而且增加了委托成本。基于此,1922年2月,上海银行公会组织票据交换所筹备委员会,公推徐寄庼、姚仲拔、徐沧水三人草拟《上海票据交换所章程草案》,凡11章32条,并由《银行周报》杂志社出版《票据交换所研究》一书,供大家研讨。此次因各银行习惯不同,不能统一,计划搁浅。1923年、1925年、1926年又三次重新讨论此事,但均未成功,其中的一个原因就是缺乏一个权威组织的强力推进,致使各方利益不能实现均衡,因而难以达成一致。如第二次筹办,交通银行提出异议,第四次筹办虽表示由中交两行合办,但四明等银行不愿参加,交行代表也未参与。② 由市场主导的诱致性制度变迁,其制度演进是缓慢的,

---

① 《盐业、永亨、中孚、东亚、大陆、中国实业、东莱、中华、农商、聚兴诚银行致上海银行公会函》,1927年12月10日,上海市档案馆藏,档案号:S173—2—3。
② 《上海票据交换所之实现》,载《银行周报》1932年第16卷第48期。

没有政府的强力推进,建立一个组织的交易费用被无限放大。

　　银行信贷,首先需要考虑的因逆向选择而导致的放贷安全问题,大银行如中国银行、交通银行、上海银行、金城银行等都设有客户资信调查部,但大多数中小银行没有足够的实力和人才自设调查部,钱庄则是在有限的范围内熟悉客户的信用。要做到信息共享,就需要有公共的信用调查机构。从西方各国的情况来看,这是一个普遍的发展规律。英国创办征信所最早,始于1830年,美国始于1840年,法国1857年,德国1860年,日本大阪商业征信所设于1892年。设立以后,皆成绩斐然(杜恂诚,2002)。[①] 1921年5月在天津举行的第二届银行公会联合会大会上,上海银行公会提议设立征信所,但涉及公共机构创办和运作成本的承担问题,因意见不一而搁置下来。直到1932年,因市场出现困难,资金投放与信用调查的关系更加凸显,设立征信所再一次提上了议事日程。一种有利于银行业健康发展的制度,竟然拖延了10多年。究其原因,征信所是具有公共物品性质的公共机构,公共物品具有非竞争性和非排他性,因而无法克服搭便车问题,也就是,对于不承担交易费用的银行,征信所没有办法制止它不享受征信所所搜集到的客户资信信息,其结果是,没有哪家银行愿意承担组建征信所的交易费用。

　　用新制度经济学随机举例的方法描述了市场化金融监管制度下的交易费用,尽管额度不能测定,但我们可以清楚地看到,市场化金融监管制度下的每一项交易费用都极不利于金融经济的发展,如货币市场混乱所引致的交易费用严重阻碍了商品经济的发展,单纯的金融同业监管制度尽管有贴近金融机构的优点,但在金融业刚刚起步、急需建立金融秩序的北洋政府时期,纯粹的同业监管所引致的交易费用严重影响了中国金融业的健康发展。要降低交易费用,就必须对原有金融制度安排做根本性的变革,而这个根本性制度变迁的最强有力推动者必须是具有权威的政府。换言之,如果政府主导的制度变迁能降低市场化金融监管制度下的交易费用,这种制度变迁就是有效的,一旦

[①] 杜恂诚:《二十世纪二三十年代中国信用制度的演进》,载《中国社会科学》2002年第4期。

时机成熟，金融领域根本性的制度变更就会发生。南京国民政府在实现对金融经济的统制之后，凭藉其威权对清末、北洋政府时期金融制度进行伤筋动骨的变更，恰恰是这种变更，使交易费用得以降低。

第三节　行政化金融监管制度下交易费用的降低

1927年南京国民政府上台之后，为实现对金融经济的统制，在金融监管领域推行强制性制度变迁，其要有二：一是通过币制改革整理货币市场；二是强化政府在金融监管领域的主体地位，削弱同业组织的监管权力。南京国民政府所推行的新的金融监管制度，降低了交易费用，有利于中国金融经济的健康发展，正因为如此，各利益主体，包括银行、钱庄、同业组织才愿意牺牲自身利益去支持南京国民政府的金融监管制度改革。

针对清季以来的紊乱币制，南京国民政府实施了两项大改革：一是废两改元，二是法币改革，这两项改革结束了持续半个多世纪的币制混乱局面，初步建立起了一个有序的货币市场，使交易费用大为降低。清末代民国时期，银两和银元并行使用，银两是大宗商业往来和国际收支方面主要的支付手段，但日常交易活动却多用银元，这就使得商业和金融市场上常常面临这样的矛盾：交易结算以银两计算，实际收支则用银元，记账单位用银两，实际流通用的又是银元。这种状况使商业交易手续异常繁琐，如当时银行家林康侯所指出，"在手续上说，从前除银元划期汇划之外，复有银两划头汇划，银两须经过公估，银元亦须经过化验，而因各省市价之不同，于结算折算又须许多麻烦；在信用上说，从前因纹银银元之成色不同，银元重量足不足关系到银价涨落，洋价亦时有变动，原有规定银元以十进者，亦因变迁关系，而兑12角11角不等，种种弊病不胜枚举"。[①] 更重要的是，

---

① 《急转直下之废两改元》，载《银行周报》1933年第16卷第26号。

这种交易用银两、通货用银元的情况，不免引发银元市场价格骤涨骤落，正经商人为此常遭受损失，投机商人则从中渔利。这在很大程度上制约着工商业的发展，以致不少有识之士认为，我国商业不发达，币制混乱实为主要原因，呼吁："改良币制，莫要于统一货币，而统一货币，则应自废两改元始"。（徐永祚，1918）① 钱庄控制洋厘行市，是两元并存货币制度的既得利益者，北洋政府时期银行公会几次提出废两改元动议，钱庄尽管百般不愿但却从未公开表示反对，且不得不承认"废两改元，确为整理金融之要图，此项原则，敝会（钱业公会）素所赞同"，② 其原因就在于两元并存是一种高交易费用的制度，钱业无法找到拒绝的理由，不过，终因钱业势力强大加上政府软弱，废两改元没有付诸实施。国民政府通过抬高银行业压制钱业，削弱钱业的博弈能力，1933年成功实施废两改元，结束了几十年来两元并存的币制混乱局面。废两改元极大地节约了交易费用：就财政而言，废两改元以前政府征税尽管逐步改用银币为单位，"但关税之关平银，及田赋之两、石等名称，迄仍存在"（杜恂诚，2002），③ 一国之内征税单位不统一，往往辗转折合，给国家的税收统计、征收造成困难，废两改元以后，征税单位一律以银元计算和征税，使征税不再折腾。废两改元之后，银币之铸造专属中央造币厂，所铸之银元，总重26.6971公分，成色为银88%，铜12%，这样，各省造币厂全部废止，银元滥铸现象不复存在，银炉和公估局也被撤销，公估、化验、折算等交易费用随之消失。废两改元，繁琐的银两兑换不复存在，节约了交易时间，简化了交易手续，减少了两元兑换的风险和损失。废两改元只是南京国民政府币制整理的第一步，因为它没有解决统一货币发行、货币本位制度、集中发行准备等问题。币制整理的第二步是1935年推行的法币改革，法币在全国流通后，物价开始回升，

---

① 徐永祚：《废两改元当自上海始》，载《银行周报》1918第3卷第49期。
② 《上海钱业公会复银行公会函》，1932年3月14日，上海银行公会档案藏，档案号：S173—1—86。
③ 《银行周报》第16卷第26号，转引自杜恂诚：《上海金融的制度、功能与变迁》，上海人民出版社2002年版，第247页。

黄金白银投机行为明显减少，对外贸易呈活跃和上升的势头，对外汇价也趋于稳定。因此，法币改革对缓解通货紧缩、恢复经济发展是起到了积极作用。此外，法币改革所确立的不兑现纸币本位货币制度极大地降低了交易费用。按南京国民政府发布的《国民政府财政部改革币制布告》："自1935年11月4日起，以中央、中国、交通三银行所发行之钞票定为法币（1936年2月，中国农民银行发行之钞票亦视同法币）。所有定量、纳税及一切公私款项之收付，概以法币为限，不得行使现金，违者全数没收，以防白银之偷漏。如有故存隐匿意图漏者，应准照危害民国紧急治罪法处治"（中国第二历史档案馆，1997）。[①] 政府强制推广法币，禁止兑换和使用银元，比较彻底地改变了自19世纪末以来多种货币并行且成色重量不一的混乱局面，极大便利了交易活动，节约了交易成本。

民国北洋政府时期，中国金融业独步于经济舞台，但因政府监管的缺失，金融业在大发展的同事也出现大混乱，这种大混乱突出表现在金融风潮频发，全局性的金融风潮有1916～1919年的"京钞风潮"、1921年的"信交风潮"，至于局部性的金融风潮几乎年年发生。南京国民政府时期，尽管出现了两次大的金融风潮——1934年白银风潮和1947年黄金风潮，但它与北洋政府时期的金融风潮则有很大的不同，北洋政府时期金融风潮的诱因或是源于金融业的混乱经营，或是源于银行的不当经营，这是一种系统内风险导致的金融风潮；南京政府时期的金融风潮则或是源于国际经济危机，或是源于政府的经济政策危机，这是一种系统外风险导致的金融风潮。金融家们从20世纪20年代前后频发的金融风潮中意识到金融混乱是金融风潮频发之根源，交通银行总经理、上海银行公会会长钱新之曾指出"中国金融向来无制度、无整理、无监察，以致金融有不能统一之苦"，[②] 金融业呼吁政府"绝不能采取放任主义，听其自然"，希望政府颁布法令对银行业的市场准入与退出、营业范围与规则、资产与负债、损

[①] 中国第二历史档案馆：《中华民国档案资料汇编》第五辑第一编"财政经济"（四），江苏古籍出版社1997年，第314～315页。

[②] 《上海将设金融管理处》，载《申报》1927年7月6日。

益情况"作出限制"。① 金融界的呼吁与南京国民政府的意图不谋而合，1927年之后，国民政府在谋求军政统一的同时加强对全国经济的统制，而"统制全国金融是政府统制全国生产的第一步"（财政部科研所，1997）。② 南京国民政府对金融业的统制从两个方面入手：一方面颁布实施《商会法》和《工商同业公会法》，按这两部法规对金融同业公会组织进行改组，经过改组之后，银行公会和钱业公会都被置于政府的控制之下；另一方面，从1931年起，南京国民政府先后颁布实施《银行法》、《储蓄银行法》、《中央银行法》、《交易所法》、《保险法》等100多部金融法规，对全国金融业实施严格的法律监管。③ 此后，控制金融界的不再是同业组织而是政府，什么能办

---

① 《对于以后法规修订进一言》，载《银行周报》1928年第12卷第13期。
② 财政部科研所编：《国民政府财政金融税收档案史料》，中国财政经济出版社1997年，第239页。
③ 南京国民政府上台以后，迅速掀起了金融立法的高潮，据不完全统计，从1927年到1937年抗战以前，制定各类法规、条例、办法、通电等多达140多件，从部门划分，可分为货币整理及统一、国家银行、商业银行、证券、保险等行业法规，从内容划分，涉及金融机构章程、管理办法。其中，币制监管法规主要有：《废两用元案》（1928年9月）、《整顿硬币案》（1928年）、《废两用元布告》（1933年4月5日）、《财政部施行法币布告》（1935年11月3日）、《财政部饬各行庄详报库存现金通电》（1935年11月4日）、《兑换法币办法》（1935年11月15日）、《辅币条例》（1936年1月11日）、《设立省银行或地方银行及领用或发行兑换券暂行办法》（1935年3月15日）、《省银行监理官章程草案》（1936年5~6月）、《省银行或地方银行印刷辅币券暂行规则》（1936年8月16日）等。国家银行监管法规主要有：《中央银行条例》（1928年10月22日）、《中央银行兑换券章程》（1928年10月25日）、《中央银行法》（1935年6月12日）、《豫鄂皖赣四省农民银行条例》（1933年3月）、《中国农民银行发行办法》（1936年1月20日）、《修正中国银行条例》（1935年3月28日）、《修正交通银行条例》（1935年6月4日）、《中国银行章程》（1936年4月20日）、《中国银行储蓄部章程》（1935年5月15日）、《交通银行储蓄部章程》（1935年8月26日）、《交通部邮政储金汇业总局章程》（1930年1月22日）、《邮政储金法》（1931年6月）、《中央信托局章程》（1935年10月）、《中央信托局信托业务规则》（1935年）等。商业银行、钱庄监管法规主要有：《银行注册章程》（1929年1月12日）、《票据法》（1929年10月29日）、《银行法》（1931年3月）、《储蓄银行法》（1934年4月）、《上海钱业监理委员会章程》（1935年7月）等。保险业监管法规主要有：《保险条例》（1928年9月）、《保险法》（1929年12月）、《保险法（修正）》、《保险业法（修正）》和《保险业法施行法（修正）》（1937年1月）等。证券业监管法规主要有：《交易所暂行办法》、《交易所暂行章程》（1927年11月）、《修正交易所税条例》（1928年11月）、《交易所法》（1935年4月）等。

什么不能办？按什么规则办？悉听政府法令而非同业组织习惯法，从 1935 年，中国金融业由北洋政府时期的"不干涉状态进入实行统制主义"（寿充一，1991）。①

与北洋政府时期同业监管相比，南京国民政府的金融统制起到了降低交易费用的作用。法律法规作为一种公共物品，其供给一般要遵循公共选择学派学者所提出的集体行动逻辑，如果一项法规由社会成员集体议定来供给，那可能面临四种供给规则：第一种是一致同意，即集体行动方案只有所有参加者都赞同才能实施，如有一人反对，集体行动方案就不能通过；第二种是多数规则，即参加者中的多数人同意集体行动方案，则可实施；第三种是加权规则，即按实际得到的赞成票数（而非人数）的多少来决定集体行动方案；第四种否决规则，即首先让每个参加者提出各自认可的方案，汇总之后，再让每个成员从中否定自己所反对的方案，最后剩下的就是所有成员均可接受的集体行动方案，如果剩下的方案有多个，还得借助上面的三种规则进行选择（高鸿业，2011）。② 无论是哪一种规则，都要经历一个漫长的讨价还价过程，这就必然导致高昂的市场型交易成本，集体行动方案即使达成，若没有一个具有绝对威信的组织来实施，其运行费用即管理型交易成本亦是相当高昂。如果一项集体行动方案由具有绝对权威或者是至少具有较高权威的政府来实施，显而易见，市场型交易费用和管理型交易费用就会大为降低，特别是在一个金融业刚刚起步，一切规则尚未建立而又必须建立的时期，同业监管所导致的交易费用是任何一个稳健经营的银行所难以承受的，正因为如此，中国金融界才发出"绝不能采取放任主义"的呼声。南京国民政府上台之后，颁行系列金融法规，要求金融机构一体遵守，对违反者按法律予以惩罚，起到了遏制金融机构机会主义行为的作用，从而降低了交易费用。存款准备金制度是发达国家在商业银行经营实践中摸索出来的一种有利于降低金融风险的有效制度安排，20 世纪 20 年代初，部分负责任的银行家从中国银行业长远发展的角度出发，动议设立公共准备

---

① 寿充一：《陈光甫与上海银行》，中国文史出版社 1991 年版，第 114 页。
② 高鸿业：《西方经济学》，中国人民大学出版社 2011 年版，第 338～339 页。

金，但这项制度在难产之后又最终消失。事隔十年之后，南京国民政府先后颁布《银行法》和《储蓄银行法》，强制要求银行缴存准备金，《银行法》第14条规定，"无限责任组织之银行应于其出资总额外照实收资本缴纳百分之二十现金为保证金，存储中央银行"，"保证金非呈请财政部核准，不得提取"（第二历史档案馆等，1989）。[1]《储蓄银行法》第9条规定所有举办储蓄业务的储蓄银行须"交存储蓄存款四分之一"作为公共准备金，"以应不虞之需"（财政部科研所等，1997）。[2] 银行界认为赞同建立存款准备金制度但认为存款准备金的缴存比例过高，1934年7月31日，上海银行公会致函财政部，请求缓行第9条。财政部对银行界的要求不但未予通融，而且强硬地提出"所请缓予施行一节，应毋庸议，此项保管办法并经本部函请中央银行妥为订定，其担保确实之资产种类数目应随时由部核定。各银行依照办理，绝无不便之处。"[3] 尽管南京国民政府所规定的缴存比例确实值得进一步商榷，但在政府的强力推行下，中国银行业的存款准备金制度就这样顺利建立起来了。北洋政府时期，上海银行公会按照一致同意的供给规则，历尽艰难才建立起公共准备金制度，因缺乏强有力组织来维系准备金制度，最终准备金制度被废止，南京国民政府按照多数同意供给规则，凭借政府权威在很短的时间内就建立起准备金制度，在政府威权的保证下，准备金制度得以长期延续并不断完善。从民国时期银行准备金制度的出台看出，在行政化金融监管制度模式下，一项金融监管制度的出台与维系所需交易费用远低于市场化金融监管制度模式下的交易费用。

---

[1] 中国第二历史档案馆、中国人民银行江苏省分行、江苏省金融志编委会：《中华民国金融法规档案资料选编》上，档案出版社1989年版，第575页。

[2] 财政部科研所、中国第二历史档案馆：《国民政府财政金融税收档案史料（1927~1937）》，中国财政经济出版社1997年，第239页。

[3] 《关于储蓄银行法第九条规定的往来文书》，1934年7月31日，上海市档案馆藏，档案号S173-1-81.

第四节　结论性评价

在诺思看来，国家有两个目的，既要实现统治者租金的最大化，又要降低交易费用以使全社会的产出最大化，从而增加国家税收，然而，这两个目的又是相互冲突的，两者会产生矛盾，国家的兴衰由此产生，这就是经济学界所言的"诺斯悖论"。上面的讨论已经很清楚地揭示，南京国民政府上台以后所推行的行政化金融监管制度模式，所导致的交易费用之所以低于北洋政府时期市场化金融监管制度模式下的交易费用，关键变量是国家。在社会经济秩序混乱的北洋政府时期，尽管金融业独步于经济舞台，但大混乱中的大发展，必然蕴含着巨大的系统风险，风险累积到一定程度，金融业可能就会遭受毁灭性打击。一般地，市场力量难以在短期内化解系统性风险，如民十信交风潮，政府没有出手救市，几乎摧毁了证券和信托业，风潮中和风朝后，市场力量这只"看不见的手"也曾不遗余力地熨平市场震荡，但没有显著效果，中国证券和信托业在风潮后一蹶不振。至于中国货币市场的混乱，本身不是经济因素所致，乃是政治和军事因素所致，所以，货币市场走上规范发展道路，非强势政府不可。北洋政府时期，银行公会多次呼吁币制改革，历届北洋政府也予以了积极的回应，并聘请外国金融专家制订了几个币制改革方案，但都无果而终，南京国民政府以迅雷不及掩耳之势，用几年的时间做了北洋政府几十年办不好的事情，降低了交易费用，赢得了金融界的信赖，所以，当南京国民政府推行行政化金融监管制度模式时，金融界给予了积极的配合，在没有出现大的震荡的情况下，20世纪30年代初期，行政化金融监管制度模式较为顺利地替代了市场化金融监管制度模式。不过，这只是问题的一面，问题的另一面是，南京国民政府所供给的金融制度，它没有与财政制度相配套，这为后来的金融监管失灵埋下了伏笔。国民政府整理币制，统一发行本是降低交易费用的好制度，但由于没有配套的财政预算制度，也没有设计中央银行独立实施货币政策的制度，财政预算一旦出现大规模赤字时，增发钞票必然成为弥补财政赤字的主要手段，恶性通货膨胀就不可避免，金融经济就会陷入混乱之中，金融监管彻底失灵。抗战之后出现的情况正好对此做了印证。由此看来，南京国民政府时期的金融监管，因政府的强力介入而降低交易费用，又因政府的绝对控制而把交易费用无限放大，最终使近代中国金融经济出现极端混乱。近代中国金融监管领域出现的这种成也政府败也政府结局，正是印证"诺思悖论"的典型案例。经济史的一个重要功能是资治于现实。改革开放以前，我国实行"大一统"金融体制，既没有金融中介体系也不存在金融市场，金融资源完全由国家计划配置，因而不存在金融监管。改革开放之后，我国逐步建立起了以国有商业银行为核心的金融中介体系，逐步开放了证券市场，金融监管已成必要，1984年，中国人民银行行使中央银行职能，此为现代中国金融监管之嚆矢，改革开放初期，由于缺乏经验，政府对金融业的监管并不到位，金融业机会主义行为频发，银行大量资金流入证券市场和房地产市场，社会上出现房地产热和证券热，这不仅造成了证券市场的剧烈波动，而且使商业银行呆账、坏账激增，加大了金融业的系统性风险。在此背景下，国家先后于1992年、1998年、2003年成立证监会、保监会和银监会，对证券业、保险业、银行业实施严格的分业监管，这种分业监管制度，有效地降低交易费用，保证了我国金融业的健康、有序发展，但也要看到，我国的分业监管制度由于主要依靠的是行政手段管理金融，没有充分发挥金融市场主体的自律监管作用，也就造成政府他律与市场主体自律没有形成互动局面，这种局面导致金融监管过度依赖政府，而政府的有限理性已经引致了不必要的交易费用。因此，当前，我国探索构建有利于金融业持续快速发展的金融监管制度，处理好政府与金融市场主体的关系是关键，该管的政府要管好，不该管的政府应放给市场主体去自我管理。政府取代市场、压制市场所导致的灾难性结局在近代中国已经出现过，我们应该吸取这段历史教训，规避近代中国金融监管领域所出现的悖论现象。

第十章

近代中国金融监管的特征

近代中国经济发展道路既不同于同期西方国家,也不同于东亚的日本,甚至与同是半殖民地的印度也有较大差别,走的是一条具有中国半殖民地半封建特色的资本主义发展道路。研究具有中国特色的资本主义,是一个很有意思的学术命题,作为近代中国经济一部分的金融监管,深入研究其特色,颇具学术价值。

第一节 "一级多头"式分业监管模式

从监管的组织体系的设置来区分,金融监管大致有两种体制。一是统一的金融监管,即金融监管集中于某一个中央机构,一般由中央银行或金融管理局负责。如在日本金融史上,大藏省是唯一的金融监管机构。统一监管的优势体现在两个方面:第一是成本优势,统一监管可节约技术和人力的投入,更重要的是大大降低信息成本,改善信息质量,获得规模效益。第二是改善监管环境,这又具体表现在两点:其一,提供统一的监管制度,避免由于多重监管者的监管水平、强度不同,使被监管者面临不同的监管制度约束;其二,避免被监管者对多重机构重复监管及不一致性无所适从。二是分业监管,是在金融业的三大领域,即银行、证券、保险三个业务领域分别设立一个专职的监管机构,分别负责对各行业的监管。20世纪30年代以后,主要资本主义国家鉴于经济大危机前银行投资股市造成金融风险,金融业经营由混业经营变更为分业经营，与此相适应，金融监管也由混业监管演变为分业监管，此种监管体制一直延续到20世纪八九十年代。分业监管的优势在于专业监管机构负责不同的监管领域，具有专业化优势，职责明确，分工细致，有利于达到监管目标，提高监管水平。但其缺点也很明显，第一，多重机构之间难于协调，可能引起"监管套利行为"，即被监管对象有空可钻，套逃避管，若设立多重目标或不透明的目标，容易产生分歧，使被监管对象难于理解与服从。第二，从整体上看，分业监管导致监管机构庞大，监管成本较高，规模不经济。概括起来，所谓"一级多头"式分业监管是指监管权力集中于中央政府，但由多个监管主体对金融业实施分业监管。

在1908年清政府颁布的《银行通行则例》中，度支部被确立为监管银行的主体，将凡经营存放款业务的金融机构如银行、钱庄、银号、钱铺等都列为监管对象，并对银行实行注册制度，规定必须接受官方检查和民众监督。[1] 为加强对大清银行的监管，度支部特派监理官，监理大清银行一切事务。监理官具有随时检查大清银行之票据、现金及一切账簿之权，监理官可出席股东总会及其他一切会议，陈述意见，但不得加入议决数。度支部认为应行查核时，可随时派员会同监理官查核大清银行一切事务（张辑颜，1936）。[2] 北洋政府把财政部确定为银行监管主体，为加强对中国银行的控制，仿行大清银行实行的监理官制度，在中国银行内也推行这种制度。1913年4月28日，财政部公布《中国银行监理官服务章程》，规定：中国银行监理官承财政总长之命，监视中国银行一切事务；中国银行监理官须随时检查中国银行各种簿记及金库，前项检查，每星期内至少一次；中国银行监理官须随时检查中国银行兑换券发行数目及准备状况；中国银行监理官得随时检阅中国银行各种票据及一切文件；中国银行监理官得随时质问银行事务一切情形，如认为必要时，得请银行编制各种表

---

[1] 中国第二历史档案馆、中国人民银行江苏省分行、江苏省金融志编委会：《中华民国金融法规档案资料选编》上，档案出版社1989年版，第146~148页。

[2] 张辑颜：《中国金融论》，黎明书局1936年版，第249~250页。

册及营业概略等（孔祥贤，1991）。① 北洋政府还将银行监理官制度推广到各省官银钱行号，1913 年，北洋政府颁布《各省官银钱行号监理官章程》，设立银行监理官，派监理员分驻各省监督银钱行号，检查各种簿记、票据、文件、金库、钞票发行数目及准备状况等一切事务。② 1914 年 3 月将银行监理官的监理范围扩展至发行纸币之商办银钱行号。1918 年，币制局设立，"各银行监理官，应受币制局之监督及指挥"（张辑颜，1936）。③ 南京国民政府上台以后，同样把财政部确立为银行监管主体。1927 年 11 月，国民政府裁撤财政部钱币司，在上海设立财政部金融监理局，"监理全国关于金融行政上一切事宜"，并将银行监理官、全国特种营业稽征特派员等一律裁撤，以事统一事权。④ 国民政府还颁行《金融监理局组织条例》及检查章程、补行注册简章，规定监理局有权随时检查、审核银行之章程则例、文件、注册、纸币发行账簿及库存等一切业务及财产事项，任何一家银行对于检查都"不得托词抗拒"。银行注册时须呈报公司组织、股本总额及已缴额、每股银数、官定利率、公积金数目、董事及监察人姓名等十五项，并需"造具自开业之日起自（至）本年六月三十日止之简明业务报告书，以资查核"。⑤ 金融监理局的强权管制遭到了银行界的强烈抵制，1928 年 8 月 31 日，财政部裁撤金融监理局，设钱币司负责监管全国各类银行。抗战时期，南京国民政府为活跃后方金融，于 1940 年颁布《县银行法》，在后方广设地方银行，银行数量剧增。为加强对银行业的监管，1942 年 7 月财政部公布施行《财政部派驻银行监理员规程》、《财政部银行监理官办公处组织规程》和《财政部银行监理官办公处办事细则》。财政部在省地方银行及重要商业银行设置"派驻银行监理员"，在各重要城市设置银行

---

① 孔祥贤：《大清银行行史》，南京大学出版社 1991 年版，第 116 页。
② 中国第二历史档案馆、中国人民银行江苏省分行、江苏省金融志编委会：《中华民国金融法规档案资料选编》上，档案出版社 1989 年版，第 165～166 页。
③ 张辑颜：《中国金融论》，黎明书局 1936 年版，第 204 页。
④ 《财政部统一金融监理事权》，载《申报》1927 年 11 月 3 日第 13 版。
⑤ 中国第二历史档案馆、中国人民银行江苏省分行、江苏省金融志编委会：《中华民国金融法规档案资料选编》上，档案出版社 1989 年版，第 524～528 页。

监理官办公处。驻行监理员由财政部任命，并直接对财政部负责，而且薪金和办公费用也由财政部支给。银行监理官制度得到进一步发展、完善。抗战后期，随着中央银行金融监管职能的加强，银行监理官逐步淡出，1945年3月，财政部撤销各区银行监理官办公处，授权中央银行检查除重庆区外之各省地方银行，各地商业银行及保险、信托、合作金库等金融机构之业务，但国家二行两局及县银行业务不在授权检查范围内。4月，财政部公布《财政部授权中央银行检查金融机构业务办法》，依据这一办法，1945年6月，中央银行将县乡银行业务督导处加以改组，并于6月11日成立中央银行金融机构业务检查处，执行全国各地商业行庄、信托公司、保险公司及合作金库等金融机构之业务检查事宜（万立明，2005）。[1] 因此，随着中央银行金融监管职能的不断加强，逐渐取代了原来财政部实行的银行监理官制度。

  清末，尽管政府对股票发行有些概括性的规定，对股市大风潮也偶然进行干预，但是总体上没有形成专门的监管机构，股票交易一直处于自发演进的状态中。民国时期，北洋政府对股市积极干预，各种监管机构逐步建立起来。在1914年颁布的《证券交易所法》中，就有在适当时候政府可以派人对证券交易所进行检查和监督的条款。1926年9月北洋政府颁布《交易所监理官条例》，决定设立交易所监理官并向上海特派监理官，就地负责监督交易所的交易情况和税收事项，后因上海各交易所和同业公会的联合抵制，上海交易所监理官署一直未能实施其监管职能。南京国民政府上台后，很快在上海股市恢复了交易所监理官署，1931年改称为上海交易所监理员办公处，办公处按照1931年颁布的《交易所监理员暂行规程》和《上海交易所监理员办公处办事规则》行事，由中央政府实业部和财政部派员负责。该处一直延续到抗战时期，战后国民政府重开证券市场，上海交易所监理员办公处恢复，但改由财政部和经济部共同简派人员充任。纵观近代中国股市监管机构的演变，一个显著特征是中央政府的股市

---

[1] 万立明：《中国近代银行监理官制度的发展轨迹及其启示》，载《上海经济研究》2005年第6期。

监管机构地位逐步加强，并趋向专业化（见表10-1）。首先，从中央政府的主管部门来看，随着对股票市场重视程度的提升，中央对口的部门逐次升级，这在国民政府执政初期表现得非常明显，从1929年到1931年股票市场的主管部门从一个局级单位提升到两个主要部级单位共管。其次，中央政府逐步扩大自己在上海派出机构的职责范围，加强其编制，到1931年上海监理员办公处成立后，它几乎成了中央政府关于股市决策的主要执行机构，负责整个股票市场的日常监管（成九雁、朱武祥，2006）。[1]

表10-1　　　　　　　　股市监管机构的演变

中央政府名称	年份	中央政府金融监管机构名称	中央政府金融监管机构派出机构	
			机构名称	职责
北洋政府	1914	农商部	观察员	与中央联络
	1926	农商部	交易所监理官	监督交易、税收
南京政府	1928	财政部金融监理局		
	1929	财政部钱币司		
	1929	工商部		
	1929	工商部、财政部		
	1931	实业部、财政部	监理员办公处	监管交易所交易事宜
	1937	经济部		
汪伪政府	1943	实业部、财政部		
南京政府	1946	财政部、经济部	监理员办公处	监管交易所交易事宜

资料来源：成九雁、朱武祥：《中国近代股市监管的兴起与演变：1873~1949年》，载《经济研究》2006年第12期。

---

[1] 成九雁、朱武祥：《中国近代股市监管的兴起与演变：1873~1949年》，载《经济研究》2006年第12期。

华商保险业约产生于19世纪60年代,保险业产生之初并没有引起政府的重视因而也无所谓政府监管,直到20世纪初,政府才开始对保险业实施监管。与证券业一样,近代历届政府没有设立专门保险监管机构,由工商部或财政部管理,且处于不断变更甚至重叠的过程中(赵兰亮,2003)。[①] 1903年,清政府设立商部,下设之保惠司负责保险监管。1906年,工部与商部合并,在此基础上另设农工商部,原商部保惠司改制为商务司专司商政,负责保险、商埠、商会、银行、招商、公司、商务学堂等事项(汪敬虞,2003)。[②] 在1910年所颁布的《保险业章程草案》中,农商工部被明定为保险业监管机构,"凡经营保险事业者,必先呈请农工商部及该管地方官立案,待注册后方准营业"(周华孚、颜鹏飞,1992)。[③] 北洋政府于1913年设立农商部,依《修正农商部官制》,工商司执掌之一为"关于保险、运送、外国贸易事项",[④] 实际上,工商司负责监管保险业。1918年法制局拟定的《保险业法案》规定"经营保险业须呈请农商部核准发给营业执照,呈领营业执照须缴纳规费,其费额由农商部定之"(周华孚、颜鹏飞,1992)。[⑤] 农商部再次被明定为保险业监管机构,一直持续到南京国民政府初期。1927年11月,南京国民政府在财政部内设金融监理局,该局具有查核保险公司业务报告书之权,1928年所颁布的《保险条例草案》也规定"凡欲设立保险公司者,须由发起人开具下列各款、署名、签押连同章程呈请金融监理局核准注册,发给执照后方得营业"(周华孚、颜鹏飞,1992)。[⑥] 1928年8月,

---

① 赵兰亮:《近代上海保险市场研究(1843~1937)》,复旦大学出版社2003年版,第303页。

② 汪敬虞主编:《中国近代经济史(1895~1927)》中,人民出版社2000年版,第1483页。

③ 周华孚、颜鹏飞主编:《中国保险业法规暨章程大全(1865~1953)》,上海人民出版社1992年版,第37页。

④ 《修正农商部官制》,载《北洋政府公报》第589号,1913年12月23日。

⑤ 周华孚、颜鹏飞主编:《中国保险业法规暨章程大全(1865~1953)》,上海人民出版社1992年版,第72页。

⑥ 周华孚、颜鹏飞主编:《中国保险业法规暨章程大全(1865~1953)》,上海人民出版社1992年版,第91页。

金融监理局裁撤，钱币司接管其保险监管业务，1931年《财政部组织法》规定钱币司之执掌是"监督交易所、保险公司、储蓄会及特种营业之金融事项"（财政部科研所等，1997）。① 工商部是保险业的另一监管机构，按《国民政府工商部组织法》和《工商部分科规则》，该部下设之商业司具有"关于保险、转运、交易所及其他特种营业之审核及监督事宜"。1930年，工商和农矿两部合并为实业部，按《实业部组织法》，下设之商业司负责保险业监管，其执掌之一即为"关于保险公司及特种营业之核准登记及监督事项"（蔡鸿源，1999）。② 财政部、工商部（后来实业部）的多头管理，存在重复之嫌，1935年国民政府颁行《保险业法》，明确宣布实业部为保险业监管机构，"经营保险业者，非呈请实业部核准并依法登记缴存保证金领取营业执照后，不得开始营业"（周华孚、颜鹏飞，1992）。③ 在实业部随后公布的《保险业登记规则草案》中，更明确宣布"保险业法暨本规则所称之主管官署为实业保险监理局"，实业保险监理局是专门的保险监管机构，但没有成立（周华孚、颜鹏飞，1992）。④

上面的描述清楚地显示，在近代中国，金融监管权力集中于中央政府，监管职能由财政部、农商部、经济部、实业部、中央银行等机构承担，这属于"一级多头"；银行、证券、保险分开监管，这属于分业监管。近代中国历届政府出于维护金融体系安全的考虑，推行"一级多头"势分业监管体制，应该说分业监管符合中国的国情，因为当时不具备实施混业监管的经济社会条件，这与世界金融监管潮流暗合，但"一级多头"模式却弊大于利，不仅导致五龙治水但又群龙无首的被动局面，而且直接导致金融监管的低效率。

---

① 财政部科研所、中国第二历史档案馆编：《国民政府财政金融税收档案史料（1927～1937）》，中国财政经济出版社1997年版，第91页。
② 蔡鸿源主编：《民国法规集成》，黄山书社1999年版，第34页、81页。
③ 周华孚、颜鹏飞主编：《中国保险业法规暨章程大全（1865～1953）》，上海人民出版社1992年版，第167页。
④ 周华孚、颜鹏飞主编：《中国保险业法规暨章程大全（1865～1953）》，上海人民出版社1992年版，第141页。

第二节　外部监管与内部监管互为消长

完整的金融监管包括他律和自律两个层面，他律即外部监管，主要是政府监管和社会力量监管，自律即内部监管，主要是金融行业自律和金融机构的内控，其中，政府监管是核心，金融机构内部监控是基础，金融业行业自律是补充，社会监督防范是环境保障（韩汉君等，2003）。[①] 有效的金融监管应该是外部监管和内部监管互为补充，但在近代中国却是另外一番景象，两者之间互为消长。

近代中国金融监管始终突出政府当局宏观监管的重要地位。之所以形成这种局面，是由于近代中国整个金融市场很不成熟，各项规则和制度都不健全，而且宏观经济金融环境极端恶劣，外有列强环伺，内有政局动荡，特别是1937年之后中国经济步入战时经济轨道，金融更加混乱，金融机构出于趋利避害的考虑，舍正常金融交易而从事投机经营，为使金融业不至于偏轨太远，政府当局不得不实施严厉监管，因此，加强政府监管实是不得已而为之的选择。但政府的触角并不能伸到金融业的每一个领域，完全依靠政府监管市场是不现实的，首先，市场永远存在信息不对称现象，由于政府本身并不直接接近市场，因而获得的信息总是不充分的，决定它不可能对各种违法、违规行为都能明察秋毫，了如指掌。其次，政府用于监督的资源也是有限的，因此，政府没有足够的能力来监控一切。还需特别指出的是，在近代中国，政府在金融监管过程中起着两面作用，一方面政府监管金融维持金融市场秩序，另一方面，政府又扰乱金融。如1916年、1921年两次金融风潮的直接祸根就是北洋政府。至于地方军阀政府扰乱金融的事件则不胜枚举，如1921年直隶省管钱局成立并发行纸币，其目的"表面上虽为救济金融起见，实则为吸收现金别图活动

---

① 韩汉君、王振富、丁忠明编著：《金融监管》，上海财经大学出版社2003年版，第92页。

而已"(天津市地方志编委会办公室等,1999)。① 此处所言之别图即通过发行满足直隶省财政需求,管钱局终因滥发铜元票,屡遭挤兑,铜元票最终成为废纸,商民深受其害,直隶省银行纸币因滥发而贬值,为维持直隶省钞信用,直隶省于1927年秋开征芦盐产捐作为兑换准备,并承诺在省钞问题未解决之前,不得挪用此项产捐,当芦盐产捐开征后不久,直隶省即宣布停兑省钞,所征产捐,一半用作归还借款,一半提作卫戍司令部经费。直隶省银行因挤兑风潮而一蹶不振,直隶省迫不及待另组河北省银行,以为其另辟财源,河北省银行成立不久就如同直隶省银行一样,没有逃脱挤兑的厄运(龚关,2007)。② 直隶省银行和河北省银行的结局,完全是地方军阀政府在军阀割据中肆意而为的必然结果,军阀视银行为财神,银行成为军阀敛财的工具。其他地方亦是如此,山东省银行两次停兑也因军阀政府的干预,"银行券对于经济上固有之效能非唯无从发挥,且成为破坏经济、扰乱金融之重要工具"。③

社会监督是由依法成立的并经有关部门认可的注册会计师及会计师事务所、律师及律师事务所、审计师及审计师事务所等金融业中介服务机构,依据国家法律法规对金融机构的财务状况报告、资产评估报告、招股说明书和法律意见书进行审核签字,以便有关方面对其财务状况、经营绩效和风险程度等做出正确的判断,并对其存在的问题进行审计监督。社会监督是金融业健康发展的重要保障,但总的来看,中国社会性的监督组织没有起到应有的作用,最突出的问题当属注册会计师和会计师事务所没有起到应有的监督作用,表现在两个方面:一是一些经注册会计师审计后的会计报表失真,上市公司为了粉饰会计报表通过多种办法虚增利润、虚增资产或虚减负债,而事务所在审计过程中或未能发现,或发现了仍然予以确认,发表不恰当的审

---

① 天津市地方志编委会办公室、天津图书馆编:《〈益世报〉天津资料点校汇编(一)》,天津社会科学院出版社1999年版,第892页。
② 龚关:《近代天津金融业研究(1861~1936)》,天津人民出版社2007年版,第223页。
③ 《山东省银行第二次停兑感言》,载《银行周报》1927年第11卷第38号。

计意见。在上市公司一些重大的关联交易、内幕交易、重大的或有事项、非经常性损益等未能得到充分披露，而事务所在审计过程中未向公司提出，也未在审计报告中披露，发表不恰当的审计意见。二是一些会计事务所不按独立审计准则等职业规范的要求执行审计业务，如许多重要的会计报表项目未实施必要的审计程序，没有充分的审计证据便予以确认。

在中国传统社会，账房行使会计职责，但账房依附于雇主，因而不具备西方会计师的监督企业财务之权。直到1918年6月，曾成功倡导改革中国银行、交通银行会计制度的会计师谢霖，建议仿行西方会计师制度，发展中国的民间审计事业。谢霖的倡议得到农商部首肯，遂委托谢霖起草《会计师章程草案》十条，并于同年9月颁行，由此正式揭开中国近代注册会计师发展的序幕。按《会计师章程草案》，会计师业务范围主要包括：会计师办理会计的组织、查核、整理、证明、鉴定、和解等事务（魏文享，2006）。[①] 不过，该章程没有赋予会计师监督公司之权，而在职业会计师看来，近代中国公司制度不健全与缺乏会计师之监督有关。如著名会计师徐永祚批评时行公司条例对于监督人的规定存在严重弊端，"吾国之监察人实际上为一闲散无能之机关，未能达到监督公司财政之目的。由股东中举出，也未必具有专门知识"，这是导致"吾国公司事业所以信用不著，常有失败，投资者逡巡观望，视为畏途"的原因（徐永祚，1923）。[②] 要改变这一状况，"则监察人之制度实有改善之必要"，改善之方法在于仿行欧美各国，任用职业会计师，因为"最适于充任监察人者，厥惟会计师"（徐永祚，1923）。[③] 北洋政府没有采纳徐氏建议，直到1929年，国民政府所颁布的《公司法》才赋予了会计师查核公司账册之权，《公司法》第158条规定"监察人得代表公司委托会计师，将董事会造就之各种表册核对簿据，调查实况报告其意见于董事会"

[①] 魏文享：《近代上海职业会计师群体的兴起——以上海会计师公会为中心》，载《江苏社会科学》2006年第4期。

[②] 徐永祚：《会计师制度之调查及研究》，徐永祚会计师事务所1923年印行，第47页。

[③] 徐永祚：《会计师制度之调查及研究》，徐永祚会计师事务所1923年印行，第77页。

(中国会计学会会计史料编写组，1982）。① 尽管法律赋予了会计师查核公司账册之权，但真正能行使这一权力仅限于少数著名会计师，如潘序伦、杨汝梅、徐永祚等，一般会计师有权也不敢行使。因为大多数会计师"实无升斗之俸给，今日社会又尚未知会计事业之重要，委事无多，酬报尤薄"，会计师本服务工商，而工商尚未发展，会计师业务受阻，各会计师及事务所为求生存计，不得已而兼职。以上海为例，"会员百余人，能以会计师自维生活者百不及什，而什之八九咸赖兼职之维持，上海为全国工商荟萃之区，智识昌明之域，且犹如此，他可勿论"，一般会计师月得百元，难以应付巨大开支，因此，许多会计师在公司兼任董事、顾问或会计。据调查，1934年9月底，上海会计师公会员人数在238人左右，其中兼职者180人左右，会计师受雇于公司，独立的超然地位难以保证，应尽的监督之责无从落实。②

会计师难以实施有效监管从会计师事务所业务分布上可以得到印证。以近代颇具权威的徐永祚会计师事务所业务为例，该会计师事务所业务集中在公司注册与解散登记方面，最能体现其监管权力的清算与查账业务量很少，请见表10-2统计数据。

金融业的内部监管同样包括两个层次：一是金融机构的内部控制；二是金融业的行业自律监管。金融机构的内部控制是金融监管的基础，只有金融机构形成良好而严格的内部控制，外部的金融监管才能有效。内部控制是金融机构的一种自律行为，是金融机构内部为完成既定目标和风险防范，对各职能部门及其工作人员从事的业务活动进行风险控制、制度管理和相互制约的方法、措施和程序的总称。内控制度包括：健全的岗位责任制度和管理措施、合理的授权、有效的内部稽核制度、预警预报系统和应急应变措施。近代中国，银行业非常重视内部稽核，当然，其内容远没有上面所述那样丰富。1905年，清政府成立户部银行时就专设稽核一职，著名银行家谈荔孙担任首任

---

① 中国会计学会会计史料编写组：《中国会计史料选编》（中华民国时期第一册），江苏古籍出版社1988年版，第123页。
② 《会计师兼职问题之调查》，上海档案馆藏，档案号：S447-2-245。

表10-2　　1924~1937年徐永祚会计师事务所业务统计表

年份	公司增减资本、改组、转移	商标专利注册	公司注册、解散登记	清算、查账	服务代办
1924		2	1		
1925			3	1	
1926	1		4		
1927	1	2	6		1
1928	2	8	25		
1929	2		10	2	2
1930	2		18		
1931	4	1	26		
1932	2	1	6	3	1
1933	4	1	21		
1934	2	1	27		
1935	1		7	2	1
1936			9		1
1937		2	15		

资料来源：魏文享：《近代上海职业会计师群体的兴起——以上海会计师公会为中心》，载《江苏社会科学》2006年第4期。

稽核；户部银行还设立三名监事，也从事内部监管工作；1922年9月，盐业、金城、中南、大陆四家银行联合设立"四行准备库"，设置总稽核四人，分别由四家银行总经理兼任；稳健经营的地方性金融机构也注重内部稽核，并设有相应的机构，如广西官银号设有总稽核职位，黑龙江广信公司设立督查委员和稽核员，吉林永衡官银钱号除在行政部下专门设立稽核股外，还设立监理官职位并由吉林省财政厅厅长兼任，山西银行的高级管理人员为"四总两司"，总稽核就是四总之一，广东省银行专设稽核处，并任命七人为监察人（韩汉君等，2003）。[①]

[①] 韩汉君、王振富、丁忠明编著：《金融监管》，上海财经大学出版社2003年版，第64页。

1924年，孙中山创办中央银行时，专门设立了负责监督总行和分支行执行总管理处业务方针并检查账务的稽核处，1928年南京国民政府成立的中央银行在总行也设置了稽核处。

下面以金城银行和中南银行为例，窥视中国近代银行业的内部监管状况。金城银行制订实施了《金城银行稽核规程》，该《规程》总则规定，金城银行"稽核事宜，在总经理处分日常稽核和赴外实施稽核两种，在各行处自行复核。"其中，日常稽核即指将各行处报告账表逐日勾稽。日常稽核包括二十大事项：（1）放款是否符合放款规则；（2）透支款项进出情形及其状况是否与其业务需要相合；（3）放款周转次数；（4）存放款利率与当地市面利率比较有无过高过低；（5）放款如有特约者其契约是否于事先陈请总处核准；（6）各项放款是否按期收回，如有过期未收回者应询明其理由；（7）贴现及购入票据，其出票人与承兑人或付款人所营之业是否正当；（8）有无以放款性质之欠款记入暂记欠款；（9）暂记欠款是否随时收回或转入各科目；（10）开支是否符合预算，如有超过应审核其原因；（11）各项证券货币之买卖数量及其原价与市价之比较及是否市面流通；（12）各项放款，每人或每商号承借或承兑之数额如有偏重情形应审核其原因；（13）同业存款之情形及其利率之计算；（14）暂时存款及其收付情形；（15）各分行处不动产之估价及其经营状况；（16）抵押品依其抵押折扣随时与行市比较是否足资保障；（17）资产负债之比率分配是否恰当；（18）损益类之计算是否确实；（19）储蓄部之各项放款是否符合现行法令；（20）除以上各项外应行稽核事项（中国人民银行北京市分行金融研究所，1990）。[①]赴外实施稽核的程序如下：（1）库存货币与库存表记载是否相符；（2）库存表所载货币结余是否与总日记账相符；（3）各科目账之结余是否与总账符合；（4）账册记载是否符合规程，其误记是否用刀刮皮擦及用药水销毁痕迹；（5）抵押品、保管品账册上所载余额是否与顾客立据及发出之各凭证或存根相符；（6）抵押品、保管品之

[①] 中国人民银行北京市分行金融研究所：《北京金融史料·银行篇》四，北京出版社1990年版，第98~99页。

保管是否安全适当；（7）抵押品如系有价证券及应有附带之息票、息折是否过期未收或尚未到期而短缺；（8）抵押品如系契据、栈单、提单、股票、折据是否过入本行户名或取有权柄单；（9）抵押品如系本行存单、折据，其签字盖章是否与原存印鉴相符；（10）存放同业是否实在；（11）活页账册保管、装置是否合宜。赴外稽核时，稽核员有权向各行处索取一应表单、账册并可索阅有关系之函电、文件以资核对。赴外稽核时，还须对稽核行处之业务、人事、设备、风纪等事与报告书中陈附情形及意见（中国人民银行北京市分行金融研究所，1990）。[①] 关于各行处内部自行稽核，《规程》首先规定各行处必须派一人或数人专司内部账表复核事宜，复核人员接收会计主任指导，凡发寄总行或各行处之报表单据均由复核员与关系员传票或账册核对。复核人员核对账表的范围包括八项：（1）传票之记载是否安全；（2）传票之数目计算是否正确；（3）传票上各关系员之印章是否齐全；（4）传票背后之附件是否齐全；（5）传票与账册之记载是否符合；（6）账册各户之总数与结余及行市均价利息之计算有无错误；（7）各科目账与总账结余是否符合；（8）账册单据是否贴足印花税票（中国人民银行北京市分行金融研究所，1990）。[②] 关于分行对所辖支行处庄的稽核，《规程》规定各行管辖内之支行、办事处及寄庄稽核时事宜应由经、副、襄理或派员轮流办理，并将详情结果报告总经理处，稽核程序按赴外稽核执行（中国人民银行北京市分行金融研究所，1990）。[③] 为切实执行《稽核规程》，金城银行在总经理处专设总稽核，另设稽核员分理稽核事务，稽核员除逐日依据各行处报表对其账目、营业、管理进行稽核外，还得由总经理派往各处实地稽核。

中南银行通过严格的内部监管来进行风险管理。1927年，天津

[①] 中国人民银行北京市分行金融研究所：《北京金融史料·银行篇》四，北京出版社1990年版，第99~100页。

[②] 中国人民银行北京市分行金融研究所：《北京金融史料·银行篇》四，北京出版社1990年版，第100页。

[③] 中国人民银行北京市分行金融研究所：《北京金融史料·银行篇》四，北京出版社1990年版，第101页。

协和贸易公司破产，倒账总额达 700 万元，受害最大的是中南银行天津分行，亏损 181 余万元，中南银行天津分行总资本仅 150 万元，全部资金不能弥补亏损，津行几近于危（杨天亮，2008）。① 中南银行总经理胡笔江获悉后，一方面急命沪、厦两地分行筹款援助，并"赋受机宜"，指导应变，以稳定危局；另一方面商情黄奕住增资，风潮过后，胡笔江意识到从容应对此类风潮，必须设立风险基金。在其亲自拟订的《本行十六、十七两年遭逢世变所收损失之整理方案》中，首次提出："为保固行基，必须增厚实力"，为此拟"将集合本行一大部分股东自 1927～1931 年止，应与全体股东同等享受之股息及本行重要职员之奖金，按届留存本行，俾徐待时，藉作整理基金"，中南银行董事会采纳胡笔江的建议，"暂停本行重要职员酬金及重要股东之股息五年，待集成整数之后，即以此为补救损失之基金"。② 随后，胡笔江又通过董事会进一步制订了《整理方案》，对于整理基金来源及如何使用均作出了详细规定。方案共五条：第一条载明：基金由历年公积金、盈余提存、1927 年至 1931 年留存本行未付之息奖及 1930、1931 两年所提之呆账备抵金四部分组成，合计银元 480 余万元，由总处相机酌量营运，以资生息；第二条规定上述基金生息待每一年终结得实数，准总处以全额之半按成摊给各行，为总处准许各行整理呆账之利息，但每年不超过 24 万元，此外之所有余数即提入呆账备抵户内；第三条规定，从前项资金中提存一部分，作为备付 1927～1931 年未付股息和奖金；第四条规定上述两项提存，每年以 30 万元为限；第五条明确各行整理呆账的数额，津行整理呆账 200 万元，汉行 100 万元，沪行和厦行 100 万元。《整理方案》在附注中特别强调"各行呆账虽以备抵户整理，仍须饬令各行，对其债务人尽量严追"。③ 1933 年 5 月 18 日，中南银行

---

① 中华懋业银行受累仅次于中南银行，亏损约 130 万元，该行因此而倒闭。杨天亮：《应对与防范：以中南银行为例》，载吴景平等主编：《现代化与国际化进程中的中国金融法制建设》，复旦大学出版社 2008 年版，第 99 页。

② 《胡笔江 1933 年 3 月 30 日致董事会函》，上海市档案馆藏，档案号：Q265-1-41。

③ 《胡笔江 1933 年 3 月 30 日致董事会函》，上海市档案馆藏，档案号：Q265-1-41。

董事会决议"于本行盈余较多年份,提存呆账准备金为整理方案"(杨天亮,2008)。① 呆账准备金制度由临时应急举措演变成一个长效机制,该项制度为中南银行在以后的经营中有效化解风险提供了坚实保证。

金融行业自律组织是金融监管体系中一个不可或缺的重要组成部分。因为,一个没有秩序的金融市场容易滋生金融风险,多米诺骨牌效应使每一个市场主体都难以独善其身,这就决定金融市场主体有自发维护市场秩序的内在动力;而且政府监管对于金融市场中的灰色领域难以奏效,金融同业者的信誉准则和同行之间的相互牵制可以对其进行自我约束,从而维护正常的市场秩序。此外,同业自律是一种内行管理,且没有繁琐的条条框框,操作简便易行,效率较高。综察世界金融史,各国莫不注重行业自律。上海银行公会通过金融制度建设,如拟订各种行约行规,确认与调整会员银行的权利与义务,维持金融市场秩序。北洋政府时期,上海银行界超常规发展,据统计,1914年到1921年,全国新设银行94家,其中,上海26家。② 1912年到1927年,全国新设银行313家,其中,上海60家(陆兴龙,1989)。③ 由于政府没有颁布统一规范的银行法规,随着银行业的大发展,银行业的无序竞争亦愈演愈烈,严重阻碍了上海银行业的健康发展。有鉴于此,上海银行公会提出,"在会各银行营业上应有共同遵守之规则,方足以昭划一而免分歧"(中国第二历史档案馆等,1989)。④ 1920年7月,上海银行公会拟订《上海银行营业规程》,该规程共16条,"俾为在会银行营业上共同遵守之规则"(徐沧水,1925)。⑤ 经财政部和农商部批准,《规程》于1920年9月实施。为防止银行界利用利率杠杆进行恶性竞争,《规程》赋予上海银行公会

---

① 杨天亮:《应对与防范:以中南银行为例》,载吴景平等主编:《现代化与国际化进程中的中国金融法制建设》,复旦大学出版社2008年版,第105页。
② 《上海金融史话》编写组:《上海金融史话》,上海人民出版社1978年版,第86页。
③ 陆兴龙:《上海华资银行的产生与初步发展》,载《档案与史学》1989年第6期。
④ 中国第二历史档案馆、中国人民银行江苏省分行、江苏省金融志编委会:《中华民国金融法规档案资料选编》上,档案出版社1989年版,第320页。
⑤ 徐沧水:《上海银行公会事业史》,银行周报社1925年版,第77页。

在存款、放款和贴现利率上有调整之权,"视市上供求之缓急酌中厘定"(中国第二历史档案馆等,1989)。① 为"增长同业公共之信用",《规程》明确规定"同业中营业准备金,除发行兑换券准备金至少法定成数外,应存储现金准备至少同业之20%以上,并须加储保证准备至少在10%以上"(中国第二历史档案馆等,1989),② 此项规定系针对银行界投机经营而设,不仅有利于会员银行的稳健经营而且可有效防止金融风险。即使到南京国民政府时期,政府出台了系列银行法规,上海银行公会仍没有废止《规程》,于1932年8月对《规程》进行修正扩充,并更名为《上海市银行业业规》,《业规》进一步强化对会员银行的监管,还将仓库业和托管业也列入监管范围。信用是金融业的灵魂,上海银行公会认识到银行经营须以信用立基,而发布营业报告则为立信之本,银行"非将营业状况公布于世,不足以表示业务之隆替及其交易之盛衰,藉以博取社会之信用焉。故东西各国为监督检查银行业计,均规定按期公布营业报告,于法律以示取缔,商业助长殷实银行之发达,而限制不良银行之存在也"(沧水,1917)。③ 在上海银行公会的倡导下,不少会员银行在《银行周报》上披露营业报告和准备报告。

1921年第二次京钞风潮之后,天津银行界意识到"银行握财界之枢,操纵经济,百业所系,社会金融,盈虚调剂,胥为利赖……银行之责任巨,稍一不慎,牵动全局,影响所及,各处同受其累"(天津市档案馆,1992)。④ 银行屡发挤兑,与纸币发行制度干系重大,银行界试图通过发行制度建设来扭转困局。中国银行天津分行率先提出建立发行准备检查制度,并于1921年12月实行发行公开,请官商各界到行检查,并每星期将所有库存现金及有价证券等项的数目登报

---

① 中国第二历史档案馆、中国人民银行江苏省分行、江苏省金融志编委会:《中华民国金融法规档案资料选编》上,档案出版社1989年版,第321页。
② 中国第二历史档案馆、中国人民银行江苏省分行、江苏省金融志编委会:《中华民国金融法规档案资料选编》上,档案出版社1989年版,第323页。
③ 沧水:《论银行营业报告公布之必要》,载《银行周报》1917年第1卷第31号。
④ 天津市档案馆编:《天津商会档案资料汇编(1912~1928)》,天津人民出版社1992年版,第1084页。

公布一次（天津市档案馆，1992）。① 天津商会中国银行天津分行的举动予以积极支持，1922年1月，商会出面倡导建立发行准备检查制度，要求天津所有银行"对于所出兑换券，各银行之准备金，依其条例，随时报告敝会。然后由敝会推举董事检查，公布于市"（天津市档案馆，1992）。② 商会关于天津银行界普遍建立发行准备检查制度的倡议，得到天津银行公会的支持，并积极筹备实施此项办法。此项制度公布后，中国银行率先严格执行，交通银行也于1922年10月正式施行。"京钞风潮"也使上海银行公会认识到"钞票之信用，经此打击，则不能不从根本上解除忧虑。必须时求准备充足，以崇信用"，要求各发行行建立发行准备制度，"对于所出兑换券，各行之准备金，依其条例，随时报告敝会，然后由敝会推举董事检查，公布于市"（子明，1921）。③

要保证金融监管的有效性，需要内控和外控的结合。外控无论多么缜密严格，如果监督对象不配合、不合作，设法逃避应付，那么外控的效果会大打折扣，并且，在近代中国，内控特别是同业组织的自律有不可替代的作用。受中国传统文化的影响，商人在发生商业纠纷时，不到万不得已，一般不会诉诸法律手段，因为这不仅会带来巨大的经济损失和无穷的麻烦，更重要的是会影响声誉，由同业组织主持的商事公断在调解商业纠纷或争议时经常扮演着极其重要的角色。因而，行业规约在维持传统社会的商业秩序中起着重要的作用。如上海证券物品交易所在1920年组织了"上海交易所经纪人公会"，公会的宗旨就是"增高商业上相互之道义，藉谋营业之发达"（刘红忠等，2008）。④ 在1920年的《上海证券物品交易所股份有限公司营业

---

① 天津市档案馆编：《天津商会档案资料汇编（1912~1928）》，天津人民出版社1992年版，第1074页。

② 天津市档案馆编：《天津商会档案资料汇编（1912~1928）》，天津人民出版社1992年版，第1084页。

③ 子明：《说银行之检查制度》，载《银行周报》1921年第5卷第19号。

④ 刘红忠、邹晓昇：《中国近代股市监管执行力之探讨（1882~1949年）》，吴景平、李克渊主编：《现代化与国际化进程中的中国金融法制建设》，复旦大学出版社2008年版，第142页。

细则》中,特辟第 12 章"公断",作为商事纠纷的处理办法:如经纪人与经纪人,或经纪人与委托人间发生争议,当事人双方提出不起诉法庭时,则可提交请求书请求公断。公断会由本所职员、名誉议董及审查委员会临时推出公断员 3 人组成,公断会议长则由理事长充任。公断会对纠纷进行审议判断,判决之后,双方均不得再持异议(上海市档案馆,1992)。① 当然,如果过于寄希望于金融机构的内控上,那么一些不负责任的冒险经营者及无力进行有效内控者,就容易出问题。作为民间组织的银行公会,其作用的发挥以有章可循为基础,法律对某个领域作了明文规定,在这个领域同业组织便可名正言顺的监管,在法律没有作规定的领域,同业组织也难以实施监管,因为其行为本身是否具有合法性就值得怀疑,所以,同业组织要更好地发挥自己的监管作用必须依赖政府。如在 1908 年清政府颁布的《银行通行则例》,把发行各种市面通用银钱票(即发行纸币)规定为银行的一项业务。民国初年,北洋政府因沿用《银行通行则例》而允许银行发行纸币,一些或受军阀控制、或由不负责任的商人开设的银行也可发行纸币,其后果是轻则纸币滥发重则纸币随银行的倒闭而成为废纸,极不利于中国金融业的健康发展。鉴于此,1921 年 7 月 4 日,全国银行公会第二次联合会议主席寿孙向财政部建言,《银行通行则例》已颁行 13 年,"其条文非沿袭外国之规章,即囿于国内之旧习,银号钱庄坚守并蓄,甚至以汇兑银钱、发行期票列为主业,银钱票可以随地发行,卒至倒逼相承,贻累市面,此种条文之不善为之厉阶,实亦无可讳言","现在银行业已趋于发展时期,前项则例既不适用,则修订之举自不容缓"(中国第二历史档案馆,1991)。② 1924 年,财政部颁布的《银行通行法》中,发行银钱票不再列为银行的经营业务范围。所以,最有效的金融监管应该是内控与外控相结合,譬如,民国时期银行管理诸多问题的解决必须依靠政府强力监管,诚如马寅初所分析,导致中国银行界风潮的原因无外乎四端:

---

① 上海市档案馆编:《旧上海的证券交易所》,上海古籍出版社 1992 年版,第 57 页。
② 中国第二历史档案馆编:《中华民国史档案资料汇编》第三辑,江苏古籍出版社 1991 年版,第 223 页。

(1) 银行、钱庄、银号资力薄弱，数量太多，"致业务上不当之竞争激烈"；(2) 银行经营者对于存款银行支付存款的责任不甚注意；(3) 出于诸多原因，"将银行之存款固定于一方面，或为不动产之抵押贷款"，或"兼营与银行业务无统属关系之附属业务"，还有"出资入股于他公司"，资金流动性和安全性都存在较大问题；(4) 银行内外检查制度均不完备。以上问题的有效解决，马寅初认为必须仰仗于政府制定法律，因而马寅初在起草1931年《银行法》时，首先就提出了制定新《银行法》必须遵循的七大方针：(1) 营业范围之确定；(2) 图银行资本之充实；(3) 助长稳健之经营；(4) 保护存户之利益；(5) 冀监督之周到；(6) 防遏不当之竞争；(7) 谋银行改善之进步（马寅初，1999）。[①]

从近代中国金融监管的史迹中，也可看到在某些时候，政府与同业组织携手监管金融，实现双赢。如抗战时期，重庆银行业迅速发展，重庆因之成为战时中国的金融中心。据统计，截止1941年底止，共有银行总行18家，分支行处85家，银号10家，钱庄40家，总共153家。103家总分支行处中，在战前成立者仅21家，战后成立者82家。50家银号钱庄中，在战前成立者38家，平均4倍于战前（邹宗伊，1943）。[②] 战时重庆银行业并非因产业需要所致而是在物价和商业投机的刺激下畸形的发展。在游资充斥、投机猖獗、物价飞涨的形势下，许多商业银行并不负协助政府财政及调度战时金融之责，其业务多背离战时金融政策，如高息揽储，然后将资金用于商业投机以获取高额利润。商业银行的投机经营不仅扰乱市场秩序而且有损以稳健经营为宗旨的银行的利益。为维护战时金融秩序，政府决意打击商业银行的投机行为，对此，重庆银行公会持支持态度，积极配合财政部实施《非常时期管理银行暂行办法》。该办法在1940年8月颁行之初，因没有制订实施细则，致使管理规则不完善，因此在执行过程中得不到彻底贯彻，并引发了银行界的各种不满与争议。在此后的三次修订过程中，银行公会积极奔走于银行与政府之间，

---

① 马寅初：《马寅初全集》第五卷，浙江人民出版社1999年版，第312～314页。
② 邹宗伊：《中国战时金融管制》，重庆财政评论出版社1943年版，第306页。

上传下达，从中协调各方的利益。如《非常时期管理银行暂行办法》仿效英美国家先例，规定银行所吸收的普通存款以其总额的20%作为准备金，转存与中、中、交、农四行之任一行，并由收存行给以适当利息，但该条款因过于简单而不具有可操作性，银行界颇有微词。对此，银行公会在广泛调研的基础上，向财政部提出了保证条款有效实施必须解决的四大疑问：明确规定什么是普通存款？缴存准备金计算的根据是什么？缴存准备金给息的标准又是什么？准备金遵循什么样的支取手续？1940年11月8日，财政部对银行公会的意见给出了正面回应，对上述问题进行了解释，使条款更具可操作性。[1] 银行公会的作为，既维护了法律的严肃性，也维护了商业银行业的合法权益。

很遗憾的是，在近代中国的多数时候，内控与外控并没有有机结合，而是互为消长。清末和北洋政府时期，政府软弱，无力调控金融，金融同业组织主要是银行公会和钱业公会肩负起金融监管的重任，这个时期，政府在金融监管领域的缺位主要表现为中央银行制度缺失，金融领域没有最后贷款人，这种状况导致的最大后果是，当金融危机发生时，同业组织看到了危机的恶果但却力不从心，祈求于政府出手救市，但政府却无能为力，任危机蔓延，以致无限放大危机的社会损失，1921年信交风潮便是例证。国民政府时期，中央集权得到强化，金融发展模式由自由发展型逐步演变为政府垄断型，金融监管的话语权逐渐被政府把持，特别是经过20世纪30年代初的同业公会改组之后，最具影响力的银行公会被国民政府阉割，对银行业的监管能力大为削弱，钱业公会则几乎丧失了独立性，基本丧失了之前在监管领域的发言权，外控几乎成为国民政府时期金融监管的全部，此

---

[1] 财政部的解释是：普通存款系指储蓄存款以外其他一切活期定期存款而言，其同业存款、借入款系属同业间往来或属一时抵充头寸之用，应不包括在内；缴存准备金之计算，根据应仿照储蓄存款准备办法，分为3月、6月、9月、12月底四次为之，为体恤银行周转兼顾保障存户起见，在此时期中间，如存款减少至总额五分之一以上，当由交存行填具表报，向收存行申请，核算明确按照比例提回准备金。交存准备金给息，按照四行公布之贴放息为准。《财政部训令重庆银行公会》，1940年11月8日。重庆市档案馆馆藏，档案号：0086-1-5。

种方式，其利在可以以较小的成本、较快的速度、较高的效率实现金融监管领域的制度变迁，但其害在作为监管者的政府，实际上是利益集团，在没有制约的情况下，为所欲为，利用手中的权柄谋取私利，这种监管模式最不幸的结局是，私人利益实现了最大化，社会损失也实现了最大化，金融经济因之崩溃，这个结局在1949年的中国大陆得到了实证支持！

第三节　追求法制化监管但绩效差强人意

金融监管手段无外乎有三：法律手段、经济手段和行政手段。法律手段是最基本的金融监管手段，金融监管的依据是国家的法律、法规，金融监管部门依法对金融机构及其经营活动进行监督、稽核和检查，并对违法违规者进行处罚。金融监管部门依法监督，金融机构依法经营并接收监督，是金融监管的基本点。世界各国普遍遵循这一准则。经济手段是通过经济利益方面的奖惩来推行监管，这在大多数情况下也是依据法律法规，商业实际上是法律手段的辅助。行政手段则是通过行政命令的方式进行监督，其特点是见效快但不能持续。金融监管追求公平与公正，为维护金融监管的权威性与公正性，必须依法监管。依法监管的主要前提就是相关法律、法规的建设，清政府、北洋政府和南京国民政府对此做了努力，特别是南京国民政府时期出现了两次金融立法高潮，其中第一次发生在抗战前，第二次发生在抗战后。清政府于1908年和1909年度支部奏准颁布我国第一部银行法和钱票管理法，即《银行通行则例》和《通用银钱票暂行章程》，1910年修订法律馆草拟出台第一部保险专门法规《保险业章程草案》。这些法律颁布后不久清政府便覆亡，但"清朝的灭亡并没有中断法律近代化的进程，清末的许多新法律及草案成为民国政府法制改革的基础"（郑秦，2001）。[①] 金融界在实践中也意识到法律监管的重要性，

---

① 郑秦：《中国法制史纲要》，法律出版社2001年版，第242页。

希望政府制定金融法规以规范金融市场,如1931年立法院通过《银行法》之后,上海银行公会予以拥护,《银行周报》也刊文指出:"我国从来对于法律观念异常幼稚,民国以来至于最近始将各种法律次第颁行,银行法虽非重要法律而既为斯业所希望,则其订立亦属刻不容缓,有法胜于无法"(郑成林,2005)。①

表10-3根据中国第二历史档案馆等编辑的《中华民国金融法规档案资料选编》所选编的金融法规来统计民国时期的金融立法情况:

表10-3　　　　　　1912~1949年金融立法情况统计

年份	金融法规数量	年份	金融法规数量	年份	金融法规数量
1912	13	1925	2	1938	14
1913	11	1926	4	1939	26
1914	15	1927	12	1940	10
1915	17	1928	14	1941	11
1916	3	1929	8	1942	32
1917	4	1930	2	1943	23
1918	9	1931	7	1944	20
1919	6	1932	4	1945	58
1920	5	1933	10	1946	54
1921	11	1934	22	1947	94
1922	5	1935	50	1948	62
1923	0	1936	7	1949	9
1924	7	1937	19		676

资料来源:赵兰亮:《关于这个近代金融立法史研究对象的思考》,载吴景平、李克渊主编:《现代化与国际化进程中的中国金融法制建设》,复旦大学出版社2008年版。

整个民国时期,共计颁布金融法规达676部,其中,北洋政府时

---

① 葛庐:《银行法之订定》,载《银行周报》第15卷第8号,转引自郑成林:《1927~1936年上海银行公会与国民政府关系述论》,载《江苏社会科学》,2005年第3期。

期颁发121部，南京国民政府时期颁行555部，这些法规几乎涵盖了银行、证券、保险、货币等全部金融领域。银行立法主要有：清政府于1908年颁行的《银行通行则例》和《储蓄银行则例》，南京临时政府于1912年颁布的《商业银行则例》、北洋政府于1924年颁布的《银行通行法》和《银行通行法实施细则》，南京国民政府于1931年和1947年先后两次颁行《银行法》、1934年颁行《储蓄银行法》、抗战时期先后颁行了《非常时期安定金融办法》、《巩固金融办法纲要》、《战时健全中央金融机构办法纲要》、《财政部非常时期管理银行暂行办法》，解放战争时期先后颁行了《财政部管理银行办法》、《加强金融业务管制办法》、《整理财政及加强管制经济办法》。证券领域的主要法规有：北洋政府农商部于1914年颁行的《证券交易所法》、1915年颁布的《证券交易所法施行细则》与《证券交易所附属规则》、1921年颁布的《证券交易所课税条例》，南京国民政府工商部于1929年颁行《交易所法》及其施行细则、实业部于1935年颁行《修正交易所法》和《交易所交易税条例》。保险领域的主要法规有：清政府于1910年颁布的《保险业章程草案》、北洋政府于1917年颁布的《保险业法案》，国民政府于1929年和1935年分别颁布《保险法》和《保险业法》，1937年颁布的《保险业法规施行法》。

不过，近代中国历届政府所颁布的许多金融法规没有得到切实执行，或根本就没有实施，使其徒具理论意义。如清政府所颁布的《银行通行则例》在设计银行监督检查制度时，特别对监管官员的行为作了相应的限制，规定官员不得干预银行的微观经营活动，不得利用监管权力勒索银行，"如官有藉端需索等情，准该行承票度支部查明，从严参办"（中国第二历史档案馆，1989）。[①] 但这条规定根本没有实施。民国初年，北洋政府便着手修订晚清政府时期的银行法规，财政部还成立了银行法规修订会，该会"网络京沪各地之银行业者及研究银行之专门学者，以为政策上、事实上、理论上三方面有系

[①] 中国第二历史档案馆、中国人民银行江苏省分行、江苏省金融志编委会：《中华民国金融法规档案资料选编》上，档案出版社1989年版，第147页。

统、有计划、有办法"地研究银行法规（徐沧水，1920），① 该会先后拟具了《修正银行法》、《银行法实行细则》及《储蓄银行法》等草案，但因时局变化，这些法规没有提交国会议决公布。1924年，财政部又起草了《银行通行法》和《银行通行法施行细则》，并提交第五届银行公会联席会议加以研究，并加注意见，但最终也无甚结果。1930年南京国民政府立法院特交商法起草委员会起草普通银行法，在该会委员会委员马寅初的领导下，拟具了《银行法草案》，并提经全体起草委员迭次开会讨论，逐条审查通过，国民政府也于1931年3月28日正式公布《银行法》，但该法却没有真正实施（谢振民，2000）。② 在保险业也有同样的情况，如北洋政府1917年拟订的《保险契约法草案》和《保险业法案》等两部保险法规就被束之高阁，未予施行（赵兰亮，2003）。③

更多的法规在实施过程中走味。股市立法从清末就开始，1904年颁布的《公司律》，是近代史上第一部对股票发行作出规定的法律。北洋政府在股市立法上也作出了努力，所颁布的《证券交易所法》（1914年）、《证券交易所施行细则》（1915年）、《证券交易所法附属规则》（1915年）等，为谋求证券市场的健康发展，具体规范证券交易、证券交易所的行为，如股票不能实行场外交易，交易所一地一所，不许自营证券。南京国民政府更是致力于完善股市监管法规，不仅全面修订了北洋政府所颁布的各项股市法规，而且在操作层面进行了补充规范，在《公司法》中详细规定股份公司的股票发行和上市；在《设立股份有限公司招股暂行办法》中规定凡设立股份有限公司，必须具备营业计划书、发起人概况和招股章程等；在《交易所法》中详细界定了交易所职员和经纪人的身份、资格，对于证券交易所，强调一地只能设一所，其存续时间以10年为限，不得买卖本所股票；在《修正交易所法》，增加严惩操纵市场、内幕交易

---

① 徐沧水：《对于银行法规修订会先进一言》，载《银行周报》1920年第4卷第31号。
② 谢振民：《中华民国立法史》下，中国政法大学出版社2000年版，第852页。
③ 赵兰亮：《近代上海保险市场研究（1843~1937）》，复旦大学出版社2003年版，第298页。

和散布虚假信息等条款；还修订《刑法》，增加伪造有价证券罪（成九雁、朱武祥，2006）。[①] 但这些法规在实施中却被严重扭曲，如《公司法》及各个公司章程都限制一股独大以防止大股东操纵和控制上市公司，但事实却是，在企业运营实践中，绝大部分公司股东会的表决权始终掌握在为数不多的发起人或者大股东手中（张忠民，2001）。[②]《证券交易所法》严禁场外交易，但近代各个时期的场外交易从来就没有间断过，证券交易所法规定证券经纪人只能从事代客买卖业务，不得自营，但许多经纪人内幕消息进行黑线交易。

在近代金融监管过程中，为何执法效果很差？这是一个发人深省又耐人寻味的话题，或许，这个话题永远没有完整答案，因为它牵扯到政治、经济、体制乃至习惯诸多因素，拮其要津，大体有三：

官僚权力的介入直接影响了执法效果。在近代中国，立法者和执法者往往既是裁判员又是运动员，为谋求自身的私利，官僚会运用手中的权力践踏法律。这样的例子很多，如在1921年信交风潮处理过程中，按法律规定，交易双方的损失应由北京证券交易所全部赔偿，但官僚迅速介入进行干预，结果，北京证券交易所只赔偿了部分损失。再如抗战胜利后，行政院院长宋子文亲自拟订了《中央银行管理外汇暂行办法》和《进出口贸易暂行办法》等外汇市场监管法规，按这些法规，禁止企业和私人利用外汇进口奢侈品，但宋子文自己控制的中国建设银公司却带头违规。1947年合众社记者龙特尔报道了国营商行大量进口奢侈品及孚中实业、扬子建业、中国建设银公司利用特权违规用汇牟利一案经过上海中外各报刊转载而闹得沸沸扬扬，以至引起了蒋介石的注意。尽管官方的调查结果极力开脱责任，但也不得不承认国营商行如环球贸易公司、中央信托局、中国供应局、中国建设银公司所进口的部分卡车、无线电、冰箱"应在禁止进口之

---

① 成九雁、朱武祥：《中国近代股市监管的兴起与演变：1873~1949年》，载《经济研究》2006年第12期。
② 张忠民：《艰难的变迁：近代中国公司制度研究》，上海社会科学院出版社2001年版，第124页。

列，自亦应同时不予售结外汇"（洪葭管，2005）。①

　　法规不适应中国。近代中国金融监管法规都移自西方，直接取法日本者尤其多。② 如 1914 年的《证券交易所法》，"系采辑日本取引所而成"，同时也参照了英美等国的证券法规，综合引用和吸收不同国家的证券法规。但建立一个有效的法治体系，不仅需要一套明确的法律规则，还需要许多相关的附加实施细则、判例经验，甚至文化习俗的支持，倘若这些附加的条件没有相应移植过来，只是明文法律条文，这种移植很难成功（诺思，1990；斯莱菲尔等，2003）。③ 如在近代中国股市监管领域，出于鼓励企业上市的考虑，近代股市立法历来没有对企业发行和交易股票所需的信息披露作出明确要求。显然，没有透明的信息披露，各种监管法规的执行和违法惩处就难以确认和落实。再如银行监管，近代历届政府共颁布了四部银行法，即 1908 年清政府颁布的《银行通行则例》、1920 年北洋政府颁布的《银行通行法》、1931 年南京国民政府颁布的《银行法》和 1947 年修正《银行法》。四十年时间内，颁行了四部银行法，不可谓无法可循，但真正付诸实施的只有《银行通行则例》和 1947 年《银行法》，也就是说，四十年内绝大多数时候银行监管领域无法可循。为何法律颁布了却无法实施呢？其实同样是因食洋不化所致，如 1931 年《银行法》主要取法英美，但中国银行业发展程度与英美国家相差甚远，特别在内地，"大抵旧式金融机构，规模狭小，墨守旧例，《银行法》欲以严格相绳，似属窒碍难行"（诸青来，1931）。④ 例如《银行法》从

---

① 洪葭管：《中央银行史料》下，中国金融出版社 2005 年版，第 996 页。

② 从法源上看，中国最早的金融法、商业法、公司法等法律大体上参照日本的法律体系，而日本明治维新的立法又整个照抄了德国的法律，因而近代中国金融监管法规在源头上属于大陆法系。不过，南京国民政府当权者是亲英美派，以英美为师，故而南京政府时期颁布的金融法规在原来基础上又吸收了英美立法精神，所以，近代中国金融法规是日本与英美立法精神的混血儿。

③ North, D., 1990, Instition, Institional Change and Economic Performance, NY, Cambrige University Press. Djankov, Simeon, Edward Glaeser, Rafael La Porta, Florencio Lopez-de – Silanes and Andrei Schleifer, 2003, The New Com-parative Economics, Journal of Comparative Economics, J31, pp, 595 – 619.

④ 诸青来：《银行法评议》，载《银行周报》1931 年第 15 卷 30 号。

英美银行法规的银行定义出发，把中国的银行也一律视为公司组织，但《银行法》又把旧式金融机构钱庄也看成是银行，这就引起了钱业界的强烈反对，钱业要求另订《钱庄法》。此外，政府在制定金融监管法规时，没有从被监管者的立场出发，政府当局制定金融法规与政策"事前既不向银行咨询，而频频更易"，许多政策"当局办理未臻妥善，为银行者恪守追随亦颇费周章"（交通银行总行等，1995）。① 在这种制度下，正如陈光甫所言"旧法律既不适用，新法律又苦于不周密"。② 这就导致金融业无所适从，金融监管法规的严肃性也受到业界的质疑，执法效果自然大打折扣。当然，某些金融法规的制订，经过了政府与民间的充分沟通，这些法规往往具有较好的执法效果。储蓄银行法的制定是最好的例证。最早对储蓄银行施以规范的法律是清政府1908年颁行的《储蓄银行则例》。此后，南京临时政府和北洋政府先后试图公布相关法规对储蓄银行予以监管，但终未实现。1933年9月，立法院商法委员会根据上海银行公会拟具的《储蓄银行条例草案》拟订了《储蓄银行法草案》，并致函上海银行公会征询意见。上海银行公会立即组建了以瞿季刚为首的储蓄银行法小组委员会，并对《储蓄银行法草案》进行了"条分缕析"的讨论，同时拟就了意见书一件呈送立法院。在1934年4月26日召开的《储蓄银行法》审查会上，代表公会列席会议的王志莘发现公会拟具的意见"未荷采纳"，于是指出《储蓄银行法》草案"难以诠释及不易实施者甚多"，"一旦施行，将使储蓄银行事业日趋狭隘，而于政府提倡储蓄之旨更大相凿枘"。③ 会后，上海银行公会向立法院提交了修订意见书，还呈文孙科，指出"激励国民储蓄更属当务之急，则立法非求适合国情，殊不足以期储蓄前途之发展，若遇事苛求，为事实所难能，一旦实施，势必反多扞格之虞"。④ 6月22日审议通过了《储蓄银行法》，立法院部分吸收了

---

① 交通银行总行、中国第二历史档案馆合编：《交通银行史料》第1卷（上），中国金融出版社1995年版，第301页。
② 《陈光甫先生言论集》，上海商业储蓄银行1948印行，第119页。
③ 《第六届会务报告》，1934年6月30日，上海市档案馆藏，档案号：S173-1-67。
④ 《呈立法院》，1934年6月19日，上海市档案馆藏，档案号：S173-1-80。

公会的意见，但上海银行公会指出对已经提出的"于活期储蓄与定期储蓄之不能以比例相限制、资金运用不能以成分规定、董监事不能负责任以外之责任"等重要意见没有采纳，因此，"非请政府重新修订，万难遵行"。① 但政府不顾上海银行公会的强烈反对，于 7 月 4 日颁布《储蓄银行法》，并规定于即日开始实施，财政部亦随后训令上海银行公会对各行储蓄账目进行检查。但上海银行公会坚持认为该法仍有不少窒碍，一旦施行将对各行储蓄业务造成很大不便，因此，一致拒绝检查。同时，上海银行公会推举张嘉璈、陈光甫银行界头面人物赴京晋见财政部长孔祥熙，要求政府修正《储蓄银行法》。在上海银行公会的强烈要求下，财政部终于同意将公会呈请修改的意见转咨行政院。从《储蓄银行法》出笼的过程可以看出，上海银行公会所提出的意见，政府不能忽视，从而使某些法令条款不至于仓促施行，造成与立法本意相反的结果，在维护银行业利益的同时，促进了国家意志和民间意志的交流，发挥了对政府政策的咨询作用。《储蓄银行法》得到了很好的执行，但之前颁布的《银行法》却束之高阁。

因产权缺乏法律保护，企业信息披露不充分，加大了法律监管的难度。近代中国没有哪一部法律规定私有财产神圣不可侵犯，相反，因政府控制重要经济行业的传统以及"战时经济"的特殊情况使得政府很容易掠夺甚至征用企业的财产，而不管这是"援助之手"还是"掠夺之手"（麦迪森，1999）。② 这样的例子不胜枚举：北洋政府时期，各大军阀强行侵吞企业财产，如曹锟强行将直隶模范纱厂改造成自己控制的恒源纱厂。南京国民政府国有经济体系便是建立在攘夺民间资本基础之上，如通过强参官股将已经走上商办道路的中国银行、交通银行改组成国家银行；在 1944、1945、1947 年的三次黄金案中，以打击投机为名，大量霸占企业所藏黄金；在 1948 年的币制改革过程中，政府强迫各私营银行申报所藏外汇与黄金数量，然后以威胁手段迫使私营银行交出黄金外汇。在一个产权可以被政府和官僚随意侵犯的时代，企业家完全没有财产安全感。无奈之下，企业只能

---

① 《第七届会务报告》，1934 年 12 月 19 日，上海市档案馆藏，档案号：S173 - 1 - 67。
② 麦迪森：《中国经济的长远未来》，新华出版社 1999 年版，第 11~22 页。

"通过隐匿信息来约束政府掠夺能力"（白恩重等，1999）。[①] 近代以来，"中国公司素来严守秘密，不肯以内幕示人，故人亦不之信"，即使对外公开，也是"非以多报少，即以少报多，盖资金殷实者，每不愿夸张，反之，一般内容空虚者，则将存货作过高之盘存，表示虚伪之盈余"（吴毅棠，1947）。[②] 1935 年，上海华商证券交易所曾向 150 多家公司征求公司股票上市交易的意见，结果只有 20 多家表示愿意，而当证券交易所要派遣会计师对这 20 多家公司进行财务调查时，许多公司宁愿不上市也不愿意接受调查。那为何政府不强制要求企业披露信息呢？其实，无论哪个政府都希望越来越多的企业能够通过上市筹资，扩大生产规模，从而为其提供更多的税收。但企业在上市问题上存在两难的选择：上市可以解决资金问题，但有容易将自己暴露于政府面前。这个问题的解决只能依靠政府。政府破除这个难题的办法就是降低企业上市过程中的信息审核门槛，于是，企业上市的积极性就大为提高。显然，这是一种"以毒攻毒"的制度安排，降低上市公司信息披露要求，尽管解决了企业上市的激励但加剧了股市的信息混沌程度，也严重制约了股市执法的有效性。可以说，正是因为缺乏信息披露，近代中国股市的发行市场和发行监管制度一直没有有效地建立起来（成九雁、朱武祥，2006）。[③]

---

① Bai, Chong-En, David D. Li, Yingyi Qian, Yijiang Wang, 1999, Limiting Government Predation Through A Theory with Evidence from China", William Davidson Institute Working Paperss Series 275, William Davidson Institute at the University of Michigan Stephen M. Ross Business School.

② 吴毅棠编：《中国股票年鉴》，中国股票年鉴社 1947 年版，第 4 页。

③ 成九雁、朱武祥：《中国近代股市监管的兴起与演变：1873~1949 年》，载《经济研究》2006 年第 12 期。

主要参考文献

[1] 北京市档案馆：《北京档案史料》，新华出版社 2000 年版。

[2] 中国人民银行北京市分行金融研究所：《北京金融史料·银行篇》四，北京出版社 1990 年版。

[3] 财政部科研所、中国第二历史档案馆编：《国民政府财政金融税收档案史料（1927~1937 年)》，中国财政经济出版社 1997 年版。

[4] 陈旭麓、顾廷龙、汪熙主编：《中国通商银行：盛宣怀档案资料选辑之五》，上海人民出版社 2000 年版。

[5] 陈真等编：《中国近代工业史资料》第一辑，三联书店 1957 年版。

[6] 重庆市档案馆、中国人民银行重庆市分行金融研究所编：《四联总处史料》上、中、下，档案出版社 1993 年版。

[7] 重庆市档案馆编：《抗战时期国民政府经济法规》，档案出版社 1992 年版。

[8] 傅文龄主编：《日本横滨正金银行在华活动史料》，中国金融出版社 1992 年版。

[9] 洪葭管：《中央银行史料》上、下，中国金融出版社 2005 年版。

[10] 交通银行总行、中国第二历史档案馆合编：《交通银行史料》第 1 卷（1907~1949 年），中国金融出版社 1995 年版。

[11] 交通部编：《抗战以来之交通概况》，《中华民国史档案资料汇编》第五辑第二编，财政经济（十），江苏古籍出版社 1994 年版。

[12] 荣孟源主编：《中国国民党历次代表大会及中央全会资料》，光明日报出版社 1985 年版。

[13] 四联总处秘书处所编：《四联总处重要文献汇编》，文海出版社1970年版。

[14] 谭熙鸿主编：《十年来之中国经济（1938~1947年）》上、中、下，中华书局1948年版。

[15] 天津市档案馆编：《天津商会档案资料汇编（1912~1928）》，天津人民出版社1992年版。

[16] 吴岗：《旧中国通货膨胀史料》，上海人民出版社1958年版。

[17] 许道夫编：《中国近代农业生产及贸易统计资料》，上海人民出版社1983年版。

[18] 严中平等编：《中国近代经济史统计资料选辑》，科学出版社1955年版。

[19] 中国人民银行总行参事室：《中华民国货币史资料》第二辑，上海人民出版社1991年版。

[20] 中国银行总行、中国第二历史档案馆编：《中国银行行史资料汇编（1912~1949年）》上（一、二、三），档案出版社1991年版。

[21] 中国第二历史档案馆编：《四联总处会议录》第1~44册，广西师范大学出版社2003年版。

[22] 中国人民银行金融研究所编：《美国花旗银行在华史料》，中国金融出版社1990年版。

[23] 中国人民银行金融研究所编：《中华民国史资料丛稿——中国农民银行》，中国财政经济出版社1980年版。

[24] 中国人民银行上海分行金融研究所编：《上海钱庄史料》，上海人民出版社1960年版。

[25] 中国人民银行上海分行金融研究所编：《金城银行史料》，上海人民出版社1983年版。

[26] 中国人民银行上海分行金融研究所编：《上海商业储蓄银行史料》，上海人民出版社1990年版。

[27] 中国人民银行总行参事室金融史料组编：《中国近代货币史资料》第一辑下，中华书局1964年版。

［28］中国第二历史档案馆、中国人民银行江苏省分行、江苏省金融志编委会：《中华民国金融法规档案资料选编》，档案出版社1989年版。

［29］中国第二历史档案馆：《中华民国史档案资料汇编》第五辑第三编（三、四），江苏古籍出版社1997年版。

［30］中国人民银行总行参事室编：《中华民国货币史资料》（第一辑），上海人民出版社1986年版。

［31］中央银行经济研究处编：《金融法规大全》，商务印书馆1947年版。

［32］中央银行经济研究处编：《十年来中国金融史略》，1943年内部版。

［33］巴图：《民国金融帝国》，群众出版社2001年版。

［34］中国银行行史编委会：《中国银行行史（1912~1949年）》，中国金融出版社1995年版。

［35］蔡鸿源主编：《民国法规集成》，黄山书社1999年版。

［36］程霖：《中国近代银行制度建设思想研究》，上海财经大学出版社1999年版。

［37］端方：《大清光绪新法令》，上海商务印书馆刊本1909年版。

［38］杜恂诚主编：《上海金融的制度、功能与变迁》，上海人民出版社2002年版。

［39］杜恂诚：《近代中国钱业习惯法研究：以上海钱业为视角》，上海财经大学出版社2006年版。

［40］杜恂诚、严国海、孙林：《中国近代国有经济思想、制度与演变》，上海人民出版社2007年版。

［41］高鸿业：《西方经济学》上、下，中国人民大学出版社2000年版。

［42］龚关：《近代天津金融业研究（1861~1936）》，天津人民出版社2007年版。

［43］郭荣生：《中国省银行史略》，台北文海出版社1975年版。

［44］韩汉君等编：《金融监管》，上海财经大学出版社2003年版。

[45] 何炳贤、侯厚吉:《世界经济统制问题》,商务印书馆1946年版。

[46] 胡天意、文纯清:《古道与新辙:中国金融稽核史漫笔》,中国金融出版社1995年版。

[47] 洪葭管、张继凤:《近代上海金融市场》,上海人民出版社1989年版。

[48] 洪葭管主编:《上海金融志》,上海社会科学出版社2003年版。

[49] 黄达、刘鸿儒、张肖主编:《中国金融百科全书》,经济管理出版社1993年版。

[50] 黄达主编:《金融学》,中国人民大学出版社2003年版。

[51] 黄鉴晖:《中国银行业史》,山西经济出版社1994年版。

[52] 黄立人:《抗战时期大后方经济史研究》,中国档案出版社1998年版。

[53] 姜宏业:《中国地方银行史》,湖南出版社1991年版。

[54] 经盛鸿主编:《民国大案纪实》,上海人民出版社1997年版。

[55] 金德尔伯格著,徐子健、何建雄、朱忠等译:《西欧金融史》,中国金融出版社2007年版。

[56] 金德尔伯格著,朱隽、叶翔译:《疯狂、惊恐何崩溃:金融危机史》,中国金融出版社2007年版。

[57] 金建栋:《金融信托全书》,中国财政经济出版社1984年版。

[58] 孔祥贤:《大清银行行史》,南京大学出版社,1991年。

[59] 孔祥毅主编:《百年金融制度变迁与金融协调》,中国社会科学出版社2002年版。

[60] 李瑚:《中国经济史丛稿》,湖南人民出版社1986年版。

[61] 李立侠:《回忆中央银行黄金案》,载《币祸》,中国文史出版社2004年版。

[62] 李学通:《翁文灏》,兰州大学出版社1996年版。

[63] 梁启超:《饮冰室合集》,中华书局1964年版。

[64] 刘光第:《中国的银行》,北京出版社1984年版。

［65］刘平：《近代中国银行监管制度研究（1897~1949）》，复旦大学出版社2008年版。

［66］刘志英：《近代上海华商证券市场研究》，学林出版社2004年版。

［67］卢现祥：《西方新制度经济学》（修订本），中国发展出版社2003年版。

［68］陆仰渊主编：《民国社会经济史》，中国经济出版社1991年版。

［69］马克·布劳格：《经济学方法论》，北京大学出版社1990年版。

［70］M. M. 波斯坦主编、王春法主译：《剑桥欧洲经济史》第六卷，经济科学出版社2002年版。

［71］诺思：《经济史中的结构与变迁》，上海三联书店、上海人民出版社1994年版。

［72］邱涛：《中华民国反贪史——其制度变迁与运行的衍异》，兰州大学出版社2004年版。

［73］上海银行学会编：《民国经济史》（《银行周报》30周年纪念刊），1947年印行。

［74］盛慕杰、于滔等编：《中国近代金融史》，中国金融出版社1985年版。

［75］石毓符：《中国货币金融史略》，天津人民出版社1984年版。

［76］孙健：《每天读点金融史》，新世界出版社2008年版。

［77］唐·帕尔伯格著，孙忠译：《通货膨胀的历史与分析》，中国发展出版社1998年版。

［78］唐旭等著：《金融理论前沿课题》，中国金融出版社2002年版。

［79］王玉茹：《近代中国价格结构研究》，陕西人民出版社1997年版。

［80］闻达等编：《民国小丛书：中国货币史银行史卷》，书目文献出版社1996年版。

[81] 吴承明：《吴承明集》，中国社会科学出版社 2002 年版。

[82] 吴承明：《中国资本主义与国内市场》，中国社会科学出版社 1985 年版。

[83] 吴景平：《现代化与国际化进程中的中国金融法制建设》，复旦大学出版社 2008 年版。

[84] 谢霖、李澄：《银行制度论》，上海中国图书公司印行 1913 年版。

[85] 许涤新、吴承明：《中国资本主义发展史》第三卷，人民出版社 2003 年版。

[86] 严中平：《严中平集》，中国社会科学出版社 1996 年版。

[87] 杨格著，陈泽宪等译：《1927～1937 年中国财政经济情况》，中国社会科学出版社 1981 年版。

[88] 杨培新：《旧中国的通货膨胀》（增订本），人民出版社 1985 年版。

[89] 杨荫溥：《杨著中国金融论》，黎明书局 1932 年版。

[90] 姚会元：《江浙金融财团研究》，中国财政经济出版社 1998 年版。

[91] 姚崧龄：《中国银行二十四年发展史》，（中国台湾）传记文学出版社 1976 年版。

[92] 姚遂：《中国金融思想史》，中国金融出版社 1994 年版。

[93] 叶世昌、潘连贵：《中国古近代金融史》，复旦大学出版社 2001 年版。

[94] 易棉阳：《金融统制与战时大后方经济：以四联总处为中心的考察》，北京大学出版社 2016 年版。

[95] 张辑颜：《中国金融论》，商务印书馆 1930 年版。

[96] 张家骧：《中华币制史》，民国大学部 1925 年版。

[97] 张忠民：《艰难的变迁：近代中国公司制度研究》，上海社会科学院出版社版 2002 年版。

[98] 赵德馨：《赵德馨经济史学论文选》，中国财政经济出版社 2002 年版。

[99] 赵德馨：《中国近代国民经济史》，高等教育出版社 1988 年版。

[100] 赵津主编：《中国近代经济史》，南开大学出版社 2006 年版。

[101] 赵兰亮：《近代上海保险市场研究（1843~1937）》，复旦大学出版社 2003 年版。

[102] 郑观应：《增订盛世危言新编》，光绪二十三年（1897 年）成都刻本。

[103] 中国人民银行总行金融研究所金融历史研究室编：《近代中国金融市场》，中国金融出版社 1989 年版。

[104] 中国人民银行总行金融研究所金融历史研究室编：《近代中国金融业管理》，人民出版社 1990 年版。

[105] 周骏、张中华、刘惠好主编：《资本市场与实体经济》，中国金融出版社 2003 年版。

[106] 周华孚、颜鹏飞主编：《中国保险业法规暨章程大全（1865~1953）》，上海人民出版社 1992 年版。

[107] 中国保险学会、中国保险史编委会：《中国保险史》，中国金融出版社 1998 年版。

[108] 中国社会科学院近代史所编：《孙中山全集》第二卷，中华书局 1981 年版。

[109] 中央财政金融学院财政教研室：《中国财政简史》，中国财政经济出版社 1980 年版。

[110] 朱斯煌：《银行经营论》，商务印书馆 1939 年版。

[111] 朱斯煌主编：《民国经济史》，银行学会编印 1948 年版。

[112] 陈建智：《抗日战争时期国民政府对日伪的货币金融战》，载《近代史研究》1987 年第 2 期。

[113] 陈友三：《论战时我国之储蓄事业》，载《财政评论》1941 年第 5 卷第 2 期。

[114] 程霖：《西方银行理论在近代中国的传播及影响》，载《上海财经大学学报》2005 年第 4 期。

[115] 成九雁、朱武祥：《中国近代股市监管的兴起与演变：

1873～1949年》，载《经济研究》2006年第12期。

[116] 丁日初、沈祖炜：《论抗日战争时期的国家资本》，载《民国档案》1986年第4期。

[117] 董长芝：《论国民政府抗战时期的金融体制》，载《抗日战争研究》1997年第4期。

[118] 段艳、易棉阳：《近代中国债券市场监管的演进与特点》，载《中国社会经济史研究》2010年第1期。

[119] 杜恂诚：《二十世纪二三十年代中国信用制度的演进》，载《中国社会科学》2002年第4期。

[120] 杜恂诚：《近代中国两种金融制度的比较》，载《中国社会科学》2000年第2期。

[121] 杜恂诚：《近代上海钱业习惯法初探》，载《历史研究》2006年第1期。

[122] 顾翊群：《十年来之中国农民银行》，载《中农月刊》1943年第4卷第4期。

[123] 贺水金：《南京政府中央银行反通货膨胀政策及其绩效评析》，载《中国经济史研究》2008年第3期。

[124] 侯哲歙：《农贷纲要在中国农业金融史上之地位》，载《财政评论》1940年第3卷第5期。

[125] 黄立人：《论抗战时期国统区的农贷》，载《近代史研究》1997年第6期。

[126] 黄立人：《四联总处的产生、发展和衰亡》，载《中国经济史研究》1991年第2期。

[127] 矶部喜一著，管怀宗译：《战时工业统制政策》，载《中国工业》1943年第1卷第5期。

[128] 蹇光平：《抗战时期经济、金融史研究的史料基础，当代中国经济、金融改革的历史借鉴——简评〈四联总处史料〉》，载《重庆社会科学》1994年第2期。

[129] 姜宏业：《四联总处与金融管理》，载《中国经济史研究》1989年第2期。

[130] 康永仁：《论银行授信业务的事前审核》，载《新经济》1943年第10期。

[131] 康永仁：《重庆的银行》，载《四川经济季刊》1944年第1卷3期。

[132] 匡家在：《旧中国证券市场初探》，载《中国经济史研究》1994年第4期。

[133] 李泰初：《华侨汇款的研究》，载《财政评论》1937年第1卷第3期。

[134] 李一翔：《传统与现代的柔性博弈——中国经济转型过程中的银行与钱庄关系》，载《上海经济研究》2003年第1期。

[135] 李紫翔：《我国银行与工业》，载《四川经济季刊》1944年第1卷第3期。

[136] 厉德寅：《三年来之农业金融及今后改进之途径》，载《经济汇报》1940年第2卷第1、2期合刊。

[137] 林和成：《民元来我国之农业金融》，载《银行周报》1947年第31卷第9期。

[138] 刘佛丁：《新时期中国经济史学理论的探索》，载《经济研究》1997年第5期。

[139] 兰日旭：《近代中国的银行内部监督机制探析》，载《江西社会科学》2008年第2期。

[140] 刘慧宇：《论民国时期证券市场监管的行政作为》，载《党史研究与教学》2007年第6期。

[141] 刘巍：《对近代中国宏观经济运行的实证分析（1927~1936）——兼论中国经济史研究中的分析方法》，载《中国经济史研究》2005年第3期。

[142] 刘志英：《"信交风潮"与近代上海华商证券市场的管理》，载《南大商学评论》2005年第3期。

[143] 刘志英：《沦陷时期上海华商股票市场管理研究》，载《中国社会经济史研究》2003年第1期。

[144] 马敏：《论中国近代民族资本的分化与粘连》，载《社会

科学战线》1994年第1期。

[145] 彭南生：《改革开放以来中国近代经济史研究的回眸与前瞻》，载《史学月刊》2009年第2期。

[146] 宋士云：《民国初期中国证券市场初探》，载《史学月刊》1995年第5期。

[147] 万立明：《中国近代银行监理官制度的发展轨迹及其启示》，载《上海经济研究》2005年第6期。

[148] 万立明：《北洋政府时期中国的银行监管制度探析》，载《江西财经大学学报》2006年第4期。

[149] 万艳丽：《近代中国银行内部控制制度探析》，载《财会通讯》2008年第2期。

[150] 汪朝光：《简论1947年的黄金风潮》，载《中国经济史研究》1999年第4期。

[151] 王红曼：《四联总处对战时货币发行的法律监管》，载《中国社会经济史研究》2008年第3期。

[152] 王红曼：《四联总处对战时银行机构的法律监管》，载《安徽史学》2008年第6期。

[153] 王世颖：《我国农业金融之新献》，载《财政评论》1940年第3卷第5期。

[154] 魏宏运：《重视抗战时期金融史的研究——读〈四联总处史料〉》，载《抗日战争研究》1994年第3期。

[155] 魏文享：《近代上海职业会计师群体的兴起——以上海会计师公会为中心》，载《江苏社会科学》2006年第4期。

[156] 翁文灏：《一年来之经济建设》，载《中央周刊》第1卷第2期，1940年。

[157] 吴承明：《关于研究中国近代经济史的意见》，载《晋阳学刊》1982年第1期。

[158] 吴承明：《中国经济史研究的方法论问题》，载《中国经济史研究》1992年第1期。

[159] 吴景平：《上海银行公会改组风波（1929~1931）》，载

《历史研究》2003年第2期。

[160] 吴景平：《上海金融业与太平洋战争爆发前上海的外汇市场》，载《史学月刊》2003年第1期。

[161] 吴景平：《上海钱业公会的成立及初期组织运作》，载《社会科学》2007年第5期。

[162] 吴秀霞：《抗战时期国民政府中央银行体制的确立》，载《山东师范大学学报》2000年第4期。

[163] 徐建生：《民国北京、南京政府经济政策的思想基础》，载《中国经济史研究》2003年第1期。

[164] 杨菁：《四联总处与战时金融》，载《浙江大学学报》2000年第3期。

[165] 杨泽：《四川金融业之今昔》，载《四川经济季刊》第1卷第3期，1944年。

[166] 姚会元：《"江浙金融财团"形成的标志及其经济、社会基础》，载《中国经济史研究》1997年第3期。

[167] 姚会元、易棉阳：《中国政府金融监管制度的演进与特点》，载《广东金融学院学报》2007年第5期。

[168] 易棉阳、姚会元：《1980年以来的中国近代银行史研究综述》，载《近代史研究》2005年第3期。

[169] 易棉阳：《论抗战时期的金融监管》，载《中国经济史研究》2009年第4期。

[170] 易棉阳：《抗战时期中国经济的三个特点》，载《江西财经大学学报》2009年第3期。

[171] 易棉阳：《20世纪初期中外银行关系的博弈分析》，载《武汉大学学报》2008年第6期。

[172] 易棉阳：《论经济史研究的经济学方法》，载《贵州师范大学学报》2008年第6期。

[173] 张天政：《略论上海银行公会与20世纪20年代华商银行业务制度建设》，载《中国经济史研究》2005年第2期。

[174] 郑成林：《1927~1936年上海银行公会与国民政府关系述

论》，载《江苏社会科学》2005年第6期。

［175］周春英：《近代中国银行监管制度探析》，载《烟台师范学院学报》2006年第2期。

［176］朱英：《近代中国同业公会的传统特色》，载《华中师范大学学报》2004年第3期。

［177］朱荫贵：《近代上海证券市场上股票买卖的三次高潮》，载《中国经济史研究》1998年第3期。

［178］朱荫贵：《两次世界大战间的中国银行业》，载《中国社会科学》2002年第6期。

［179］朱荫贵：《试论近代中国证券市场的特点》，载《经济研究》2008年第3期。

后　　记

2004~2007年,我在中南财经政法大学攻读博士学位,师从姚会元先生研究货币金融史。在阅读资料过程中,我发现研究近代中国金融监管的论著几近空白,记得大约在2005年底,我把这一发现告诉姚先生,姚先生也深表赞同,并鼓励我做一做。在姚先生指导下,我收集资料,对近代中国金融监管做了长时段的考察,并写成专题论文,此为我对近代中国金融监管认识的开始。无独有偶,2006年、2007年、2008年,国家社科基金连续三年列出"现代化与国家化背景下的中国近代金融监管制度变迁研究"课题指南。我的研究与国家社科基金课题指南如此吻合,给我以极大的信心。2008年,也就是博士毕业以后的第一年,我以"近代中国金融监管研究(1897~1949年)"为题申报国家社科基金,更让我意想不到的是,居然首战告捷! 回想起当年得到成功申报国家社科基金消息时的兴奋,至今依然激动,因为这毕竟是"第一次","第一次"总是那么刻骨铭心。从2008年7月开始,我全身心投入到课题研究中,经过两年的努力,2011年顺利结题,评审专家给予了较高的评价,有一位专家的评语说"作为青年项目,能交出这样一份研究成果,难能可贵",这是对我研究工作的肯定,也是鞭策,鞭策我向更高的层次冲刺。

在研究过程中,得到了很多前辈学者、同行的帮助。我的导师姚会元教授始终给予指导,还对稿子提出了修改意见,出版之际,不吝赐序。经济学史学家赵德馨教授,对我关爱、提携有加。苏少之教授、魏明孔教授、武力教授、董志凯教授、朱荫贵教授、吴景平教授、赵学军教授、瞿商教授、周建明教授无私地帮助我成长。复旦大学的张徐乐博士,无私地赠予我资料,为本课题雪中送炭。河北师范大学康金莉博士、西华师范大学吕兴邦博士，为本课题研究做出了贡献。上海财经大学唐子芸先生、云南财经大学叶文辉先生、贵州财经大学常明明先生对某些章节提供了中肯的修改意见。我的妻子曾鹃，长期以来，在完成自己繁重教学任务的同时，任劳任怨，承担家务，相夫教子。我的父母、岳父母，为我付出了很多。在此，向所有帮助、提携我的长辈、朋友深表谢意！我的学术成长过程，也正是我儿近之的成长过程，我衷心希望我儿与我的学问一起茁壮成长！

易棉阳
2017年9月11日于武汉